云南文库

学术名家文丛

孙代兴学术文选

孙代兴　著

云南大学出版社
云南人民出版社

作者简介

孙代兴，研究员。男，汉族，1932 年 12 月出生，重庆市人。

云南省社会科学院历史研究所硕士研究生导师，曾任历史研究所史学理论研究室和边疆史地研究室主任、云南省社会科学界联合会理事、云南省中国近代史学会会长。1960 年从云南大学历史系历史专业毕业后，一直从事云南民族史、地方史、边疆史和中国西南地区史、中国近代史研究，致力于研究云南和中国西南地区在中国近代史上具有重大影响和重要历史地位的历史课题。和云南近代史学界同仁一起，经多年努力，对云南辛亥革命史、护国运动史、西南军阀史、云南近代史等重要课题进行了较深入的研究和著述；对云南和中国西南地区在中国近代史上的作用和贡献，通过史学著作提出了一些新见解和论述，扩大了云南史学在全国的学术影响，也引起了国外同行学者的注意和兴趣，日本京都大学人文科学研究所狭间直树教授，于 1984 年来中国社会科学院进行学术交流时，指名要求访问，中国社科院发文（1984 年社科外字 53 号）给予支持和帮助。主要学术研究和学术活动有：和谢本书教授等发起组织了“护国运动史研究会”、“西南军阀史研究会”等学术团体，对护国史进行了专题研究，撰著了《护国运动史》，主编了《护国文献》(两卷)。对云南人民在中国近代史上发动讨袁护国运动，推动全国历史前进所做的贡献，通过《护国运动史》阐明了其应有的历史地位。《文汇报》、《光明日报》、香港《大公报》等都发表了推崇性评介。和谢本书等联合中国西南六省区学者共同开展学术研究与交流，撰著了《西南军阀史》(三卷本)，为第一、第二卷主编之一，该书获 1991 年中国“光明杯”哲学社会科学著作奖。还和同事们一起，共同撰著了《云南辛亥革命史》、《云南近代史》、《云南抗日战争史》等 10 余种著作。作为云南社会科学院的研究生指导教师之一，曾为中国近代史专业硕士研究生讲授云南近代史、中国西南边疆史等课程。

总　序

中共云南省委书记　李纪恒

“盖文章，经国之大业，不朽之盛事。”一部承载责任与使命的好作品，必将是一部千古不朽的立言典范，也必将是一部历久弥新的传世教科书。千百年来特别是明代以来，许多贤人君子和名人大家在广袤的云岭大地耕耘、思考和写作，留下了闪光的足迹和丰厚的作品，足以飨及后进，启迪晚辈。在搜集、遴选和整理云南明代以来学术大家、学术名家著作的基础上，由云南宣传部门牵头推出了《云南文库》，这一丛书的面世诚为云南学术研究和出版界之盛事。

编纂《云南文库》是传承云南地域文明、提高云南文化自觉的有益尝试。“七彩云南”这片神奇的土地孕育了对中国乃至世界文明都有重要影响的古人类，造就了云南文化的丰厚积淀，从而构成了博大精深的云南文化艺术宝库。作为中华文化圈、印度文化圈和东南亚文化圈的交汇地，云南自古以来都不缺乏学贯中西的大师和博古通今的大家，从来都不缺乏魅力四射的光辉著作和壮美奇绝的文化遗存。其中，许多学术作品都凝聚了深邃的思想和超凡的智慧，体现了鲜明的地域特色和民族特色，彰显了有云南自身特点的知识谱系和学术传统。今天，我们将历史长河中的明珠拾起，用心记载云南学术史上的灿烂篇章，正是为了守护云南优秀的地域文化，为了汲取进一步繁荣发展云南哲学社会科学的养分和动力，进而筑牢云南文化自信的根基。

编纂《云南文库》是树立云南文化品牌、增强云南文化影响力的重要举措。云南文化是中华文化的有机组成部分，其悠久的历史文化、多彩的民族文化、独特的生态文化、包容的宗教文化，已经成为文化百花园中一枝流光溢彩、香飘四海的奇葩。千百年来，云南学者中英奇瑰伟之士以及众多寓居云南的外省学者念兹在兹，深植于云南沃土，扎根于传统文化，不懈探索、勤奋撰述，留下了一批经得住历史和实践检验的珍贵成果。特别是抗战时期，随着西南联合大学和相关研究机构的到来，昆明一时风云际会，云集了大批我国现代学术史上开宗立派的学术大师和著名专家，云南成为当时中国学术中心之一，诞生了大批学术经典。新中国成立后，云南学术研究取得很大进展，研究队伍空前壮大，学科建设卓有成效，学术成果日益丰硕，推出了一批享誉国内外的学术精品。近年来，《云南史料丛刊》《云南丛书》等一批历史文献和地方文献丛书相继刊印，云南文化的影响力和竞争力不断增强。今天，我们隆重推出《云南文库》，就是要为更多的人了解云南、熟悉云南、研究云南搭建一个平台和载体，为云南的经济社会发展、文化建设、文史学术研究等提供有益的历史借鉴，为在更广领域传播云南文化、打造云南品牌、增强云南软实力创造更好条件。

编纂《云南文库》是保障人民群众的基本文化权益的有效途径。文化建设的根本就是要用健康高雅的艺术、用智慧明辨的思想、用善良温厚的德行启迪人、引导人。编纂《云南文库》一个重要目的是丰富人民群众的精神文化生活、增进人民群众的幸福感。此次收入《云南文库》的著作，涉及哲学、历史、文学、语言、艺术、民族、宗教、政治、军事、外交等诸多方面，包含着丰富的自然、社会和人生哲理知识，体现了高度的人文关怀。阅读这些著作，有助于培育读者自尊自信、理性平和、积极向上的心态，有助于引导人们去发现、享用、珍惜世界和人生之美，能使大众的精神世界得以滋养和美化、人格得以陶冶和熏陶、心灵得以安顿和抚慰、情感得以丰富和升华，从而更好地满足人民群众多层次、多方面、多样性的审美需求。

编纂《云南文库》是推动云南跨越发展的必然要求。云南早在1996年就提出了建设“民族文化大省”的目标，是全国最早提出建设民族文化大省的省份之一。2000年，我省正式确立了“建设绿色经济强省、民族文化大省和中国连接东南亚南亚的国际大通道”的三大目标，把文化事业和文化产业的发展纳入了全省经济社会发展战略的范畴。2009年召开的中共云南省委八届八次全委会，作出了把云南建设成为“绿色经济强省、民族文化强省、中国面向西南开放的桥头堡”的重大决策，把云南文化建设推向了一个新的阶段。2011年11月，云南省第九次党代会进一步明确了科学发展、和谐发展、跨越发展的发展主题，要求更加自觉、更加主动地推动文化大发展大繁荣。当前，云南人民正豪情满怀地沿着建设民族文化强省的道路阔步前行，具有云南特色的文化模式已经也必将进一步焕发动人而耀眼的光芒。我们将以打造《云南文库》等一批社科品牌和文化精品为契机，继承优良传统，发挥优势，突出特色，以面向现代化、面向世界、面向未来的宏大眼光，锐意进取，积极开展学术研究，努力创造出无愧于时代、无愧于人民、无愧于历史的优秀学术成果和文化产品，更好地弘扬以高远、开放、包容的高原情怀和坚定、担当、务实的大山品质为主要内容的云南精神。

《云南文库》最终得以发行，首先是众位先贤心血和智慧的结晶。在此，我们要对创造了云南学术精品并因此而为中华文化做出杰出贡献的学者们表示崇高的敬意！在《云南文库》的编纂过程中，相关编纂单位、出版单位和参加整理的学者，以高度的责任感和使命感，兢兢业业地做好编校和出版工作，正是有了他们的辛勤劳动和精心工作，才有如今的翰墨流芳。在此，我要诚恳地道一声，大家辛苦了！《云南文库》从构想走向现实，离不开众多读者和社会各界人士的支持，我也一并向你们表示诚挚的谢意！同时，衷心希望同志们一如既往地为云南文化建设献智献策，欢迎更多的同仁志士参与到云南文化建设的伟大事业中来！

谨为序。

目　录
Contents

学术求索回顾

——孙代兴学术自述

我是在新中国的社会主义高潮中，被国家向科学进军的巨浪卷进大学校园的，并从此走上了学术求索之路，这是我人生的一大转折。在此之前，我是重庆西郊璧山县团委从事青年工作的一名干部。

1956 年春，是新中国成立之初呈现的一个十分灿烂而无限美好的春天，中国的社会主义建设事业进入了波澜壮阔的高潮时期。社会主义建设事业的迅猛发展，急需大量的各类人才。为此，中共中央向全国发出向科学进军的号召，全国高校扩大招生，因高中毕业生的生源不足，动员其他具有高中毕业或同等学力的青年报考，我以同等学力参加高考，被云南大学录取进入历史系就读。我有幸进入大学，实现了美好的梦想，真是喜出望外，深深感激社会主义祖国给我们创造的难得机遇。

对于本想学习新闻专业的我来说，被录取入历史专业，思想准备有些不足。但我有服从分配的入学志愿，我还是很自觉地接受专业选择。

对历史课，我在小学、初中、高中都已学过，但并不理解作为大学本科专业的历史学科。入学之初，我非常认真地听取本专业教师们的介绍，开始朦胧地知道了：原来历史学在世界各国的高等教育中，都是一门独立的传统学科，各民族国家都必须传承、学习和研究自己的历史，因之，历史学在国家的发展和社会生活中，具有其他学科不能替代的历史借鉴、爱国教育、伦理教育等功能。同时，历史学又是社会科学各学科的基础学科，不可缺少。

带着十分好奇的新鲜感和受激励的心情我如饥似渴地学习专业规定课程，每个单元课后，都认真写自己的心得和见解，在课程之外，还尽力扩大相关的知识，有关社会科学的社会、政治、经济、国际关系等等，都在我的涉猎范围之内。经常抢借学校图书馆的有关论著，为了抢购一本恩格斯《家庭、私有制和国家的起源》，我几次放弃午饭而提前守候在新华书店门前。但真正专心致志攻读，不受什么干扰的钻研学习，仅有一年。

1957 年，出乎意料地来了一个“不平常的春天”，党内“整风”运动演变成了“反右派”斗争的风暴。我们原来以为它可能只在社会政治领域、党政系统中吹一吹就过去了。但又出人意料，它很快就刮进了大学校园，先是看见我们的老师、教授先生们不断有人被揪了出来，批来斗去。接着就转到了我们学生中，我们班的同学许多是当过干部或军人的在职人员，一些人在党组织号召大家“鸣放”，鼓励向党提意见的“整风”中，都热情响应党的号召，提了一些意见，后来，党组织从大家提的“整风”意见中，分离出了一些被认定为“反党”、“反社会主义”的“右派言论”。这些同学都一个一个地先后受到了批判，有七个同学被戴上了“右派帽子”。“反右派”在我们班上反反复复进行了将近三个月，以致 1957 年的暑假也被取消了。

“反右运动”之后，大家的学习热情似乎有所下降，谈论做学问的风气少了，更显著的是在同学们的思想领域中原来活跃而开朗的现象不见了！许多同学转而无声无息地悄悄读书去了。

1958 年“大跃进”的风暴很快刮进了校园，“反右”之后，学校领导和大学生们都表现很好、非常听话。领导当局认为改造学生们的资产阶级思想观念，必须加强劳动锻炼，到火热的“大跃进”运动中去接受思想教育和改造。于是，在 1958 年中，除在校内不断地搞“反右整改”、“交心运动”等等之外，又放下书本，停课到农村去挖浚河道、修建水库、大炼钢铁、下矿劳动。据说这是打破学生坐在窗明几净的教室里读死书的传统教育方法，在农村和工厂矿山中学习活的知识，同时就受到了思想的锻炼和改造，就可以树立无产阶级的世界观和人生观。

1959 年又有所改变，主管当局说，学生还是要以读书学习为主，于是我们才得以从正在接受劳动锻炼和思想改造的东川铜矿，回到云大的课堂，同时见到其他各系科的同学也纷纷回到了校园，再接受“死”的书本知识的教育。我也在颇觉身心疲惫之中，抓紧时间多读几本书。所幸，到毕业时我还是以各科学业成绩优秀，取得了本科毕业文凭。

1960 年，我们的四年学业届满，大家都为毕业以后何去何从、今后等待我们的工作岗位是什么等问题而忐忑不安。不过大家也明白，在当时的国家统一计划体制之下，每个人的就业还是有保障的。而且在全国刚刚进行了“反右倾机会主义”之后，“大跃进”的势头还在继续。因此，我们这一届的毕业分配，还是受到各用人部门争相延揽的。在此有利形势下，我有幸被分配到中国科学院哲学社会科学学部（今中国社科院的前身）所属的民族研究所，并编在其下属的云南民族调查（研究）组，从事少数民族社会历史田野调查和研究工作。

我走进新岗位，环顾左右，在这 30 多人的研究队伍里，许多是老前辈、老专家，最年轻的也是早我两届进入这个领域的师兄师姐们。当时的方法是分民族族别进行调查研究，云南的二十多个少数民族每个民族都已有人从事多年研究。我这个后入伍的新兵，和他们比起来完全不在一条起跑线上，思想上颇有些为难。

一年后，国家因“大跃进”的挫折，各行各业都进行整顿、裁编减员，云南调查组由 30 人减缩为 15 人。据说新疆方面很需要人，主管者有意鼓动我们去新疆。云南有关方面得知这一情况后，积极出面延揽，经组织部门协商，我被调进了云南省历史研究所。

云南史学　天地宽广

云南省历史研究所是一个省属地方研究所，隶属于中国科学院昆明分院，由云南大学代管，昆明师范学院院长方章兼所长，方章未到任，云大指定历史系主任张德光教授和方国瑜教授兼任副所长。云南历史所没有指令性任务，方章提出云南历史所的任务和目标是研究和编纂《云南通史》。云南历史所是 1958 年才成立的新所，专业人员不足 10 人，《云南通史》只能是长远目标。

我进入云南历史研究所后，知道云南的历史悠久，但从无通史性著作，只有 10 部通志和一些稗史、野史类史料。我在导师方国瑜先生的指导下，首先阅读和熟悉云南的10部通志和各种稗史、野史，尽可能多地占有史料。于是我快速查阅通志等史料，把通志中通史性的“大事记”等部分都摘成资料卡，二三年间，我积累了数以千计的几大盒资料卡片，较为清晰地掌握了云南历史从古至今的演进脉络。我根据唯物史观，也渐渐对云南历史有了总体的判断和理论性认识：云南史是一部多民族共生和融合的历史，它的表现形式是各民族先民的生存竞争，其结果是促成了各族的经济文化交流、渗透融合，各民族的差异性逐渐缩小，共性不断增强。

1963年，云南省主管部门决定将原民族和历史两个研究所合并，组成新的云南省历史研究所，扩大成一个综合性研究所，研究领域包括：云南通史、民族、宗教、东南亚、南亚等方面。我仍在云南地方史室，但具体任务有所变化，领导规定地方史室的任务是研究云南近、现代史，要求以反帝、反封建的历史为中心，研究和编著《云南近代史》。当时（20世纪60年代前期）云南和全国一样，学术研究和争鸣的氛围与环境还是比较好的，云南《学术研究》的创办，师友们积极参加学术争鸣、发表学术成果，形势是令人鼓舞的。我快速地翻阅云南近代史料，发现此前还没有人对此作过系统性研究，更无近代专史著作，可是云南的近、现代史料却是很丰富的，应研究的课题很多，史料价值高，在全国历史中地位重要，也易于着手，研究云南近、现代史大有可为。但当时的研究工作环境又有较明显的难度，主要是与工作并行不悖的是政治学习和活动很多，又要求研究人员用三分之一至二分之一的时间参加体力劳动和下乡、下厂调查，我在1964~1966年间，两次被派去农村参加“四清”运动，费时一年；一次下乡搞社会历史调查，为时半年。因之静心于室内研究时间非常不足，且思考活动常常被中断或转移，因之，具体着手研究和写作，十分不易，往往只能找小题目写点小文章。当时也就无法进行定时定量的业务任务考核，不然，在研究所工作是难以站稳脚跟的，这就是当时的社会、政治和学术环境的客观状态，业务人员的主观愿望是不可能改变的。

“十年浩劫”　学术荒芜

1966年，又出人意料地来了“文化大革命”，更令人想象不到的是从此陷入“十年动乱”、“十年浩劫”。当年9月，我们奉命调离云南省马龙县农村“四清”工作团队，回到云南省历史所就被指挥去全身心地投入“史无前例”的战斗，整天都在一片高喊“无限忠于”、“誓死捍卫”的口号声中奔忙。“战斗”中不断传出，今后也不需什么社会科学、学术研究了，因为今后的大学教育也只需要理工科，不要文科了，更何谈哲学社会科学？大家都在运动中斗来斗去，没完没了。1968年，军管会取代了“革委会”（“文革”政权），中科院昆明分院各研究所包括云南省历史所都派驻了“军代表”，仍无法调和与社会上对立的两大派联系在一起的历史所内两派的矛盾。“省革委”当局索性命令历史所到弥勒县农村的“云南省第一‘五七’干校”去搞斗、批、改。初到干校，小小的历史所的斗争却大大地升级，十分激烈，无法降温。全所竟被战火烧遍，人人都没能幸免，我也被作为“假八真炮”而批斗了三天。此时，“省革委”又给历史所派来了“工宣队”，实行“工人阶级占领一切”，“工宣队”又把历史所的“阶级斗争”完全倒了过来，原来主持斗争对立派的人，又成了被斗对象，批来斗去，根本无法说清谁是谁非。

1970年春，我们在弥勒县的省第一“五七”干校斗了一年半之后，云南省的“文革”政权又根据林彪、江青等人在江西省整治干部、知识分子的经验，决定把干校中不属于“正确路线”和“正确观点”的干部下放到农村生产队去改造。我被编入一个小组，于1970年5月被送到弥勒县赤沙白生产队去“插队落户”，当“新农民”。在生产队里，白天和农民一起在田间劳动，晚上集中政治学习，斗、批、改，至1971年底，我收到通知调回历史所工作。大家都不知道何故，回到昆明才得知，是“省革委”主任要贯彻毛主席要求领导干部“要学点历史”的指示，却找不到现存的云南历史著作，才指令有关方面组织人力编写云南历史，这才有了云南省历史研究所的复活。

我们在生产队插队劳动期间（1970年5月~1971年12月）发生了两件震惊中外的大事，对全省、全国以至人们的政治、思想、处境都影响颇深。一是1970年10月云南最高军政长官在昆明被暗杀，引起全省戒严，到处抓捕刺客、反革命。我们虽僻处农村，也被指令交代事发当时你在何处？干什么？另一事件是林彪政变失败，坠机身亡（1971年“九一三”

事件），国内外为之震惊，我们在农村生产队，也奉命进行了久久的“政治学习”，批判林彪反革命罪行，后演变为“批林批孔”运动。事件虽无果而终，但林彪、江青整治干部、知识分子政策的“正确性”、“合理性”受到质疑，直至被完全否定。

我们回到历史所时（1972 年 1 月），因“文化大革命”运动仍未结束，大多数党政及事业机构尚未恢复，历史所没有建制归属的领导部门，“省革委”指令归并给云南大学。我们刚迁入云大，就接到“省革委”领导指示由历史所立即着手编写“云南历史”。历史所指定我和赵卓、周裕栋，云大抽调江应樑、杜国林教授共五人组成了云南历史编写组，我承担云南近代史和明、清时期的中缅关系部分。经过三个多月的编写，我们写出了一部 20 多万字的初稿，定名《云南历史概略》，打印送审后，省里指示，修改扩充为一部较详细、更充实的“云南史”，编写组扩大为由 10 人组成，由马曜教授任组长，我仍承担近、现代史的大部分，经一年的努力，写成了一部 60 万字的《云南简史》，分上、下两册出版。1974 年我国准备对越边界谈判，由外交部派员主持在云南组成了一个“中越边界资料”编辑组，我被指名借调参与其事，经一年努力，从大量尘封的历史档案中，摘抄、整理出一册约 50 万字的《中越、中老边界历史档案资料》，提供给我方代表作为边界谈判的背景资料。

1975 年，“文化大革命”运动仍在疲惫不堪地进行，国人十分厌倦，所里的大批人员被派到农村参加“学大寨”运动，我和部分同志留所维持业务工作，我们编辑出版了历史所第一本研究集刊《云南民族与地方史研究》，我在刊物中发表学术论文《论云南人民的反洋教斗争》。

1976 年是中国的多事之秋，也是历史性转折的年代。年初周恩来总理逝世，4 月清明，又因北京市民倾城悼念周恩来而被打成“天安门反革命事件”，举国上下一片惊恐。是年夏秋，朱德、毛泽东相继逝世，全民悲恸；又发生唐山大地震，罹难死亡民众有 20 多万人。国家政治生活中又激烈地进行着“批邓（小平）反击右倾翻案风”运动，人们敢怒而不敢言，知识分子中多有忧国忧民之慨叹！我们在所里的一些人对政治运动感到厌恶和恐惧了，相约到偏远山村去搞社会历史调查，我们几人去到宁蒗县永宁区，调查摩梭人的原始婚姻家庭形态（对偶婚和母权制家庭）。9

月，在昆明悼念毛泽东逝世刚完，我被派出差沈阳、抚顺，10 月 8 日到达北京，从“小道消息”惊闻华国锋、叶剑英等一举逮捕了把持中央权力的王（洪文）、张（春桥）、江（青）、姚（文元）“四人帮”，稍后公之于众，全国掀起了全民批判“四人帮”的热潮，人们都喜形于色，欢呼“中国有救了”！

真理重光　学术回春

1977 年是一个政治气候迅速转暖的年份，虽然清除“四人帮”的斗争还在全国进行，各行各业处于百废待兴之中，大家的生活仍非常艰苦，但人们都充满喜悦和期待之情。特别是中共十一大召开，正式宣布“文化大革命”结束，人人都欢呼雀跃。我决定重理“文化大革命”前的计划和打算，恢复多次中断的科研业务。此时，省文化厅又来指名借调我去参加他们写“红军长征史”，一去就将近一年。1978 年的形势更加喜人，“实践是检验一切真理的标准”的大讨论在全国取得成功，人们的精神重新获得了解放。中共中央十一届三中全会召开，全面恢复被“文化大革命”毁弃了的路线、方针、政策。从此，我们才真正回到了久违的业务——社科、史学学术研究。

全国人民思想解放，精神焕发，整个社会都活跃起来了。和各种事业一样，社会科学研究重新焕发了青春，由于对理论的急切需要，社科界的学术研讨活动显得特别活跃。此时，我积极谋划着，迅速着手研究一些云南、西南地区，以及中国近、现代史的重要课题，我按照史学研究的一般方法，首先搜集和占有资料，在查遍了图书馆、资料室后，我去到了尚未受到大家重视的云南省档案馆，我发现，省档案馆馆藏民国案卷十分丰富，令人感到十分惊奇。在 1979～1980 年间，我在省档案馆将近一年，查阅了尘封多年的数以千计的案卷，抄录了上百万字的云南民国军政档案和部分经济档案史料。这些第一手的档案资料，为我们历史所及中国军事科学院战史部、各兄弟省的学者们，提供了研究南方军阀史的资料基础，同仁们一直十分感激。与此同时，我积极开展学术活动，以期联络一些同仁学者或爱好者参与有关课题的史料发掘和研究，希望通过更多人参与的学术活动，使课题的研究更深入、学术理论水平更高些。1979 年 9 月我和云大历史系谢本书教授等人组成“云南护国史研究会”、“云南民国军阀史研究会”；由于我们的奔走筹划，1980 年 5 月，在成都召开了有中国社会科学院近代史所、中国军事科学院战史部、上海社会科学院、湖北社会科学院、南方各省区近代史专家学者出席的第一届“西南军阀史学术讨论会”，并成立了有川、滇、黔、粤、桂、湘等省区学者、专家参加的“西南军阀史研究会”（后改为“民国史研究会”），决定由各省分会轮流主办学术讨论会。其后，分别在贵阳、昆明、南宁、广州、长沙、重庆等地召开了相关的各种专题史学术讨论会，出版了各种专刊和论文集，共发表学术论文近 100 篇，100 余万字。

1979 年 11 月，我应邀出席了中国史学会和中山大学在广州召开的“孙中山与辛亥革命”学术讨论会，我提交的学术论文《护法运动与滇系军阀》被大会选用发表在广东人民出版社出版的《辛亥革命论集》中。在此后的十余年中，我先后受中国社会科学院、中国军事科学院及各省区学术组织邀请，出席了数十次全国性的或地方的学术研讨会，如中国军事科学院在北京召开的“红军长征史研讨会”、中国社会科学院在北大召开的“中国边疆史地学术讨论会”、中国社会科学院近代史所在南京召开的两次“民国史研讨会”、在太原召开的“中国地方史志讨论会”等等。我每次提交给学术研讨会的学术论文，都在会后出版的学术论著专辑中发表，加上我在全国和云南的各种学术刊物上发表的学术论文共计近 100 篇，150 余万字。

在“文化大革命”后 20 年的学术研究中，我和所内外、省内外的部分专家、学者共同研究和撰著、主编出版的著作主要有：《护国运动史》（贵州人民出版社 1985 年版）、《西南军阀史》（上、中、下三卷，贵州人民出版社 1990～1995 年版）、《云南近代史》（云南人民出版社 1993 年版）、《云南辛亥革命史》（云南人民出版社 1991 年版）、《云南抗日战争史》（云南大学出版社 1995 年版）、《团结抗战》（云南人民出版社 1995 年版）、《玉溪卷烟厂发展史》（云南人民出版社 1992 年版）、《红军长征过云南》（云南人民出版社 1989 年版）、《玉溪卷烟厂》（中国国情丛书之一，当代中国出版社 1994 年版），以上各书我执笔的部分约 60 万字，编辑出版《护国文献》（上、下卷，80 万字，贵州人民出版社 1986 年版）、《云南辛亥革命史料辑》（云南人民出版社 1991 年版）、《云南现代史料丛刊》（共四辑）。以上著作中，《西南军阀史》获全国“光明杯”1991 年度社科优秀著作奖，《护国运动史》、《云南抗日战争史》分别获云南省政府颁发的云南社科优秀著作三等奖和二等奖。在云南省社会科学院的优秀科研成果评奖中，我在 1984 年获三等奖、1985 年获二等奖、1986 年获一等奖、1988 年获三等奖。

在社会工作中，曾受聘担任云南省社科基金评审专家、省社科科研成果奖评委、省地方志系统专业职称评委、昆明市政协专委会特邀委员等多种社会职务。在社会活动中，积极地不辞辛劳地为学术团体和公共事务服务。因而在 20 世纪 80～90 年代的十多年中先后获得“学会优秀工作者”、“政协活动积极分子”、“优秀党员”、“优秀党务工作者”等八种优秀奖和贡献奖。

1979 年，国家恢复专业技术职称（职务）时，云南大学历史所授予我“助理研究员”职称。1983 年，我们部分人申报了副高职，政府主管部门临时宣布暂停，1986 年解冻后，云南省社科研究高级学术职务评审委员会于 1987 年初补评陈品范、张怀渝、韩敬和孙代兴等 17 人为“副研究员”，任职资格从 1983 年 8 月起计算。其后，职改工作再次中断，1992 年恢复职改，评定和授予我“研究员”职称。

1984 年，云南省社会科学院获准招收硕士研究生，并设立了研究生部。历史所由所长谢本书教授领衔招收“中国近代史”专业硕士生，所领导指定我协助谢本书指导研究生工作。至 1988 年，共招生五届，录取攻读中国近代史专业的硕士生 11 名。我除参与出试题、进行考试、评考卷和录取等工作外，还为本专业、民族史和东南亚史硕士生讲授云南近代史、中国西南边疆史等课程，并指导吴达德、张神根等人的学位论文写作，经四川大学研究生院主持的硕士论文答辩，他们都获授硕士学位。

我在对中国南方民国史、军阀史和云南近代史的研究中，从云南省档案馆尘封的档案中发掘了不少新史料，并对其中的一些历史问题进行了新的剖析和认识，提出了一些新见解，用史实印证孙中山和民主革命政党判明的南方军阀本质上都是反民主革命的，“南与北都是一丘之貉”等论断，是受帝国主义支持的外国侵略势力的代表。这些论述，受到国内近代史学界的重视，多次邀请我出席国内一些近代史史学学术研讨会议。也引起了国外同行学者的关注和兴趣，长期和中国社会科学院保持学术交流的日本学者、日本京都大学狭间直树教授 1984 年来中国进行学术交流时，除要求在北京拜会胡绳、金冲及等著名专家外，还指名要求拜会云南省社会科学院孙代兴先生、贵州吴雁南先生（贵阳师院院长）、广西莫济杰先生（广西政治学院院长）、广东张磊先生（广东省社会科学院院长）、中山大学陈锡祺教授等。中国社会科学院为此专门发文〔84 社科外字 53 号〕作了具体布置。

1987 年，云南省社会科学界联合会召开第二次代表大会，选举成立“云南省社会科学界联合会理事会”，我被选为理事之一。云南省史学界的“云南省护国史研究会”、“民国史研究会”、“西南军阀史研究会”合并改组为“云南省中国近代史研究会”，我被选为会长。此后，云南省社科界联合会在各种学术活动中都把我列为专家、学者参加活动，并在云南省社科联和云南省社会科学院分别出版的《云南省专家学者名录》和《云南省社科院人员简介》中都列名介绍，流传省外。于是，世界文化艺术中心（香港）和中国国际交流出版社编辑出版的《世界名人录》（中国卷）等几种人名辞书，也把我收入了名录。这有些名不副实，愧见学术界同仁。

论"史学危机"与史学功能

一

近年来，在史学领域中出现了"史学危机"的种种议论。对于"史学危机"应该如何理解，它的内涵如何界定？其说法是多种多样的，其概念也是非常混乱的，实际上什么是"史学危机"至今仍然是一个争论不休的问题。

据有关学术刊物及资料介绍，"史学危机"之说，是在十年"文化大革命"之后逐渐流传开来的。有关的具体说法和论点比较多，概括起来大致有两类不同的"危机论"：其一，是说我国史学的功能和价值日益衰落，当前处境困难，似乎面临"危机"，感到忧虑，要求改革；其二，是说马克思主义史学体系及其理论，使我国史学陷于僵化、失去了史学的实证科学的特性，因此，应当予以清理和否定。两种"危机论"的出发点和目的是完全不同的，前者是要求史学改革，后者是要根本否定马克思主义史学体系。

两类"危机论"的主要论点是这样的：

第一类"危机论"主要是认为，我国历史学的功能现在比过去已大大下降，它的社会作用在逐渐丧失，历史学的社会价值似乎在慢慢消失之中。对此，有的同志提出：属于综合地反映华夏文明的中国历史和传统史学，过去一直都受到人们的尊重和热爱，史学的借鉴功能和教育功能，在我国历史上长期都占突出的地位。新中国成立后，也由于领导人的重视，历史学受到尊崇，其地位长期优于社会科学其他某些学科。可是正因为史学受到特殊的青睐，有时候因为政治需要，史学论著往往为领袖言论作注解，为现行政策作图解，也就是说史学实际成了政治的工具①。在“文化大革命”动乱期间，史学竟成为“四人帮”实现其政治野心的御用工具，他们采取实用主义手法，利用某些历史课题，掀起所谓的政治大批判运动，大搞“批儒评法”之类的影射史学，愚弄群众。他们按照政治阴谋的需要，曲解或捏造历史，败坏了史学的声誉。史学失去了信史的价值，使人们怀疑历史。在历史唯物主义指导下的历史科学应当是最科学的，却落到了最不科学的地步②。史学遭到如此践踏，失去了它的科学性，人们怀疑历史的可信性，甚至投以蔑视的目光。对此，史学工作者们感到史学陷入了困境，面临危机，不是凭空的怪论和无缘无故的杞忧。所以，有的史学家才提出呼吁：“要发挥史学家的良知”、“要写信史”。有的史学工作者又指出：历史的借鉴功能，是史学在中国历史上一贯受重视的原因，在古代尤为显著。但到近、现代社会，与过去相比，现代社会的发展频率越来越高，“今天”包含的“昨天”因素越来越少。因此，过去的经验对今天和明天的可用性越来越弱。人们对由过去推导未来的可能性、可靠性产生怀疑，所以史学也就被空前地冷落了。长期以来，史学家扮演“过去”的评判者和“未来”的预言家的角色功能正在淡化，难免使人产生失落感。因此，就这种意义上来谈论“史学危机”，努力改进史学研究现状，是值得肯定的③。再有的同志指出：史学的教育功能，在我国历史上长期受到尊重和推崇是有道理的。但在现代生活中被不恰当地夸大了，不断强化历史的教育作用，把许许多多的思想教育任务，如鼓舞民族精神、维护团结统一以至对现行政策的注解等等，都当做历史教育的任务，在“文化大革命”中的一些超常的做法就是例证。“文化大革命”的狂热浪潮过去之后，人们心理失衡，思想惶惑，青年中产生“信仰危机”，对“文化大革命”中利用历史强行说教等做法不仅反感，不信任，甚至表示鄙视。这种滥用史学的教育功能造成的“史学危机”，是难以否认的，对此感到忧

① 李华兴：《消肿后的隐忧》，载《史学理论》1988 年第 4 期，第 13 页。

② 陈旭麓：《发挥史学家的良知》，载《史学理论》1988 年第 4 期，第 3 - 4 页。

③ 《史学的出路在于观念的更新》，载《史学理论》1988 年第 3 期，第 8 - 9 页。

虑和进行反思是必要的。还有的同志认为：近年来，历史学的社会价值及其学术地位有迅速下跌之势，历史学日益受到社会的轻视。在大学里，学生不愿学历史专业，历史专业毕业的学生纷纷改行，史学论著的发表园地日渐缩小，史学学术著作的出版比其他学科的学术著作更为艰难。现代历史学的地位不仅今不如昔，而且还在每况愈下。一些史学工作者感到史学的前景黯淡，忧心忡忡。这些感觉和说法大多符合事实，把史学在当前的这种窘境看做是一种“危机”，这也是可以理解的。

综上所述，这一类“史学危机”论者，是感到在我国当前的全面改革大潮中，国家以经济建设为中心，过去受推崇的传统史学，现在难以发挥它的功能了，它的社会价值不被人们理解和重视，受到社会的冷遇。因而使史学界的许多人感到处境困难，前景黯淡，并为此而产生了强烈的危机感，这就是一般所说的“史学危机”。由此可以看出，这是在我国当前处于历史性重大转折时期，古老的传统学科历史学不适应社会的需要，产生了多种矛盾，遇到了严重的困难，使史学工作者们对史学的现状感到不满和焦虑，这实质上是出于对事业的责任感而产生的一种忧患意识的反映，其要求改革史学的愿望和目的是积极的。所以，持这种危机感的人，不仅没有否定历史学的传统功能和现实的社会价值，而且是力求探索在新形势下如何发挥历史学的功能。

二

有一类“危机论”者和上述“危机论”的看法迥然不同，他们认为：“史学危机是‘五四’以来形成的马克思主义史学体系的危机。”“马克思主义历史唯物主义渊源于古典进化论。”“马克思主义史学方法论中浸透了古典进化论，其特点是引入生存竞争规律概念，把历史事实抽象归纳后，组合排列为……社会生物链。史学只在链中找位置，如古代史分期、近代史性质、社会主义初级阶段特征等。”“古典进化论把一部社会文明史定义为阶级斗争史，把历史唯物主义规律当做全部史学理论。”“这些观点都要清理。”他们认为我国“五四”以后形成的马克思主义史学体系已无存在的合理性，因为“这种思维模式造成了史学理论的僵化和机械化的倾向，使得史学失去了实证科学的特性”，所以，这些观点都要彻底清理。这就明确提出了要从根本上“清理”和否定马克思主义史学体系的要求。这种观点，其立论方法是首先歪曲马克思主义历史唯物主义，诡称“马克思主义渊源于古典进化论”，“把生存竞争”规律引入人类社会历史，再进而否定马克思主义唯物史观。

这类所谓的“史学危机”论者，不是从事实或理论上探讨“史学危机”，而是企图从根本上动摇马克思主义唯物史观的理论基础，他们要“清理”和否定的是马克思主义根本原理之一的历史唯物主义。但这种企图显然是心劳日拙的，既否定不了我国“五四”以来形成的马克思主义史学体系，也不可能推翻马克思主义的历史唯物主义原理。

第一，我国并不存在马克思主义史学体系的危机。我国以马克思主义历史唯物主义为理论基础的史学体系，其形成、发展和未来前景符合历史学自身发展的规律，是任何人也否定不了的。

我国的马克思主义史学体系，是五四运动以后形成的。在五四运动以前，我国的历史学是为我国传统史学和近代传入的西方资产阶级史学所统治。我国古代形成的传统史学虽然悠久而灿烂，但它和资产阶级史学一样，是在唯心史观支配下的旧史学，还没有关于历史规律的探索和史学科学理论体系可言，严格说来它还没有形成历史科学。五四运动后，唯物史观随马克思主义传入我国，它在资产阶级唯心史观和我国旧史学的强烈抵制和反对中，不断前进和发展；它以高度的科学性和令人信服的说服力，比较迅速地在我国史学界取得了优势地位，成为我国史学的理论依据和指导思想。经过李大钊、郭沫若、范文澜、吕振羽、侯外庐、翦伯赞等人的奠基和当代许多史学家的努力，终于使我国史学形成了现在的历史科学。新中国成立以来，我国历史学在马克思主义历史唯物主义指导下，在史学研究、历史教学和史学论著等方面都取得了大量成果，各种类型的中国通史、近代史、革命史、民国史、经济史、思想史、文化史、世界史、国别史等大量出版问世，这些史学著作中，许多都成了历史学的教科书和爱国主义的教材之一，有的还为社会主义建设提供了历史背景参考，并在社会主义精神文明建设中发挥着积极的作用。如无偏见，应当承认，马克思主义史学在中国取得的成就，也就是在世界上一个较大范围内的胜利，具有划时代的意义。

从全世界的范围看，马克思主义史学在其形成之初，西方资产阶级史学界是强烈否定和抵制的，长期持敌视态度。可是一百多年来，西方史学新旧各派不仅没有能战胜马克思主义史学，而且不得不逐渐采用一些马克思主义原理和方法论来解释他们的学说无法解释的社会历史问题。第二次世界大战以后，马克思主义史学成为世界史坛上的一支劲旅，在西方不仅出现了一些用马克思主义理论来研究历史的史学家，而且有的原来反马克思主义的史学流派的代表人物，如存在主义的史学家萨特，他在20世纪50年代末，竟标榜他是存在主义的马克思主义者①。

马克思主义史学在中国和西方世界的胜利发展，并取得了巨大成就，它现在仍在不断前进和发展中，这些事实说明，根本不存在马克思主义史学体系的危机。所谓“我国‘五四’以来形成的马克思主义史学体系的危机”之说，“实际上是有人想以此为缺口来动摇作为史学研究的指导思想的历史唯物主义，进而否定中华民族的优秀传统文化，为‘全盘西化’制造舆论”②。

第二，马克思主义历史唯物主义绝不是所谓的“古典进化论”。所谓“历史唯物主义的基础渊源于19世纪西欧的古典进化论”，“马克思主义史学方法论中浸透了古典进化论，其特点是引入生存竞争规律概念，把历史事实抽象归纳后，组合排列为一个由低级到高级的社会生物链”。这里所说的“古典进化论”，实际是指19世纪末20世纪初在西欧出现的社会达尔文主义和庸俗进化论。

历史唯物主义是我们许多人都熟悉的马克思主义的基本原理之一。恩格斯认为，马克思“发现了人类历史的发展规律”，是他一生中最重要的两大发现之一，就是指马克思发现并确立了历史唯物主义的科学体系。对于马克思主义的来源和组成部分，列宁说得很清楚：“马克思是19世纪人类三个最先进的国家中三种主要思潮的继承人和天才的完成者。这三种主

① 马雪萍：《马克思主义史学在东西方历史命运的考察》，《历史研究》1989年第3期。

② 《坚持唯物主义，弘扬中华文化》，载《光明日报》1989年9月13日。

要思潮就是：德国古典哲学、英国古典政治经济学、同法国一般革命学说相连的法国社会主义。”① 这已经是关于马克思主义的一般常识了，说马克思主义历史唯物主义“渊源于古典进化论”，“浸透了古典进化论”，毫无根据。如果不是无知，就是有意歪曲和攻击马克思主义。

马克思主义形成的时期，也正是达尔文学说风行的时期，马克思、恩格斯都赞同达尔文的生物进化论观点，认为达尔文对自然界和生物进化规律的解释是重大的科学发现。但马克思、恩格斯从来没有把自然界生物进化规律和人类社会历史的发展规律混为一谈，而是把两者严加区别的。恩格斯指出：“正像达尔文发现有机界的发展规律一样，马克思发现了人类历史的发展规律。”② 因为“历史的发展像自然的发展一样，有它自己的发展规律”③。这就清楚地指明了，人类社会历史发展和生物进化是各有规律的，并没有说是同一个规律。列宁说：“达尔文……第一次把生物学放在完全科学的基础上，确立了物种的变异性和承续性。同样，马克思……第一次把社会学置于科学的基础上，确定了作为一定生产关系总和的社会经济形态的概念，确定了这种形态的发展是自然历史过程。”④ 这就清楚地告诉我们，马克思发现的人类历史的发展规律，不是达尔文发现的生物进化规律，更不是渊源于“古典进化论”。

此论的提出者说，马克思主义历史唯物主义“引入生存竞争规律”，“把历史事实抽象归纳后，组合排列为一个由低级到高级的社会生物链”。将人类历史发展和生物学联系起来，形成所谓“社会生物链”，是提出此论者的“创造”。我们知道，“生物链”是生物学生态系统的概念，是指生态系统的组成和生态系统的营养构成方面的现象及原理。例如：自然界生态系统的组成是由：土壤、空气、水—绿色植物—动物—细菌、真菌四

① 列宁：《卡尔·马克思》，载《列宁选集》第2卷，人民出版社1975年版，第580页。

② 恩格斯：《在马克思墓前的讲话》（1883年3月22日），载《马克思恩格斯选集》第3卷，人民出版社1972年版，第574页。

③ 恩格斯：《美国工人运动》（1887年1月26日），载《马克思恩格斯选集》第4卷，人民出版社1972年版，第261页。

④ 列宁：《什么是“人民之友”以及他们如何攻击社会主义者》，载《列宁选集》第1卷，人民出版社1975年版，第10页。

大部分构成的有机统一整体，相互沿着一定途径，不断进行物质和能量交换，在一定条件下保持相对平衡①。在生物学上并没有把这种自然生态系统笼统称为“生物链”。所谓“生物链”，是指生态系统的营养构成而言，在生态系统中，由于食物关系把多种生物联结起来，一种生物以另一种生物为食，另一种生物再以第三种生物为食……彼此形成一个由食物联结起来的链锁关系②。这就是一般所说的“食物链”。生物界的这种自然生态现象，和人类社会发展的历史过程根本是不同范畴，两者有质的区别。马克思、恩格斯没有说过人类社会的存在和发展是由食物链联结起来的生态系统，更没有提出人类“社会生物链”的概念。很明显，所谓，“社会生物链”，完全是臆造出来的。这种论点，把人类社会说成是一个纯粹的自然生态系统，把人类社会历史发展进程，说成是生物与环境之间的相互制约、相互作用的生态系统的关系，这就把人类社会和形成了社会的人，倒退回自然界如同动物、植物的生存繁衍一样的自然生物状态。这种论点的推导结果，竟然把马克思主义历史唯物主义归进了所谓的“古典进化论”，并进而杜撰了一个“社会生物链”。这种论点是荒谬的，其企图也很明显，是为了攻击马克思主义而首先歪曲马克思主义，并强加给马克思主义一些非马克思主义和反马克思主义的黑货。

这种论调的制造者，在臆造了“社会生物链”之后，硬说马克思主义历史唯物主义就是把人类社会历史的各个发展阶段，安置在这个“社会生物链”的某个链环之中，并具体列举说：“我国的古代史分期、近代史性质、社会主义初级阶段特征等，只是基于在链中找位置。”我们都知道，马克思主义唯物史观在我国传播和形成的时候，中国史学研究中还没有提出和讨论古代史分期、近代社会性质等问题，更无从谈及现在才提出的社会主义初级阶段理论问题。近年来的历史专题和史学理论讨论中，又有谁把中国历史中的什么历史阶段列入什么样的“社会生物链”呢？没有！这就清楚说明：把中国历史中的一些具体史实进行抽象和排列组合，再把它缀合嵌入所谓“社会生物链”中的，正是这种“理论”制造者自己所企

① 刘天齐主编：《环境保护概论》，人民教育出版社1983年版，第19－21页。

② 同上。

求的目的。可是，对于中国历史学中的古代史分期、近代社会性质、社会主义初级阶段特征等问题，照此“原理”进行推导，又能安置在这个“社会生物链”的哪一个链环之中呢?！恐怕此论的制造者自己也无法回答。所以，这种论点不仅在理论上是十分荒谬的，而且在逻辑上也非常混乱，其手法也就更加拙劣了。

在社会科学界，一般人都知道，把达尔文生物进化论引进社会科学，用“生存竞争”、“自然选择”等原理来解释社会现象的，是19世纪英国的斯宾塞、美国的W. G. 萨姆纳等人的庸俗进化论和社会达尔文主义。他们提出“社会有机体”论，把人类社会和国家比做生物有机体，认为人类社会也和生物有机体一样，其发展演变是依靠“生存竞争”和“自然选择”规律进行的，人与人的关系是“生存竞争”关系。他们坚信人们生来就不平等，鼓吹为财产和社会地位而竞争，以消灭不适者，以保持种族兴盛和文化繁荣。他们认为穷人是生存竞争中的不适者，不应帮助；在生存竞争中，财富是成功的标志。以庸俗进化论为理论基础的社会有机体论和社会达尔文主义，后来成为帝国主义和种族主义政策的哲学基础①。但是，生物学和社会科学的发展，已经驳倒了社会达尔文主义的信条，在西方资产阶级思想界、学术界也早已批判和否定了斯宾塞、萨姆纳等人的观点和学说，怎么到20世纪末期竟然又搬出来强加给马克思主义历史唯物主义呢?

上述以探讨史学理论为名，歪曲马克思主义历史唯物主义理论基础，说它“渊源于古典进化论”，实际所指的是庸俗进化论，并力图根据这种进化论，将人类历史事实分离出若干元素，然后重新排列组合，拼凑成“社会生物链”，再把人类历史的各个阶段，嵌入这种“社会生物链”中。这是企图把这种捏造的“理论”，用偷换篡改手法，强加给马克思主义，以诋毁马克思主义的科学性。这种做法，不是探讨史学理论，是攻击和诋毁马克思主义的根本原理，否定马克思主义对历史学以至社会科学的指导。这是资产阶级自由化思潮在史学领域的突出表现。

这种臆造人类“社会生物链”的做法，是社会达尔文主义在新的历史

① 《简明不列颠百科全书》第7卷，中国大百科全书出版社1986年版，第117页。

条件下的重现。大家都知道，“自然科学中生物科学与社会科学最为接近，可是我们如果用进化论观点来研究历史，就会变成社会达尔文主义，成为历史唯心论”①。

三

历史学在我国现实生活中的功能及其社会价值，究竟应当如何估价呢？前面我们谈到了史学界的两种“危机论”的看法，其中第二种“危机论”，即所谓的“马克思主义史学体系的危机”论，是一种企图否定马克思主义的资产阶级自由化思潮，这不是我们探讨史学功能的范畴。但第一种“危机论”却是史学界普遍关心的问题，有不少人从各个角度提出了历史学存在危机的看法，如：史学曾被当做政治工具，失去科学性；史学的借鉴功能在不断减弱；史学的教育功能被滥用后受人鄙视；以及史学自身的发展艰难；等等。尽管出现了这么浓厚的忧患意识，但都没有因此而否定史学的固有功能及其社会价值。这在近几年来，关于史学在我国当前变革时期的功能及价值问题的讨论中，提出了不少有益的见解，对历史学作了新的估价和认识。

一般学者仍然认为，历史学是一门古老而常青的学科，它的功能和社会价值仍然是重要的，既不能否定，也不应贬低。我国的历史学产生以来已有近三千年的历史，并没有因为它特别古老而衰亡，而是在随着社会的发展而前进，而且有了巨大的发展，这一事实就证明了历史学在人类文明中是一门具有重要价值的学科②。从世界范围看，尊重和热爱历史，是各国、各民族对自己的历史的共同态度。著名的思想家、哲学家、科学家、政治家、军事家都非常重视历史学，古罗马政治家西塞罗认为，不知道你出生之前的历史的人，永远是个孩子；英国唯物主义思想家培根说过“读史使人明智”；马克思、恩格斯高度重视历史学，十分推崇历史科学，他

① 刘大年：《关于历史研究的指导思想问题——评马克思主义“过时”论》，《世界历史》1983年第4期，第10页。

② 丁伟志：《“察古而知今”是历史学的价值》，载《光明日报》1986年1月22日。

们曾说过："我们仅仅知道一门唯一的科学，即历史科学。"① 马克思、恩格斯在创立马克思主义学说的过程中，建立了历史唯物主义科学体系。毛泽东在领导中国人民的革命斗争中，非常重视运用历史知识和总结历史经验，并要求革命者都要学习历史，掌握历史知识，他说："我们这个民族有数千年的历史，有它的特点，有它的许多珍贵品质……今天的中国是历史的中国的一个发展；我们是马克思主义的历史主义者，我们不应当割断历史。从孔夫子到孙中山，我们应当给以总结，继承这一份珍贵的遗产。"② 周恩来说过：一个民族不懂历史就会是一个愚昧民族，愚昧的民族是不能建设社会主义的。

人类从进入文明时代以后就有了历史学，现代各国和各民族都有自己的传统史学。各民族都为自己有光辉的历史而自豪，也对历史上的苦难历程而永远铭记不忘，并用以策励自己奋发图强。我国是世界文明古国中唯一直接由华夏民族自己承续下来的国家，悠久而光辉灿烂的华夏文明史，是鼓舞中华民族永远奋勇前进的巨大精神力量。中国人民懂得十分珍视和热爱自己祖国的传统历史，崇拜和歌颂祖国历史上为国家为民族做出过贡献的英雄、伟人和爱国志士，特别敬佩和效法近代以来为救亡图存、振兴中华而英勇献身的革命志士。从中华民族强烈的历史意识和热爱祖国历史的态度中，说明人们对历史的兴趣是永恒的。所以，历史学的社会功能和价值是永远不会泯没的。

历史学在任何一个文明社会中的地位都应予以肯定，因为历史学特有的研究对象和社会功能，是任何一个社会所不能缺少的，轻视历史学的社会是不正常的社会。历史学在社会科学各学科中的地位是肯定的，社会科学在不断发展，一些新兴学科不断涌现，有的学科因社会的急需而有突出的发展。历史学作为古老的传统学科，与其他某些学科相比，相对说来是显得清冷一些，这是它的学科特点决定的。但历史学的功能是其他社会科学学科所不能取代的；不仅是现在，而且在未来社会中，人们也仍然需要

① 马克思、恩格斯：《德意志意识形态》，载《马克思恩格斯全集》第3卷，人民出版社1972年版，第20页。

② 毛泽东：《中国共产党在民族战争中的地位》（1938年10月），载《毛泽东选集》第2卷，人民出版社1952年版，第522页。

历史学。

四

对历史学的功能的阐述和概括，在史学界有各种不同的归纳方法。比较多的学者仍把历史学的功能归纳为借鉴和教育两个方面。也有的学者强调指出，历史学是一门综合性学科，它的功能是综合的多项的，并归纳为四大功能：第一，伦理教育功能；第二，经验借鉴功能；第三，文化积累和传播功能；第四，获取对社会规律性认识的功能。把史学多方面的价值概括起来，就是“察古而知今”，目的在于知今，只有察古才能知今①。这种概括是比较细致的，但照一般的归纳方法，也可以全部归入借鉴和教育两大功能之中，这种归纳似乎比较简洁明了。

关于历史学的借鉴功能问题。这就是马克思、恩格斯所重视的“历史的启示”作用，借鉴作用在我国历史上是一直受到重视的，即“以史为鉴”。历史的经验值得借鉴，这已是历史学的普遍常识，它已作为一种知识，积淀在我国的文化宝库中。当然，历史经验的借鉴和知识的运用，在古代较之现代更为显著而重要。在中国古代社会，特别是封建社会中，前朝和后代的社会经济状况与政治经济制度都无大的变化，差别较小。因此，由历史学记载和解释的过去的兴衰治乱缘由等等，对后代的统治者就有较多的借鉴意义。历史进入近、现代以后，虽然由于社会发展的速度加快，现在和过去的差异性增大了，历史经验的可用性随之减弱，史学的借鉴功能自然下降。但是，在现代社会中也仍然需要对过去经验的借鉴，因为现代社会由过去的历史发展而来，未来社会的发展也必须以现实社会为基础，并参考它的历史背景。我国现在建设有中国特色的社会主义和社会主义初级阶段理论的提出，就是充分考虑了中国现实的国情和它的历史特点。历史学在这方面的意义是明显的，并将在今后继续发挥它的作用。历史背景及其特点，过去的经验教训等等，即使在条件已经改变了的后世，

① 丁伟志：《“察古而知今”是历史学的价值》，载《光明日报》1986年1月22日。

仍然有许多值得吸取的因素和可供参考借用的知识。如果因为时代前进了而蔑视历史经验，只能使人们在现实生活中增添盲目性①。

中国近、现代历史的发展轨迹和它所选择的发展道路，是我国现代“以史为鉴”的最好例证。我国现在选择社会主义道路，正是根据中国近、现代历史发展的经验教训作出的历史抉择。人们从中国近代史发展的历程中都知道，在清朝封建统治的后期，由于政治腐败、经济落后，在西方列强侵略下，中华民族陷于生死存亡的民族危机之中；我国的许许多多爱国志士，为救亡图存、振兴中华，曾历尽艰难险阻，寻求救国之道，他们先后采用过“中体西用”、变法维新、民主革命等等救国方案，并为之进行了近一个世纪艰苦卓绝的斗争，但最后都失败了。历史一再证明，世界历史已经进入资本帝国主义时代，中国就不可能建立资产阶级共和国、独立地发展资本主义了。在中华民族处在存亡攸关的历史关头，中国共产党领导全国人民取得了反帝反封建的新民主主义革命的胜利，走上了符合世界历史发展潮流和中国历史发展趋势的社会主义道路，并连续取得了社会主义革命和建设的伟大胜利。虽然，我国在建立社会主义制度之后仍有失误和挫折，使社会主义事业遭到一些不应有的损失，但这不是走社会主义道路的错误，是违背社会主义原则和发展规律的后果。改革开放以来，中国共产党在纠正这些失误的过程中，已使社会主义事业取得了前所未有的发展和成就，这已是举世公认的事实。中国近、现代历史发展选择社会主义道路这一事实，是指引我们继续前进的“历史的启示”，我们应当尊重这一历史选择的结果。

关于历史学的教育功能问题。这是史学研究中论述比较充分的部分，大多认为教育功能是历史学在现代社会生活中能广泛发挥作用的重要方面。虽然许多社会科学学科都有教育的功能，但历史学的教育作用是它所特有的，不同于其他社会科学学科。历史学提供的是精神产品，是供给人们的重要精神养料，它在提高人们的思想和文化素养中发挥积极作用。我们的社会主义现代化事业，要建成社会主义的高度物质文明和精神文明，必须依靠有理想、有道德、有文化、守纪律的一代新人来完成。要培养和

① 丁伟志：《“察古而知今”是历史学的价值》，《光明日报》1986 年 1 月 22 日。

造就这样一代新人，在教育培养他们掌握现代科学知识和技能的同时，还必须培养他们具有崇高的民族自尊心和自信心，高度的爱国主义思想，自觉地为祖国的社会主义现代化事业而献身的精神。这种理想和道德的形成，其重要途径之一，就是从祖国优秀的历史遗产中吸取精神养料，从前人的光辉业绩和发明创造中受到思想启迪和精神感染。概括说来，历史学在教育方面的作用主要有以下几点：

第一，历史是爱国主义教育很好的教科书。爱国主义是在漫长的历史发展过程中形成的人民对自己祖国的崇高的思想感情，是人民为祖国的繁荣富强而奋斗的强烈责任感，以及为捍卫祖国的独立和民族的尊严而不惜牺牲自己的伟大献身精神。爱国主义还表现为热爱祖国的历史文化、民族传统、民俗风尚和祖国的大好山河，以及怀念故土、乡里的深厚民族感情。光辉灿烂的华夏文明史，是中国人民爱国主义思想永不枯竭的源泉，是鼓舞中国人民奋勇前进的巨大精神力量。中华民族的历史和文化传统形成的强大凝聚力，把我国各族人民紧紧地凝聚在一起，它所产生的爱国主义精神，是一股强大的向心力，使中华民族团结一致，为祖国的独立和繁荣富强而共同奋斗。在我国历史上，每当国家、民族出现危难的时刻，尤其是在近代遭受帝国主义侵略而濒于危亡之际，中国人民毅然奋起，外抗强敌，内惩国贼，无数的爱国志士、英雄豪杰，为捍卫中华民族的独立、主权、统一和领土完整，为人民的安宁和幸福，抛头颅、洒热血，进行了长期英勇不屈的、可歌可泣的斗争，表现了中华民族伟大坚强的民族气节。我国历史上许多政治家、军事家、革命家、思想家和科学家都是杰出的爱国者，他们的光辉业绩，造就了中华民族坚强的民族性格，形成了我国优秀的历史传统。中华民族的爱国主义精神和传统，已经构成了我国各民族共同遵循的道德规范和行为准则的组成部分，它对我国公民具有政治的、道德的约束力，任何人如果违背爱国主义准则，就会受到道德行为准则的约束和公众舆论的谴责，而且还可能承担政治和法律的责任。所以，热爱祖国、保卫祖国，是我们每个中国人必须具备的起码的道德品质。我们应该通过对祖国历史的深刻了解和认识，对祖国寄予最真诚的热爱，从而提高热爱社会主义祖国的自觉性。中国人民，特别是青年们，应当在爱国主义精神的激励下，把智慧和力量都奉献给祖国和人民，为祖国的繁荣富强、人民的幸福生活而英勇奋斗。

第二，历史是民族自尊心和自信心的重要教材。悠久而光辉的华夏历史，是中华民族的自信心和自豪感的坚实基础。中华民族数千年来，冲破重重艰难险阻，勇往直前，表现了中华民族坚强的生存能力和创造能力。现代中国是直接承继华夏文明古国而来的伟大国家，它在五千年历史中，产生过许许多多的思想家、政治家、军事家、发明家、科学家、文学家、艺术家，他们对世界文明产生过重大影响；我国古代四大发明，对世界物质文明做出了巨大贡献。华夏文明曾经是世界上最先进的文明。学习并深刻了解中国历史，使我们由衷地感到为祖国悠久的历史和优秀的民族文化而自豪，也就有信心使我们的华夏文明在社会主义现代化建设中更加发扬光大。所以，我们有根据、有理由批判那种诋毁华夏文明是什么“失败的”、“黄色文明”等等错误观点，清除那些毒害青年的民族自卑感。

第三，历史是最好的伦理教材。历史对人和事物的检验与评判是严肃公正的，严肃的历史著作能帮助人们明是非、辨善恶：历史上有益于人民和社会的人，流芳百世；历史的罪人，遗臭万年。“历史的检验”和“历史的定论”的是非标准，是人们公认的一种准则；历史阐明的人间哲理，有助于培养人们高尚的道德情操。这种思想道德和行为准则，在人们的社会生活中是一股潜移默化的巨大精神力量，任何个人的主观意志是无法改变的。所以，有的史学家称历史是以史实说理的哲学。我们学习历史知识，可以从中学到许多做人的道理。

从以上简略归纳的历史学的借鉴功能和教育功能中可以看出，历史学虽是社会科学中一门古老的传统学科，但它在现代社会生活中仍具有现实的积极作用。它能帮助人们获得对社会规律的认识，提供历史经验的借鉴与历史知识的运用，还能发挥重要的教育作用，特别是在爱国主义教育、革命传统教育、伦理道德教育，以及树立民族自尊心、自信心和民族气节、民族精神的教育方面，都具有重要的现实意义。

当然，我们也必须承认，历史学由于它自身的特点，它在帮助人们形成高尚的理想、道德及思想素养中的作用，是渐进的、潜移默化的，因而不能要求历史学如同某些应用科学那样，起“立竿见影”式的速效作用，发挥直接的社会经济效益，不能用商品经济的观念来衡量历史学的作用。

历史学著作作为精神养料，它的作用是持续的、永久性的。因此，也不能要求它像某种宣传教育材料那样，解决某种现实的思想问题，它不应当只起时效性的短暂作用。总之，历史学有它自己的学科特点，它的功能和作用是任何一个社会所不能缺少的，也是其他社会科学学科所不能代替的。

（原载《云南师范大学学报》1990年第5、6期）

抗日战争的精神遗产和有益启示

《云南抗日战争史》在中国抗日民族解放战争胜利50周年和世界反法西斯战争胜利50周年之际出版，谨以此献给半个世纪前英勇抗击日本法西斯侵略者的我国将士和为抗战做出了重大历史贡献的我国人民，特别是云南各族人民。云南人民的抗战，是云南近代历史上一页光辉的篇章，由于历史的原因，对云南这一段光辉的历史，过去尚无全面的记载和评述，本书的写作，是力图弥补这方面的不足。

中国近代以来，屡遭外国侵略者的疯狂侵略，中国人民为捍卫国家的独立和民族的生存，进行了一个世纪屡仆屡起的英勇斗争，终于在抗日战争中取得了百余年来民族解放战争的伟大胜利。

云南人民的抗日斗争，是中国抗日民族解放战争的一个重要部分。早在1931年，当日本发动侵华战争之初——制造“九一八”事变、侵占我国东北三省时，云南各族人民即和全国人民一道，迅速掀起轰轰烈烈的抗日救亡运动，并在中共组织的引导下，把抗日救亡运动不断引向深入。云南执政的地方实力派，在人民抗日救亡运动的推动下，采取了积极准备防御侵略战争的态度，为民族抗战做了必要的准备。1937年，当日本法西斯侵略者在卢沟桥点燃了全面侵华的战火后，云南省政府当局，在中国共产党倡导的抗日民族统一战线旗帜下，投入了全民族的抗战；云南军队和民众，根据云南省政府的动员和组织安排，并在中国共产党组织的鼓舞下，奋起抗击日本法西斯侵略。滇军奉命组成了抗战的第60军、第58军、新编第3军等部队，奔赴华东、华中抗日前线打击敌人；出征的滇军将士们，以大无畏的民族英雄主义精神，在前线英勇奋战、不怕牺牲、前仆后继；第60军将士在徐州—台儿庄战役中，给猖狂南犯的日军以最有力的打击，为抗日民族解放战争取得了辉煌的战绩；第58军和新3军坚守在湖南、湖北、江西前线抗击日军近八年之久，直到取得最后胜利，并在南昌、九江接受了日本侵略军的投降；滇籍将领唐淮源、寸性奇等抗日名将，在中条山战役中英勇献身，捍卫了中国抗日军队的尊严和崇高荣誉；1940年9月，日军侵占越南后，威胁云南省东南部，第60军奉命回防滇南，先后组成滇南作战军、第一集团军和第一方面军，镇守在南疆，直到抗战胜利，并到越南河内接受了日本侵略军的投降。1942年，日军由缅甸侵入云南省怒江以西国土后，我滇西沦陷区各族军民奋起展开敌后抗战，英勇顽强地打击日寇占领军。从1943年起，中国驻印军和中国远征军在缅北、滇西先后发动全面反攻时，滇西各族人民一致奋起支援与配合，并在滇西与缅北反攻战中做出了可贵的贡献，使云南成为中国最早将日本侵略者赶出国土的地方。与此同时，云南各族人民踊跃参加预备兵员训练，誓做出征部队的坚强后盾；据国民政府国防部档案记载，云南在八年抗战中总计征召新兵381 593人，就是说，云南各族人民先后把38万多子弟送上了抗日战线。

抗日战争时期（1937～1945年），又是云南近代历史上一个飞跃发展的突出时期。在此期间，云南各族人民蒙受了日本侵略者强加的战争灾难，但在反击日本侵略的民族解放战争中，云南人民为支援抗战而奋勇开发交通、建立军事工业及民用工业、发展教育文化事业，使云南社会经济获得了前所未有的大发展，并为云南以后的发展奠定了初步的基础。今天在云南仍然起着公路交通大动脉作用的昆畹公路，就是当年云南各族人民在抗战初期突击抢修建成的滇缅公路；现在在云南省钢铁、机械、电力、光学等工业中起着骨干作用的昆明钢铁厂、昆明机床厂、昆明电机厂、昆明电缆厂、云南光学仪器厂、云南水泥厂等一大批工厂企业，都是抗战中初步建成的，它们在抗战期间为我国生产了第一炉电炉钢、第一部汽车发动机、第一根电线、第一架望远镜等新产品，虽然数量是较少的，但意义却是重大的，其影响是深远的。

由北京大学、清华大学和南开大学迁滇组成的西南联合大学极大地推动了云南教育事业的发展，同时给闭塞落后的云南高原吹来了清新的空气，对云南政治、经济、文化各个方面都产生了重要而深远的影响；爱国、民主和科学精神的传播，有力地冲击了黑暗政治和旧的文化习俗，鼓舞了云南人民为建立新生活而斗争的勇气。

抗战期间，云南农民为支援抗战而奋发忘我地加紧生产，他们广开荒地，增加粮食产量，在八年抗战中，为抗日军队和城市的机关、学校提供了数以百万担计的粮食。

对于上述云南抗日战争中的光辉历史，特别是云南各族人民对抗战的突出贡献和云南在抗战中的飞跃发展的史实，我们根据马克思主义的唯物史观，在书中作了全方位的反映，不仅全面地反映了云南地方军队和国民政府军队在正面战场的抗战全貌，还全面反映了中国共产党组织在云南抗战中所发挥的重要作用；我们在书中力求再现当年云南各族人民在抗战中的辉煌业绩，作为留给后代的一笔宝贵精神遗产，以保持中华民族的光荣传统，发扬英勇奋斗的民族精神。一个善于从民族灾难中吸取经验教训的民族，就是充满希望、不断进取、永远立于不败之地的民族。我们回顾抗日战争这段永远不可磨灭的历史，使我们深切地感到，我们的先辈们，在强敌面前，不怕流血牺牲，前仆后继地英勇奋战，终于打败了日本法西斯侵略者，捍卫了我们国家的独立和中华民族的生存发展。现在，我们民族的青年一代和未来的中华民族的后继者们，应当义不容辞、责无旁贷地继承和发扬抗日英雄们伟大的民族英雄主义和爱国主义精神，踏着他们留下的历史足迹，奋勇前进！

（《云南抗日战争史》前言，云南大学出版社 1995 年第 1 版）

滇缅战场的抗战

云南地处祖国西南边疆，面向东南亚和南亚，战略地位极其重要。抗日战争爆发后，云南成为中国正面战场的大后方和战略基地，“以一隅而荷天下之重任”；1940 年 9 月，日军占领越南北部，进逼滇越边境，云南开始成为抗日战争的前沿阵地；太平洋战争爆发后，云南成了世界反法西斯战争东方战线两大主战场（太平洋战场和中国抗日战场）的战略结合部；1942 年 5 月，日军占领缅北和滇西怒江以西的中国领土，云南又成为最前线，开始了滇西抗战；1944 年 5 月，云南是中美英三大盟国在中缅印战场对日反攻的重要组成部分，率先将日寇赶出国土。

一、中国远征军入缅抗日

（一）缅甸的地理环境与政治军事形势

缅甸是东南亚中南半岛西部的重要国家，南临印度洋孟加拉湾，北靠我国云南省和西藏自治区，东邻泰国、老挝，西接印度、孟加拉国，总面积约 67 万平方公里。缅甸在地理上和我国山水相连，发源于我国滇藏高原横断山脉之间的伊洛瓦底江和萨尔温江（怒江的下游），由北向南纵贯缅甸全境，是缅甸人民赖以发祥的两条最大河流；云南西部的高黎贡山和怒山山脉南部余脉，是连接中缅两国的最大山系。缅甸是由缅族、掸族（傣族）、克钦族（景颇族）等民族组成的多民族国家，其中掸族、克钦族等民族在云南和缅甸跨境而居，世世代代友好交往，并保持着姻亲关系。在历史上，早在公元前2世纪时，从我国四川经云南通往印度的中国西南丝绸之路，就是通过缅甸联结起来的，缅甸国境自古以来就是中国西南由陆上通向印度洋和西域海外的必经之路。在公元1～2世纪时，缅甸境内的敦忍乙、掸国、焦侥等部落王国就开始向我国派遣贡使往来，并接受我国汉朝皇帝的封赏①。两千年来，中缅两国人民一直保持着密切的经济文化关系。

近代以来，西方殖民主义侵入中国后，在深入侵略中国内陆、打开中国西南商品市场的过程中，发现缅甸在地理上连接云南，接近四川。因此，由印度洋孟加拉湾经过缅甸进入云南、贵州、四川等中国内陆区域，其路径远比由海路绕过东南亚马来半岛，由长江口进入中国内陆要便捷和优越得多。英国殖民主义者从18世纪开始就竭力探索和勘察由缅甸进入云南的交通路线。他们的计划是要控制云南，作为联结印度和扬子江之间的锁链，他们的口号是要从云南打开进入中国西南内陆的“后门”。19世纪中期，英国殖民主义侵略势力掀起了由缅甸经云南打开中国后门的热潮；他们在云南边境制造了“马嘉理事件”（1875年），以此为借口，强迫清朝政府签订了严重损害中国主权的《烟台条约》；其后，英国侵略者连续制造了一系列的侵华历史事件，在我国获取了大量的侵略权益。

缅甸是一个资源丰富和战略地位重要的国家，它在西方殖民主义东侵中，早就成为侵略目标之一。英国人拉尔夫·费奇早在1587年即已开始进入缅甸南部活动；1647年，英国在印度的东印度公司在沙帘设立了商站，采用海盗走私贸易和不等价交换等手段，掠夺缅甸财富。18世纪，英国工业革命迅速发展，急需扩大海外市场，乃加紧对缅甸等地的扩张。1759年至1811年间，英国的印度殖民当局先后六次遣使到缅甸，要求签订通商条约，企图获取不平等的商业特权，均遭到缅甸国王的拒绝。英国即寻找借口，于1824年、1851年和1885年先后发动了三次侵缅战争，使缅甸沦为英国的殖民地。缅甸人民进行了大规模的反抗斗争，但都被英军残暴地镇压了下去。英国在缅甸建立了严酷的殖民统治制度后，即对缅甸

① 据《后汉书·西南夷传》记载：公元94年（东汉和帝永元六年），永昌徼外敦忍乙王莫延慕义遣使译献犀牛大象。公元97年（东汉和帝永元九年）和120年（东汉安帝永宁元年），掸国国王雍由调两次遣使向东汉皇帝朝贡。

进行全面的经济掠夺。英国殖民者为了镇压缅甸人民的反英斗争和掠夺资源的需要，首先开发缅甸的铁路、公路和内河航运，1886 年至 1914 年间，修筑铁路 2 500 多公里，公路约 8 000 公里，至 1916 年，英国人的伊洛瓦底江轮船公司拥有船只达 500 多艘，成为世界上最大的内河航运公司之一①。与此同时，英国人拼命掠夺缅甸的大米、木材（以柚木为主）、金属矿藏和石油等资源。英国垄断的缅甸大米出口，从 19 世纪 80 年代的 90 余万吨，到 1914 年为 200 多万吨，占缅甸出口总额的 65% 以上；英国人在缅甸的最大公司——石油公司，在 1909 年至 1918 年的 10 年中，使石油生产增长 46 倍，至 1915 年，年产石油为 2. 5 亿加仑以上，占当时世界石油产量的 2%，成为重要的产油国。缅甸的金属矿藏在英国人的掠夺性开采下，1914 年至 1918 年，成为亚洲重要的金属矿产国：钨的产量仅次于中国而居世界第二位；铅产量为亚洲第一位、世界第五位；铜产量居亚洲第四位；其他如锡、锌、镍也是亚洲的重要产区②。英国殖民者垄断了缅甸各重要经济部门和进出口贸易，输入的主要是英国的廉价纺织品，输出的全部是农、林、矿产原料，而输出比输入增长更快，1886 年至 1915 年的 30 年间，输入增长 1. 5 倍，输出则增长 3. 5 倍。1886 年至 1890 年，年均出超 390 万卢比，1911 年至 1915 年年均出超达 1. 456 亿卢比，增长 37 倍多。这表明殖民主义者的公司在缅甸攫取了超额利润③。

英国殖民主义者剥夺了缅甸的民族独立，实行残暴的殖民统治和广泛的经济掠夺，使缅甸人民对英国殖民统治者的仇恨日益加深，促使缅甸人民日益觉醒。1906 年，仰光成立的佛教青年会，号召人民保护缅甸的宗教文化教育，反对英国人的种族歧视；1919 年成立的缅甸商会，力图与英国垄断资本对抗；1920 年组成的缅甸人民团体总会，推动着反对殖民统治的斗争；1923 年，仁安羌工人联合会领导了石油工人大罢工；1930 年，仰光地区爆发了萨耶山领导的农民大起义，公开向英帝国主义宣战；1930 年，一批接受西方政治学说及民主自由思想、最先觉醒的知识分子组成了

① 阿·麦·普郎蒂克斯：《伊洛瓦底江轮船公司》，转引自贺圣达《缅甸史》，人民出版社 1992 年版，第 295 页。

② 贺圣达：《缅甸史》，人民出版社 1992 年版，第 302 页。

③ 同上书，第 300 页。

反英爱国组织“我缅人协会”（又被称为“德钦党”，“德钦”是主人之意），该协会后来在缅甸民族解放运动中扮演了重要的角色。

日本军国主义在扩大侵略中，把缅甸作为“大东亚共荣圈”的西部领域，确定“西面大致以缅甸作为重点保卫区域”，在其大本营的作战计划中决定：“南方作战告一段落后，只要情况允许，就实施解决缅甸作战。”① 为达此目的，日本充分利用英缅矛盾和缅甸人民反英民族解放运动，以支持缅甸独立为幌子，竭力鼓动缅甸人民反英亲日，并为此派遣大批间谍潜入缅甸搜集情报，进行策反。1940 年 6 月，日军大本营陆军部派遣铃木敬司大校以“记者”和“日缅友协书记”身份进入缅甸，担任特务头子；日本陆军部于 1941 年 2 月设立了专门在缅甸从事间谍活动的“南机关”。1940 年底和 1941 年初，日本与缅甸“人民革命党”（由“我缅人协 会”中分离出的部分民族主义者组成）签订了秘密协定，该协定规定，由日本帮助缅甸建立“缅甸独立军”，帮助缅甸获得独立；缅甸人民革命党和缅甸独立军帮助日军攻略缅甸。缅甸人民反对英国殖民统治的斗争，争取民族独立，是正义的，但缅甸民族主义者与日本法西斯合作，则是错误的，这背离了世界人民反法西斯斗争的正义潮流，对缅甸国家是引狼入室；它不仅使英国在缅甸遭到打击，也给中国远征军入缅抗日制造了严重困难，给日军侵入缅甸提供了有利条件，给亚洲太平洋区域的反法西斯战争造成了不应有的损失。

（二）日军南侵与云南、缅甸面临威胁

20 世纪 40 年代初，是国际法西斯势力最猖獗的时期。1940 年至 1941 年间，德国法西斯在欧洲发动了全面的侵略战争。1940 年 4 月，德军攻占北欧的挪威和丹麦；5 月，又攻占了西欧的荷兰、比利时、卢森堡，随即对法国发动全面进攻，英、法联军在法国北部惨败；6 月，德军攻陷巴黎，法国政府投降。德军接着对英国展开海空激战，封锁了英国的海岸线，使英国受到沉重打击而陷入困境。在此期间，德国利用其军事优势，胁迫和

① 中华民国史资料丛稿：日本防卫厅防卫研究所战史室著《缅甸作战》（上）中华书局 1980 年版，第 7 页。

诱使东欧的匈牙利、罗马尼亚、捷克斯洛伐克加入法西斯军事同盟。至此，德国法西斯占领和控制了大部分欧洲。1941 年春夏之间，德军又在南巴尔干半岛打败了英军，侵入南斯拉夫、保加利亚和希腊，占据了巴尔干半岛。与此同时，德军又在北非再败英军，从而侵入了非洲北部地区。

在亚洲大陆，日寇全面发动侵华战争四年来，已侵占了中国大量国土和大批中心城市；日本法西斯已踌躇满志地认为胜券在握，转而使用政治手段，对国民党政府进行诱降，力图迫使其屈服，以早日摆脱深陷在中国大陆的不利局面。

1940 年 9 月，德国、意大利、日本三国法西斯政府在柏林签订了同盟公约，结成了法西斯军事轴心同盟。《柏林公约》宣称：日本承认和尊重德国与意大利是在欧洲建立新秩序的领导；德国、意大利承认并尊重日本在亚洲建立“大东亚新秩序”；该公约规定德、意、日三国相互承担使用一切政治、经济和军事手段互相支援的义务。《柏林公约》实质上是三大法西斯强盗决定用武力重新瓜分世界的公开宣言。德、意、日军事轴心的形成，表明国际法西斯要把侵略战争疯狂地加以扩大，预示着世界各国人民反法西斯的第二次世界大战即将在更加广阔的范围内展开。

日本法西斯侵略势力受到国际法西斯轴心同盟的支持和德国法西斯的怂恿，侵略野心无限膨胀，决心依仗《柏林公约》，更加疯狂地加紧侵华战争，并积极准备发动太平洋战争。

当时，日本在中国战场上面临的形势是：它在 1937 年发动侵华战争时，曾狂妄地扬言要在 3 个月内征服中国，再夺取南亚、西进伊朗，和德、意法西斯会师中东。可是，完全出乎日本侵略者的意料，日军的野蛮进攻，激起了中国人民强有力的反抗。“七七”抗战爆发后，中国人民在国共两党建立的抗日民族统一战线领导下，展开了伟大的抗日民族解放战争。在国民党指挥的正面战场上，虽然由于种种原因在军事上不断遭到挫折，使日军得以侵占华北、华东、华南大部国土，但仍然把占绝对优势的日军阻挡在西南、西北以外的地带，并形成了以重庆为中心的大西南抗战基地。中国共产党领导的抗日军队（八路军、新四军）深入广大的敌占区，先后开辟了 17 块抗日根据地，给敌人以大量杀伤，据不完全统计，至 1940 年 7 月，共毙伤敌军 40 余万人，抗击和牵制敌军 50 余万人，使敌人在其占领区无法建立稳定的统治。在日本军国主义本身，经过四年的侵华战争，已经消耗了大量的人力、物力和财力。在人力方面，日军总兵力从1937年的108万人，至1941年增至242万人。在财力方面，据日本大藏相贺屋兴宣1941年11月向国会报告称："自支那事件以来的四年间，我国的国家支出达500亿日元。这笔支出超过了自明治维新至1936年近七十年我国预算支出的总和。"① 在物力方面，1937年以后，日本军国主义将其国民生产全部转入为侵略战争服务，尽量增加武器装备和战争物资生产。据《昭和产业史》统计，钢的年产量由580万吨增至684万吨，汽车由9 500辆增至44万辆，舰艇由5.2万吨增至19.1万吨，坦克从330辆增至1 190辆。日本法西斯在四年侵华战争中已几乎耗尽了日本的大部分国力，可是仍然不能征服中国。日本侵华势力已经非常惊恐地感到："长期持久的战争对帝国有百弊而无一利"，"久暴师则不足"②。在此形势下，日本军国主义力图摆脱深陷在中国战场的被动局面，决定对侵略战争的总体战略作重大调整，在加强进攻中国大陆的同时，迅速发动以美国、英国为对象的太平洋战争。

日本决定采取这种极端冒险和孤注一掷的战争行动，既是国际法西斯侵略战争总体战略的要求，也是日本力图摆脱自身困境的需要。当德、意、日签订《柏林公约》建立法西斯轴心后，希特勒德国就力促日本南进，迅速发动太平洋战争，把美英的兵力牵制在东方，使其无法向欧洲转移和集中兵力，以便德、意法西斯集中力量征服欧洲。因此，德国迫切希望日本尽快结束对华战争，并为此而竭力诱劝和胁迫中国国民党政府向日本屈服和解。日本决定发动太平洋战争，从它自身的需要来看，既是它建立"大东亚新秩序"的目标所在，也是它企图借此早日结束对华战争、摆脱困境的战略要求。因为日本投入全部国力进行侵华战争，经过四年大规模全面的进攻后，已经逐渐接近强弩之末，其趋势很可能是耗尽日本的人力、物力、财力，也不能实现征服中国的目的。日本侵略者认为，中国人民和政府能保持坚强不屈的战斗意志、坚持抗日，是受到美、英等国的支

---

① 东京《朝日新闻》1941年11月12日。

② 日本防卫厅防卫研究所战史室：《支那事变陆军作战》（3），1957年东京版，第153页。

持和援助。因此，要迫使中国屈服，在加紧正面军事进攻的同时，必须截断中国取得援助的一切途径。日本军方认为："1941 年 3 月，美国武器租借法案也适用中国，英、中也已签订军事协定……由此可见，重庆政府与英、美政治军事的密切关系……正日益加强。1941 年春以来，重庆政权抗日意志的高昂不容轻视。""在华中、华南沿海实行封锁作战，成为日军对华战略的有力手段。中央部更图加强沿海封锁。"但是"从外部切断中国海面并非易事，得失是否相抵，尚属疑问。但此外别无压迫重庆的妙法，故仍继续实行"。"中国战线……显然已成长期战的形势，重庆政权作为 ABCD① 之一环，参加了对日包围战线，从而单独粉碎其抗战企图的希望，已无法实现。"② 因此，悍然决定同时进行中国大陆和太平洋两线作战。日本法西斯的如意打算是：用突然袭击发动太平洋战争，一举消灭美、英海军主力，攻占美、英在太平洋的全部军事基地，夺取美、英、荷在太平洋区域的殖民地，作为日本新的战略物资的供应地。同时，也就截断了中国大陆赖以进行抗战的一切国外供应线，特别要截断经过缅甸的滇缅公路交通线，完成对中国的最后封锁，迫使国民党政府屈服，达到征服中国的目的。

坚持着中国正面战场抗战的国民党政府，1938 年迁到重庆后，仍然依靠和国外的交通联系，保持着获取抗战物资的交通渠道。当初的海外交通线主要有三条：一是以香港为中心的华南线；二是以法属印度支那的海防港为转运港的西南线，该线又分为海防至南宁的越桂线和海防至昆明的滇越铁路线；三是经甘肃、新疆连接苏联的西北线。在三条国际交通线中，西北线因路线长、运量小，对抗战的支援作用不大；运量较大而作用显著的是香港线和印支线，但这两条线都濒临中国南海，很容易被日军截断。因此，国民党政府决定加速修建从云南通往缅甸仰光的国际交通线——滇缅公路。

滇缅公路的修筑方案，经国民政府交通部和云南省政府商定，由昆明至大理下关的原滇西公路向西延伸，经漾濞、永平、保山、龙陵、潞西至

① ABCD 指美国、英国、中国、荷兰，即四国英文名称的第一字母。

② 日本防卫厅防卫研究所战史室"战史丛书"：《大本营陆军部》（摘译）上卷，四川人民出版社 1987 年版，第 630－632 页。

畹町进入缅甸国境，再至腊戍，与仰光—曼德勒—腊戍铁路衔接，即可利用仰光港进入印度洋。腊戍至仰光 987 公里。滇缅公路全长 1 146 公里，云南境内昆明至畹町长 959.4 公里，其中昆明至下关 411.6 公里，已于 1935 年建成。由下关至畹町段 547.8 公里，全部新建，要越过滇西横断山脉的云岭、怒山、高黎贡山等高山峻岭，要横跨漾濞江、胜备江、澜沧江、怒江等急流深谷，工程异常艰巨。政府当局以抗战为号召，用战时动员办法，下令征调滇西各县农民义务修路。滇西各族人民在抗战救国的爱国主义精神鼓舞下，纷纷自带口粮和锄头等工具，跋山涉水到工地修筑抗战路。由于滇西人民的英勇奋斗，滇缅公路于 1938 年 8 月建成，8 月 31 日举行了通车仪式，接着就投入了运输。据记载，刚通车时，滇缅公路每月货运量为 1 000 吨。

日军根据其封锁中国的作战计划，1939 年末到 1940 年初发动了进攻我广西沿海的战争，截断了由海防港经桂越路进入广西的国际交通线。1940 年 9 月，日本借助德国而胁迫法国维希政府签订了关于法属印度支那的协定，日军进占越南，截断了以海防港为出海口的滇越铁路国际交通线。此后，滇缅公路就成为中国大西南通往国外的唯一的陆上国际交通线，中国进口的抗战物资和一切进出口货物都依靠滇缅公路运输。据记载："中国对日抗战以后，沿海港口受着敌人封锁，国际交通线端赖滇越铁路、滇缅公路和西北通往苏联的公路维持，及至法国战败于欧洲，苏联受制于德国，中国通越南一线又受着日寇堵塞，西北一线又万里迢迢，剩下最能利用的一条国际交通线就只有滇缅公路。近两年来，滇缅公路已经成了中国抗战唯一的输血管。"① 由于滇缅公路的作用巨大，地位十分重要，受到中、日、美、英各方的重视。

中国政府当时最大的运输机构——西南运输处（"军事委员会西南进出口物资运输总经理处"）于 1938 年 9 月迁到昆明，由国民党政府的显贵人物宋子良任主任，拥有很大权力，由他负责指挥由海防和仰光进口的军事物资的运输。日军进占越南、封锁滇越铁路后，西南运输处全力指挥滇缅公路运输。该处拥有汽车 3 300 多辆，组成 23 个运输大队。1940 年 3

---

① 乐恕人：《缅甸随军纪实》，胜利出版社 1945 年版，第 3 页。

月，根据美国驻华陆军总部的建议，蒋介石亲自召开会议，在军委会下设了运输统制局，以参谋总长何应钦为主任，后勤部长俞飞鹏任参谋长，统管以滇缅公路为主的全部运输业务。行政院第428次会议决定，要求滇缅公路在“1940年雨季前将完善工程办完，使运输能力达每日进口600吨，并能终年通车无阻”①。1941年中，日寇窥视缅甸的意图已经显露，国民党政府立即将西南运输处改组为“中缅运输总局”，以加速抢运积存在仰光港的大量军事物资。

日寇千方百计地要截断滇缅公路。日本外务省次官谷正之于1940年6月24日照会英国驻日大使克莱琪，要求英国封锁滇缅公路。英国当时在欧洲受德国进攻已穷于应付，企图以牺牲中国为代价，换取日本减轻压力。7月12日，克莱琪代表英国政府答复日本外务大臣有田八郎，公然宣布：“英国政府自本年7月18日起，3个月期间，禁止通过缅甸运输武器、弹药、汽油、卡车以及铁路器材。”日、英达成《有田—克莱琪协议》，悍然封锁了滇缅公路。英国对日本的妥协让步，丝毫不能改变日本的南进计划，9月26日，日军进占越南海防，10月7日，日本空军进驻河内，同时又与泰国签订了军事条约性质的“友好条约”，并派遣大量间谍潜入缅甸，策动缅人反英。日本加速南进步伐，严重威胁着英国在东方的殖民地。在此形势下，英国急需在东方寻求对抗日本的同盟力量，以减轻英军的压力。当时在东方只有中国坚持着抗日，并牵制着日军上百万兵力，英国希望利用中国抗日力量抵挡日军的进逼，转而向中国政府表示友好，1940年10月，英国政府才重新开放了滇缅公路。

日本通过英国封锁滇缅公路的计划失败后，1940年10月调动空军进驻越南河内，随即成立“滇缅路封锁委员会”，由侵华海军司令部参谋长大川内传七少将指挥，以滇缅公路上的怒江惠通桥和澜沧江上的功果桥为目标，进行了多次大轰炸。但由于我国护桥职工的奋勇抢修，日机的轰炸虽造成一定破坏，却始终未能截断滇缅公路。据日军的报告：“两桥都未被炸断，尔后经缅甸路线的援华物资量逐渐增加，1941年末前后，估计每

① 谢自佳：《抗日时期的西南国际公路交通线》，载《昆明文史资料选辑》第6辑，第7页。

月可达 15 000 吨。”①

1941 年 1 月，英国政府派遣丹尼斯少将为驻华陆军武官，向重庆政府提出建立中英军事同盟共同抗日的建议，重庆政府表示欢迎。美国为利用中国牵制日本，以减轻美国在亚洲太平洋区域受到的压力，认为有必要支持和援助中国抗日。美国政府先后向重庆国民党政府提供财政贷款 13.7 亿元，并批准陈纳德率领美国志愿援华航空队（后编为美国第 14 航空队）来华援助抗日，到这时，中、美、英三大国为了对付日本的威胁，开始走上共同抗日的军事同盟之路。

日本鉴于中、美、英军事同盟在逐渐形成之中，深感恐惧，乃决定趁美、英一时尚难以在太平洋区域集中兵力，中国抗日力量亦尚未得美英援助而显著加强之际，加速南进。日军大本营在 1940 年 8 月 12 日对中国派遣军下达的《大陆命第 529 号》命令称：“中国派遣军总司令官应负责……特别加强对敌封锁，粉碎敌抗战企图。”“日本在未解决中国事变前，即形成与美、英、荷的激烈对立……必须将中国战线作为美、英、荷战线中的一环来考虑。”“在美、英、荷与中国的联合作战中，缅甸具有战略意义，与印度一起，更值得注目。”② 日本在发动南进作战时认为：“为确保缅甸为南方要域之北翼据点起见，缅甸不仅具有战略上的重要性，且为截断中国国际交通线，及促进印度叛离英国工作起见，亦具有重要的政略意义。”③ 日本政府 1940 年 7 月 20 日通过的《国策纲要》中亦宣称：“帝国将继续沿着解决中日事变的方向前进，攻取缅甸的目的就是要截断中国与外界的最后一条交通线。”④ 日军大本营在其将军队往南调动时，在 1941 年 9 月 24 日又以《大陆指第 696 号指示》，命“第 25 军司令官应向印度支那北部中国国境附近派遣一部兵力，侦察向昆明作战的路线，佯作准备

① 中华民国史资料丛稿：日本防卫厅防卫研究所战史室著《缅甸作战》（上），中华书局 1980 年版，第 4 页。

② 日本防卫厅防卫研究所战史室“战史丛书”：《大本营陆军部》（摘译）上卷，四川人民出版社 1987 年版，第 666－669 页。

③ 服部卓四郎：《大东亚战争全史》（Ⅱ），台湾军事译粹社 1978 年版，第 49 页。

④ ［法］亨利·米歇尔：《第二次世界大战史》上册，商务印书馆 1980 年版，第 392 页。

实施昆明作战”①。日军在准备实施昆明作战的佯动掩护下，将其兵力迅速向中南半岛南部调动，矛头直指缅甸、马来西亚等地。

中国政府亦在此期间决定派出军队入缅，协同英军抗击日军，其目标是保卫仰光港，保卫滇缅公路。因此，中国军队入缅抗日，既是中华民族抗日民族解放战争的组成部分，又是世界反法西斯战争亚洲东南亚战区的一大战略步骤，因而具有重要战略意义。于是，云南成为了世界反法西斯战争东方战线的两大主战场——中国抗日战场和太平洋战场的重要战略结合部。

（三）中英关于缅甸防务的交涉

英国政府为利用中国抵抗日本的威胁，希望和中国进行军事合作。1941 年 1 月，英国驻华陆军武官丹尼斯少将邀请中国派军事代表团访问印度、缅甸、马来亚，考察印缅马军事形势，商讨中英共同防御计划。中国政府欣然接受邀请，于 1 月组成“中国印缅马军事考察团”，以商震为团长、林蔚为副团长，团员有杜聿明、侯腾、冯衍、唐保黄、刘方渠、周应聪、郑康祺等人，刘耀汉任秘书。考察团于 2 月初出发，到缅甸、印度、马来亚考察了 3 个月后，写成 30 余万字的《中国印缅马军事考察团报告书》，其主要内容是中英关于缅甸的共同防御计划草案。

《报告书》根据缅甸和马来亚等地的地形与交通状况，日军的战略战术特点，认为日本将把东南亚的马来亚、缅甸等地区纳入它的南进总体计划，对滇缅路国际交通线，可能作为日军向南攻击的一环；一旦战争爆发，它将首先攻击英军，夺取马来亚、新加坡、缅甸等英国殖民地；同时也就封锁了中国通过仰光的出海口，它将获得一箭双雕的效果。因此，中英军事联盟共同防御的目标，应该是保卫仰光港和滇缅路。《报告书》提出的“中英共同防御意见”如下：

1. 中英两军为确保仰光海港之目的，应集结主力在泰缅边境

---

① 日本防卫厅防卫研究所战史室“战史丛书”：《大本营陆军部》（摘译）上卷，四川人民出版社 1987 年版，第 675 页。

毛淡棉、登劳山脉及景东以南地区，预先构筑阵地，采取决战防御，并将重点指向毛淡棉方面……

2. 指导要领：（1）中英两军在车里、临江以南，亘景东以南克耶邦缅泰国境至毛淡棉一带，构筑纵深的据点式堡垒群阵地……（2）敌人主力如从中央来犯，我利用既设阵地消耗敌人至一定程度，由景东及毛淡棉两翼先击破敌人，将其包围歼灭之。（3）敌人主力如由毛淡棉附近来犯，我军应利用萨尔温江天险及据点工事……将敌人主力包围于毛淡棉海岸附近而歼灭之。（4）敌人主力如由景东来犯，我军应吸引敌人于山岳地带内……主力从毛淡棉附近出击……截断敌人后路，包围而歼灭之。

3. 兵力部署：（1）预定英缅军二至三个师、中国三至五个军。（2）布置中英两军主力（二至三个军）于毛淡棉、克耶邦、景东间地区，并在毛淡棉附近形成重点，构筑半永久性的纵深据点式堡垒群，形成坚固的主阵地带……（3）以一小部（一个团或一个师）位置于景栋、亘临江、车里以南地区……深入泰缅境内袭击敌人后方。（4）仰光及仰光海面由英军及舰艇担任警戒。（5）控制强大机动性预备队（一个半军至二个半军），于同古（东瓜）、平满纳（平马纳）、瓢背、麦克拉提（敏铁拉）之间地区，不失时机增援第一线与敌决战。（6）其他：构筑工事材料及交通、通讯器材等由英方筹备①。

中国军事考察团提出的中英共同防御计划，其依据是可靠的，分析判断是准确的，其计划是周密的。该计划在形成过程中，除受到英国驻华武官丹尼斯的热烈欢迎外，在代表团考察马来亚、新加坡时，英驻新加坡总督波普汉对该计划亦表示积极支持，希望中国军队早日入缅布防。可是英国最高当局却拒绝中国军队入缅布防的计划，他们认为日军不敢贸然向英国殖民地马来亚、缅甸等地进攻，日军如果要截断滇缅公路，只能从中

① 杜聿明：《中国远征军入缅对日作战述略》，载《远征印缅抗战》，中国文史出版社 1990 年版，第 7－10 页

老、中缅边境攻入云南，不会从南面进攻缅甸。英国当局实际上是认为日军不敢侵犯貌似强大的大英帝国。但他们又需要利用军事同盟，增加他们威慑日本的声势。在英国决策人物中的老殖民主义者，还害怕中国军队入缅会促使“亚洲人的团结阴影会越来越大”[①]，害怕中国军队入缅会鼓励缅甸人民的反英斗争。因此，英国政府断然拒绝了中国军队早日入缅布防的计划。1941 年 6 月，中国政府根据《中国印缅马军事考察团报告书》，向英国政府正式提出中英共同防御缅甸计划，要求派兵入缅布防。此时美国鉴于日军向南扩张已经势所难免，也竭力敦促英国采纳中国的共同防御计划，但英方仍坚持认为时机尚不成熟。

1941 年 12 月 7 日，日军突然袭击美国海军基地珍珠港，随即攻击中国香港、马来亚、新加坡等地，发动了太平洋战争。12 月 8 日，美国和英国分别对日宣战，12 月 9 日和 10 日，中国分别对日本、德国和意大利宣战。在此危急关头，中国政府又于 12 月 15 日向英方提出派遣第 5、第 6 两个军入缅布防，英国印缅战区司令韦维尔仍然拒绝。1941 年 12 月 23 日，中、美、英联军会议在重庆召开，议决设立“联合参谋部”于重庆（又称：三国联合军事委员会）；设立保卫缅甸的中英联军统帅部；中国派遣三个军入缅布防；美国派空军协防缅甸和云南等五项决定。同日，中国政府与英国代表韦维尔在重庆签订了《中英共同防御缅甸路协定》，但韦维尔仍然借口交通补给等尚准备不足，还是拒绝中国军队迅速入缅；经美国居间斡旋，韦维尔才同意中国军队先派遣一个师入缅[②]。后来的事实证明，英国当局一再阻挠中国军队及时入缅布防，丧失了保卫缅甸的最好时机，是造成中国远征军第一次入缅作战失败的重要原因，给滇缅战场造成了无法弥补的损失。

中国方面虽因英国当局一再阻挠而贻误时机有半年以上，但在此期间仍进行了积极部署。1941 年，中国设立了军事委员会驻滇参谋团，负责组织和筹划中英联合防御缅甸的军事计划，决定派出由三个军组成 10 万大军入缅，协同英军保卫缅甸和滇缅路运输线。计划派出的三个军是：第 5

① 王楚英：《中国远征军印缅抗战概述》，载《远征印缅抗战》，中国文史出版社 1990 年版，第 86 页。

② 同上书，第 86 - 87 页。

军杜聿明所部三个师，即第200师、第96师和新编第22师，并配有机械化部队和炮兵团，共4万余人。该军是当时中国的精锐部队，于1941年秋天先后由贵州移驻云南沾益、曲靖、杨林等地。第6军甘丽初所部第49师、第93师和暂编第55师三个师。该军于1941年秋冬之间进入云南，第49师奉命移驻滇缅公路沿线，担任护路任务；第93师部署在滇南中缅边境的车里（景洪）、佛海（勐海）。第66军张轸所部三个师，即新编第28师、新编第29师、新编第38师。该军是新组建的，拟作入缅抗日的机动部队。中国军方为支持入缅作战部队和巩固云南防御，还在云南第二线部署了大量军队：调第54军之第14师、第50师及第198师进驻云南东部；命第71军之第87师、第88师移驻滇北川南一带，第36师集结于滇北的西（昌）祥（云）公路沿线；命第2军所辖之第9师、第33师、第76师集结于川滇之间。

英国方面，虽一直坚持其拒绝中国军队入缅布防的错误主张，但亦自知在缅甸的兵力十分薄弱，至1941年夏秋之间，也不得不作一些布置。英缅战区司令韦维尔调英印军第17师、英澳军第63旅和第7装甲旅（坦克150辆）入缅，并配备了炮兵和少量空军。但这些军队由英国军官指挥，由印度人和缅甸人组成，不仅思想上极不一致，且缺乏训练，军事素质很低；各种必要的防御设施及工事亦未作准备。

日军发动太平洋战争后，促使美、英、荷、澳和中国共同抗日，同时促进了国际反法西斯统一战线的形成。1942年1月1日，中、美、英、苏和澳大利亚、加拿大等26国代表在华盛顿签署了《联合国家宣言》（亦称《26国宣言》）。宣言各国政府保证运用全部军事和经济力量，打败法西斯轴心国，各国保证不与法西斯国家合作，不单独缔结停战协定与和约。各国都把打败法西斯作为共同的战斗目标，结成了以美、苏、中、英为核心的世界反法西斯同盟。同盟国决定将亚洲太平洋区域划分为四个战区：中国战区、东南亚战区、太平洋战区和西南太平洋战区。中国战区包括中国、印度支那、缅甸等地区，推举蒋介石为中国战区司令官，由美国派遣史迪威（Joseph W. Stilwel）中将为中国战区参谋长；太平洋战区由美国海军上将尼米兹指挥；西南太平洋战区由美国麦克阿瑟将军任司令；东南亚战区由英国韦维尔任司令官。美国方面认为，中国战区的地位十分重要，

“中国战场之重要，在一个月以前，殊难使多数美国人士了解中国战局与美国直接的关系，现则尽人皆知，中国之战事，即为我等之战事，中国对日本施用之压力愈大，则我麦克阿瑟将军愈有战胜之机会”①。中国战区被确定为亚洲太平洋战场的重要组成部分后，中国决定立即派遣 10 万大军开赴缅甸，协同英美军队对日作战，由中国战区参谋长史迪威将军负责指挥中国远征军入缅作战。

（四）日军侵入缅甸

日军于 1941 年 12 月 7 日发动太平洋战争后，其南方军立即以 40 万兵力向中国香港、菲律宾、马来亚、新加坡、荷属东印度（印度尼西亚）进攻；同时命其第 15 军之第 55 师团和第 33 师团进攻缅甸。12 月 9 日，日军第 15 军司令官饭田祥二郎中将抵达曼谷，部署进攻缅甸。12 月 11 日，日本南方军于西贡向第 15 军发出命令：“第 15 军司令官应伺机占领毛淡棉等缅甸南部之敌航空基地。”12 月 21 日，日军参谋本部下达了《第 15 军作战要领草案》：“第一，作战目的。切断援蒋路线，清除英在缅之势力，占领并确保缅甸要地。第二，作战方针。军尽速开进毛淡棉附近萨尔温江一线，完成作战准备，以主力沿毛淡棉—勃固—仰光地区一带占领仰光。”②

12 月 15 日，日军占领缅甸南端的维多利亚角；12 月 23 日，日本空军狂轰滥炸仰光，炸死 2 000 余人，伤 1 700 余人。1942 年 1 月 20 日，日军第 55 师团主力 120 联队由麦索突破泰缅边境，直攻巴安。当日军发起凶猛攻势时，在缅英军完全没有做好应战准备。当时，在缅甸境内原只有英缅军第 1 师，约 1.5 万人，且装备不齐、编制不全，尚在进行补充，军官均由白人律师、商人、种植园主充任，士兵主要是缅甸人，官兵都未充分训练，素质很差。1942 年初临时从印度调入缅甸的英印军第 17 师，是一支编制装备较完整，训练较好的部队，约 1.8 万人。其他尚有第 7 装甲旅等部，但都尚未部署完毕。当日军发起进攻时，英军一触即溃。

① 《纽约时报》1942 年 1 月 5 日社论。

② 中华民国史资料丛稿：日本防卫厅防卫研究所战史室著《缅甸作战》（上），中华书局 1980 年版，第 16 页。

1月31日，日军第55师团攻占缅甸第二大港口城市毛淡棉。2月4日，日军第33师团攻占毛淡棉北面的巴安。2月8日，日军第33师团强渡萨尔温江，突破了仰光东面的第一道屏障。2月17日，饭田命第33师团与第55师团齐头并进，直攻仰光。英印军第17师被迫退到锡唐河，夺桥西逃，守桥英军自炸锡唐河大桥，第17师死伤1 300多人，1 160多人被俘，仅3 300余人绕道北逃东吁。此时虽然已危急万分，英国印缅军司令韦维尔仍不允许中国军队迅速入缅增援，而只要求中国军队作好入缅准备；英国首相丘吉尔急求英联邦成员国澳大利亚紧急增援缅甸，澳总理柯廷拒绝了丘吉尔的请求①。日军势如破竹，高速前进，3月7日占领勃固，3月8日攻占缅甸首都仰光。英军不战而逃，退到西北200公里以外的卑谬。仰光居民深受战火蹂躏，大部逃亡，这座40万人口的城市，日军进入时仅剩下15万人。

（五）中国远征军入缅奋勇抗敌

仰光失陷，对缅甸战局造成了严重不利影响。英军失去了具有重要战略意义的仰光后，极端被动，丧失了保卫缅甸的信心。中国因仰光失陷而失去了保卫缅甸路的意义，因仰光港口的陷落，滇缅公路也就失去了作用。日军攻占仰光，打开了进入缅甸的大门，其增援部队和作战物资即顺利地经仰光良港进入缅甸。

当日军开始进攻仰光时，英国军方一再阻挠中国军队入缅的顽固态度才被打破了，被迫请求中国军队紧急入缅增援。中国对被阻滞在滇缅边境的远征军再次下达动员令，3月1日开始入缅。3月7日，中国远征军的先头部队第5军第200师的两个团前进到仰光以北200公里的东吁（又译为“同古”、“东瓜”）一线，第5军所属之新编第22师和第96师尚在中缅边境的畹町一带。直至4月上旬，中国远征军才大部进入了缅甸，此时，日军已攻占缅甸南部的大部分战略要地。

中国远征军总计约10万人，入缅后的部署情况是：第5军沿缅甸铁路的腊戍—曼德勒—东吁（同古）一线布防，其主力第200师部署在东吁一

① 丘吉尔：《第二次世界大战回忆录》第4卷，商务印书馆1975年版，第230页。

线；第6军在仰曼铁道以东，沿萨尔温江布防，其下属之第93师在以景栋为中心的缅（甸）泰（国）老（挝）边境一带警戒，第49师在猛畔，向缅泰边境警戒，第55师在乐可，协同第200师警戒仰光方向之敌；第66军部署在曼德勒区域，作为远征军的总预备队。

光辉的东吁防卫战　东吁是仰光至曼德勒之间的战略要冲，在仰曼铁道线上，南距仰光约200余公里，北距曼德勒约300多公里，有空军基地；这里也是东吁向东北经乐可、东枝（又译“棠吉”）至腊戍公路的起点，因之战略地位极其重要。中国远征军决定控制东吁，作为反攻仰光的前进据点。敌第15军十分重视东吁，在其攻占仰光后，即决定不待增援部队第56师团和第18师团从仰光登陆北上，即于3月12日命第55师团向东吁、第33师团向卑谬，同时从东、西两翼向东吁的中国军队和卑谬的英军发起进攻。

防守东吁的第200师是当时中国军队的精锐之师，机械化部队。师长戴安澜抗战以来参加过台儿庄战役、武汉会战等重大战役。尤其是昆仑关之战中，戴安澜率200师三夺雄关，歼敌6 000人，打出了威名。此次入缅作战，戴安澜感奋异常，决心“力挽长弓射夕阳”，与敌“决以一死，以报国家”。第200师奉命防守东吁，等待我军主力集中后，进行东吁会战，进而收复仰光。该师于3月9日接收英军防务，3月11日即命骑兵团并附工兵及步兵各一连，前进到东吁以南约60公里的彪关河警戒防守。

3月19日，日军像在此以前追击英军一样，以一个大队（营）轻装冒进至彪关河桥，被我军炸桥伏击，消灭敌军一部，俘敌兵3人，敌遗尸60余具而退。从敌尸中发现敌少尉联络官矶部经一郎所带地图、文件等，查明来犯之敌系第55师团112联队。我军即收缩前方警戒线，集中防守彪关河以北阵地。

3月20日，敌112联队附战车、装甲车各9辆，山炮4门，在敌机配合下，越过彪关河，攻击我军最杯、坦德宾一线阵地；我军第598团奋起反击，激战两小时，互有伤亡，敌军退去。3月21日，敌143联队全力攻我最杯、坦德宾阵地，我军顽强反击，毙伤其300多人后，敌始退去；我军亦伤亡140余人。3月22日，敌改变战术，准备迂回，当天战斗相对减弱。3月23日，敌集中112联队和143联队来犯，并在20多架敌机支援下，轮番轰炸和炮击；我以步骑兵协同，发起夹击，毁敌装甲车、战车各2辆，汽车7辆，敌一度溃逃。后又纠集大部兵力，于入夜后再次发动攻势，激战彻夜，我军部分阵地被敌人突破。战至24日下午，敌人夺取了东吁城北6公里的永克冈飞机场；当晚，我军放弃鄂克春（屋町）、坦德宾两大村落防线，集中兵力固守东吁城。据日军的记载："战斗十分激烈……至24日21时左右，好不容易才占领了屋町。师团北进以来，在屋町第一次与强敌遭遇……使进攻受挫……使指挥陷于混乱和苦战。"①

3月25日，敌在东吁城区外采用步炮空联合战术，三面围攻东吁。我军凭借城区工事，沉着抵抗，阵地始终稳固，伤亡较少。3月26日，敌人倾巢出动，纠集第112、第143、第144三个联队，以三倍于我军的兵力，围攻东吁城，重点攻击城西北角，致使我军第600团阵地被突破，我军遂退守东吁铁路以东。当天战斗异常激烈，双方伤亡均较大。3月27日，敌人继续围攻东吁，由于双方已近距离短兵相接，敌炮兵火力失效，我军顽强固守，伤亡颇重，我军第599团伤亡很大；午后，敌一部向北推进，与我军新编第22师在永克冈机场发生遭遇战。3月28日，敌企图在北面取守势，构筑工事，以阻我新编第22师增援第200师，然后集中主力消灭我第200师于东吁城内，乃大量施放毒气；敌化装成缅甸人驱牛车混入城内，亦被我军查出消灭；我军伤亡虽重，但斗志旺盛，至夜里，城内阵地仍未动摇；敌一部渡过锡唐河东岸，攻击我第200师司令部，被我军夹击而后退回锡唐河桥东南。此时，我军新编第22师为解第200师在城内之围，从北面发动猛攻，包围了南阳火车站之敌，但未能肃清车站内坚固建筑物中之敌，敌人仍顽抗不退。

3月29日，敌从南阳火车站发动内外反攻，双方激战竟日，均无进展。同时，我游击司令指挥补充第二团一部迂回攻击包围东吁之敌，曾一度攻入永克冈机场。这一天，我军的解围攻势从西、南、北三面牵制了敌军，东吁城内我军第200师的压力相对减轻。但此时我军已伤亡2 500多人，粮弹将尽，难以继续坚守，且敌军的增援部队第56师团和第18师团

① 中华民国史资料丛稿：日本防卫厅防卫研究所战史室著《缅甸作战》（上），中华书局1980年版，第61页。

已进入东吁，使敌我力量悬殊，敌人已开始对东吁实行大迂回包围，有截断东吁后路，消灭我第200师之企图。

第5军军长杜聿明鉴于我军已不能按照预定计划集中兵力进行东吁会战，第200师再坚守东吁已失去意义，反而有被完全消灭的危险，乃不顾史迪威的反对，下令第200师于3月29日深夜突围，向东北转移，第200师即有秩序地撤出了东吁。但我军撤出东吁，即敞开了东吁经毛奇至腊戌的公路，使敌人得以沿毛奇公路长驱直攻腊戌，造成我军部署中的一大缺口，这也是一次战略性失误①。

第200师进行的12天东吁防卫战，是远征军入缅作战规模最大、时间最长的战斗，官兵们打得十分英勇顽强，给猖狂进犯的日军以有力打击，歼敌5 000余人，掩护了英军的撤退，为远征军后续部队的行动赢得了时间。连敌人也不得不承认："当面的敌人是重庆军第200师，其战斗意志始终旺盛，尤其担任撤退收容任务的部队，直到最后仍固守阵地拼死抵抗，虽说是敌人，也确实十分英勇，军司令官饭田中将及其部下对其勇敢均表称赞。"②

曼德勒以南区域的逐次抵抗战　我军放弃东吁时，敌军已将其第55师团、第18师团、第56师团等主力部队集中到东吁两侧一带，正在寻找战机，力图消灭我军主力。我军由于英方一再延误入缅时机和缅甸运输系统腐败等原因，行军速度缓慢，一时不能集中主力对日军进行决战，被迫采取逐步设防、交替掩护、逐步转进的战法，在转进中寻找战机打击敌人。远征军根据当时的敌我态势，计划将主力逐渐集中到曼德勒至东吁之间的平满纳、彬文那一线，待敌人冒进至该地时，发动一次平满纳会战。在彬文那以南各地段均采取步步阻击敌人的逐次抵抗战。

逐次抵抗战首先在东吁北面的叶达西和平满纳之间展开。3月30日，日军发现我军已放弃东吁向北转移后，即由敌第55师团和第18师团的两个联队向北猛扑而来。我第5军新编第22师三个团进行顽强阻击，在沙加

---

① 杜聿明：《中国远征军入缅对日作战述略》，载《远征印缅抗战》，中国文史出版社1990年版，第16－21页。

② 中华民国史资料丛稿：日本防卫厅防卫研究所战史室著《缅甸作战》（上），中华书局1980年版，第64页。

雅、斯瓦等处给敌人以有力打击，阻止了敌人的冒进。4 月 1 日至 4 日，敌人没有再轻举妄动，战斗沉寂。4 月 5 日，敌人又出动三个联队，在飞机、坦克和大炮的支援下，向北进犯，被我军新 22 师第 66 团挫败。4 月 6 日，敌三个联队仍采取步、炮、坦克、飞机联合推进，轮番进攻的战法，激战持续到 4 月 16 日，我军伤亡营长以下官兵 1 500 多人；敌人伤亡愈千人，毁敌战车 4 辆，我军在夜袭中击毙敌少校大队长 1 人及官兵 175 人，生俘 49 人，然后撤离，并安全转移至平满纳。在逐次抵抗中，我军新编第 22 师以不足万人的兵力，抗击拥有坦克 200 辆、大炮 200 门的敌军两个师团近 5 万人的兵力，战斗持续 18 天，毙伤敌军 4 500 人，达到了阻击的预定目标，创造了“逐次抵抗”作战中一次最成功的战例①，不但达到了掩护主力的任务，而且迫使敌军进行消耗战，有力地打击了敌人，诱敌深入到我有利的决战地区。所以，叶达西至平满纳之间的逐次抵抗战，是我远征军入缅抗战中一次辉煌的战例。

仁安羌大捷　仁安羌，缅语“油河”，在曼德勒以西，这里是缅甸和整个中南半岛最大的油田。夺取仁安羌，不仅可以切断在缅作战的中英联军的油源，而且可以极大改善日军在中国和太平洋战场上的油料供应。因此，日军将夺取仁安羌作为极为重要的目标。两路日军一万多兵力迅速绕至英军后方，攻占了仁安羌油田，包围了英缅军第 1 师和第 7 装甲旅 7 000 多人，并俘虏 500 多名英缅军、美国新闻记者和传教士。毫无斗志的英军左冲右突没有任何效果。

4 月 14 日，英缅军总司令亚历山大紧急请求远征军救援。远征军第 66 军新 38 师师长孙立人率 113 团 1 300 多人火速驰援。孙立人虚张声势，将 80 辆汽车拖着树，造成满天尘土飞扬，又泼洒汽油烧得火光冲天，一时吓住了日军。尔后，在装甲车掩护下，向日军阵地发起猛攻，将日军防线撕开一个大口子，救出被围英军和美国记者、传教士。

此役，远征军消灭敌第 33 师团 3 000 多人，敌弃尸 1 200 具而逃。我军这一英勇战绩，轰动英伦三岛，英国朝野为之欢呼，其后，英国政府曾

① 王楚英：《中国远征军印缅抗战概述》，载《远征印缅抗战》，中国文史出版社 1990 年版，第 101 页。

授予新38师师长孙立人等多人勋章，使中国远征军的声威远播、名震中外。

英军溃逃，联军全军失利　英军获得解围后，仍然马不停蹄地继续向西北印度方向溃逃，这等于向日军敞开了北进大道，使日军可以对我军主力所在的曼德勒—平满纳一线从西北面实行大迂回大包抄。此时，我军东线又告急，敌第56师团倾全力向我军东线大举北犯。我军即于4月18日放弃平满纳会战，决定将主力北移，准备在曼德勒与敌军会战。但此时由于英军在西线溃逃，一溃千里，致使敌军在西线的突进势不可挡。在东线和中部由于我远征军指挥机关的失误，只主观幻想和日军在中部决战，没有调集有力部队，部署东线防守，致使日军第56师团主力沿东线径直北犯，直指我远征军进出缅甸的中心枢纽腊戌，对我军造成致命威胁。

在敌军方面，当我军放弃东吁后，敌第15军司令饭田祥二郎立即奔赴东吁，部署“瓦城会战”，企图在瓦城（曼德勒）地区消灭我军主力。饭田命第56师团在东线迅速击破我第6军，攻占腊戌，截断中国远征军归路；命第18师团和第55师团作为中路主力，力图击破我第5军，直捣瓦城；命第33师团在西线迅速击破英军，然后由伊洛瓦底江东岸迂回，击破我第66军，从西北方面回攻瓦城。

敌军据其“瓦城会战”的部署，敌第56师团于4月5日开始沿缅甸交通干线腊戌—毛奇公路向北猛犯，分三路进攻雅多、毛奇、保拉克等处；我军在东部的第6军第55师与敌激战约10天，至4月17日，南帕、保拉克相继失守，4月20日，敌攻占乐可、昔腊等地。我第55师战斗力较弱，组织抵抗不力，致使敌人得以猛进。我第6军第49师因兵力分散，又缺乏机动部队，被敌各个击破。4月23日，敌第56师团在战车、装甲车掩护下，乘汽车突进，攻占和榜、棠吉（东枝）、黑河。我第5军军长杜聿明发现东线危急，向远征军总指挥史迪威、罗卓英、林蔚等紧急呼吁保卫腊戌，几经周折，方获准派遣第200师由西线向东线反攻，于4月24日夺回棠吉、和榜，但没有增派兵力巩固和扩大战果，没有组织足够的力量追击敌军，致使敌第56师团得以乘胜继续向北奔袭，于4月25日攻占南曲依（雷列姆）、孟敖、旁克吐，随即分兵两路，用汽车快速部队北向南泡、腊戌，西向西保（细包）疾进。我第6军第55师和第49师先后被敌击溃，向萨尔温江以东撤退。我第66军在北面对敌进行了阻击，但无力阻止敌第56师团的北犯。4月26日，敌攻占南泡、西保，立即分兵一部，附以战车，由西保西进，直接威胁曼德勒。4月28日，敌第56师团主力从西南两面围攻腊戍，与我军刚到腊戍立足未稳的第66军第29师血战一昼夜，于4月29日攻陷腊戍，截断了我军退回国内的交通枢纽，致使我军完全陷入困境。敌第56师团继续北犯，于5月1日攻占北掸邦首府新维，5月3日侵入我国国境，攻占畹町，接着芒市、龙陵相继失守。5月5日，敌先头部队一部窜至怒江惠通桥，并抢渡怒江，被我军第36师消灭其大部，残敌逃回了怒江西岸。敌第56师团另一部，由腊戍经南坎西进，于5月3日攻占八莫，5月8日攻占密支那，截断了中国远征军由缅北回国的道路。

至此，日军打破了中英联军的最后计划。该计划为："一旦曼德勒失守，英军拟退守温佐、加里瓦一线；中国远征军将退守英多、密支那、八莫，确保印度—密支那—昆明空中走廊，和由印度英帕尔经加里瓦、英多、密支那、八莫到腾冲的陆上国际交通线。"

中英联军指挥部对日军以中路为主攻部队，同时东、西两线向我军袭来的敌我攻守态势是知道的，但应采取什么对策，如何分配力量以迎击敌人，则举棋不定，贻误战机，指挥失当，导致全局错乱和失败。敌军以第55师团和第18师团为中路主力，沿仰（光）曼（德勒）铁路北犯，向我军主力所在的曼德勒以南地区袭来时，联军指挥官亚历山大、史迪威、罗卓英等人只注意到中路之敌，企图集中我军主力，组织曼德勒会战以击破敌中路主力。这一计划，在权衡敌我力量上，估计不足的是：我军能集中到中路的兵力，不足以抗击和粉碎敌中路主力。同时，我军移动速度迟缓，远不如敌军的机动性强、移动速度快；更严重的是顾此失彼，只注意对付中路之敌，忽视了东线敌第56师团的北犯，致使敌人乘隙而入，轻易而迅速地攻占了腊戍，并截断了八莫、密支那的中缅通道。

英军在西线的溃败，我军在东线疏于防卫而使腊戍、密支那相继失守，造成了中英联军第一期作战的全局失利。4月25日，中英联军指挥官亚历山大、史迪威、罗卓英、林蔚、杜聿明、张轸、侯腾等人在面临全线溃败之际，在皎克西开会决定全面撤退。4月26日，在曼德勒以南的我军各部开始总退却，命第 5 军新 22 师殿后掩护。第 5 军第 96 师于 5 月 1 日撤出曼德勒，该师后来独自经缅北的孟关、葡萄，由片马、泸水退回昆明，该师副师长胡义宾、团长凌则民在缅北转战中英勇献身。新 22 师最后撤出曼德勒，于 5 月 9 日在杰沙和第 5 军军部会合。第 5 军军长杜聿明不接受史迪威命他撤往印度的命令，直奔缅北，在莽莽林海中穿行近三个月，士兵在荒野中被饥饿、疫病、虫咬而大量死亡，途中尸骨遍野，惨绝人寰；该军余部经塔洛、新平洋，于 8 月初到达印度东北角雷多者不足 3 000 人，且人人枯瘦如柴，疲惫不堪；杜聿明在途中染病，险些丧生。新 38 师孙立人部则遵从史迪威命令，作为英军的后卫部队，向印度撤退，经班毛、宾崩、霍马林等地，历尽艰险，于 5 月 27 日到达印度英帕尔附近；该师损失较小，保持建制较完整，到达印度时尚有大约 7 000 人。中国远征军长官部于 4 月 28 日撤离瑞波，徒步经英多，沿英军撤退路线转移，于 5 月中旬到达英帕尔。第 66 军新 28 师于 4 月 28 日撤出曼德勒和眉苗后，沿瑞丽江北岸，经南坎、八莫之间突围回国。第 5 军第 200 师在曼德勒以南被敌截断归路后，辗转于 5 月 18 日进抵西保附近，在越过西保—摩谷公路时遭伏击，师长戴安澜将军负重伤后于 5 月 26 日殉国，团长柳树人阵亡；该师嗣后由南坎附近进入国境，经腾冲、泸水等地转赴昆明。第 6 军第 93 师从西双版纳南部撤退回国，第 49 师和第 55 师在东线失败后，撤过萨尔温江以东，经阿佤山区撤退回国。

7 月 15 日，戴安澜灵柩运抵昆明，各界代表万余人在志舟体育场举行公祭。10 月 6 日，国民政府追晋戴安澜为陆军中将。10 月 29 日，美国总统罗斯福签发了追赠戴安澜懋绩勋章的命令。1943 年 4 月 1 日，国民政府在第 200 师发祥地广西全州香山寺举行全国性的悼念大会，1 万多人参加，国共两党领导人赠送了挽诗、挽联。毛泽东的挽诗为：

海鸥将军千古

外侮需人御，将军赋采薇。
师称机械化，勇夺虎罴威。
浴血东瓜守，驱倭棠吉归。
沙场竟殒命，壮志也无违。

周恩来的挽辞是：

黄埔之英，民族之雄。

朱德、彭德怀联名的挽联为：

将略冠军门，日寇几回遭重创；
英魂羁缅境，国人无处不哀思。

中国远征军在与英军联合保卫缅甸之战中，历经 5 个月的艰苦激烈战斗，以失败告终，代价是高昂的，损失是十分惨重的。中国远征军参战兵力约 10 万人，损失过半。仅第 5 军入缅 42 000 人，战斗伤亡 7 300 人，撤退中死伤 14 700 人，生存者仅约 20 000 人，人员损失达 52.3%；损失物资 5 万余吨（租借美国作战物资）。英军参战兵力 40 000 余人，阵亡、被俘、失踪 22 000 人，撤到印度的仅 13 500 人，另有数千伤病官兵。但我军官兵英勇奋战、不怕牺牲的精神和屡挫强敌的生动事实，为中华民族争得了荣誉，也给敌人以有力的惩罚。

（六）怒江惠通桥阻击战

1942 年 4 月下旬，日军在缅甸分三路向缅北全面推进，在缅甸东路，敌 56 师团乘我军防御薄弱，以装甲兵和汽车兵为先导的快速部队，沿毛奇—腊戍公路快速挺进，于 4 月 29 日攻占腊戍，5 月 3 日攻陷畹町，接着连陷遮放、芒市、龙陵，5 月 5 日日军用伪装的车辆，潜入我军民撤退的混乱队伍中，驱车直犯怒江惠通桥西岸。关键时刻，远征军工兵总指挥马崇六果断下令，炸桥阻敌。而后，守桥连在桥头江岸和敌人展开血战，以全连的英勇牺牲为代价，把汹涌来犯之敌阻遏在怒江西岸。但此时敌军一个大队在惠通桥上游强渡怒江，约 500 余敌兵窜到了怒江东岸。

正当日军已渡过怒江的危急时刻，我军正由西昌移防祥云的第 11 集团军所属第 36 师奉命紧急奔赴怒江御敌，该师第 106 团的两个连队赶到了惠通桥东岸山头老鲁田一带，在师长李志鹏指挥下，对正在沿公路搜索而上的日军展开猛烈攻击。第106团主力随即到达，逐次投入战斗，日军处于由山下仰攻而上的不利地形，遭到了很大伤亡而无法前进。第二天，第36师第107团和第108团赶到了战场，一齐投入战斗，冒着敌军在怒江西岸的重炮轰击，奋勇进攻，在中国空军美国志愿队的协同配合下，经过激战，把敌人逐回到江边，并将其大部消灭在怒江东岸，只有少数残敌乘橡皮艇逃回了西岸。日军第56师团的后续部队进抵怒江西岸松山、腊勐一带时，见其先头部队已被我军消灭，强渡怒江已完全失败，即停止继续东犯，在腊勐一带构筑工事，防我军反攻。

怒江惠通桥阻击战，我军第36师在十分仓促应战的情况下，遏制了日军乘胜猖狂追击的锋芒，挽救了滇西前线的危局，是我军在滇西前线一次重要的胜仗。

日军第56师团主力迅速集中到芒市、龙陵、腾冲一带。在怒江惠通桥西岸的高地腊勐、松山，强征大批民工，构筑坚固工事，进行固守。重庆军委会军令部对敌情作了错误判断，认为沿滇缅公路直犯怒江的日军，可能只是一个临时编成的快速先头部队，人数不多，孤军深入，不能持久。遂于5月13日命令第11集团军反攻龙陵、腾冲，并以一部向八莫、密支那之间挺进，以迎接远征军第5军部队撤回国内。第11集团军当时只有第36师守卫在惠通桥正面，预备第2师刚刚集结到保山，第88师正在向保山运送之中，第87师还在昆明待运保山。第11集团军即命预备第2师渡过惠通桥向腾冲前进，命第88师胡家骥团从惠通桥下游攀枝花渡江绕攻龙陵，命第36师从惠通桥正面渡江攻击松山、腊勐之敌。第11集团军反攻部队各部于22日渡江完毕，于5月23日分别向腾冲、龙陵、松山发起攻击。进攻开始后，我军即出现两大弱点：一是没有炮兵，不能摧毁敌军的工事；二是我军缺乏补给，粮弹均无法接济。进攻只持续了5天，我军遭到相当伤亡，没有达到预期的战果。但预备第2师深入到了腾冲西南地区，迎接到第5军第200师撤退中的2 000余人，并掩护他们从六库附近渡过怒江回到漕涧休整。5月28日，我军第88师第264团在龙陵与松山公路上击毙一个敌军大队长，从缴获的敌军作战计划及布防图中获知，敌第56师团主力已全部屯集到龙陵、腾冲一线，分为腾北、腾冲、龙陵、腊勐（松山）、芒市、新浓6个守备区，其师团部及直属部队驻芒市，判断其兵力为1.5万~2万人。这一情报报送重庆军令部后，蒋介石于5月31日下令停止进攻，将我进攻部队撤回怒江东岸，固守怒江防线。此后，滇西战事遂变为夹怒江对峙局面，一直相持到1944年5月大反攻为止。

二、争夺制空权的斗争与滇南防御

（一）日军对云南的空袭

抗战爆发后，中国开始了全民抗战，云南即成为中国抗日正面战场的重要战略后方。作为大后方的云南，1942年5月以前受到的直接战争威胁主要是日军的空袭。当时，云南基本没有什么防空力量，日军飞机每次空袭如入无人之境，掌握了云南的制空权。日军轰炸除省会昆明外，还有全省的许多地区。据不完全统计，滇南方向有：蒙自、开远、个旧、西畴、马关、广南、文山、麻栗坡等地；滇西方向有：保山、龙陵、云县、大理、云南驿、一平浪、楚雄等地。敌人轰炸的主要目的一方面在于破坏滇越铁路和滇缅公路，另一方面在于从心理上摧毁大后方人民的抗日决心和信心。

云南“八年当中，遭受敌机之威胁，至为严重。兹将全省防空司令部公布之统计情形，摘示如后：

（甲）敌机来袭之统计

日数：280日。

批数：508批。

机数：入境机数共3 599架（架次），内中侦察机293架（架次），驱逐机750架（架次），轰炸机2 556架（架次）。被击落者共82架。

警报：自1938年9月28日起，至1944年12月28日止，共发警报232次。

投弹数：7 588枚。

（乙）毁损死伤统计

炸死人数：4 210 人。

炸伤人数：2 944 人。

炸毁房屋：29 704 间。

由上统计[1]，足证抗战八年来，云南牺牲之一斑。人民无日不在惶恐状态之下，度其奔走劳碌之生活，废时失事，与夫精神上所受之打击，则直无从计数也”[2]。

总之，日军的空袭，对云南人民犯下了滔天罪行[3]。

（二）日机空袭下的昆明

昆明作为大后方的重要城市，抗战支前的重要基地，是日军飞机轰炸的主要目标。

1938 年 9 月 28 日，日军飞机第一次轰炸昆明。“上午 9 时许，昆明市内响起了刺耳的警报声。当时，毫无躲避空袭经验的市民，一片惊慌，四处奔逃，许多人麇集潘家湾及小西门城脚苗圃中。很快，9 架敌机来到昆明上空，对小西门外潘家湾一带进行轰炸。顷刻间，这里便化为一片火海，血肉模糊的尸体横七竖八地倒在地上，瓦砾间，烧焦了的树枝上粘附、吊挂着死难者的断肢残骸、内脏器官，真是惨绝人寰。受伤者呼号惨

① 需要指出的是，上述统计数还是很不完全的。比如，炸死人数，仅 1942 年 5 月 4 日、5 日两天，日机 108 架次轰炸保山，据当时县府粗略统计，死者万余人，伤者无法计数，炸毁房屋 3 000 余间（见吴宝璋主编《云南红十字会史》第 42 页，云南人民出版社 2004 年版）。而这里的 4 210 人，还不及保山这两天日机轰炸死亡人数的一半。

② 郑崇贤：《滇声》，1936 年香港有利印务公司印刷出版。转引自《云南文史资料选集》第 39 辑，云南人民出版社 1990 年版，第 359 - 360 页。

③ 空袭是日军侵略云南犯下的滔天罪行之一。日寇侵略云南的罪行罄竹难书，其他主要罪行至少还有两个方面。一是 1942 年 5 月日军占领滇西怒江以西 3. 8 万平方公里土地后，至 1944 年 5 月，长达两年中，在占领区内，进行残暴统治，烧杀抢掠，奸淫妇女，无恶不作。本文第三部分“滇西军民的敌后抗战”有部分揭露。二是在滇西施行细菌战。1942 年 5 月，缅甸霍乱流行，日军收买缅奸与汉奸，在滇缅公路沿线的水源中投放霍乱细菌，致使霍乱在滇西许多地区传播泛滥，危害极其严重。据说，滇西这次霍乱浩劫，死亡近万人，其中保山地区最严重，死亡四五千人，下关两三千人，永平一千多人。霍乱还沿滇缅公路传至云南内地。1942 年 6 月，昆明及郊县出现霍乱发病高峰，死亡达 1 289 人（详见吴宝璋主编《云南红十字会史》，云南人民出版社 2004 年版，第 42 页）。

叫之声不绝于耳，闻之者无不伤心落泪。”①

当时，住在小西门内武成路福寿巷的西南联大教授闻一多，闻警报之后，一方面“让三个孩子躲到一张结实厚重的桌子下面”，一方面跑出去找两个在昆华小学读书的孩子（立鹤、立雕）。在往城外走时，敌机已飞至头顶，“闻一多靠到墙边躲避，一串炸弹掉在一家院子里，强烈的爆炸把墙上的砖石震掉，砸破了闻一多的头顶，顿时血流满面。幸好街头救护队及时赶来抢救包扎，伤势不太严重”②。

“9·28”轰炸，给第一次遭受日本空军蹂躏的昆明人留下了难忘的印象。当时，云南省民政厅主任秘书谢洁吾记载了敌机袭击昆明的伤亡情况。据他的遗稿，日机首次轰炸，“昆明死伤甚重，计轻伤60人，重伤173人，死190人；其他血肉横飞，尸身难觅者尚不知多少”③。当时的昆明市民政局科员孔庆荣后来回忆：炸后，市民政局派一等科员王协中前往查看登记，“潘家湾共死伤40余人，最惨者为一年轻妇女领一岁多的小孩，娘的头被炸掉，尸体向下，血流不止，而孩子被震死于娘的身旁。除此，其他破头断足，血肉狼藉。苗圃及凤翥街，死亡计94人，现场血腥，令人心痛”④。

此后，日机不断空袭昆明。这一时期，轰炸昆明的日机主要是从武汉出发的。1940年10月上旬以后，日本飞机空袭昆明日见频繁。因为10月7日日军占领越南河内，其空袭飞机可直接从河内起飞。为了截断中国当时唯一的抗日运输“生命线”滇缅公路，日军还专门组织了“滇缅路封锁委员会”，调100架飞机轰炸封锁滇缅公路；同时加紧对昆明及有关城镇的空袭。

在日本飞机的空袭下，“跑警报”成了昆明市民的“家常便饭”，有时一天来回跑两三次警报。在日本飞机空袭昆明最频繁期间，昆明市民天天过着朝不保夕的恐惧生活。往往晴天天一亮就带着大包小包，扶老携幼

① 《忆日机首次轰炸昆明》，载中共云南省委党史研究室编《抗战纪实》，云南人民出版社1996年版，第47页。

② 闻立鹏、张同霞著：《闻一多》，人民美术出版社1999年版，第139页。

③ 《昆明文史资料选辑》第7辑，第138页。

④ 《昆明文史资料选辑》第6辑，第122页。

到郊区躲避，直到下午四五点钟才陆续回家。所以当时昆明的商店白天大都关闭，到了晚上才开门营业，而学校和工厂大多停课停产。西南联大则将上课时间提前，到10点左右就把上午的课上完；下午3点以后上课；中间是准备空袭疏散的时间。昆明人民在日本飞机的轰炸下真是苦不堪言。

据当时防空司令部编印的《云南防空实录》记载，从1938年9月28日至1944年，昆明共发警报232次，日机入侵昆明市上空142次，入侵日机达1 099架次，共投弹3 043枚，死伤无辜同胞3 530人（其中被炸死1 759人），炸毁、烧毁、震毁各种房屋19 015间。市区几乎到处都被炸，城郊不少地方也被炸，炸得昆明城百孔千疮，弹坑累累①。

在日机轰炸中，毁坏面积最大的是1941年4月8日的轰炸。当时飞来敌机27架，投弹80多枚，长春路、光华街以北和翠湖及翠湖以南，华山西路以西大片地区，大众电影院（今五一电影院）、黄公东街、劝业场以及武成路一带，成了一片火海。此次轰炸，毁房屋1 270间，死44人，伤35人。

在日本飞机轰炸中，死亡人数最多的是1941年12月18日交三桥大轰炸。10架敌机轰炸后，尸横遍地，死者人数之众，难以计数。当时市民说：昆明的棺材全部卖空也装殓不完。有的人则说死伤500多人②。

日寇对昆明的狂轰滥炸，给昆明市民带来了深重的灾难，也给昆明市民留下了极其深刻的印象。下面是当时西南联大几位教授在日机轰炸中的经历，它从一个方面记录了当时日军的罪行和昆明市民在空袭下的生活惨状。

联大常委、清华大学校长梅贻琦的夫人回忆说：“在昆明的几年中，除了办校外，突出的事情就是跑警报，几乎天天要跑。日本飞机来轰炸时，从容飞来，从容飞走，可以说是畅通无阻，如入无人之境。”梅贻琦“作为校长，也和教师、学生一起跑到学校后面的小山上，在坟头之间躲避一下”。“日本飞机轰炸，至今还给我们的记忆留下一件很难过的事。每次跑警报，办事处（指清华大学办事处，地点在西仓坡）都是把学校的文

① 丁学仁：《日机轰炸昆明罪行录》，载《抗战纪实》。
② 同上。

件放在一个简易的防空洞内，留下两个工友看守。一次，大家上午跑出去，下午回来时，发现办事处已经被炸，文件全被炸毁，两位工友也被炸死。他们之中一个是青年；另一个是老人，姓尹，以前每次大家跑警报回来时，他都预备些热茶给大家喝，可这次却不幸被炸死了。”①

1940 年 8 月，闻一多教授搬到小东门内节孝巷 13 号周宅居住，同院的还有闻一多的胞弟闻家驷教授。冯至教授住在节孝巷内的怡园巷，巷口与闻家相对。周宅内有后花园，还有防空洞，大家都以为住在这里安全是有保障的。9 月 30 日，27 架敌机轰炸昆明，炸死市民 187 人，270 多人受伤。空袭中，闻一多、冯至两家都躲进防空洞。不料，一枚炸弹落在后花园，幸亏是个“哑弹”，没有爆炸。但找来警察一看，说：可能是定时炸弹。搞得大家提心吊胆，一夜不眠，后怕不已。后来，闻家迁到昆明西郊陈家营住②。冯至则迁居金殿后山一个林场内的茅屋中。

就在这一天的轰炸中，杨振宁家在昆明租赁的房屋正中一弹。1982 年杨振宁回忆说：“我们少得可怜的一点家当几乎全部化为灰烬。万幸的是，全家人都已躲在防空洞里，免于遭难。几天之后，我带着一把铁锹回去，挖出了几本压歪了的但仍可用的书本，欣喜若狂。今天已难了解，在那种困难岁月里几本书的价值。”③ 此后，杨家搬到龙院村。

1941 年，华罗庚教授一家住在黄土坡。一次空袭，华罗庚到旁边的联大数学系教师闵嗣鹤家的防空洞去谈问题。结果，炸弹落在防空洞口附近，洞口被大量的溅土所埋没，华、闵等人都被埋在里面。空袭后，大家花了两三个小时才把他们刨出来，华罗庚耳朵也被震出了血。经此“活埋”，又死里逃生，华家后来迁到离城更远的大塘子。这个小村子与杨武之（联大教授、杨振宁之父）家只隔一条路。两家往来十分方便。但是不久，一枚炸弹落在杨家天井中，房屋也倾塌了，幸而杨家外出躲警报才没

① 韩咏华：《同甘共苦四十年》，载西南联大校友会编《笳吹弦诵在春城（回忆西南联大）》，云南人民出版社、北京大学出版社 1986 年版。

② 吴宝璋：《闻一多在昆明的八年》，载《抗战时期文化名人在昆明》（一）。

③ 杨振宁：《忆我在中国的大学生活》，载《杨振宁演讲集》，南开大学出版社 1989 年版。

有伤亡①。

(三) 陈纳德与“飞虎队”

正是在这种情况下，1941 年 10 月，美国空军退役军官陈纳德组建了“中国空军美国志愿队”。两个月后的 12 月 20 日，志愿队与来犯的 10 架日寇飞机激战昆明上空，以 9∶0 的辉煌战绩轰动国内外。深受日机空袭之苦的昆明老百姓为志愿队取了一个十分响亮的名字——“飞虎队”。意思是空中飞虎，猛虎添翼，威力无比。陈纳德的夫人陈香梅解释说：“‘飞虎队’是中国人给志愿队所起的别号。以云从龙，风从虎，虎而能飞，其猛无比之意。”② 后来，美国卡通大王迪斯尼为“飞虎队”设计了队徽，添翼的猛虎飞越象征胜利的“V”字。

“12·20”空战后，日本轰炸机再也不敢轻易来犯。中国空军美国志愿队夺回了制空权。而从那以后，老一辈昆明人对“飞虎队”和陈纳德是家喻户晓，有口皆碑。

陈纳德（Claire Lee Chennault，1890～1958 年），生于美国得克萨斯州的麦考斯。第一次世界大战中，他于 1917 年入伍，不久参加飞行培训，成为一名优秀飞行员，其高超的飞行技艺可谓出类拔萃。以后担任过飞行教官，还编过一本空战手册，并被美国空军采用。他本人训练过许多飞行员。然而，由于性格上的桀骜不驯，使他很难受到上司的赏识，直到 1937 年退役时还只是上尉军衔。就在这一年他应邀来华，被聘为中国航空委员会顾问，授上校军衔。他受到了信用。从此，47 岁的陈纳德开始大展自己的才华。1940 年 8 月陈纳德受委派赴美洽购飞机，招募飞行员。经过艰辛的奔波，他的收获极大：得到了 100 架美制 P－40 型战机的订单，又招募了 100 多名志愿飞行员。

1941 年 8 月 1 日陈纳德组建了“中国空军美国志愿队”。志愿队为一个大队，大队部设在昆明。下辖三个中队，一、二中队驻昆明，三中队驻仰光。各中队战机机身上画着张着大口的鲨鱼嘴。

① 王元著：《华罗庚》，北京开明出版社 1994 年版，第 107 页。

② 陈香梅：《陈纳德将军和我》，四川文艺出版社 1987 年版，第 41 页。

“飞虎队”最值得称道的空战有三次。一次即1941年12月20日的昆明空战。第二次是在昆明空战几天后，即12月23日、25日，飞虎队与日机激战于仰光上空，再获击落敌机54架的辉煌胜利。第三次是“萨尔温江（怒江）空袭战”，时间是1942年5月7日至12日。5月5日，日军挺进至怒江西岸，中国工兵炸毁了惠通桥。但是，日军又乘橡皮艇向东岸进军。如果日军进攻成功，将极大地影响中国的抗战，就在这时，飞虎队受命配合中国陆军，空袭怒江与龙陵之间的日军精锐之师，阻遏日军挺进强势。几天前（4月30日），飞虎队不得不炸毁在瑞丽雷允飞机修理厂待修的22架战斗机。这时，飞虎队在保山和云南驿机场仅有8架飞机。其中4架为老式P－40B型战斗机，4架为装有自制炸弹架的P－40E型新式战斗机。5月7日，8架飞机从云南驿机场出发，飞往惠通桥，对怒江两岸日军反复进行攻击和轰炸，不时返回云南驿机场补充弹药和汽油，然后再行攻击。至12日，飞虎队摧毁怒江西岸日军的汽车、坦克，以及渡江日军和架桥设备，与中国陆军一起，将日军挡在了怒江西岸。从此，日军与中国军队以怒江为界，对峙长达两年之久。这次战役被称为“第二次世界大战中几个最伟大的胜利中的一个”①。

1941年12月，珍珠港事件发生后，美国正式对日宣战。1942年7月4日，“飞虎队”宣告解散，改编为美国陆军第10航空队第23大队，亦称美驻华空军特遣队。1943年3月，特遣队扩编为美国陆军第14航空队，陈纳德任少将司令。后来第14航空队发展到拥有1 000架飞机、2万人，还指挥1个轰炸机大队和1个运输机中队（担任“驼峰”空运任务等）。

“飞虎队”本身存在不到一年。然而陈香梅说：“美国志愿航空队、美国驻华空军特遣队、第14航空队和中国民用航空公司——统称为陈纳德的飞虎队。”②

陈纳德十分重视空军的作用，并竭力宣传空军的威力。1942年10月8日他撰写了一篇文章，宣称：“只要有一支由105架现代化的战斗机、30架中程轰炸机和12架重型轰炸机组成的部队，并让他担任驻中国的美军

① 陈香梅：《陈纳德与飞虎队》，上海学林出版社1988年版，第102－105页。

② 同上书，第1页。

司令，他就能在半年之内，或者不超过一年的时间，彻底打垮日本人。”美国历史学家巴巴拉·塔奇曼称之为“最不寻常的战争文件之一……一个军事上的救世主的自我宣言”①。但是，应该承认，陈纳德和他的飞虎队的确创造了最不寻常的战绩。

在整个二战期间，“飞虎队”共击毁日机2 600架，击沉日舰44艘、日本商船223万吨，击毙日军66 700人，炸毁敌人桥梁600座。

有人将“飞虎队”与“驼峰”航线说成是一回事。这是不准确的。事实上，“飞虎队”与“驼峰”航线是两回事。但它们有联系，其联系主要有三点：一是“驼峰”航线开通后，“飞虎队”承担护航任务。二是“驼峰”航线为“飞虎队”提供所需的军用物资。三是第14航空队成立后，陈纳德正式掌握了“驼峰”运输的指挥权。也就是说，1943年3月以后，“驼峰”飞行与“飞虎队”同在陈纳德的指挥下，进而两者逐渐融为一体。

历史表明，陈纳德与“飞虎队”在世界反法西斯战争和中国抗日战争中立下了卓著功勋。陈纳德与“飞虎队”的名字也因此长久地留在云南乃至中国人民的心间。1990年，美国公众评选二战英雄人物，有两人当选：亚洲战场陈纳德，欧洲战场艾森豪威尔。

（四）滇南防御

1940年9月，日寇侵占越南海防、河内等地，接着，日军切断了滇越和桂越国际交通线，进逼滇越国境，威胁云南东南部。

为了阻止日军北犯，一方面，滇南驻军炸毁河口铁路桥，拆除河口至碧色寨的路轨，转用于铺设川滇铁路昆明至沾益段。另一方面，云南省主席龙云向蒋介石要求调回在江西的云南军队，防守滇南。蒋介石批准将第60军（辖第182师、第184师）调回云南。第60军调回云南后，组成滇南作战军，加强滇南防线。滇南作战军以卢汉为总司令，设总部于昆明。同年底，滇南作战军总部改为第1集团军总部，移驻蒙自，下设第1、第2两路军指挥部，以第60军军长安恩溥兼任第1路军指挥，下辖第182、第

① ［美］杜安·舒尔茨：《陈纳德与飞虎队——独行其是的战争》，云南人民出版社1989年版，第339页。

184 两师，并指挥云南新编第 1、第 3 两旅；任命张冲为第 2 路军指挥，辖新编滇军第 4、第 5 两旅。全军沿中越边境的河口、金平、屏边、个旧、建水一线布防，与侵入越南的日军对峙。虽未发生战事，但是，从此云南便从抗战初期的远离前线的大后方变成直接与日军对峙的前沿阵地；一方面继续承担战略大后方的任务，另一方面又承担起御敌于国门之外和维护国际通道（滇缅公路）畅通的重任。

后来，国民政府军委会又增调关麟征中央军第 9 集团军到滇南，部署在滇越铁路以东的文山、西畴、马关等地。1945 年初，第 1 集团军改为第一方面军，卢汉为司令官，辖第 1 集团军和第 9 集团军，司令部移驻开远。以暂编第 18 师、第 20 师、第 22 师三个师组成第 93 军，以卢濬泉为军长。第 9 集团军是蒋介石的嫡系部队关麟征部，卢汉并不能对其指挥和调遣。

8 月，日本投降，越南北部属于中国军队的受降区，蒋介石命卢汉率第一方面军入越受降，并令在云南的滇军暂编第 19 师龙绳武部、第 33 师潘朔端部、第 24 师龙绳祖部全部入越受降，经龙云请求，才批准第 24 师暂留昆明。

三、滇西军民的敌后抗战

1942 年 5 月 3 日，日军由缅甸侵入我滇西，在中国军队奋力抵抗下，日军最终未能越过怒江天险。而后，日寇占领了怒江以西的中国领土。于是，云南由抗日大后方变成了抗日最前线，云南人民开始了滇西抗战。

日军侵占我国滇西怒江以西国土后，在占领区内实行严酷的军事法西斯统治，对被占区内我国同胞大肆掠夺和残暴镇压。生活在敌占区的我滇西各族人民不畏强暴，不断掀起抗日斗争，并配合我军派往敌后游击的陆军预备第 2 师和第 36 师等部官兵，打击日寇占领军。腾冲县爱国士绅组成抗战政府，发动群众，配合我军抗击日军。腾冲、龙陵、潞西（今芒市）、南甸（今梁河）、干崖、莲山（今盈江）、陇川、瑞丽、泸水等县的傣族、景颇族、阿昌族、德昂族、傈僳族、佤族、汉族等各族人民，先后组成十余支抗日游击队，在敌后极为艰苦的条件下，坚定地开展抗日游击战争，在各地英勇顽强地打击敌人，为云南近代反侵略战争的历史谱写了光辉的爱国主义新篇章。

（一）腾冲县抗战政府的成立及其斗争

日军以快速机动部队，突然攻入我怒江西岸地区，当时驻在腾冲的腾龙边区行政监督龙绳武和腾冲县长邱天培等地方官员，闻风逃跑，使腾冲人民在一夜之间即沦为日寇铁蹄下的奴隶。

日军占领腾冲后，为巩固其军事法西斯统治，搜罗汉奸走狗，建立各种伪组织。日寇占领军首先成立了以李曰琪为会长、李家留为副会长的“维持会”。李曰琪 73 岁，清附生，留学日本，云南省议员；李家留 70 岁，清廪生，云南省议员。敌人企图利用两李的声望，引诱人民归顺日军，但两人已年老衰朽，难以发挥作用。敌又由其 146 联队长金冈宗四郎大校出面，强邀和金冈在日本是同学的腾冲人张德辉出任副会长，张年五十，曾留日学医。“维持会”成立后，即帮助日军维持社会治安、搜刮敌人需要的物资，为日军统治服务。

敌人为破坏我军民逐渐掀起的敌后抗战，又利用地痞流氓杨吉品组织了一个特务组织便衣队，搜集情报，迫害游击队员和当地爱国青年。杨吉品等人本来就是本地恶势力，在日寇占领军的唆使下，在乡里横行作恶，加重了人民的灾难。杨吉品便衣队后直接改为日军宪兵队特务大队，成为极端凶残的敌人鹰犬。

敌人在腾冲设立的行政机构称“行政班”，后扩充为“行政班本部”。该法西斯组织积极策划建立腾冲县伪政府，李家留和杨吉品为争夺伪县长职务，斗争激烈，但投敌的士绅们都不支持李、杨二人，敌占领军即安排龙陵县公安局长钟镜秋出任伪腾冲县长。钟三十多岁，军校特训班学生，曾任少校军职，从事特务工作多年，占领军对他颇为赏识。敌占领军于 1942 年 6 月 6 日宣布成立腾冲县伪政府，作为其驱使的傀儡。

敌人的残暴统治，激起腾冲人民的极大愤怒。当敌军进占腾冲县城时，爱国的民众和士绅，相率逃避到腾北各地，他们一致表示绝不向敌人屈服，要用各种方式进行敌后斗争。以张问德、刘楚湘为首的一大批爱国人士，于 6 月 6 日在县城东北的江苴街成立了临时县委员会，推举刘楚湘为主任委员，代行县长职权，领导民众进行敌后抗战。6月下旬，云南省政府正式任命张问德为腾冲县长。张问德（1881～1956年），字崇仁，腾冲县城人，清末秀才，参加过辛亥腾越起义，曾任昌宁、顺宁、腾冲县县长和腾冲县参议会议长，为人正直、不畏强暴，受到群众拥戴。张问德被任命为腾冲县县长时，已年过六十，但精力健旺，有强烈的抗日报国思想。7月2日，张问德在宝华乡就任县长，在曲石乡江苴街正式组成县政府。7月5日，张问德发出《告全县父老书》，历数敌人的极端残暴："敌寇所至，庐舍为墟，财货悉遭其掠夺，妇女宁免于奸淫，流亡载道，遗尸横野。"表示"天下兴亡，匹夫有责……唯有鞠躬尽瘁，死而后已"①。张问德抗战政府成立后，为开展敌后抗战做了大量工作：

第一，协助敌后部队征兵。陆军预备第2师奉命深入腾冲敌后抗战，但该师兵力不足，经第11集团军批准，由腾冲县抗战政府帮助征兵3 000人。后来因战斗频繁，部队和县政府辗转迁徙，实际征兵约1 500人。

第二，成立军政联席会议。腾冲县抗战政府与预2师共同组成军政联席会议，以师长顾葆裕为主任委员，副师长洪行任参谋长，县长张问德和彭励为副主任委员，谢式南、刘楚湘、陆澄溪、李再美、李鸿美为委员。委员会的主要任务是商讨军政双方的有关问题，如征兵、建立区乡公所、组建壮丁队、调查敌情、开办战时干训班、恢复腾冲中学等等。

第三，开办战时干部训练班。县政府驻在界头街时，配合预2师开办了战时干部训练班，动员抗战的保甲长和爱国青年共120多人参加受训，由刘楚湘任政治总教官，刘绍和、李典章等十余人为教官，讲授谍报、破坏作业、游击战术和组织群众等知识。受训期为一个月，结业后派往各乡村担任乡、保长，负责动员和组织群众抗战。

第四，组织抢运物资。腾冲是繁荣的商业城市，在突然沦陷后，各商号有40 000多驮棉纱、布匹、百货、土杂商品物资尚留在城内，为不使大量的物资落入敌手，军政联席会议决定成立物资调度委员会，由腾冲富商徐有蕃任主任委员，指挥民夫避开敌人，将物资驮运或肩挑过高黎贡山和怒江，径直运到保山、下关等地。

① 《云南文史资料选辑》第25辑，第150－151页。

第五，办理粮秣。滇西反攻战开始前后，大量部队云集到保山、腾冲等地，所需粮秣，外地运入不少，本地征集量亦很大，多由保山、腾冲等地农民提供。在运往前线时，除兵站组织抢运外，大量是由保山、腾冲等地县政府组织民工运送上前线的，由腾冲县政府征派参加运粮的民工有2 000多人，每人在战场上长途往返运粮达4~5次之多①。

腾冲县政府还协助敌后抗日部队，设立了便衣队、担架队和运输队，由县政府指令各乡镇政权组成，做了帮助军队转运伤病员等工作；在大多数乡镇设立了速步哨和情报网，帮助敌后部队侦察敌情，传递情报；设立军民合作站，负责协调军民间关系和调解军民纠纷；举办救济事业，救济从缅甸归国的难侨，救济腾冲城乡因日军烧杀抢掠而无家可归的灾民。县抗战政府还发起和号召群众、归侨和工商业者为抗战捐献飞机，共计捐款达3 000万元，相当于100架飞机。

张问德领导腾冲县抗战政府，动员人民协助军队打击日军，使敌人连续遭到重创，无法在腾冲建立稳定的军事统治。日军力图消灭抗战政府，始终达不到目的，转而采取欺诈手法，企图动摇瓦解抗战政府。驻腾冲敌军行政班本部长田岛在1943年8月31日致函张问德县长，要求于小西乡董氏宗祠会晤，提出所谓谋求解决腾冲人民生活痛苦的问题。张问德于9月12日复函严厉谴责和驳斥敌人的阴谋与罪行。复函说：②

田岛阁下：

来书以腾冲人民痛苦为言，欲借会晤长谈而谋除害。苟我中国犹未遭受侵凌，且与日本犹能保持正常国交关系时，则余将予以同情考虑，然事态之演变，已使余将可予同情考虑之基础扫除无余。

诚如阁下来书所言，腾冲士循民良，风俗醇厚，实西南第一乐园，大足有为之乡。然自事态演变以来，腾冲人民死于枪刺之下，暴露尸骨于乡野者已逾2 000人，房屋毁于兵火者已逾万栋，

① 《腾冲抗日县政府情况》，载《保山地区史志文辑·抗日战争专辑之一》，第349–352页。

② 云南省档案馆编：《云南档案史料》，第11期（1986年5月），第33–34页。

骡马损失已过3 000匹，谷物损失已近100万石，财物被劫掠者亦有50亿，遂使人民父失其子，妻失其夫，居则无以遮蔽风雨，行则无以图谋生活，啼饥号寒，坐以待毙。甚者为阁下及其同僚之所奴役，横被鞭笞，或已送往密支那，将充当炮灰。而尤使余不忍言者，则为妇女之遭受污辱一事。凡此均属腾冲人民之痛苦，余愿坦直向阁下说明，此种痛苦均系阁下及其同僚之所赐与，此种赐与，均属罪行，由于人类之尊严生命，余仅能对此种罪行予以诅咒，而于遭受痛苦之人民更寄衷心之同情。

阁下既欲解除腾冲人民之痛苦，余虽不知阁下解除之计划究将如何？然以余为中国之公民，且为腾冲政府之官吏，由于余之责任与良心，对于阁下将提出之任何计划，均无考虑之必要与可能。然余为使阁下解除腾冲人民生活痛苦之善意能以伸张，则余所能贡献于阁下者，仅有请阁下及其同僚全部返回东京，使腾冲人民解除枪刺胁迫生活之痛苦，而自漂泊之地返回故乡，于其断井毁垣之上重建乐园，则于他日我中国已不复遭受侵凌时，此一事变已获公道之结束时，且与日本已恢复正常之国交关系时，余必将飞往东京，亦如阁下所要求于今日者，余不谈任何军事问题，亦不带携有枪械之兵卫，以与阁下及其同僚相会晤，以志谢解除腾冲人民生活痛苦之善意，并将前往靖国神社，为在腾冲战死之近万日本官兵，祈求冥福，愿在天者上苍赦其罪行。

苟腾冲依然为阁下及其同僚所盘踞，罪行依然继续发生，余仅能竭其精力以尽其责任，则他日阁下对腾冲将不会有士循民良之感，由于道德及正义之压力，使阁下及其同僚，终有一日屈服于余及腾冲人民之前。

故余拒绝阁下所要求择地会晤以作长谈，而将从事于人类尊严生命更为有益之事，痛苦之腾冲人民将深切了解彼等应如何行动，以解除自身所遭受之痛苦。故余关切阁下及其同僚即将来临之悲惨末日命运，余敢要求阁下作缜密之长思。

大中华民国云南省腾冲县县长　张问德

大中华民国三十二年九月十二日

张问德以凛然正气，严厉谴责和驳斥了田岛来信及会晤要求，表现了中国人民的伟大民族精神，一直为人民所称颂。

腾冲县抗战政府在极端艰苦困难的条件下，在连绵不断的战争环境中，推行政务、协助军队抗战，做出了重要贡献。1943 年秋天，敌军发动了第三次扫荡，我军第 36 师在敌后的作战失利，被迫于 10 月撤退回怒江以东。腾冲县政府亦随军队东撤，先后由瓦甸—界头—保山—界头—保山—大理等地往返转移，直到我军 1944 年 5 月发动大反攻，军队进入腾冲县城四周时，张问德才率县府人员返回腾冲。

腾冲境内军民联合抗战　1942 年 5 月，日军侵入我国滇西怒江惠通桥，遭到我军第 71 军第 36 师的有力反击后，即退守怒江以西，命其第 56 师团沿怒江西岸设防，以防我军的反攻。敌第 56 师团将其师团部驻扎在芒市，将怒江西岸分为腊戍、滚弄、龙陵、腊勐（松山）、腾冲等 5 个守备区，并在我怒江以西领土上设立了畹町、龙陵、腾冲、滚弄、平达、腊勐（松山）等六大军事据点。敌人设立的腾冲守备区，是日军以芒市为中心的怒江守备区连接以密支那（敌第 18 师团部所在地）为中心的缅北守备区的枢纽地带，因此特别注重对腾冲的防守，派其第 148 联队驻防腾冲，作长期固守的打算。

腾冲是我省西部边境重镇，也是和缅甸贸易的商业重镇。腾冲在滇西边境开发最早，经济文化水平最高，人口集中，物产丰富，人民具有光荣的民主革命传统和反帝爱国斗争历史传统。腾冲人民不屈服于日军的法西斯占领，迅速掀起各种形式的敌后抗日斗争。我军驻守在怒江东岸的第 11 集团军，决定依靠腾冲人民，在腾冲县境内开展敌后游击战争。

日军侵入滇西时，沿路烧杀而进。对我军已放下武器停止抵抗的士兵，一律残杀；对我四处逃避之同胞，穷追猛打，野蛮扫荡，铁蹄所至，尸骨遍野。5 月 18 日，我腾冲海关人员、民众及缅甸归侨数百人，逃至怒江上江区栗柴坝渡口，准备渡江，敌兵追至，“民众相率投水者数十人，余悉被俘，敌以绳缚，使跪于前，用机枪扫射，全数毙命”①。

当敌军逼近腾冲县城时，全城民众同仇敌忾，相率撤离一空，坚壁清

① 方国瑜：《抗日战争滇西战事篇》，载《云南文史资料选辑》第 19 辑，第 13 页。

野，然后又利用夜幕掩护，冒着生命危险回城，把未能事先转移的公私物资运往四乡山区；在县抗战政府的组织安排下，先后将数万驮棉纱、布匹、黄丝等物资驮运到内地①。在腾冲农村“敌兵奸淫抢掳，无所不为，居民视如恶兽，敌兵至村寨，即逃散一空，多白昼入山林，昏夜始归家，料理家务，黎明复出”②。

1942 年 5 月 15 日，我陆军预备第 2 师奉命渡过怒江以西，进入腾冲境内对敌军发动反攻。至 5 月 30 日，反攻作战中止后，又奉命留在腾冲境内对敌人进行游击战。腾冲县抗战政府和各地的民众抗日游击队，即配合预备第 2 师打击敌人。

敌军第 56 师团以芒市为中心，以腾冲为重要据点，与敌第 18 师团所在的缅北密支那形成犄角之势，互为声援。敌人为巩固其怒江以西地区与缅北地区之间的军事占领，经常派出军队巡游于密支那与腾冲之间，搜寻我抗日军民队伍，抢掠沿线民众。腾冲抗日民众主动帮助预备第 2 师侦察敌人行踪，并配合预备第 2 师各部打击敌军。5 月中旬，预备第 2 师一部在腾冲橄榄寨、尹家湾与敌军激战，勐连镇镇长杨绍贵率领民众武装前来助战，共歼敌 83 人，缴获敌军作战计划等重要文件，杨绍贵在这次战斗中为国牺牲③。5 月 18 日，敌军由腾冲县城北出掳掠，当其进至宝华乡归化寺时，被我军护路营迎头痛击，击毙敌中队长牧野以下 40 余人。瓦甸区区长孙存孝率众至归化寺参加战斗，孙在此次战斗中光荣阵亡。8 月 6 日，预备第 2 师副师长洪行率领第 4 团前往腾南芒东为中心的大盈江中游地区驻防，以控制南甸（今梁河）、干崖（今盈江）等土司地区，切断敌人由腾冲至八莫之间的交通线。腾冲敌军侦知预备第 2 师已控制腾南地区，并与各土司建立了联系，即决定对洪行所部的中心芒东进行扫荡。8 月 20 日，敌军 300 多人向芒东东面的郎蒲寨进犯，当其进到杨家寨时被我军伏击，死伤 100 余人。敌增援 600 多人，沿明朗河而下，8 月 25 日，攻陷明朗、荷花等地。27 日，敌军另一部沿朗宋河向西推进，企图从东北两面夹击芒东。我预备第 2 师第 4 团、南甸河东乡杨育榜率领民团、南甸邦

① 《腾冲县志·商业志》1983 年稿本。

② 方国瑜：《抗日战争滇西战事篇》，载《云南文史资料选辑》第 19 辑，第 9 页。

③ 方国瑜：《抗日战争滇西战事篇》，载《云南文史资料选辑》第 19 辑，第 13 页。

角景颇族山官尚自贵率领景颇族民兵及南甸遮岛赵宝贤、赵宝贵兄弟所领导的“腾南十二乡抗敌大队”等部游击武装，联合阻敌于大盈江与朗宋河三角地带，激战三天，打退了敌人的大扫荡。敌军败退时，烧毁了赵宝贤、赵宝贵的住宅。

敌人对腾南游击区的反复扫荡均以失败告终，敌第56师团对腾冲军民游击战的发展深感恐惧，决定对腾冲南北各地的抗日游击队发动大规模扫荡。1942年9月18日，敌第56师团出动其主力部队，对我预备第2师发起全面进攻。敌第56师团调动龙陵和腾冲两地守备军数千人，在腾冲会合后，首先向腾冲西北方向发起扫荡，先后突破我军哨坡、古永、阱口等阵地，同时向北攻占固东、滇滩、阿幸等地，推进至腾北明光河一线，然后分两路前进，一路由海口前出到向阳桥，另一路沿龙川江北上，攻入江苴、大塘子、北斋公房、马面关等地。与此同时，敌第56师团又命瑞丽守备军800人，由瑞丽北上，经陇川，沿大盈江而上，经干崖、南甸，直攻芒东，以消灭腾南游击根据地为目标。9月末，我预备第2师第4团奉命由腾南转移到腾北。此后，腾南芒东和南甸等地遂为敌军所控制。在腾北方面，敌军陷江苴、瓦甸、界头街等地后，向北斋公房、马面关进犯，遭到我军反击，战事呈拉锯状态。此时，我预备第2师第5团由朝阳寺、打苴山一带向马面关增援，敌人腹背受敌，于10月中旬开始溃退。我预备第2师各部乘势反攻，将敌军追逐到曲石江以南地区，预备第2师又恢复了腾北游击区。

敌人为摧毁我军的腾北游击根据地，敌第56师团师团长松山佑三决定再次发动扫荡。1943年2月初，敌第56师团命其第146联队第3大队长山本恒正中校指挥腊戌守备队，首先向腊戌以东、怒江以西的游击队出击，由于游击队“回避与讨伐队作战，巧妙地反复集散”，致使敌人的第一期“讨伐”完全扑空。敌第56师团立即出动其主力，对我预备第2师采取大包围战术，发动所谓的第二期“讨伐”作战。敌命其第146联队金冈宗四郎大校指挥该联队主力，于2月11日从畹町出发，进入腾冲东部，沿高黎贡山西麓向北推进，企图截断预备第2师连接怒江东岸的后路。又命其第148联队长松本喜六大校指挥该部主力，由腾冲出发，向北进攻。该敌先后攻破我马站街、固东街等地，然后北进，于2月16日攻占瓦甸。

敌师团战斗指挥所从芒市推进到瓦甸。敌第18师团由密支那派出参与腾北扫荡之敌军一部，亦于2月中旬越过中缅边境，进入腾冲西北古永。敌军各部进至腾北各要点，我军预备第2师已处于敌人的大包围中，因之被迫向明光河以北撤退，转入腾北中缅边界的姊妹山区。2月19日，敌军在飞机大炮掩护下，强渡龙川江，我军游击部队沉着应战，待敌人半渡时，发起突然袭击，将敌人大量消灭在河中。2月26日，敌师团长松山佑三到马面关、冷水沟等战场指挥，但亦未取得进展。2月28日，我军驻守在怒江东岸的部队渡过怒江增援，先后攻占曼云街、大塘子等地，日军受到重创，向西南方向撤退。此时，大盈江下游干崖、莲山等地，我游击队纷纷出击，腾北日军被调往增援。3月3日以后，我预备第2师乘敌军南移之机，又在腾北发起反攻，先后恢复北斋公房、马面关、江苴等地，敌人退往腾冲县城四周固守。此后，我军又逐渐恢复了腾北各游击根据地。

1943年5月，在敌后坚持了一年苦战的预备第2师奉命撤回怒江以东的永平县休整。第11集团军命第36师前往腾冲接防，继续在敌后进行游击战，以配合我军准备发动全面反攻。窃据腾冲的敌军发现我军进行重大调动，又乘机对我军发起进攻。敌第148联队以两个大队兵力，于5月中旬突然袭占我军交接中的重要据点瓦甸街、界头街、固东街、江苴街等地，并在我军进出的重要通道马面关与我军展开激战。我军刚进入腾冲的第36师，以优势兵力和锐气，对敌人实行反包围，一举攻克向阳桥、固东街等地，敌人遭到我军的快速打击后，仓皇溃退，仍龟缩到腾冲城内固守①。

1943年秋初，敌人侦悉我军第36师和第28师一部已进入腾冲境内，并从我军的调动和新部署等情报，判断我军的总反攻将日益临近。此时，日军缅甸方面军正在加紧部署进攻印度英帕尔之战。为破坏我远征军的反攻，并为其发动英帕尔之战解除后顾之忧，日军第15军决定对以腾冲为中心的怒江以西我军游击区域发动一次空前规模的大扫荡，其代号称为“甲号讨伐”。日军第15军于9月初令第56师团和第18师团准备作战，9

① 《腾冲县政府三十二年度（1943年）工作报告书》，载《云南档案史料》第11期（1986年5月），第14－20页。

月 19 日，第 56 师团下达了作战令，投入第 56 师团全部兵力。敌第 15 军司令官牟田口中将亦将其战斗指挥所从眉苗推进到腊戌。同时，命敌第 18 师团的第 114 联队、第 55 联队、第 18 联队等部亦派出主力部队，由密支那出发，向拖角、片马等地前进，以截断怒江各渡口为目标。1943 年 10 月 13 日，敌第 56 师团与第 18 师团各部一齐向腾冲游击区发起进攻。敌步兵团长水上源藏少将指挥第 148 联队，由腾冲城北出，以固东街为目标，向腾北进击；敌第 146 联队沿龙川江而上，攻击大塘子、江苴街等地，目标是截断我军的高黎贡山各主要通道。敌第 18 师团由密支那出发的各部，一路由昔董进入腾冲古永、伦马等地，一路进入拖角、片马①。

我军第 36 师对来犯之敌展开激战后，由于敌我力量悬殊，占据绝对优势之敌，逐渐攻占我军游击据点固东街、明光、滇滩、瓦甸、界头、桥头等重要集镇，切断了我军由怒江通过高黎贡山的各主要通道。我第 36 师主力在遭到敌军围困后，被迫转往腾冲最北端的姊妹山区，将主力分散，潜行到深山中，由当地群众做向导，昼伏夜行，又绕道向东方，穿过大塘子附近，从怒江栗柴坝渡口渡过怒江回到怒江东岸。但我军第 108 团约有 600 多人在空查河附近遭敌第 146 联队围困，在突围战斗中，有 100 多人壮烈牺牲。

至 1943 年 11 月，我军在腾冲境内各部均先后失利，日军完全控制了腾冲地区。但此时我驻印军在缅北户拱河谷发动了大规模反攻，日军第 18 师团主力被其“甲号讨伐”调往腾冲地区，无法立即回援户拱河谷参加战斗，有利于我驻印军在户拱河谷的胜利进军。

（二）大盈江和槟榔江地区的抗日斗争

在大盈江与槟榔江中、下游三角地带的南甸、干崖、盏达、盏西、莲山、户撒、腊撒、陇川和瑞丽江畔的勐卯等地，是傣族、景颇族、阿昌族土司或山官统治的少数民族区域，各土司是当地的统治者，有一定经济实力，且拥有武装力量。日军侵占怒江以西地区后，各土司大多从国家民族

① 中华民国史资料丛稿：日本防卫厅防卫研究所战史室著《缅甸作战》（下），中华书局 1980 年版，第 3－5 页。

大义出发，积极支持与配合我军抗战。但也有少数土司对政府和日寇采取两面应付的态度，有的甚至叛国投敌。1942 年 8 月，我军预备第 2 师第 4 团在腾冲和南甸一带建立以芒东为中心的游击根据地后，积极争取和团结各土司抗日。

当时，实力较强、影响较大的土司主要有傣族的南甸土司龚绶、干崖土司刀京版、陇川土司多永安、盏达土司思洪升等人；受他们影响的有勐卯土司方善之（代办）、户撒阿昌族土司盖炳全、腊撒阿昌族土司赖奉先等人。这些土司都拥护政府抗战，并参加了抗日游击战。刀京版是干崖宣抚司第二十五代司官，领地较大，主要是今盈江县新城和旧城地区。日军侵入中缅边境时，他组织了“中缅义勇军”，日军侵占滇西，刀部改为“滇西边区自卫军”，辖四个大队。刀京版被我第 11 集团军委任为少将参议、滇西抗日游击队第 1 路司令，在大盈江下游各地进行游击战。南甸土司龚绶，在土司家族中年长位尊，领地宽广，他联合陇川土司多永安，组织了抗日武装三个大队，他被任命为滇西抗日游击队第 2 路司令。南甸汉族士绅赵宝贤、赵宝贵所组织的游击武装，改编为滇西抗日游击队第 3 路军，赵宝贤任司令。

在大盈江西岸的平原和山区，即今盈江县西部的中缅边界地带，有许多汉族、傣族、景颇族等民族组成的抗日游击队：莲山土司境内太平街的汉族士绅刘金生的游击中队，蛮允小学校长汉族士绅许本和的中队，昔马汉族士绅寸时金的中队，盏西神护关抚夷①李祖科、杨成秀、孟守义、戈定邦等也分别组织和率领一个汉族或景颇族中队。经预备第 2 师派出人员进行联络后，刘金生、许本和、寸时金三个中队组成了滇西自卫军莲山独立支队，任命腾冲人明增慧为司令，隶属第 11 集团军总部指挥。李祖科、杨成秀、孟守义、戈定邦四个中队合组成盏西独立游击大队，由预备第 2 师参谋吴祖伯任大队长②。

1943 年 2 月，日军由大盈江和缅甸八莫、密支那等处出动，分四路围

① 抚夷也是由封建王朝加封的边疆少数民族地区的世袭官职，比土司的地位和等级低很多，有的史料上称为“土目”，也有称为“小土官”的。

② 《腾冲县政府三十二年度（1943 年）工作报告书》，载《云南档案史料》第 11 期（1986 年 5 月），第 17 页。

攻我大盈江及昔马山区各游击队。当日军由缅境昔马拱进犯我昔马街时，寸时金游击大队凭借昔马巨石关的险峻地势阻击日军，与敌激战两昼夜，使敌人遭到一定伤亡。明增慧率军增援，与寸时金大队共同夹击日军，敌人伤亡累累，最后溃败回密支那。3 月，敌军由腾冲南下大盈江下游，力图消灭我莲山独立支队和盏西独立大队等部游击队。在绝对优势的敌军攻击下，3 月 10 日，盏西陷落；3 月 11 日，干崖土司刀保固（刀京版之弟，绰号“刀三怪”），在敌人威胁利诱下，率部投敌，助敌进攻我太平街游击队基地，刘金生大队战斗失利，太平街被敌占据。3 月 12 日，由八莫北上的敌军进至蛮允镇，许本和大队伏击日军，打死打伤敌人约 30 人，当敌军纠集重兵，南北两面夹击蛮允时，许本和率游击队和蛮允镇居民一起撤退到铜壁关山区，利用险峻山势，与敌周旋①。3 月下旬，敌军各部均已齐集大盈江和槟榔江三角地带，对我游击队各根据地进行了反复扫荡，在敌我力量悬殊的形势下，太平街、蛮允、昔马游击根据地先后陷入敌手，各游击队和支持抗战的民众分散转入附近大山中，待机再战②。

1943 年秋，盟军为配合缅北户拱河谷的大反攻，东南亚盟军总部曾派出英军敌后工作队（由景颇人善伦中校率领约 10 余人）到达昔马山区，联络寸时金、许本和等游击大队，共同在边界一带开展抗日游击战。东南亚盟军总部曾派飞机向昔马空投了一些武器和作战物资。在当地的寸时金大队和龙（陵）潞（西）游击队在昔马的周文光大队等部，均获得一些空投武器物资。这时，龙（陵）潞（西）地区游击军和我军第 9 师第 27 团也一齐越过滇缅公路，进至大盈江下游南甸大厂和莲山昔马等地，莲山独立支队即与龙（陵）潞（西）游击队和第 27 团等部相配合，继续在莲山、南甸、陇川、户撒、腊撒等地进行游击，打击敌人，在我远征军和驻印军反攻滇西缅北作战中，进行了积极的配合作战。

① 笔者调查采访盈江县退休教师赵宗义记要（1983 年）（赵曾任许本和游击队秘书）。

② 《腾冲县政府三十二年度（1943 年）工作报告书》，载《云南档案史料》第 11 期，第 19－20 页。

（三）龙陵、潞西县境的抗日游击战

1942年5月，日军侵占怒江以西腾冲、龙陵、潞西等八县（局）①，云南告急，昆明、大理等地爱国人士及团体掀起抗日救亡热潮，爱国青年们纷纷请缨杀敌。朱家锡是一位家乡（龙陵县象达镇）刚沦陷的青年军人（中央军校第8期学生），他在中共云南地下党人朱家璧、张子斋等的影响和鼓励下，决定毁家纾难，奔赴敌后发动抗日游击战。经昆明行营主任龙云批准，确定组建“昆明行营龙潞区游击支队”，任命朱家锡为游击支队司令兼龙陵县长。朱家锡在昆明住所积极进行筹组游击队的活动，当时参加游击队的有在昆明的青年军官罗小池、郑作舟（云南讲武学校第19期毕业生）、金完人（中央军校第8期学生）、王开秀（中央军校昆明分校第5期学生）等人，有来自第60军的军官刘叔良、肖光品、梁国兴、马仲义等10多人，有云南大学外语系讲师甘襄庭，还有龙陵县在昆明上学的中学生方南天、张建秋、钟品贵等10多人，还有知识青年司正培、王嘉禾，缅甸归国华侨赖风等数十人。龙潞区游击支队任命金完人为副司令兼第1大队长、罗小池为参谋长、甘襄庭为政治部主任、郑作舟为副官主任。

1942年6月，朱家锡率游击队从昆明前往滇西，部队在保山施甸镇设立了游击队指挥部及龙陵县政府办事处。6月下旬，游击队从怒江打黑渡口偷渡进入敌占区龙陵县象达街。朱氏家族是象达的士绅巨富，朱家锡之父朱晓东曾任国民革命军第38军第99师师长和云南省民政厅厅长，在家乡有很高声望，朱家锡回乡发动敌后游击战，受到当地民众的热烈欢迎，积极支援游击队的斗争。爱国青年们主动将我军在入缅作战失利时在沿途丢失的枪支50余支送给游击队，爱国士绅捐献步枪、手枪30多支，部队扩大为100多人。支队司令部将部队扩编为二个中队和一个警卫队：以何克忠为队长的“克忠队”，以李家胜为队长的“家胜队”，警卫队由马仲义任队长，称“仲义队”。在打黑渡东岸设立了联络站，负责供应品转运与伤员救护等工作。

① 当时的行政区划建制，在我省怒江以西，腾冲、龙陵为正式的县治，其他的潞西（芒市）、勐卯（瑞丽）、南甸（梁河）、莲山（盈江）、陇川、户撒、腊撒、泸水等土司地区，均为相当于县级建制的“设治局”，是预备设县的行政机构，与土司政权同时并存。

龙潞区游击支队进入敌占区后，首先展开了广泛的侦察活动，比较清楚地了解了敌人的兵力分布情况：龙陵县境内，敌人沿滇缅公路分布，在县城、镇安所、黄草坝、杨梅田、松山、腊勐，直至怒江边均为敌军据点，兵力约一个联队；在潞西县方面，敌人以芒市、畹町为主要据点，并在三台山、八角岩、勐戛、勐旺等地设小据点，由伪军据守，日军巡游其间。龙潞支队根据敌兵力分布情况，展开游击战，出其不意地打击敌人。

首战袭击勐戛。勐戛镇是潞西设治局衙门所在地，是约有 300 户人家的繁华集市，距离敌军的守备中心芒市较远，由伪军驻守。游击队决定首先攻击勐戛，组成精干的 10 人突击队，潜行 100 多里，到达勐戛后即与伪军发生激战，打死伪军 4 人，缴获步枪 10 支及食盐等物资，撤退时遭到伪军和日军的截击，领队普永达和一名战士牺牲。

1942 年 7 月底，敌军一个中队由龙陵出发，进袭象达，游击支队撤往平戛。数日后，日军约 300 余人，由象达出发进攻平戛，企图一举荡平游击支队的立足点。游击队在象达至平戛的中途朗洒山谷伏击敌军，打死打伤敌人 10 余人。接着，敌人以其优势火力发起反攻，我游击队亦阵亡 1 人，伤数人。敌军被迫撤回芒市。

1942 年 8 月初，龙陵黄草坝敌军约 200 余人，向勐卯、杨烟河一带扫荡游击队。游击队命“仲义队”配合在龙陵境内进行游击战的我军第 87 师一个加强连，在杨烟河峡谷中设伏。当敌军进入我军伏击圈时，我军发起突然袭击，伤毙敌军 5 人，我方亦伤亡 2 人。

1942 年 8 月中旬，黄草坝日军因屡遭我游击队伏击，向勐卯大桥一带搜寻我游击队。敌人认为当地人士晏品兴为我军提供情报，烧毁了晏品兴的住房，然后返回。当敌军行至马家山时，我游击队队长马仲义在路旁伏击敌人，将其部队军官击落马下。

1942 年 8 月中、下旬间，“仲义队”分队长刘忠亮率队员 5 人，化装潜至芒市附近公路侦察，捕获敌伪中尉监工员一名。马仲义估计敌人可能为营救其监工员而向我军袭击，“仲义队”即于当日在小水井地方设伏。凌晨三点半，敌军 20 余人进入了我军伏击圈，被我军打死 2 名、缴获步枪

2 支，敌军狼狈溃退回芒市[1]。

龙潞区游击支队初期的战斗都比较小，军事意义不大，但政治影响却不小。龙潞区游击队的斗争，给敌占区人民以巨大鼓舞，一些不屈服于敌军占领的爱国青年纷纷进行地下联络，准备组织起来进行抗日游击战；同时给敌人以巨大的震慑，深深感受到占领区游击队和民众的威胁，因而也决定用更多的兵力投入反游击队的战争。

龙潞区游击支队经过初期战斗，队伍扩大到 200 多人，但由于成员复杂，组织不健全，战斗环境艰苦，给养困难，政治思想教育工作薄弱等原因，致使士气低落，军心涣散，甚至发生叛逃，使全队面临被瓦解的危机。原龙陵县自卫队长蒋三元率 30 余名队员叛变投敌；马仲义队捕获的勐卯汉奸廖长发对看守人员反施奸计，煽惑“克忠队”队员杀害了副中队杨绍昆，率队投敌；司令部派李家胜率部追击，李家胜在途中被分队长汪明清杀害，汪拖走“家胜队”70 余人枪，通过廖长发叛国投敌。游击支队仅剩下“仲义队”60 余人，陷于十分困难的处境，被迫退到怒江东岸休整。在此期间，昆明行营任命第 60 军副官主任常绍群为支队副司令兼潞西设治局局长。常于 1942 年 10 月领命前往龙潞游击区，在途经大理时招安了邓川绿林武装首领王振武，王率领部众 200 余人枪，到达游击支队后方基地施甸天王庙。朱家锡回到天王庙后，和常绍群等人一起对游击支队进行了整编，任命李犹龙为副司令、王叔湛为参谋长、王任之为政治部主任。原参谋长郑作舟、政治部主任甘襄庭自动离开了游击队。游击支队又拥有队员 200 多人。重新编为 2 个大队：刘叔良以副官主任兼第 1 大队长，其下暂设 1 个中队，由原几十名老队员组成，马仲义以大队副兼中队长。王振武任第 2 大队长，下设 3 个中队，共 200 多人。由常绍群率领第 2 大队，渡过怒江西岸，进驻平戛街平头寨。朱家锡率领第 1 大队仲义中队和警卫队到达平戛。龙潞区游击支队又建立了以平戛为中心的游击根据地。

龙潞区游击支队刚回到平戛，曾遭到象达日军和伪军的偷袭。以后，

① 常绍群：《滇西敌后军民抗战纪实》，载《云南文史资料选辑》第 25 辑，第 187–189 页。

游击支队加强戒备，严密组织，接着就开展了一系列游击进攻战。1942 年 12 月，对敌人控制下的潞西勐板土司，采用武力威慑和说服动员，争取了土司的武装队长晏必祥率部加入游击队，组成了龙潞区游击支队第 3 大队。攻打了叛国投敌的勐戛土司；在滇缅公路通过的三台山上打了伏击战；1943 年 1 月，朱家锡率游击队战士 400 余人，到达腾冲县南部的蒲窝一带，进行了大范围的远距离游击，对敌占区进行了广泛侦察，了解了敌情和民情，为游击队开展更大范围的作战活动作了准备。

在腾冲和龙潞区游击战的影响下，敌占区爱国民众纷纷掀起敌后抗日斗争。在潞西县南部的遮放，以遮放小学教师谷祖汉、原云南警官学校学生杨炳南为首，组织了有 300 多人参加的“潞西青年抗日救国团”，他们在遮放、勐戛、勐旺、三角岩一带，袭击叛国投敌的土司、头人伪政权和维持会，动员各地群众抵抗敌伪的征派勒索。1943 年初，龙潞支队和潞西青年抗日救国团取得了联系，经协商后，他们同意加入龙潞区游击支队，改编为“潞西县民众自卫大队”，杨炳南被任命为大队长，谷祖汉为政治指导员，此后，即和龙潞区支队并肩战斗。4 月中旬，在反击敌军对平戛的扫荡中，大队长杨炳南在突围中不幸被俘，敌人强迫他带路追击我军，杨大队长在途经悬崖时，纵身跳崖，壮烈牺牲，表现了边疆爱国青年与敌人血战到底的英雄气概，受到当地军民的高度敬佩。

在龙陵和潞西山区，原远征军第 5 军入缅作战失败后，流落在当地的官兵和当地傈僳族民众，在抗日游击队的影响下也纷纷起来参加敌后抗战。在傈僳族中有威望的小头人曹甲长，率领十多位傈僳族民兵，去联络潞西木城坡和龙陵石洞河一带的傈僳族民兵 100 多人参加游击战，组成一个中队，由傈僳族中曾当过宪兵的余富有任中队长。经龙潞区游击支队安排，编为“龙陵县民众自卫大队”，由原第 5 军流落在当地的少校军官杨伯舜（浙江奉化人，中央军校第 9 期学生）充任大队长；除傈僳族中队外，又招募了大批志愿兵，组成两个中队。龙陵县民众自卫大队的傈僳族民兵只有狩猎用的火药枪和弩箭等原始武器，后来在攻击勐戛敌伪政权的战斗中，夺得步枪和手枪数十支，傈僳族中队才真正武装起来了。其后，在龙潞区游击支队指挥下，一直在龙潞各地坚持着敌后斗争。

龙潞区游击支队再次进入龙潞地区后，有了较大发展，在极为艰苦的斗争中，终于站稳了脚跟，并配合第 11 集团军的敌后游击队，英勇顽强地打击日寇侵略军。

1943 年 5 月，朱家锡和李犹龙带着扩编游击队的计划，回昆明活动。朱在昆明半年不归，被昆明行营主任龙云撤销其支队司令之职，由常绍群代理支队司令，并把游击支队划归远征军司令长官部指挥。

游击队在敌人的连续扫荡下，处境日益困难，粮食供给逐渐断绝。游击队官兵们为了生存，提出越过滇缅公路，打到龙陵、潞西以西的地区去。经请示上级批准后，1944 年 2 月，常绍群率领游击队，离开龙陵平戛、潞西小平河等地，冲过滇缅公路，向西部地区转移，远征军司令长官部派在龙潞游击区的第 2 军第 9 师第 27 团，在副团长高超指挥下，随游击支队一起转移，同行的还有美军联络参谋陈镜达上尉。2 月中旬，游击队和远征军第 9 师第 27 团各部，到达南甸境内梁河设治局所在地——大厂。游击队和第 27 团在转战途中，受到沿途群众的欢迎，因为他们已经两年没有见我国自己的军队了。部队到达梁河后，积极向群众开展宣传工作。第 2 大队向腾冲南部的荷花一带游击，同由干崖旧城撤回腾冲的敌军约一个中队遭遇，在大盈江沿岸发生激战，敌人边打边向腾冲逃窜。2 月下旬，游击队离开大厂，向大盈江西部山区铜壁关、昔马一带转进。游击队到达昔马时，原率部转战到大盈江西部山区的第 4 大队长周文光，率部前来归还建制；同时，常绍群在昔马还会见了莲山抗日独立支队各大队长刘金生、许本和、寸时金和傣族首领刀京版等人，和这些有一定实力的游击队建立联系。当龙潞游击队离开昔马，向南转进时，在盈江西部太平街受到投敌叛国土司刀保固部的阻击，常部配合当地许本和大队将其击溃，缴获其“滇西自卫第 2 路司令部别动队”的伪军旗一面。龙潞游击队转移到大盈江东岸山区梁河境内的油松岭赵家寨一带驻扎。游击队刚住下，即接获情报：陇川城子敌军一个大队，定于明日午前开到户撒、腊撒驻防。游击队司令部决定设伏伏击敌军。第二天天刚拂晓，敌军在户撒遭到了游击队的迎头痛击，当场击毙敌大队长谷川一雄少校及敌兵 5 名，缴获行李十余驮，敌向陇川溃逃而去。

游击总队转战到大盈江下游以后，几经战斗，给敌伪以较大打击，扩大了游击队的声威。在我军反攻和游击队加强了活动的形势迫使下，原投敌的南甸土司龚统政和伪大队长赵鹤犀、李正华等人，率队反正，归附游击队。此时，和游击队一起转战的陆军第27团，奉命返回镇康驻地，归还建制。游击总队转入大盈江下游各地后，仍辗转游击，未能建立较稳定的游击基地，战斗环境仍然非常艰难。

1944年5月11日，中国远征军强渡怒江，对怒江以西腾冲、龙陵等地之敌发起全面反攻。远征军为统一指挥作战，将常绍群所部游击总队划归第20集团军指挥。8月25日，中国远征军司令长官部任命常绍群为第20集团军游击第1纵队少将司令，委任长官部参谋处参谋赵勋为纵队上校副司令、董觉新为纵队司令部中校参谋长、颜伯诚（第20集团军总部机要室主任秘书）为纵队司令部政治部上校主任。常绍群报请第20集团军总部委任：肖光品为第1支队中校支队长、杨伯舜为第2支队上校支队长、龚统政为第3支队上校支队长、周文光为第4支队中校支队长、段国正为缅北游击支队上校支队长、陈守钧为前线指挥、罗励功为中校副参谋长。游击队健全了组织机构，加强了指挥，转入配合远征军的反攻作战，战士们受到鼓舞，士气高涨。

1944年9月，远征军的反攻取得了重大进展，腊勐、松山和腾冲相继为我军收复。游击纵队随即由梁河大厂转移到户撒、陇川一线，奉命阻击向龙陵、潞西以南逃窜的日军。杨伯舜率领第2支队，前往缅甸八莫，配合中国驻印军向八莫日军进攻，该队由驻印军新编第1军军长孙立人指挥（杨伯舜曾是孙立人税警团的排长）。

1945年初，滇西、缅北的反攻战均已取得胜利，游击队奉命停止活动，接受改编。第20集团军总部任命常绍群为总部少将高级参谋，支队长以上指挥官均任命为上校参议，其余官兵2 000余人，空运去贵州独山，参加对日军作战①。

在勐卯（今瑞丽）景颇族山区，以户瓦寨为主联合麻砍地、新寨两个汉族村庄，组成了全县著名的“三户单抗日游击队”，出没在南京里一带山区，伺机打击日军。当我军发动总反攻后，三户单游击队和瑞丽、陇川

① 常绍群：《滇西敌后军民抗战纪实》，载《云南文史资料选辑》第25辑，第218－234页。

等地的景颇族青年，参加了支援我军反攻的战斗，一直把敌人赶出国境。

1942 年冬，第 11 集团军派遣谢晋生为游击司令，率一个团的兵力进入怒江西岸泸水、片马等地开展游击战，得到当地傈僳族、景颇族等群众的拥护与支援。1943 年秋，日军由片马越过高黎贡山，窜扰泸水县城鲁掌，焚烧县城和彝族村寨，掳我村民 24 人，使 140 多户村民无家可归。谢晋生游击队在泸水县城民众配合下伏击日军，打死其军官 1 人，士兵 2 人。另一次，日军 300 多人由六库渡口窜至怒江东岸，到六库街烧杀抢掠，当地白族、傈僳族民众奋起包围了敌军，将敌兵大部消灭在六库岸边的悬崖绝壁间；当敌军再度从上江栗柴坝渡江时，又被守卫在东岸的白族、傈僳族民兵用火炮、毒弩袭击，被打回了西岸①。

（四）阿佤山区的军民抗日游击战

阿佤山区因佤族聚居而得名，其地理位置在云南省西南部和缅甸的东北部，是中国和缅甸的一条国界山脉。阿佤山区是滇西横断山脉云岭和怒山山脉的余脉，山区面积宽广，气候炎热，物产丰富。第二次世界大战期间阿佤山区还是中英滇缅国界中的一段未定界区域。在阿佤山区域以佤族为主的爱国人民富有反帝爱国的光荣传统，他们曾长期坚持反抗英国殖民侵略者侵占未定界和掠夺矿产资源的斗争。1942 年夏秋之间，日寇侵入阿佤山区时，佤族、傣族、汉族等各族人民又拿起武器，进行敌后抗战。

1942 年 5 月，远征军在缅甸失利后，第 6 军各部大多退入阿佤山区，当地人民一面帮助我军第 93 师、第 49 师和第 55 师所属各部通过阿佤山区，转移到云南境内，一面组织抗日武装，开展游击战。在日寇占领期间，阿佤山区先后成立了“阿佤山抗日游击队”、“阿佤山游击队”、“佧瓦山区自卫支队”、“佧瓦山区自卫纵队”等抗日组织。

在这些抗日游击队伍中，最主要的是以思（茅）普（洱）区知名爱国士绅罗正明为首，以中共地下党员江枕石和爱国青年尹溯涛、王光表、李晓村等人为组织者和骨干形成的“阿佤山抗日游击队”。1942 年 5 月，当日军侵入阿佤山区时，阿佤山区北部最大的县——澜沧县县长陈家骥闻

① 《白族简史简志合编》（初稿），第 187 – 188 页。

风逃跑，尹溯涛、王光表等人即鼓励和推举罗正明出任澜沧县保安大队长，积极准备开展敌后抗日游击战争。接着，中共党员江枕石从昆明到澜沧县发动群众进行抗日活动，尹溯涛即陪同江枕石进入阿佤山区勐茅、敢赦、业烈等“十一家华尊地”考察。他们考察后认为，这里属于中英滇缅南段未定界，是中英两国行政管辖权力都未深入的地方，适于建立抗日游击根据地。于是商定推举罗正明为负责人，由尹溯涛去找他的亲戚、云贵监察使李根源，向驻滇西的远征军第 11 集团军总司令宋希濂申请批准建立游击队，由江枕石负责与中共组织联系。不久，江枕石的往来信件被地方当局查获，江于 1943 年阴历正月十五日在澜沧县城殉难，使阿佤山抗日游击队遭到重大损失。江枕石不幸殉难后，罗正明、尹溯涛、李晓村等人继续筹建游击队。1943 年春夏间，罗正明、李晓村以经商作掩护，深入阿佤山区与当时正在阿佤山区进行活动的杨纯信、张康舜、吴登高等人建立了联系。另一方面，经尹溯涛通过与李根源的联系，至 1944 年夏，第 11 集团军总部正式任命罗正明为“南佧瓦山区自卫支队”司令。支队司令部设于阿佤山业烈王所在地允恩营盘街。自卫支队的主要成员为：支队司令罗正明，参谋长顾绍麟，政治部主任尹溯涛、王光表，参谋部主任罗顺德，副官处主任朱立光，军需处主任李晓村。支队下辖两个大队，第 1 大队队长刘国昌，第 2 大队队长彭淮南。大队下辖三个中队。游击队的军需经费主要由罗正明提供，罗系景谷县的富商和大绅士，他拥有由 100 多匹骡马组成的大马帮，经营景谷与阿佤山之间食盐和日用杂货的运销，经常把景谷益香盐矿所产食盐和内地的日用品运销到阿佤山各地，其大量收入，都供游击队做了军费。游击队的武器，除缴获敌人的一小部分外，多数也是罗正明出资购买的。游击队建立后，也在根据地区域的集市上征收一小部分捐税，补充军费。

阿佤山区是佤族的聚居区，由于历史的原因，佤族的经济文化发展水平较低，政治上没有统一政权管理，各部落各自为政，与四周各民族的联系不太密切，且民族间隔阂较深。游击队要在佤族聚居的阿佤山中开展游击战，首先是搞好民族关系，他们十分注意尊重佤族风俗，搞好民族团结。罗正明在得到第 11 集团军的委任后，即和尹溯涛、李晓村一起邀请西盟土司代办李札体（佤族）商议西盟民众对游击队的支援问题，并按照佤族的习俗，在西盟佛殿举行了誓盟仪式：共饮咒水，并宣誓："抗击日寇，同甘共苦，有福同享，有祸同当。"游击队取得西盟土司的信任和支持后，随即通过西盟土司，和南徐河西岸的敢赦、巴斗等部落的王子疏通了关系。接着，在允恩召集业烈王困衣、南亢武王召钟、巴斗王困散、莫烈王困岩及其部众1 000多人的剽牛誓盟大会，大家同喝咒水，宣誓共同抗击日寇及其走狗，各部落王也组织民兵配合游击队抗日。

游击队为了搞好民族关系，特别注意保持严肃的军纪，维护社会秩序，公平交易，不准伤害群众利益。佤族群众从游击队的行动中认识到了他们是一支真正的抗日队伍，是保卫国家、民族利益的，因此和游击队的关系日益融洽和紧密，使阿佤山区的抗日斗争呈现出一片新气象。国民党沧源县党部书记长李忠诚到公民山麓的勐茅抗日根据地考察，发现有由昆明寄来的《新华日报》、《大公报》、《民主周刊》等一些进步书刊，又听到游击队战士和佤族群众唱《义勇军进行曲》、《大路歌》、《黄河大合唱》等救亡歌曲，他非常震惊，说罗正明部有"左翼分子"。此后，他和国民党驻军对阿佤山游击队事事防范和掣肘。

游击队在阿佤山抗日的处境十分复杂，斗争极为艰苦。游击队不仅要对日寇作战，还要和英国殖民侵略势力斗争，同时，还要和横征暴敛的地方官及打着抗日旗号扰民的恶势力斗争。在澜沧县糯福教堂的美国浸礼会英籍牧师永亨乐，一直从事间谍活动，曾被我国地方政府驱逐出境。1945年初，永亨乐又被英国殖民当局派回莽冷充当"行政官"。日军投降后，永亨乐竟率领部队向阿佤山班况进犯，与我游击队对抗，而国民党地方官员竟指责游击队有"左翼分子"，勒令就地解散。永亨乐仗势向允恩进犯，1946年初，我游击队在允恩南面图糯山一举大败永亨乐英军。其后，游击队在国民党政府的压力下，被迫撤退到西盟区的翁戛科烟山解散①。

① 李晓村：《忆阿佤山抗日游击队》，载《云南文史资料选辑》第25辑，第235－243页。

四、中、美、英三国筹划反攻缅甸

（一）反攻计划形成的曲折经过

日军侵占缅甸，对盟国反法西斯的东方战线造成十分不利的局面。日本法西斯将其“大东亚共荣圈”的疆界扩张到东南亚西部，其矛头直指印度和西南亚，颇有征服亚洲、与德意会师中东之势。日本军国主义者狂妄地宣称“首先迫使英国屈服，然后使美国丧失战斗意志”。当时，盟国方面确实陷于极为艰难的境地：法国在欧洲战败后，英国虽保住了英伦三岛，但在北非的英军又于1942年6月战败，向德军隆美尔部投降；苏联挡不住德军的攻势，德军于1942年夏季推进到顿河沿线，威胁到苏联的工业区；中国的国际交通线被日军从缅甸截断，使中国的大后方处于日军的迂回抄袭威胁下，中国大陆受到困厄。盟国为在欧洲和亚洲分别打败德、意、日法西斯，必须阻止日军继续西进的威胁，并把日军牵制在亚洲，以便盟军集中力量首先在欧洲打败德、意法西斯，为此，必须打开日军在缅甸的封锁，以支持中国继续抗战。美国政府认为：“必须让中国继续同日本作战，以便以中国为基地空袭日本的海上航线和最后以中国为跳板进攻日本本土。”① 英国力图夺回殖民地缅甸，但它无力单独对付日军；中国必须重新打开缅甸交通线，以获取抗日军事物资。中、美、英为了各自的利益，需要共同反击缅甸的日军。为此目的，中、美、英就反攻缅甸的全盘计划，进行了十分曲折复杂的反复筹划。

中国和美、英对反攻缅甸既一致又有矛盾。中国对于保住缅甸国际交通线曾寄予极大的希望，为此调集精锐大军入缅对日作战。不料，我军入缅对日作战失利，一度完全丧失了国际通道，重庆政府因此而陷于困境，抗战意志受到打击，失败情绪上升。当此艰难之际，英、美盟邦却有意无

① 巴巴拉·W. 塔奇曼：《史迪威与美国在华经验1911—1945》，陆增平译，商务印书馆1985年版。

意地贬低和排斥中国在世界反法西斯阵线中的地位。盟国制定《大西洋宪章》只顾集中力量于欧洲战场，置中国战场于无足轻重的地位；1942 年 6 月在华盛顿召开的盟军联合参谋长委员会，仍排斥中国参加军火分配；英、美为加强北非军事力量，竟削弱印度—缅甸—中国航线的军火运输，把美国驻印度的第 10 航空队和印中航线的运输机一并调往埃及①。重庆蒋介石政府受到扼制，感到愤怒，向美英方面提出：如果需要中国坚持抗日，就必须以军事物资和作战行动支援中国，否则，“就勾销中国战场”。为此，蒋介石交给史迪威“为了维持中国战区所必须的三项最低要求”：

“1. 三个美国师应于八、九月间到达印度，与中国军队合作，以恢复通过缅甸的交通线。

2. 从 8 月开始，中国战区的空军应有 500 架飞机连续在前线作战，并应以必要的补充来维持其实力，不得中断。

3. 从 8 月份开始，空中运输每月应为五千吨。”②

与此同时，重庆政府指示外交部长宋子文在美国以撤回中国驻美机构相要挟。在国内传出谣言，说日本与重庆政府的媾和谈判正在暗地里进行中。蒋介石对美国的抗议和要挟迅速产生了效果，美国参谋长联席会议根据史迪威的方案向总统和盟军联合参谋长委员会提交了收复缅甸的计划，并在建议中警告说：“除非盟国对华援助有所增加，中国可能与日本讲和，因此使得日本可以腾出一些师来用于其他地方。”③ 美国总统罗斯福派遣劳克林·柯里作为特使，赴重庆和蒋介石谈判援华物资等问题。史迪威作为中国战区参谋长，他利用蒋介石渴望获得美援物资的迫切愿望，要求蒋介石迅速发动收复缅甸的战役。他指出，蒋介石“只要表示愿意合作，就能

① 查尔斯·F. 罗马纳斯：《史迪威在华使命》，引自《民国史资料丛稿·史迪威资料》，中华书局 1978 年版，第 31 页。（有关史迪威的文件等均引自该《丛稿》。）

② 查尔斯·F. 罗马纳斯：《史迪威在华使命》，第 172－173 页，引自《民国史资料丛稿·史迪威资料》，中华书局 1978 年版，第 33 页。

③ 查尔斯·F. 罗马纳斯：《史迪威在华使命》，第 223 页，引自《民国史料丛稿·史迪威资料》，中华书局 1978 年版，第 39 页。

得到美援物资”，“华盛顿也一定会施加压力，逼英国参加缅甸战役”。史迪威提出缅印战区的反攻计划，要求中国派出 20 个师参加作战。史迪威认为恢复滇缅公路后，估计美国每月能向中国运交 30 000 吨物资。蒋介石采纳了史迪威的建议，并和美国总统特使劳克林·柯里对计划进行了具体谈判。美国陆军部也赞成了史迪威的计划，要求重庆政府要以派出军队参加反攻缅甸作为“给予中国的租借法案物资”的交换条件①。美国参谋长联席会议于 9 月 19 日命史迪威告知蒋介石：美国陆军部作战司正在研究收复缅甸和打通缅甸路的作战计划，并竭尽全力以期圆满解决其中所牵涉的问题②。史迪威于 10 月 13 日向蒋介石转交了罗斯福的信，信中表示对蒋介石的合作态度感到满意，答应除 100 架用于“驼峰”运输的飞机外，还将在 1943 年向中国提供 500 架飞机，但美国军队无法到缅印战区作战③。蒋介石对此感到满意。

重庆政府经过与美国的反复谈判，大致取得了较满意的结果，于 1942 年 10 月 14 日向美方提出了《中美英联合反攻缅甸方案大纲》，其主要内容为：

“甲、反攻缅甸的理由：（1）规复缅甸可建立反攻日本的基地，使盟国尔后反攻作战容易。（2）可巩固印度，彻底击败轴心国会师远东的企图。（3）打通中印交通，使美国援华物资大量输入，及早完成中国总反攻的准备。（4）牵制日本陆海空军，使其不能再行增辟战场（如对苏对澳或袭击美国）。

乙、缅甸方面敌军兵力判断：（1）陆军现约 5 个师团，将来增加到 10 个师团为最大限度。（2）海军现新加坡以西孟加拉湾，似尚无主力舰……（3）空军现缅境约有飞机 150 架，将来其第 4 飞行师团全部（约 800 架）协助该方面作战为最大限度。

丙、作战准备：（1）中国陆军以 15—20 个精锐师，准备以

① 查尔斯·F. 罗马纳斯：《史迪威在华使命》，引自《民国史料丛稿·史迪威资料》，中华书局 1978 年版，第 39、40 页。

② 同上。

③ 同上。

主力由滇西、一部由滇南攻击敌人。英美陆军以1—7个师兵力及一部降落伞部队与中国留印部队联合，准备以主力由印度陆地正面，一部由仰光登陆攻击敌人。（2）英美联合海军以主力舰3—4艘，航空母舰6—8艘为基干，特别须编入多数的潜水艇，准备确实控制孟加拉湾掩护陆军在仰光登陆。（3）英、美联合空军以能击破敌人一个空军师团为对象而准备之。（4）美国应设法加强中印间空运力量，尽先输送中国出击部队所需的装备及其他必要的物资。（5）英国应迅速准备开设印缅边境的交通线。

丁、作战指导大纲：（1）英、美联合空军先攻击敌空军根据地，夺取制空权，掩护海陆军作战。（2）英、美联合海军先派有力潜艇舰队进出中国海及爪哇海，截断敌海上交通，尔后以海军主力攻略安达曼群岛，控制孟加拉湾，掩护陆军在仰光登陆。（3）中国陆军在盟国空军掩护下，主力由滇西、一部由滇南，向缅北之敌攻击。（4）英、美、中联合陆军以主力渡钦敦江向斯威堡、曼德勒方向，以一部沿吉大港海岸向阿恰布、仰光方面攻击，另以一部在海军掩护下由仰光登陆攻击敌人。”①

中国提出的反攻计划，既可打通经过缅甸的国际交通线，又使英国可以收复缅甸。但英国却拒绝这个计划，其主要原因是，当时英军在北非失利，已使英国穷于应付；同时，印度民族独立运动高涨，英国殖民统治面临危机。因此，英国已无力顾及缅甸。英国驻印军总司令韦维尔对计划中的进军路线亦反对，他不允许中国驻印军经印度英帕尔进军缅甸，指定中国驻印军从雷多出发，由缅甸北端胡康（户拱）河谷中最荒僻的崇山峻岭中经过，把较平坦的由英帕尔进入缅甸的路线留给英军。“对计划中修筑一条公路和滇缅公路连接，英国人亦不赞成，史迪威看出英国人宁可使前线无路，以利于英国在运输方面保持垄断地位，更重要的是英国人不想让中国人有进入印度的途径。由于华盛顿的坚持，也由于公开拒绝会更加引

① 宋希濂：《征远军在滇西的整训和反攻》，载《远征印缅抗战》，中国文史出版社1990年版，第51－52页。

起中国人的激烈对抗，英国人才表面同意筑路计划。”①

中、美、英三方经过反复争论，多方折中，英国才同意了大打了折扣的反攻计划，该计划规定在1943年3月，发动一场小型的春季攻势，代号称为“安纳吉姆”行动，其目标定为：从印度雷多开始修筑一条公路，和滇缅公路连接起来，以打通中国的补给线；再在中国建立攻击日本舰队和日本本土的空军基地。这个被大大缩小了的反攻计划，达不到收复缅甸、重新打开缅甸国际通道的目的。但对这样一个缩小了的折中计划，英国人也不放心，时隔几天，又加以反对，理由是担心后勤和医疗准备不足，实际上是英国人惧怕中国军队进入缅甸后，不利于英国恢复对缅甸的殖民统治。美国鉴于中国因为英国的不合作态度而不愿出兵缅北发动1943年的春季攻势，感到十分焦虑，美国总统罗斯福竭力调解中英双方的分歧，一方面劝中国不必依赖英国人在南部的配合而发动缅北攻势，又力劝英国理解争取中国发动缅甸攻势的重要意义，英国始终未能接受。1943年的春季攻势因此之故而被葬送了。

1943年春，世界反法西斯战争出现了新的转机。1月，苏军取得了斯大林格勒大会战的胜利，掌握了战略的主动权；英军在北非转败为胜，将隆美尔部击败于阿拉曼，遏制了德军的进攻锋芒；当年春夏间，日军在太平洋珊瑚海和中途岛海战中遭到惨败，4艘航空母舰、1艘重巡洋舰和330架飞机被摧毁，日本海军从此一蹶不振，以美国为首的盟军在太平洋战场掌握了主动权。在此形势之下，罗斯福和丘吉尔于1月14日至23日在北非摩洛哥卡萨布兰卡港举行会议，会议在讨论东方战线时，就如何从缅甸和中国打击日本问题进行了研究。美国参谋长马歇尔和海军上将欧内斯特·J. 金，在会上坚定主张于1943年11月发动缅甸攻势，他们指出：“由英国在缅甸南部和中国在北部的联合进攻将牵制南太平洋的日军调往缅甸”，“这可以防止太平洋的一场灾难，否则就会断送欧洲第一位战略。缅甸攻势还能打通进入中国的陆上通道，以便集结空军部队打击日本。”②

---

① 巴巴拉·W. 塔奇曼：《史迪威与美国在华经验1911—1945年》，引自《民国史资料丛稿》。

② 罗伯特·达莱克：《罗斯福与美国对外政策1932—1945》，转引自戴孝庆、罗洪彰《中国远征军入缅抗战纪实》，西南师范大学出版社1980年版，第157页。

英国人在会上仍持怀疑和反对态度，马歇尔警告性地指出："若收复缅甸之案不予实施，则美国或将有被迫退出欧洲之日。"① 美国所以坚决主张发动缅甸反攻战役，以打破日军对中国的封锁，是出于全球战略考虑。美国海军上将欧内斯特·J. 金在参谋长联席会上提出："在欧洲战场，从地理位置和人力方面来看，俄国处于最有利的地位来和德国周旋；在太平洋，中国对日本有类似的关系。我们的根本政策应为向俄国和中国的人力资源提供必要的武器，使他们能够作战。"② 在美国的坚持下，英国人十分被动地同意了反攻缅甸计划，卡萨布兰卡会议作出了实施代号为"安纳吉姆"行动的决定：在缅甸北部发动地面攻势，以便重辟滇缅公路；在南部发动两栖作战，重新夺取仰光。会后，罗斯福和丘吉尔派出了一个高级代表团到重庆向蒋介石通报会议决定，谋求中国的支持与合作。蒋介石同意参加1943年雨季后发动缅甸战役，同时提出三点要求：（1）建立一支由他指挥、由陈纳德率领的驻华独立空军；（2）空运援华物资每月由3 000吨增加到10 000吨；（3）至1943年11月中国要拥有一支500架飞机的空军队伍。2月9日，中、美、英三国高级官员在印度加尔各答，就发动缅甸反攻战役的有关事项作了具体安排。3月8日，罗斯福复函蒋介石，基本满足了蒋介石的三项要求。

1943年3月，英军在试图夺回缅甸西南海岸阿恰布港的战斗中又被日军挫败，英国人再次丧失了发动地面战斗的信心，又主张放弃缅甸战役。罗斯福在丘吉尔的反对意见前面也开始动摇，他也感到"安纳吉姆"行动和开辟欧洲第二战场有矛盾，于是转而支持蒋介石—陈纳德的"空中行动方案"，作为美国1943年在中国战场的主要军事行动方针。蒋介石早在1月8日就向罗斯福提出，由陈纳德的特遣航空队发动空战，以代替中国军队的地面进攻战。陈纳德竭力宣传空军的威力，宣称他能用一支小小的空军队伍打败日本。他1942年10月写信给罗斯福，宣称他只要由147架飞

① 梁敬錞：《史迪威事件》，商务印书馆1973年版，第113页，转引自戴孝庆、罗洪彰《中国远征军入缅抗战纪实》，西南师范大学出版社1980年版。

② 查尔斯·F. 罗马纳斯：《史迪威在华使命》，第269页，转引自《民国史资料丛稿·史迪威资料》，中华书局1978年版，第47页。

机组成的空军部队，“就能完成摧垮日本的任务”①。他的计划及战术是：用105架战斗机、30架中型轰炸机、12架重型轰炸机，保持足额编制，迫使日本空军在中国上空决战，他先用10∶1至20∶1的优势来消灭日本空军，然后他“将攻击日本本土，炸毁日本的两大工业中心，使日本无法为它征服的帝国进行补给，而导致崩溃”②。

罗斯福考虑到发动缅甸战役与准备开辟欧洲第二战场的矛盾，又因陈纳德在1942年确实取得了突出的战绩，因而他决定采纳蒋介石—陈纳德的“空中行动方案”。根据罗斯福的命令，1943年3月11日正式成立了由陈纳德指挥的美国第14航空队，陈纳德被晋升为少将，罗斯福批准第14航空队的飞机增至500架，每月从援华的4 000吨物资中拨给1 500吨，由陈纳德全权指挥其军事行动和支配其作战物资。4月10日，罗斯福在华盛顿召见了陈纳德和史迪威，并批准了第14航空队的作战计划与目标：“第一，移驻中国，在那里击毁相当数量之敌机，使其全部空军力量丧失战斗力。第二，袭击日方沿华南海岸的海上航路，在夏季和秋季至少击沉敌人船舶50万吨。”③ 罗斯福还给予陈纳德特别待遇，他可以不通过军事渠道直接给总统呈递报告，这在美国军官中是破例的。罗斯福向蒋介石表示：“我充分相信，从战略观点看，今年我们能做的首要事情之一是从中国起飞的飞机打击敌人。”④ 于是，“安纳吉姆”行动被搁置。

1943年5月，盟国在华盛顿召开了“三叉戟会议”，研究地中海西西里作战和反攻缅甸的计划。英国首相丘吉尔从大英殖民帝国的政治需要出发，声称收复新加坡“是恢复英国在该地区威信的唯一手段”，要求先收复新加坡，然后再考虑缅甸。罗斯福也降低缅甸战场的地位，但他强调中国作为抗日基地的重要性；他还希望中国取得大国地位，作为战后抗衡苏

① 罗伯特·达莱克：《罗斯福与美国对外政策1932—1945》，转引自戴孝庆、罗洪彰《中国远征军入缅抗战纪实》，西南师范大学出版社1980年版，第156页。

② 罗伯特·达莱克：《罗斯福与美国对外政策1932—1945》，转引自戴孝庆、罗洪彰《中国远征军入缅抗战纪实》，西南师范大学出版社1980年版，第156页。

③ 查尔斯·F.罗马纳斯：《史迪威在华使命》，载《民国史资料丛稿·史迪威资料》，中华书局1978年版，第50页。

④ 罗伯特·达莱克：《罗斯福与美国对外政策1932—1945》，引自截孝庆、罗洪彰《中国远征军入缅抗战纪实》，西南师范大学出版社1980年版，第160页。

联的一大力量。为此，他竭力阻止蒋政府的崩溃，并尽量援助他抗日。美国军方认为，反攻缅甸计划不能放弃，但攻缅与欧洲第一战略有矛盾，“两全之法，惟有缩小缅战范围，先从北缅开始，如果得手，则太平洋战略即可配合，滇缅公路亦可打通”①。重庆政府的代表宋子文奉蒋介石之命在会上力争必须全面反攻缅甸，打通缅甸交通线，以支持中国抗战，否则，中国将面临崩溃的危险。宋子文甚至扬言：“如不满足蒋要求的援助，可能迫使中国退出战争。”罗斯福竭力安抚蒋介石，答应增加援华物资，同时又竭力敦促英国同意发动有限的缅甸反攻战役。在美国的压力下，丘吉尔被迫同意发动缅北反攻战，以打通滇缅公路。中、美、英三国在“三叉戟会议”上经过反复争执，勉强达成一致，通过了联合参谋长委员会提出的“第220号击败日本方案”，决定1943年雨季后发动缅北地面攻势，“以达到解中国被围之目的”。

1943年8月，美、英在加拿大魁北克举行会议，商讨欧、亚战略行动。联合参谋长委员会提出的计划中，把中国作为进攻日本本土的基地，为此，必须首先打通中国的国际通路，充实中国军备。如果中国崩溃，日本将从中国大陆发动攻势，出扰西南太平洋，美国就无暇顾及欧洲战场了。因此，缅甸一战并非只是亚洲一隅，事关欧洲与太平洋全局。英国认为中国并非战时必不可少的伙伴，而且中国战后强盛，或许是大英帝国远东厄运的开始，因此主张从日本本土周围发动进攻日本。美、英经过争论，最后达成两项协定：（1）打败德国后12个月必须打败日本；（2）美国向中太平洋吉尔伯特群岛和马绍尔群岛发动攻击日本。

英国为达到夺回东南亚殖民地的目的，建议成立了东南亚盟军司令部，美国人不愿为英国夺回属地而战，即由英国指派路易斯·蒙巴顿勋爵出任东南亚盟军司令，史迪威兼任副司令。

魁北克会议对中缅印战区的决定是：（1）加强中印空运，到1944年6月达到每月2万吨；（2）铺设加尔各答经阿萨姆、缅北至昆明的输油管；（3）修筑雷多公路，使其到1945年1月达到每月3万吨的运力。并将反

① 罗伯特·达莱克：《罗斯福与美国对外政策1932—1945》，引自戴孝庆、罗洪彰《中国远征军入缅抗战纪实》，西南师范大学出版社1980年版，第162页。

攻缅甸的日期定在1944年2月中旬。会后，美、英将魁北克会议决定通报了蒋介石，蒋虽对未确定南缅的两栖攻击而十分不满，但在美援物资方面得到了较大满足，还是接受了美、英的决定。1943年10月19日，蒋介石及其高级将领和蒙巴顿、史迪威等人在重庆黄山举行了会谈，对魁北克决定作了具体安排。

1943年秋冬之间，盟国反法西斯战争又取得了重大进展。9月，意大利投降，苏联又连续取得了对德军的胜利，整个反法西斯阵营已胜利在望。为商讨如何最后战胜德、日法西斯，并安排战后世界秩序，美、英决定召开中、美、英三国首脑的开罗会议和美、英、苏三国首脑的德黑兰会议。

1943年11月23日至27日，美、英、中三国首脑罗斯福、丘吉尔、蒋介石及三国高级将领在开罗举行会议。在讨论太平洋战事计划中，着重讨论了蒙巴顿提出的称为“锦标保持人”的反攻缅甸计划。该计划部署中国驻印军2个师从雷多向缅北发动进攻；英军第15集团军和第4集团军由印度向缅甸中、南部发动进攻；3支空降部队向缅甸中部突击，并准备对孟加拉湾发动两栖作战。

蒋介石在开罗会议上提出的中国的反攻计划是：由美国帮助中国装备90个作战师，分三期完成，中国即照盟军计划参加作战。同时还要求美国帮助建立和加强中国空军；在收复广州、香港地区后，要求美国派出10个步兵师、3个装甲师至华南，进攻华中、华北①。

罗斯福和马歇尔对蒋介石的合作态度感到高兴，支持蒋和史迪威的要求，表示愿意帮助中国装备90个师。他们认为，这就可以“使中国军队牵制住日本军队”，就能实现“我们（美国）的一大目标”。

丘吉尔拒绝蒋介石的缅甸两栖作战计划，也不愿支持全面反攻缅甸的计划，他认为缅甸仅仅是英帝国的一个前哨，没有什么战略意义。他不愿美国人，更不愿中国人分享解放缅甸的荣誉。

1943年11月28日至12月1日，美、英、苏三国首脑罗斯福、丘吉

① 查尔斯·F. 罗马纳斯：《史迪威指挥权问题》，载《民国史资料丛稿·史迪威资料》，中华书局1978年版，第64－65页。

尔、斯大林在伊朗德黑兰举行了会议，商讨最后打败德国法西斯和战后和平与合作问题。斯大林敦促美、英尽快开辟第二战场，会上通过了从英吉利海峡开辟第二战场及战后由盟军分区占领德国等决议。苏联决定在打败德国后参加对日作战。丘吉尔竟借口称“既然俄国许诺参加对日作战，就没有必要花力量来支持中国”，强调集中力量来开辟第二战场，反对在孟加拉湾的两栖作战。罗斯福接受了丘吉尔的意见，放弃孟加拉湾登陆作战计划，并于12月5日向蒋介石通报了这个方案，蒋介石只得接受美、英的方案。

反攻缅甸的计划，经过中、美、英三国的反复商讨和激烈争论，到1943年末的开罗会议和德黑兰会议最后确定下来。其计划大致就是由中国驻印军从缅甸西北角发动反攻，由云南的中国远征军加以配合，从北向南推进。这样，即放弃了南北同时并举（南部的两栖登陆和北部的陆上进攻）的全面反攻计划。这就使日军得以利用缅南港口的补给线，集中力量抗拒缅北中国军队的反攻，这就给我军的反攻作战增加了严重的阻力，增加了中国军队作战的艰巨性，必然付出更大的伤亡。

（二）中国驻印军的训练和整编

中国远征军第一次作战失利后，一部分西进印度，一部分辗转撤回云南。进入印度的远征军主要是第66军新编第38师孙立人部，该师损失较少，保持建制较完整，到达印度时尚有约7 000人；其次是第5军直属部队和新编第22师，该部撤出曼德勒地区后，经户拱（胡康）河谷到达印度东北角的雷多，该部在沿途遭受到疫病、饥饿和日军的袭扰，损失极大，新22师原编制9 000人，战斗伤亡约2 000人，撤退途中死伤约4 000人，到达印度时仅约2 000人，加上第5军军部直属部队，共约3 000人。远征军撤退回云南的各部，大都减员过半。史迪威整训中国军队的计划，就是从训练退入印度的新38师和新22师的约1万人开始的。

当中国远征军正在顽强激烈地对敌进行战斗，但失败的结局已显露之时，史迪威即决心对远征军进行重新整训。1942年4月16日和6月4日，史迪威两次将训练和整编计划派人送到重庆。6月15日，蒋介石和史迪威在重庆黄山会谈，史迪威就整训计划提出：根据训练华军10万人之原议，美国愿承担全部训练责任，军队的武器装备可以在印度接收，并供给营房及医药设备，希望给予他任免军官之权。对涉及军权部分，蒋介石未表示认可。6月24日，史迪威就军队整训问题再次和蒋介石进行了会谈。蒋介石同意空运5万军队到印度接受训练，并同意了史迪威所提出的大部分条件。对于主持训练的中方长官的任命，确定由罗卓英任副长官，主管行政和军纪，由史迪威任训练营长官，主管训练事宜。但接着发生了英、美排斥中国参加军火分配会议及调走美国驻印第10航空队及中印航线运输机之事，激起蒋介石的愤怒，训练计划未能及时付诸实施。后来，史迪威利用蒋介石渴望获得美援物资的心理，使蒋介石答应整训计划和出兵反攻缅甸，美方则保证供给《租借法案》所提供的美援物资。中美双方达成妥协后，蒋介石才正式批准了史迪威关于在印度训练10万中国军队、在滇西装备30个中国师和反攻缅甸的计划。

当中国远征军开始向印度撤退时，史迪威即和英国驻印军总司令韦维尔商讨在印度整训中国军队和反攻缅甸的计划，韦维尔不仅一概加以拒绝，并曾企图对进入印度的中国军队一律强行缴械，由于美方的干涉，马歇尔和英国政府进行了交涉后，韦维尔才答应将位于加尔各答西北320多公里的比哈尔邦兰溪市内原意大利战俘营——蓝姆伽军营划归中国军队使用，并负责提供由《租借法案》支付的所需给养。最先撤到印度的孙立人部新38师和远征军长官部于6月28日进入蓝姆伽军营，廖耀湘部新22师于8月中旬入营。这两部军队共9 000余人，最先接受训练。蒋介石令军政部为驻印军（史迪威以“X部队”为其代号）运送兵员，为在昆明训练中心集训的部队（代号为“Y部队”）选调部队；并决定从9月起，每天向印度空运官兵400～500人。史迪威于10月12日电告马歇尔，使用《租借法案》提供的军用物资装备和训练第二批中国军队30个师，将在桂林训练中心集训，称为“Z部队”。马歇尔于10月19日复电照准。

8月，重庆政府军事委员会下令撤销“中国远征军第一路司令长官司令部”，成立“中国驻印军总指挥部”，任命史迪威为总指挥，罗卓英为副总指挥，伯特诺为参谋长，温鸣剑为副参谋长。中美双方对训练和整编中国驻印军虽然达成了协议，但双方却存在着深刻矛盾，随着时间的推移，矛盾日益上升。以史迪威为代表的美国军方是企图把中国军队训练成一支美式殖民地军队，因此，在军权上史迪威力图控制驻印军的训练和指挥权：他在和中国军政部谈判时即坚持要求有权处决少校以下的不服从命令的中国军官，有权解除少校级以上军官的职务，并要求营以上军官全部由美国人担任，他从美国调来300多名军官，准备接替中国军官的职务。史迪威的计划遭到中国军官的一致反对，蒋介石也不同意。史迪威从美国调来的大批美国军官没有能充当驻印军各级军官，几经交涉，后来都充当中国军队营以上的各级联络官，另一部分担任训练中国军队的教官，中国驻印军由美军联络官直接控制部队的作战训练和补给、运输等权力，他们直接听命于上级联络官，这就形成了史迪威全权控制和指挥中国驻印军的“监军”体制，使中国官兵的民族自尊心受到伤害，致使中国官兵都有严重的对立情绪。史迪威有鉴于此，也不得不逐渐作了自行纠正。在军费管理问题上，史迪威以中国军官普遍克扣军饷为由，坚持不让中国军官管理经费和发放军饷，罗卓英作为主管行政的副总指挥亦不得染指经费①。但由史迪威制定的统一由美军供应处直接供应中国驻印军的制度，实行“补给到连，供应到人”的办法，根本上革除了国民党军队中腐败落后的补给制度，使军队面貌为之一新，这也是我驻印军官兵对史迪威产生好感的原因之一；另一方面，史迪威那种“士兵化”的举止和注重实效、雷厉风行的作风，以及美军中的民主传统，也使我驻印军官兵深受感染，逐渐形成了遵守时间、讲求效率、实行民主、自觉守纪、忠于职守、爱荣誉、爱国家、爱战友、不怕牺牲、勇夺胜利等优良风尚②。

史迪威和罗卓英的矛盾日益尖锐化。罗为此致电参谋总长何应钦称：“设我果将经理实权授予外人，其事受缚，委实无法办理，且必影响国军在外尊严，同时美方经理人员对我方经理业务完全不明，处处解释，极为

① 据《史迪威在华使命》称：“10月间，罗又要求45万卢比，当告知他27万卢比已准备好时，他拒绝参与其事。27万卢比是付给第22师和第38师所需的确实数额……罗被送回了中国。”见《民国史资料丛稿·史迪威资料》，中华书局1978年版，第38－39页。

② 王楚英：《中国远征军印缅抗战概述》，载《远征印缅抗战》，中国文史出版社1990年版，第118页。

困难，故职已决定不向美请领（经费），以待钧座之复可。”① 罗卓英为抗议美国人对他的行政权的干涉而离开了指挥部；史迪威则控告罗卓英十大无能，力图排除罗卓英。史罗矛盾无法调和，蒋介石被迫于 1942 年 10 月调罗卓英回国，同时撤销了副总指挥部。蒋介石以调离罗卓英为条件，保住中国驻印军的建制，决定将驻印军改编为新编第 1 军，任命郑洞国为军长。郑洞国于 1943 年初率军部人员赴印，组建新编第 1 军。新编第 1 军最初下辖新编第 38 师和新编第 22 师。师下辖三个步兵团、榴弹炮营、工兵营、通信兵营、辎重营、教导营、特务连、搜索连、军械连、卫生队、野战医院、两个山炮营等部，全师约 15 000 人，自己有各种车辆 300 辆、骡马 1 000 余匹。武器配备为：15 厘米榴弹炮 12 门、7.5 厘米山炮 24 门、10.5 厘米迫击炮 36 门、3.7 厘米战防炮 36 门、8.2 厘米迫击炮 36 门、6 厘米迫击炮 162 门、重机枪 108 挺、轻机枪 360 挺、火焰喷射器 85 具、火箭筒 108 具、冲锋枪与卡宾枪各约 400 支，电话配至连和独立排，并配备无线电报话机。部队经过整编和重新装备后，火力、通讯能力和机动性大为增强，各师的炮火配备约为日军一个师团的 50%。

蓝姆伽训练中心由麦凯布主持，阿姆斯任总教官，鲍威尔、阿诺德、费尔德、梅里尔、伯金、杜恩、琼斯、史迪威的儿子“小乔”和女婿伊斯特布鲁克、威廉斯等都调到训练中心工作。训练中心设步兵、炮兵、工程兵、通信兵、汽车、战车、卫生、兽医驮载等学校，分别轮训驻印军各级军官，使其熟悉美军的战术及武器装备的使用。训练时间一般为 6～8 周，全部由美军教官任教，中国军官担任行政管理。训练方法采取“讲解”（口述、图解、模型、电影）、“示范”、“实习”、“考核”的步骤，重在实习。另设战术学校，专门训练在我国国内第一批训练和装备的 30 个师的将校级军官，也抽调部分军事学校和军事机关的将领参加受训。训练内容以美国利文沃斯参谋大学战时课程为基础，时间为 6 周。驻印军士兵的训练，则由在以上各专科学校接受过美军教官训练的中国军官担任，也采用美军的新教练方法，训练效果显著而迅速。

① 秦孝仪：《中华民国重要史料初编——对日抗战时期》第二编《作战经过》（三），第 372 页。

1944 年初，国内空运新编第 30 师至蓝姆伽，编入新编第 1 军。随着反攻战的胜利进展，在 1944 年 8 月，收复缅北重镇密支那后，国内空运第 54 军第 14 师和第 50 师到达印缅前线，在雷多等地接受美式新装备后，编入驻印军。驻印军扩编为新编第 1 军和新编第 6 军两个军。郑洞国升任驻印军副总指挥，孙立人任新 1 军军长，廖耀湘任新 6 军军长，原新 1 军军部改为驻印军副总指挥部。

驻印军各部到达印度经过休整后，官兵们从极度疲惫病弱中解脱出来，接着经过蓝姆伽训练，部队一律配以美式装备，士兵都配备了新军装、头盔、靴子、背包和各式新武器，各种车辆、大炮及重装备都配备到了连、团，加之营养较国内好，医药卫生条件很完善，疾病很少①。在此条件下，中国士兵接受了使用各种美式新武器装备的训练及丛林战战术训练。中国士兵虽然多数来自饥饿线上的贫困农民，没有文化，但他们都具有中国人的勤奋、智慧和对日寇的强烈仇恨，故在受训中学习特别努力，很快掌握了各种新式武器的性能和使用方法，懂得了新的战术。蓝姆伽训练中心的战术学校，又分期训练了一大批将校级军官，为中国军队培养了一批战场指挥员。当时国内掀起了知识青年的从军运动，其中一大批从军知识青年被送到印度蓝姆伽受训，毕业后被分配到驻印军各部，使驻印军进一步增强了活力。又由于驻印军远离祖国，在外有强敌和内受英、美歧视的压力下，官兵们爱国思想极为浓厚，军官们也随时抓紧机会进行爱国教育，所以官兵比较团结，“打回祖国去！”成了官兵们的一致愿望②。中国驻印军官兵们这种强烈的爱国心和赤诚的报国精神，加上他们掌握了新装备和新战术，使驻印军成为了一支素质很高的军队，这使他们在其后的反攻战役中，得以打败日寇强敌，成为收复缅甸的主力军。

（三）中国远征军在滇西的防卫与整训

中国远征军在缅甸作战失利后，第 66 军从滇西退回国内，它的上级机关——第 11 集团军派员在保山、永平、下关等地收容散兵 5 000 多人。

① 郑洞国：《中国驻印军始末》，载《远征印缅抗战》，中国文史出版社 1990 年版，第 73 页。

② 同上，第 73 页。

由于各部队建制已被打乱，必须加以整顿，重新组编。第 11 集团军总司令宋希濂向重庆军委会报告中建议：撤销第 66 军和第 29 师番号，保留新编第 28 师，将收容的 5 000 人编入新编第 28 师，该师划归第 71 军建制；将第 71 军所属之第 36 师改为独立师，归第 11 集团军指挥。这个整编方案经蒋介石批准后，予以执行。为整肃军纪，重庆军委会下令将第 66 军军长张轸、新编第 28 师师长刘伯龙、新编第 29 师师长马维骥三人革职查办。

第 6 军（军长甘丽初）所辖第 49 师、暂编第 55 师和第 93 师，在缅甸东北部战败后，重庆军委会命令该军退回思茅、普洱一带的 6 000 多人编入第 93 师，调驻车里（景洪）、佛海（勐海）一带整训，担任滇南国境守备；免去甘丽初的军长职务，并下令撤销暂编第 55 师的番号；第 49 师保留建制，将其基干军官调归昆明防守司令部予以整补。重庆军委会任命黄杰为第 11 集团军副总司令兼第 6 军军长，第 6 军由预备第 2 师和新编第 39 师组成。第 6 军直属部队和新编第 39 师于 1942 年秋天进驻滇西。同年冬天，第 54 军（军长方天）及下属之第 14 师、第 50 师和第 198 师亦由昆明调驻滇西祥云、弥渡一带，暂归第 11 集团军指挥。此时，远征军第 11 集团军驻防滇西的部队有：第 71 军、第 6 军、第 54 军及第 36 师。

1943 年，随着反攻缅甸计划的逐步落实，重庆政府决定成立中国远征军长官部于云南楚雄，任命陈诚为长官（陈诚至 1943 年 11 月离任，后由卫立煌任长官），萧毅肃为参谋长，下辖宋希濂第 11 集团军和霍揆彰的第 20 集团军，所部有第 2 军、第 6 军、第 8 军、第 53 军、第 54 军、第 71 军。重庆军政部为滇西远征军输送了 2 万多名补充新兵，使各军师兵员得到充实，接近足额编制。

远征军驻滇西各部，经过整编和重新部署后，以一部军队守备怒江各要点，并派出一部进入怒江以西敌占区开展游击战，其余分驻在滇西的大部分军队即展开大规模的练兵运动。驻在保山、永平、大理等 9 个县的乡镇和村庄的远征军部队，都展开了吃苦耐劳的操练和各种严格的战术训练。由于部队刚遭受失败的挫折，官兵们心中都有报仇雪恨的强烈愿望，部队又驻在偏僻的农村，社会风气淳朴，官兵都很少受到赌博等不良习气的影响。因此，部队训练进行得比较顺利，各部从团营直至连排，都有自己的讲堂、操场、射击场，有各种练习射击的训练设施，有各式各样的演习沙盘和作业模型（如坑道作业）。除基本教练外，经常举行班排连营的对抗演习，有时实战演习（双方使用实弹），攻击堡垒、爬山、夜间演习等等。官兵们一般都认真锻炼身体，练好杀敌本领。这就为滇西大反攻打下了坚实的基础①。

干训团与昆明训练中心　远征军各部在滇西进行整编和训练之际，第11集团军司令宋希濂等人发现许多缅甸归国华侨青年和滇西沦陷区青年流落街头，他们无家可归，衣食无着，即决定将这些青年招募起来，对他们进行政治教育和军事训练，准备把他们派到各地去组织民众、侦察敌情、运济粮秣，以配合远征军反攻作战。经重庆军委会批准，定名为“滇西战时工作干部训练团”。滇西干训团由蒋介石兼任团长，龙云、李根源为副团长，宋希濂为教育长，董仲篪为副教育长。滇西干训团的训练基地设在大理崇圣寺三塔营地。1942年8月，干训团成立时，有学员1 100多人，编为一个总队，三个大队。干训团的训练目标是要把青年们训练成为反攻滇西沦陷区和保卫乡土的干部，因之主要进行政治教育和必要的军事训练，其政治教育主要是以蒋介石思想为依据的三民主义，同时也学习一些普通的政治学说，因此，聘请了西南联大的部分知名教授费孝通、潘光旦、张印堂等到校讲学。规定受训期为一年，至1944年5月反攻前，共举办了两期，共培训干部约2 000人。

1943年初，中、美、英盟国在商讨反攻缅甸的计划中，“安纳吉姆”行动计划开始形成。史迪威为实施反攻作战，准备重新组训中国军队。他计划把中国军队重新组编成大约100个作战师，分三批完成美式装备的配备和训练计划。其第一批是在云南装备和训练30个师，称为“Y部队”（驻印军称为“X部队”）。于是，1943年4月1日，重庆军委会成立了驻滇干训团，在昆明设立训练中心，以蒋介石为干训团团长，龙云为代理团长，陈诚任副团长，杜聿明、宋希濂、关麟征轮流任教育长。驻滇干训团成立后，滇西战时干训团改为“驻滇干训团大理分团”。

驻滇干训团以昆明北教场营地作为训练基地，开设了步兵、炮兵、战

① 宋希濂：《远征军在滇西的整训与反攻》，载《远征印缅抗战》，中国文史出版社1990年版，第48－50页。

车、工兵、通讯、军医、参谋、后勤、外语、情报等训练班；由美国军官担任教官，美军设立“昆明训练中心”专司其事，由杜恩主持，阿姆斯准将负责训练计划，包瑞德上校负责行政，曾士奎任联络官，伯金主持炮兵训练。中国军官陈明仁、李道恭、赵家骧、罗又伦分别担任步兵、炮兵、参谋、战车训练班主任。驻滇干训团各级组织，负责受训学员的行政管理和生活供应。

昆明训练中心所训练的人员为远征军第11集团军和第20集团军，驻滇的第1集团军、第5集团军、第9集团军和昆明行营直属部队团级以下军官，这些军官受训后，再回到各自的部队训练其部下。干训团的训练时间为6个星期，炮兵训练为8～10周，而且炮兵部队不只是训练军官，而是以营为单位，全营官兵一起到训练中心接受训练。昆明训练中心每期调训步兵军官450人、炮兵300人，其他各兵科和专业军官各100～150人。训练方式与内容和印度蓝姆伽训练中心相同。对团级以上的军官，先集中到昆明，然后分批空运到印度蓝姆伽，接受美国军官的直接训练，其训练的内容、方法及受训时间与昆明干训团相同。

在昆明训练中心和蓝姆伽基地接受训练的中国军官，都对于部队能够使用美国武器装备和受到美式训练感到高兴，学习积极性较高，因而使训练收效很快，参与训练的美国军官也有较高的热情，后来有的美方人员回忆说：“这是一段了不起的经历。我从来没有看到美国人这么样。”“他们的确接受得很快。”① 在1943～1944年的两年中，昆明训练中心先后训练中国军官约1万人。

远征军和驻滇各军在接受美式训练的同时，逐步接受美国武器装备。由于装备是经过印度空运到昆明的，因运量有限，各部得到的装备先后不一，有的部队装备不全，如卢汉第1集团军和关麟征第9集团军等部接受的只是部分美式武器装备。整个远征军和第5集团军的装备都较驻印军的要稍逊一些。

当时用美械装备的部队其编制是：每个军辖3个师，1个炮兵营（15

① 巴巴拉·W. 塔奇曼：《史迪威与美国在华经验（1911—1945）》，陆增平译，商务印书馆1985年版，第52页。

厘米榴弹炮12门）；每个师辖3个团和1个山炮营（7.5厘米山炮12门）及战防炮1个连（3.5厘米战防炮）；每个团辖3个营及1个追击炮连（8.2厘米追击炮7门）；每个营辖步兵3个连、机枪1个连、火箭筒1个排；每个连辖步兵3个排、六〇炮1个排，每连官兵170余人，机枪9挺、冲锋枪18支，电话及无线电报话机配到连队。各师配备汽车运输部队，团以下为兽力和人力运输队。一个师的编制约1.3万人，但大多不足额。

远征军各部在进行美械装备的同时，美军即向长官部、集团军总司令部和各个军、师、团分别派驻联络组，以协助训练、作战、陆空联络、补给运输等事宜。在每个步兵团有一个美军中尉或上尉军官和一至二个军士，带有无线电报话机一部；军和师的美军联络组一般6～7人，为首的一般是少校或中校军官；在第11集团军和第20集团军总部的美军联络参谋组，每组有20多人①。

五、中美英联军在滇缅战场的胜利反攻

（一）中国驻印军反攻缅北②

反攻前的军事形势　中、美、英三国经过1943年一年的反复协商，确定了反攻缅甸的计划，当时缅甸的敌我态势是：

日军既把缅甸作为日本帝国的“西线绝对国防圈”的“重点保卫区域”予以特别重视③，当其发现盟国正在积极准备反攻缅甸之际，日军亦竭力加强缅甸防务，不断向缅甸增兵。1943年3月27日，日军增设了缅甸方面军，设司令部于仰光，由河边正三任司令官，将日军第15师团、

① 宋希濂：《远征军在滇西的整训与反攻》，载《远征印缅抗战》，中国文史出版社1990年版，第61页。

② 反攻缅北的史料较多，且互有歧异，此处主要依据王楚英《中国远征军印缅抗战概述》的有关部分写成。

③ 中华民国史资料丛稿：日本防卫厅防卫研究所战史室著《缅甸作战》（上），中华书局1980年版，第7页。

第31师团、第2师团、第54师团、第49师团、第53师团和独立第24旅团等部相继调进缅甸，使侵缅日军由第18师团、第33师团、第55师团、第56师团等4个师团猛增至11个师团，总兵力达30余万人。1944年春，侵缅日军扩编为第15军、第28军、第33军3个军，并辖第5飞行师团。其大致部署是：

第15军（司令官牟田口廉也中将），下辖第15师团、第31师团、第33师团，附“印度国民军”第1师（由反英的印度兵组成，约9 000人），部署于缅甸西北部接近印度英帕尔的地区，准备发动进攻印度之战。

第28军（樱井省三为司令官），下辖第2师团、第54师团、第55师团3个师团，部署于缅甸西南部及沿海地区，准备发动第二次进攻阿恰布之战。

第33军（本多政材为司令官），下辖第18师团、第56师团、第53师团、第49师团4个师团及独立第24旅团。将第18师团部署于密支那及其以北的孟拱河谷和户拱（胡康）河谷地区，专门对付中国驻印军之反攻；以第56师团部署于怒江以西的芒市、腾冲、龙陵松山等地，以防中国远征军的反攻。其第53师团和第49师团及独立第24旅团，均作为其第18师团和第56师团的后援部队，准备对中国驻印军和远征军进行持久战。

中国远征军和驻印军经过1943年的整训，也完成了反攻缅甸的部署，对侵缅日军形成了三面包围的态势。在东面是以保山为中心基地的中国远征军第11集团军（宋希濂为总司令）和第20集团军（霍揆彰为总司令），下辖第2军、第6军、第71军、第53军、第54军，约20余万人的兵力。在北面，是以印度雷多为前进基地，以户拱河谷的日军第18师团为攻击目标的中国驻印军新编第1军（郑洞国任军长），下辖新编第38师、新编第22师、新编第30师以及随后调入的第14师、第50师等部，总兵力约10万人。在西面，是英印军第14集团军，辖第9军和第45军，部署于英帕尔、科希马地区和南部阿拉干地区。

从敌我双方都调集重兵，对缅甸战场作了重大部署可以看出，反攻缅甸之战，不像英国某些人士所认为的不关重要，这是一场实际上关系到太平洋战争全局的十分重要而激烈的争夺战，具有影响东方战线全局的战略意义。

关于如何发动反攻，如何选定进攻目标和进军路线，中、美和英国之间却始终存在分歧。中美联军总指挥史迪威所拟订的反攻缅甸计划，是以印度东北部重镇英帕尔为前进基地，中、美、英联军从英帕尔出发，在霍马林、锡当、加里瓦等地渡过亲敦江，三路合攻曼德勒；与从怒江沿线发动反攻的中国远征军会师后，成扇形展开，取道南下；与仰光登陆和由阿恰布东进之英军会合，光复缅甸，并挥师东进，攻占泰国和印度支那，达于中国沿海。这条由英帕尔进攻曼德勒的作战路线，既占地形和交通的有利条件，又便于后方补给和空中支援，可以充分发挥盟军的先进装备和机动性优势，可一举截断敌人的交通补给线，易收分割包围、各个歼灭敌军之效。但英国“无意在近期收复缅甸，却热衷于进攻苏门答腊，反攻马来亚、新加坡的作战”①，因而英国“将尽一切办法阻挠中国军队在缅甸作战”②。只是在美国的压力下，英印军总司令韦维尔才被迫同意让中国驻印军队从远离攻击目标的最偏远荒芜的缅甸西北角进军，让史迪威率领中国驻印军去攀越那被称为“死亡之路”的那加山和巴朗兰崩山，通过被英国人看做“无法通过的谷地”户拱河谷，而且规定只以夺取密支那和八莫为作战目标，把中国军队反攻缅甸的作战局限于缅甸西北一隅；对美国坚持要修建的中印公路和输油管，也限制在雷多、新平洋、户拱河谷、孟拱、密支那、八莫、南坎、畹町一线，以防中国军队深入缅甸。

韦维尔给中国驻印军规定的这条进军路线，沿途全是崇山峻岭，层峦叠嶂，原始森林遮天蔽日，毒蛇猛兽出没，蚂蟥毒虫遍地，河流纵横交错，崎岖无径，雨季来临，即泛滥成泽，使敌军易守，我军难攻。我军不但运输补给十分困难，部队前行必须首先花费极大力气披荆斩棘，砍开密林才能前进，无法展开大兵团作战，更不能发挥我军空军、坦克、大炮的威力，形成敌军“一人守隘，千人难过”的局面。我军经常处于临绝地以攻天险的困境，招致很大的伤亡。日军利用茂密的森林埋伏狙击手，专门狙击我军指挥官，使我军军官伤亡很大。我新编第 22 师在 5 个月的作战中，竟牺牲连长 57 名，因而延缓了我军消灭日军、打通中印公路的进程，

① 戴维斯（史迪威的政治顾问）：《1942 年 7 月 31 日给史迪威的报告》。
② 罗伯茨（美军驻中国远征军第 6 军联络官）：《1942 年 12 月 7 日给史迪威的信》。

同时也使得日军能够调集兵力，发动攻击印度英帕尔和科希马的战争，给予英军第 14 集团军以十分沉重的打击。只是由于我驻印军在缅北发动猛烈进攻，以最有力的凌厉攻势一举打垮了日军第 18 师团，并及时增援英帕尔英军，阻断日军对英帕尔的补给和增援，才使英军转危为安，使日军最后败退。但在英国国内和整个印度，都已饱受虚惊。史迪威曾愤慨地指出："英国屡次拒绝中国的援助，这次在英帕尔又险遭惨败，完全是自取其咎。"①

打通户拱河谷　户拱河谷位于缅甸西北角，是雷多通往密支那的必经之地，西面是印缅边界的那加山系，整个谷地呈西北—东南走向，在巴朗兰崩山和库马崩山之间，东西长约 100 公里，南北宽 20～40 公里，是山间的宽谷盆地。谷地中地势平缓，河流纵横交错，缅甸西部的大河亲敦江的源头河流塔隆河、塔奈河及无数小河穿流其间。谷地森林密布，气候炎热，毒蛇猛兽和蚂蟥疟蚊弥漫全境。谷地西部的新平洋（欣贝延）和东部的孟关（孟缓），是两个居民较多的村庄型小集市，在谷地中还散布着一些很小的克钦人自然村落。

日军于 1943 年初，以其第 18 师团防守缅北。第 18 师团将其司令部置于密支那，以其第 55 联队、第 14 联队驻守户拱河谷，以孟关、新平洋为重要据点，并建立了大量防守工事。日军第 18 师团以顽强凶悍著称，曾参与发动卢沟桥事变，1937 年 11 月在杭州湾登陆攻占上海，12 月又参与南京大屠杀，还参与登陆大鹏湾、攻占广州，进攻广西，占领南宁，对中国人民欠下了累累血债；1940 年在越南进行热带丛林战训练；在日本实施"南进"战略、发动太平洋战争之后，参加了进攻马来亚、荷属东印度和缅甸战役；在侵缅之后又进犯滇西，一直打到惠通桥。一系列的"战绩"，使 18 师团号称"丛林师团"、"常胜师团"，成为日本军队的骄傲。面对日军这支罪恶累累的部队，中国驻印军，仇恨填膺，发誓一定要讨还血债，为国报仇雪耻。

中国驻印军在史迪威指挥下，于 1943 年 3 月任命新 38 师师长孙立人

① 王楚英：《中国远征军印缅抗战概述》，载《远征印缅抗战》，中国文史出版社 1990 年版，第 123 页。

为前敌司令官，率领新38师第114团消灭户拱河谷之敌，掩护中美工程兵部队修筑中印公路。3月20日，我军第114团击退日军，解救被围英军一个支队1 000余人，建立了前进阵地，从而揭开了户拱河谷反攻战的序幕。

1943年10月24日，中国驻印军主力部队新38师和新22师，越过那加山脉向户拱河谷发起进攻，正式开始了缅北反攻。当时，敌第18师团主力正被调往密支那以东，参加腾冲北部及怒江西岸对我远征军敌后部队的所谓“扫荡战”，其兵力处于分散状态。10月29日，我军新38师112团一举攻占户拱河谷日军的最大据点新平洋，并攻克宁边、拉苏家、瓦南关等要点，打开了进入户拱河谷的北大门。此时，敌第55联队固守于邦据点，我军屡攻未克。11月初，敌第18师团长田中新一急调其第56联队兼程赴援，被我军击退，形成对峙。12月，孙立人率114团增援，与敌激战七昼夜，全歼于邦守敌400余人，击毙敌联队长藤井大校以下数百人，俘敌30余人，取得了于邦大捷，使敌人大为惊愕，不得不承认他们面对的“中国军队的战斗力已达到不可与昔日相比的精强程度”。

1944年元旦，中印公路通车至新平洋，我新38师全部和新22师第65团同时进入新平洋。史迪威的指挥部推进到新平洋。史迪威和孙立人都前往于邦阵地，向官兵们授勋、颁奖祝捷。随即命新38师向左前方的太白卡、第65团向右前方的塔洛发起进攻。第65团沿塔奈河南岸利用密林掩护，在林中伐木开路前进，出敌不意，迂回到百则河敌后，将敌包围，经过激战，于1944年1月25日全歼守敌冈田大队700余人，敌大队长冈田中校跳河自杀，敌遗尸617具，俘敌20余人，缴获速射炮2门，迫击炮4门，重机枪8挺，机枪、步枪500余支，攻克塔洛。2月1日新38师攻占太白卡。史迪威亲临前线视察。至此，我军完全肃清了塔隆河与塔奈河地带的敌军，在户拱河谷中心地带取得了全线胜利。

敌军第18师团，为“免遭敌人包围……田中师团长遂于2月中旬，决定后退到孟关周围地区，再做计划”①，退守孟关。孟关是户拱河谷东部要冲，也是缅甸西北角的军事重镇。敌第18师团集结步兵7个大队（营）

① 中华民国史资料丛稿：日本防卫厅防卫研究所战史室著《缅甸作战》（下），中华书局1980年版，第18－19页。

和1个重炮营、2个山炮营、1个战防炮营于孟关周围，准备持久抵抗，以掩护其第15军发动进攻印度英帕尔的作战，破坏我军反攻缅甸及打通中印陆路交通的全部计划。

我军取得塔隆河、塔奈河地区的胜利后，史迪威决定乘我军初获大胜的昂扬士气，和敌军新败士气严重受挫之际，立即挥师南下，捕捉敌第18师团主力而歼灭之。遂命新22师主力渡过塔奈河，直扑孟关；命新38师作为左翼，迂回切断敌人之后方交通线，对孟关之敌造成钳形夹击之势。

我驻印军新22师在廖耀湘指挥下，于2月23日攻占腰班卡、拉征卡等敌军据点，摧毁敌之左翼防线后，立即乘胜直捣孟关。同时命第66团第一营和战车营组成特遣支队，由孟关以东绕攻敌后，于3月3日攻占宁库卡，于3月5日攻入孟关，并接着快速南下，以特遣支队乘胜向敌第18师团司令部所在地瓦鲁班南面迂回攻击。在此期间，孙立人率新38师主力于2月9日从太白卡出发，向东作远距离深入迂回，先后攻克清南卡、马高、拉树卡等30多处敌军据点，摧毁了孟关外围的各个据点后，也楔入了瓦鲁班以南地区，完成了对敌第18师团的全面包围态势。

我军在完成了对孟关敌军主力的包围后，分兵两路，一路穿过密林绕到瓦鲁班以南的秦诺，于3月7日攻占该地，切断了敌后方交通。一路从东南围攻瓦鲁班。3月8日，我新22师特遣支队由瓦鲁班西北冲进了敌第18师团司令部，敌师团长田中新一仓皇逃命，其关防、座车及师团作战课与56联队之公章，悉被我军掳获，敌死伤枕藉。3月9日，新38师第113团攻占瓦鲁班，与新22师及特遣支队胜利会师。廖耀湘率新22师和特遣支队继续向南追击，于3月15日一举攻占丁高沙砍，将户拱河谷之敌全部肃清。户拱河谷战役共歼灭日军1 500余人，仅瓦鲁班一地敌人遗尸即775具，我军掳获大批敌军武器、弹药及车辆等装备，是反攻缅甸户拱河谷作战中的第二次大捷。

敌军第18师团在孟关、瓦鲁班惨败，被完全逐出户拱河谷后，又纠集其第56联队和第56师团的第146联队，集结在坚布山隘地带，阻止我军向孟拱河谷推进。坚布山隘是户拱河谷和孟拱河谷之间的分水岭，北起丁高沙砍，南至夏杜塞，全长50余公里，两边是险峻山岭，原始森林密布，中间有一条狭窄的隘路穿过其间，可通行汽车，有“一夫当关，万夫莫开”之势。史迪威决定迅速夺取坚布山隘，挥军继续南下。新22师和新38师奉命后，马不停蹄地快速南进。由新22师担任正面攻击，新38师第113团向隘路以东绕行，穿越密林，开路前进，经10余天的披荆斩棘、艰苦跋涉，于3月28日攻占了隘路南端的拉班，再折回向北，回攻夏杜塞。这时，新22师运用小部队钻隙迂回的奇袭战术，一举攻占了坚布山隘中的高鲁阳，与新38师第113团配合，于3月29日共同攻占夏杜塞，俘敌300余人、炮15门，敌遗尸遍野，我军遂夺取了极为险峻的坚布山隘，打开了南进孟拱河谷的门户。

据日军的记载：“至1944年3月下旬，由于夏杜塞一线也被敌人突入，致使师团背后被切断而崩溃，最后不得不第四次放弃阵地后退。”“此时，第18师团官兵已极度疲劳。上衣破烂，衬衣撕碎，露出脊背，裤子已不成形，拖着透底的皮鞋的步兵，满脚长着一层‘丛林疮’。”“第一线中队（连）的官兵，一般不足30人，甚至只有军曹以下十数人，这些人几乎也都是半病员状态。每人每日配给大米不足1合（约150克），补给正处于中断状态。”“面对……挺进的敌人……第18师团已经毫无能力……日军处于完全无法应付的状态。”①

在我军取得孟关大捷后，盟军东南亚战区司令蒙巴顿率领一批英国高级军官飞临战场视察，在孟关、瓦鲁班，看见到处是被打坏的日军坦克、大炮、汽车，俘获物品堆积如山，日军死尸臭气四溢，激战的痕迹清晰可见，他深为感慨地对史迪威、孙立人、廖耀湘等人盛赞中国官兵的英勇善战。蒙巴顿到前线的目的，是劝说史迪威放弃大规模的缅北进攻战，把主力转移去参加保卫英帕尔之战。史迪威坚持认为只有加速打通中印公路，大量歼灭缅北之敌，才是对英帕尔的有效支援。对蒙巴顿的一再要求，史迪威决定抽调战车第二营和新30师的一个团前往英帕尔增援。他指挥驻印军继续向南挺进。

攻克孟拱河谷　孟拱河谷是由户拱河谷南行至孟拱的缅北第二大河谷，也是进入密支那的必经之地，河谷纵长88公里，东西宽5～10公里，

① 中华民国史资料丛稿：日本防卫厅防卫研究所战史室著《缅甸作战》（下），中华书局1980年版，第38－39页。

楠冈河由北向南纵贯其间，河谷两边是险峻的悬崖峭壁和大森林，雨季山洪很集中，河水汹涌，难以施渡。敌军在户拱河谷惨败后，决心凭借孟拱河谷的险峻地势，阻滞我军前进。当时，敌第 18 师团的残兵已经很少，无力阻挡我军南进。敌军紧急抽调第 2 师团、第 53 师团、第 56 师团各一部及炮兵团、坦克营等增援，又为第 18 师团补充新兵 2 000 余人，实力有所增强，但其士气十分沮丧。敌第 18 师团长以 1 万人左右的兵力，沿河谷作梯次配置，实行逐次抵抗作战，冀图等待雨季到来以阻我军。

我军的计划是要在雨季之前迅速消灭敌第 18 师团于孟拱河谷。我新 22 师以战车营为先锋，沿公路正面前进，直攻敌人的中心据点加迈。新 38 师向河谷以东进行大迂回，穿越森林，绕攻孟拱。新 22 师在坦克和空军的协力下，迅速击破正面日军据点瓦康、瓦拉渣、马拉高等地，于 5 月 1 日攻进英高塘一线，与敌对峙。此时，新 38 师也先后攻占高利、马兰，于 5 月初占领曼平，以第 112 团从山林中开道前进，绕过瓦兰，于 5 月 26 日秘密迂回到加迈以南的西通，突袭守敌，一举毙敌 900 余人，掳获敌重炮 4 门、满载作战物资的汽车 75 辆、骡马 500 余匹、粮弹仓库 15 座、修车厂 1 所，切断了加迈至孟拱的交通线，一举围困了敌重兵据守的中心据点加迈。自 5 月底至 6 月中，敌军调集兵力向我军反扑 14 次，力图夺回西通，均被我军击退，毙敌大队长增永少校以下 2 700 多人。我军第 113 团由瓦兰侧击支遵，在大雨滂沱、河水泛滥中一举夺取了楠冈河东岸的支遵，全歼守敌第 55 联队一个大队，对加迈构成直接威胁。

此时，我新 22 师附第 50 师第 149 团和战车营，自 6 月 1 日起，将敌第 18 师团、第 56 师团第 146 联队共 8 000 余人，包围压缩到索卡道地区，激战九昼夜，歼敌 6 000 余人，缴获大炮 56 门、汽车 190 辆、马 300 多匹、坦克装甲车 15 辆、机步枪 3 000 多支。敌师团长率残部 1 000 余人泅水南逃。我军于 6 月 16 日攻占加迈，与新 38 师 113 团胜利会师。与此同时，我军另一部攻占沙貌，切断了盘踞于孟拱之敌的后方联络线。我新 38 师 114 团于 6 月初由曼平南下，秘密钻隙迂回，出敌不意，于 6 月中旬攻占孟拱东面 6 公里处的巴梭杜，切断了孟拱至密支那的公路和铁路交通，与占领西通的第 112 团及由加迈进攻孟拱的第 113 团相配合，对据守孟拱之敌第 53 师团、第 2 师团各部及炮兵第 53 联队 7 000 余人，构成三面合围之势。

6月18日，我军第114团强渡滚滚奔流的楠冈河，击退日军，在孟拱城南救出被困的英军第77旅，随即于20日对孟拱之敌发动总攻击。此时，"史迪威以美军1个旅、中国军5个师、（英军）钦迪特3个旅（第41旅、第77旅、第111旅）、据点守备1个旅（西非第3旅）等大部队，围攻疲惫不堪的日军第18师团的基本兵力"①。至6月25日，全歼守敌，攻克孟拱。此时，除密支那尚在攻夺之外，缅北之敌已被我军全部肃清。敌第18师团已经名存实亡，仅剩下少量残兵，其步兵中队（连）之兵员已减为10人左右，陆续逃往孟拱以南100多公里的英多，收容整补。敌第53师团、第2师团残部于6月底溃退到莫宁一带。

收复缅北重镇密支那　密支那是北缅的行政中心，缅北铁路的终点，公路四通八达，城西、城北都有飞机场。密支那东与我国滇西重镇腾冲仅一山之隔，行人和马帮交通往来频繁；西连孟拱、英多，北至孙布拉蚌、葡萄，南达八莫、南坎，均有公路相通。伊洛瓦底江绕过密城东南西三面向南流去，江面宽1~2里，水流平缓，便于航行。密支那是一座水、陆、空俱备的交通枢纽城市，因而也是缅北的战略要地。密城四周崇山环绕，但市区西北面是略有起伏的开阔地带，耕地和低矮丛林相间，很少遮蔽。我军如能尽早攻占密支那，即可加快打通中印公路的进程，早日恢复我国的国际交通线，使美援物资能源源不断地大量运入国内，增强我军的反攻能力。密支那又是中印航空的中继站，控制密支那即能大大提高空运能力，还可接通输油管向国内输油。史迪威加快收复密支那的计划，虽遭到蒙巴顿的反对，却得到美国参谋长联席会议的坚决支持。

日军大本营为了保住其西线防卫圈缅甸，力图打破中、美、英联军反攻缅甸的全盘计划，遂决定孤注一掷，采取以攻为守的战略，集中3个师团的兵力，于1944年3月8日悍然发动了大规模进攻印度英帕尔地区的战争（日军代号为"乌号作战"）。日军由缅甸西北部全线突破亲敦江和缅印边界，攻入印度境内，于4月上旬攻占科希马，包围了英帕尔，印度和

① 中华民国史资料丛稿：日本防卫厅防卫研究所战史室著《缅甸作战》（下），中华书局1980年版，第41页。

英国都大为震惊。蒙巴顿紧急向中国求援，史迪威于3月27日飞往重庆，请求蒋介石火速向印度增兵，并命滇西远征军发动进攻，以解英军之危。蒋介石立即命第14师和第50师空运印度，该两师于4月初到达了印度阿萨姆邦东部雷多一带集结待命；同时下令中国远征军于5月上、中旬向怒江以西发动全线进攻。史迪威乃于1944年4月21日作出大胆的决策：在全力进行孟拱河谷反攻战的同时，组成中美联合兵团远程奔袭密支那。具体部署是：以廖耀湘所部新22师进攻加迈，以孙立人所部新38师迂回袭占孟拱，以梅里尔准将率领中美联合突击兵团超越孟拱河谷奇袭密支那，三路大军同时进发。中美联合突击兵团由三个支队组成：H支队由美军亨特上校指挥，辖第50师第150团、美军第5307团（加拉哈德部队）第1营、兽力辎重团第3连、山炮一连；K支队由美军金尼逊上校指挥，辖新38师第88团、美军第5307团第3营；M支队由美军麦吉上校指挥，辖美军第5307团第2营、克钦突击队约600人。我军的远程长途迂回突击密支那的行动，完全出乎敌人的意料之外，各支队分别于4月28日至30日由孟关南下，穿越孟拱河谷东面的克蒙山区的莽莽森林，披荆斩棘，伐木开道前进，补给全部依靠空投，行动全靠无线电联系。K支队行进到雷班时遇伏，经我军第88团奋力反击，全歼守敌，继续前进。5月12日，美军一营在钦克尔坎受困，我第88团又及时赴援，将敌击溃。各支队得以兼程前进。5月16日晚，H支队美军第1营到达密支那西部巴马提，控制了伊洛瓦底江渡口，我军第150团同时到达密支那西机场以南的南圭河，切断了密支那至孟拱的公路。5月17日凌晨，我第150团对西机场发起突然袭击，敌人完全出乎意料，敌机场守备队尚在睡梦中，被我军一举将其大部消灭，残敌仓皇溃逃去火车站及市区，我军顺利攻占西机场，经迅速肃清残敌和清扫机场跑道后，下午3点半，我满载增援部队和机场物资的飞机开始陆续着陆。接着，我军第89团、第42团、炮兵部队等，相继于5月18日、19日空运到密支那。5月18日上午，史迪威带着一群记者飞到密支那，“盟军奇袭占领密支那”的新闻迅速传遍全球。

可是，极为遗憾的是由于中美联合突击兵团的指挥官梅里尔指挥失当，缺乏周密的计划与组织，兵力分散，没有乘敌不备一举攻占密支那全城，反而让敌人得以增调兵力进行反扑，致使我军本来可以一举攻克的密支那，竟围攻了80多天，付出了伤亡近6 000人的惨重代价，至8月5日才得以完全占领。

5月17日，我军H支队第150团占领密支那西郊跑马地机场后，M支队已占领密支那北郊的锡塔普尔，K支队于18日晨占领密支那东北的遮巴德，第89团也已全部到达。19日，我军增援部队第42团和炮兵部队到达，我军实力大为增强。当时盘踞在密支那的敌军，仅只有其第18师团第114联队一部和工兵队、宪兵队、兵站监护队、机场守备队等共3 000余人，各种火炮20多门；由于第18师团在户拱河谷一再败退，敌军士气已很低落。对比之下，我军已占绝对优势，战场形势对我军夺取密支那十分有利。可是5月17日下午，我军增援部队空运到跑马地机场后，梅里尔匆忙命第150团以两个营进攻火车站，当我军攻至火车站北侧时，突然遭到敌军的猛烈炮火和机枪侧击，我军攻势受挫，后方联络被敌截断，激战通宵，多次打退敌人的反扑，可是部队携带的粮弹将尽，补给中断，处境危急。但两营官兵仍异常勇猛，在第二天早晨冲进了火车站，毙敌100余人。我军亦伤亡惨重，阵亡营长一人、官兵数十人，又得不到接济和炮火及空中支援，敌人乘机反扑，火车站反复易手，形成拉锯战，我军伤亡大增，先后死伤670余人，且粮弹皆尽，被迫突出重围，退守机场。

我军在密支那火车站争夺战中失利，是梅里尔指挥错误造成的，但他却把责任推到第150团团长黄春城身上，要求史迪威将其撤职遣送回国，这引起我军官兵的强烈反对和抵制。史迪威为平息众怒，于5月23日偕新1军军长郑洞国、新30师师长胡素、第50师师长潘裕昆、参谋长柏特诺等人飞到密支那西机场，宣布撤销梅里尔准将的中美联合突击兵团司令职务，送回雷多；各师由师长自行指挥；设立密支那指挥部，命柏特诺代表他指挥作战。经史迪威的处理，中、美军官间的对立情绪得以缓和。可是柏特诺比梅里尔更无能，无实战经验，缺乏指挥大兵团作战的能力。他在敌情不明，地形不熟，没有协调好我军各部战力和陆、空配合的情况下，命各部于5月25日又发起进攻，经4天的拼命攻击，却毫无进展，在敌人的猛烈炮火面前，被迫转为守势，采取掘壕据守的办法，待弄清敌情地形之后再伺机发动进攻。柏特诺却误认为中国军队“怠战”，强令各军轻率冒进，使我军遭到了更大的伤亡，仍无进展。

我军各部认真研究战场形势后，建议改取坑道战术，并用小部队钻隙迂回，打破敌人的火网体系，先夺取其侧防火力点，再摧毁其观测指挥堡垒，分块围攻，破其一点，逐步推进。利用我军的空中优势，加强空军的轰炸，并加强步炮协同。对要夺取的目标，先由飞机施以“地毯”式轰炸，再由炮兵集中射击，彻底摧毁敌之防御工事，最后由步兵冲锋部队突入敌阵，肃清残敌。密支那城区，就是由我军这样一块一块地攻占下来的，至1944年8月5日，我军最后攻占了密支那全城。

日军认为“密支那是缅甸北部要冲”，“对日军来说，确保密支那周围，无论对云南作战还是胡康谷地作战均至关重要”①。因而决心尽一切力量死守密支那。但当时日军守备密支那的仅是一个不完整的114联队，兵力非常薄弱。敌第33军为挽救密支那，决定调第53师团从背后攻击密支那，但当时在孟拱河谷的敌第18师团正面临最后覆灭的困境，形势更加危急，第53师团又被迫转往孟拱河谷方面。此时，我远征军已在怒江西岸发起全线反攻，迫使在中缅边境一线的日军，完全处于首尾无法相顾的狼狈境地，兵力十分有限的日军，东突西窜，疲于奔命。敌第33军司令部，又被迫抽调其第56师团步兵团长水上源藏少将率领一个步兵大队及山炮二门，驰援密支那。水上于6月下旬钻隙突进密支那后，使守城日军增到3 000多人。水上被命令“死守密支那”，他被迫在孤城内作了一个多月的疯狂挣扎。据其自称：“被击毙2 779人，伤1 180人，被俘187人。”水上源藏下令将重伤员全部抛入伊洛瓦底江中，任其葬身江水，或被俘、被击毙，无一生还；仅剩下残兵约800人，由丸山联队长率领于8月2日至3日夜间由密城东部逃亡到伊洛瓦底江东岸，经一个多月的山间跋涉，于9月15日逃到八莫。水上源藏则在其残部逃遁时，自感穷途末路而举枪自杀。

攻克密支那的战斗胜利结束，我军反攻缅甸北部的主要战役即告一段落。我军夺取密支那，使中印公路迅速延伸，中印输油管穿过户拱河谷，于9月29日通到密支那；我军取得了中印航线上的密支那中继站后，使空

① 中华民国史资料丛稿：日本防卫厅防卫研究所战史室著《缅甸作战》（下），中华书局1980年版，第50－51页。

运量大增，由5月的13 686吨，上升到6月的18 235吨，7月的25 454吨。我军在密支那取得的胜利，是联军反攻缅北战役中的一大关键性的胜利，为联军收复缅甸奠定了胜利前进的基础。

攻克八莫、南坎、腊戌，中国驻印军和远征军胜利会师　我军于6月底和8月初先后攻克孟拱、密支那时，正值缅北雨季的高峰期，不便于战斗行动。我驻印军即在孟拱、密支那地区休整，重新组编部队。新38师和新30师编为新编第1军，孙立人就任军长；新22师、第14师、第50师编为新编第6军，廖耀湘升任军长。原新1军军长郑洞国就任驻印军副总指挥。史迪威与蒋介石的矛盾尖锐化，罗斯福总统被迫接受蒋介石的要求，将史迪威调回美国，由魏德迈接任中国战区参谋长、驻华美军司令，索尔登上将接任中国驻印军总指挥、印缅战区美军司令。

中国驻印军经过休整和扩编后，于1944年10月中旬开始发起反攻缅甸的第二阶段战役，南下攻取八莫、南坎、腊戌等地。根据部署，新1军由密支那南下直攻八莫；新6军由孟拱南下，从西南切断八莫、南坎日军的后方。此时，日军在我国正面战场上的湖南、广西发动攻势，连陷衡阳、桂林、柳州等地，蒋介石慌忙将新6军的新22师与第14师空运回国，此后，进攻八莫、南坎的战斗，即由新1军的新38师、新30师和新6军的第50师进行（此后第50师即编入新1军建制）。

日军在密支那惨败后，仍纠集在缅北的残存兵力，力图阻止中国驻印军和远征军南下会师。敌将其第18师团残部由英多调至南坎，将其第2师团主力于8月28日调至芒市，把我远征军作为抗击的主要目标，并以其第2师团骑兵联队及步、炮兵各1个大队，战车10辆，山炮12门，共3 000余人，固守八莫，以阻滞我军南进。

我新1军新38师向南进军后，于10月底肃清了八莫以北的太平江沿岸之敌，11月初，进至不兰丹、新龙卡巴一线，向曼西、八莫迂回。11月4日攻占沙王加荡，切断了八莫之敌的后方交通，进围八莫。由于八莫已在我军新38师包围之中，新30师即绕道南下，直攻南坎。11月30日，日军以第18师团第55联队步兵4个大队、附炮兵1个大队，由南坎北上，救援八莫。12月9日，与我南下的新30师主力相遇于八莫至南坎途中，激战三日，敌军被击散后，分股钻隙窜扰，与我军混战，至12月14日方被我新30师肃清。敌第55联队被我军歼灭大半之后，其残部于12月16日逃回了南坎。

困守八莫的日军第2师团骑兵实际是步兵联队，西面依托伊洛瓦底江，沿北、东、南三面在市区构筑纵深阵地固守。敌在其坚固工事内，以重机枪为主，辅以战防炮，配置成近距离隐蔽的交叉侧防火网。我军新38师的进攻，是拔除一个一个的据点后方能前进，每天先用空军轰炸和炮兵射击，摧毁其据点，然后步兵在坦克配合下加以占领。我新38师对八莫之敌围攻了一个多月，至12月15日才将八莫完全占领。守敌最后突围南逃，60余人逃脱，其守备队长原好三大校以下悉数就歼。

我军攻克八莫后迅速南下，正面以新30师一路追击日军，扫荡残敌前进。新38师分为两翼向南推进：以第112团为左翼，越过云南瑞丽西南端的雷允追击，向南坎东南侧迂回，切断敌后交通，于12月27日攻占雷允机场，控制了南坎谷地。新38师主力从八莫起作为右翼向南挺进。新30师一直扫荡前进，于12月25日攻占南开。1945年1月5日，我军调整部署，以新30师一部在正面公路进攻，抑留敌军；师主力附第114团越过古当山脉向西朗以南迂回，渡瑞丽江插入南坎西南；以第90团渡江由东北包围南坎。1945年1月15日，我军从南北两面发动总攻击，一举攻克南坎，全歼守敌。

由南坎东北行至畹町，是中印公路（南线）的末段。滇缅公路在畹町以南约20公里处与中印公路交会，南行约170公里至腊戍。在畹町至南坎的中印公路和畹町至腊戍的滇缅公路之间有一夹角地带，在战术上，应该在我军攻占南坎后，立即向东越过距离不长的夹角地带，截断正由畹町向南逃往腊戍的日军退路。英国方面惧怕中国军队向南推进深入缅甸，沿南坎东边山脊划了一条战斗地境线，不准我驻印军越过该线南进，美军总指挥即命我新1军向东北转进，去畹町和南下的中国远征军会师。命战场上仅有的一个美军步兵旅向东南进入滇缅公路，该美军步兵旅不敢截击日军，让由云南败退的日军第56师团、第2师团和第49师团残部从容向南撤退，放走了敌人。

我新1军为打通中印公路，在由南坎向畹町进军途中，命新38师进攻南坎东北的芒友。新38师于1月21日攻占芒友外围据点苗因、闹阳、曼伟因等处，经多次激战，击溃敌人的反扑，于23日攻克巴丹山。新38师另一部于1月22日到达瑞丽江南岸的木姐，与由畹町南下的远征军第53军第116师一部取得联系。新38师于1月27日攻占芒友，全歼芒友守敌2 000余人，打通了中印公路。1945年1月28日，中国驻印军和中国远征军在芒友举行了隆重的会师典礼，中、美两军将领卫立煌、索尔登、郑洞国、孙立人等人参加了这 历史性盛会。

我驻印军在攻克南坎、芒友等地后，继续南下追击残敌。1945年2月11日，新1军命新38师附第112团沿滇缅公路南下进攻腊戍。该师于2月14日攻克贵街，2月19日攻克新维，打开了进入腊戍的大门。敌第56师团以其搜索联队和第148联队沿途阻止我军南下，以其师团主力及战车、炮兵等部扼守腊戍地区，作最后挣扎。2月23日，孙立人军长命新38师主力正面南下，命新30师和第112团沿公路东西两侧向南迂回，包围腊戍，各部先后击破腊戍外围敌军据点后，于3月6日攻占腊戍老城区，3月7日攻占腊戍飞机场、火车站等要地，于3月8日完全收复腊戍，歼敌近万人。

我军第50师在新38师和新30师西侧南下，于2月23日攻克南图，3月16日攻克西保（细胞），与新1军主力会师。孙立人命新30师向东攻占猛岩，第50师向西攻占乔梅（皎脉）。3月30日，英军第36师由孟尤南下，与我军第50师会师于乔梅。中国驻印军至此胜利完成了反攻缅甸的作战任务，在腊戍、西保一带进行了休整，于1945年5月至7月陆续空运回国。

（二）中国远征军从滇西发动大反攻

1944年4月，中国驻印军反攻缅北的军事行动取得了重大进展，在攻克户拱河谷后，4月5日正式展开了对孟拱河谷的攻势，与此同时，中美联合突击兵团开始向密支那实行绕道远程突袭。日军为挽回在缅北战场的失败，决心孤注一掷，于3月8日悍然以3个师团的兵力发动了大规模的英帕尔战役，妄图以攻击中美英联军的印缅战场后方基地，扭转它在缅北战场极为不利的形势。4月上旬，日军攻占了科希马，包围了英帕尔，英军主力第14集团军处于危急之中，整个印缅战场面临危险。

为缓和日军对印度的进攻和扩展我军在缅北战场的胜利攻势，都需要中国远征军从云南发动进攻。为此，美国总统罗斯福于3月17日致电蒋介石，要求蒋介石尽速增强印度方面的中国兵力和发动滇西反攻。3月下旬，史迪威为此飞往重庆，敦促蒋立即行动。蒋介石不愿抽调兵力，最后只得将第50师和第14师空运到印度东北，以增强印缅战场的兵力，但拒绝由云南发动全面反攻。蒋介石在3月27日给罗斯福的复电中声称，他顾忌到因抽调大陆兵力而导致国内革命和“赤化”等政治危险，在中国战场得到加强之前，尚不能自云南发动攻势。4月5日，罗斯福再电蒋介石指出，美国花大力气装备云南的军队（远征军），就是为反攻缅甸，否则，毫无意义。4月10日，美国陆军参谋长马歇尔正式提出，如果中国军队再不从云南发动反攻，将立即停止提供美援物资。蒋介石在美国的压力下，4月14日，中国军政部长兼参谋总长何应钦才签发了“怒江攻势命令”。

中国远征军司令长官部在接到反攻命令后，投入两个集团军共5个军参战。确定了进攻方案：以腾冲为首要目标，以第20集团军第53军、第54军为攻击军，分为两个梯队出击，第54军由东北面攻击固东街方面，第53军从东面攻击江苴街一线；然后两军一起攻略腾冲。以第11集团军的第2军、第6军、第71军为防守军团，防守怒江东岸一线，但为策应第20集团军的进攻作战，第11集团军抽出部分兵力，首先对敌进行牵制性进攻。至5月10日，远征军各部均已进至怒江东岸各地，作战役展开：担任先头部队的第20集团军第54军作为第一梯队，在保山北部的怒江渡口栗柴坝和双虹桥附近集结，军部进至瓦房街；第53军作为第二梯队，进至瓦窑以西的老营街、汶上一线；集团军总司令部进驻瓦窑。担任防守任务的第11集团军总司令部进至保山板桥，所属第2军集结于七道河、户板附近，第6军和第71军等部在保山以南的怒江东岸各地展开。远征军司令长官部由楚雄移至保山马王屯。蒋介石曾于4月下旬致电远征军长官卫立煌、第11集团军总司令宋希濂、第20集团军总司令霍揆彰等进行鼓励与督促。英、美盟军对中国远征军决定发动总反攻十分高兴，英国首相丘吉尔曾致电蒋介石表示“无任欣慰”，并“伫候其进展之佳音”。

日军盘踞在怒江西岸虽已近两年，但在我军的威慑之下一直处于惶恐之中。进入1944年春，敌缅甸方面军及其第56师团等部根据收集到的我军调动及新部署等情报，预料中国远征军将在近期发动大反攻，于是竭力加强其防御工事、整修道路、屯聚粮食弹药等等，力图阻挡我军的反攻。为此，敌人将其兵力作了重新部署：敌第 56 师团步兵团长水上源藏少将指挥第 148 联队（联队长藏重康美大校）主力，由腾冲县城北移，据守高黎贡山各要隘；松井秀治大校指挥第 113 联队主力，增强腊勐、松山、龙陵、芒市等滇缅公路沿线；金冈宗四郎大校指挥的第 146 联队，其主力置于畹町，以一个大队固守平戛；第 56 师团的工兵联队和炮兵联队驻龙陵，搜索联队据守滚弄。另调第 2 师团第 29 联队第 1 大队和第 53 师团搜索联队驻芒市作为预备队；命第 18 师团第 114 联队据守片马、拖角一带。但由于其第 18 师团在缅北处境危急，为增援第 18 师团和遭围困的密支那，到我军于 5 月发动大反攻前，敌第 56 师团据守在各要点上的兵力实际只有 6 个半步兵营的基干主力。

中国远征军强渡怒江　我军向腾冲、龙陵、腊勐、松山等目标进攻，首先要渡过怒江。怒江江面宽仅 100～200 米，但江水特别湍急，平时要渡过怒江已十分不易，在敌军据守之下横渡怒江就更加特别艰险了！

1944 年 5 月 11 日晚，在夜色掩护下，我远征军首批渡江进攻的两万多名勇士，在怒江北起栗柴坝渡口、南至三江口渡口的 150 多公里的 12 个渡口开始大规模强渡怒江的行动。担任策应攻击的第 11 集团军，首先在惠人桥、蚌董渡和七道河等渡口渡过了怒江，我第 6 军新编第 39 师的加强团，接着就在惠人桥附近和敌第 113 联队发生激战，我军不断将敌击退，直推进到距腾冲 30 多公里的红木树据点。我军第 2 军第 76 师和第 71 军第 88 师的加强团从三江口渡过怒江，击退敌第 146 联队一个大队，占领了马鹿塘、青木岭等阵地；第 76 师的加强团直攻入平戛。在激战中，双方损失均极惨重，敌以驮马百余匹各载尸两具，向西北逃窜，途中血迹满路，长达 5 公里。

我军的攻击兵力第 20 集团军第 54 军的第 198 师作为右翼军，于 5 月 12 日从栗柴坝渡过怒江，直攻灰坡、马面关、北斋公房，指向桥头。敌第 148 联队在高黎贡山顶的北斋公房凭险死守，使战斗形成僵持局面。左翼军第 36 师于 5 月 12 日由双虹桥渡过怒江，经冷水沟向江苴、瓦甸推进。第 53 军第 130 师和第 116 师于 5 月 12 日从大沙坝强渡怒江，在立足未稳时，即遭敌第148联队的激烈反击，第53军冒着敌人的猛烈炮火，奋勇向敌重要据点大塘子攻击。大塘子位于海拔2 600米高的高黎贡山腹地，是保山至腾冲的必经要道，东距双虹桥约7公里，西南至腾冲50多公里，四面高山环抱，地形极为险要，敌军在此构筑了永久性工事，以近一个联队的兵力固守。我第53军集中主要兵力，对敌大塘子阵地集中攻击，经反复血战，至5月24日，终于攻克大塘子要隘。

在中国远征军发起怒江攻势的同时，中美联军发起了围攻密支那的战役。重庆军委会鉴于敌人已在滇西和缅北战场腹背受敌，穷于应付，已没有较大的兵力增援其前线部队，于是决定将原留在怒江东岸的防守兵团——第11集团军全部投入进攻。5月22日，远征军长官司令部命远征军全部渡过怒江，投入总反攻。第20集团军的攻击目标仍为腾冲，第11集团军向龙陵、芒市攻击；仅对怒江下游之镇康、耿马、孟定和滚弄一带，由第2军第33师和第9师一部作防守配备。

5月11日至25日，中国远征军强渡怒江，攻上高黎贡山，完成了渡江作战的第一阶段。在渡江及仰攻高黎贡山的作战中，远征军官兵以大无畏的英雄气概，顽强奋战，不怕牺牲。美军对我军渡江作战给予了重大支援，我军主要是靠美军的橡皮艇渡过怒江的，美军第14航空队对敌军据点进行了轰炸，并对我军空投物资支援。中国远征军大规模强渡怒江作战，是中国抗战以来第一次大举反攻。美国陆军部长史汀生称："中国军队渡怒江出击，是东南亚过去一周内盟军作战的重要新闻。"中国远征军强渡怒江和中美联军5月17日三路进攻密支那，不仅在缅甸争夺战中具有重要地位，而且在整个远东战史上也是特别辉煌的篇章。

光复腾冲 腾冲是中国西南边境上的一座古城，约在两千年前即已是西南丝绸之路上的贸易集镇，近代西方殖民者侵入后，腾冲成为中英滇缅贸易的商业中心。腾冲东面背靠保山（永昌），西南连接八莫、曼德勒，西通密支那，在二战期间是中印陆上交通的必经之地，因此，战略地位非常重要。腾冲城战前人口约5万人，城墙周长约4公里，高7米，宽4米，城垣十分坚固。腾冲城被来凤山（南）、宝凤山（西）、高良山（北）、飞凤山（东）四面包围，以来凤山距城最近（约1公里），为敌据守腾冲城的险要制高点。日军侵占腾冲后，以县城为固守中心，基干兵力向东北面高黎贡山各重要隘口分点据守。我军右翼第20集团军以攻取腾冲为目标，渡过怒江后即一路仰攻高黎贡山而上，对敌军固守的高黎贡山中各据点进行争夺。

第53军第116师于6月10日攻克南斋公房，第130师攻占赵家寨、杨家坡、新街等据点；第54军第198师将攻克的桥头、马面关交预备第2师接防，集中全力围攻北斋公房。6月9日，敌第56师团集中主力反扑，突破了桥头、马面关阵地，与困守北斋公房的残敌取得联系。6月14日，我军第198师、第36师和预备第2师合力攻克北斋公房，16日，再克马面关、桥头，残敌由瓦甸、明光向腾冲城溃退。我军乘胜追击，预2师克明光、固东，第36师于6月20日克瓦甸。第53军攻克江苴街之后，即分兵四路向腾冲城进攻。6月中旬，敌第148联队宫原大队（第3大队）自腾冲驰援龙陵，我军第116师和第130师由龙川江南下至孟连街一线，截断了腾冲与龙陵之间的公路交通线，对腾冲形成包围态势。

7月23日，我军对腾冲城之敌发起第一次总攻击，26日，发动第二次总攻击，在空军和炮兵配合下，以一天5 000发炮弹的威力向敌主要阵地来凤山轰击，敌人大部被消灭，残敌向城内溃退，但来凤山北面的敌堡垒十分坚固，守垒之敌坚守不退，我军步兵使用当时的新式武器——火焰喷射器将敌30余名烧死后，于27日攻占来凤山全部阵地，肃清城外廓各高地之敌。敌人龟缩到城内，凭借坚固城墙，作困兽之斗。敌军盘踞腾冲两年，在城内修建重点堡垒30余座，各街巷堡垒星罗棋布，战壕四通八达，把整个腾冲城变成了一座庞大的堡垒。

8月2日，我军第36师开始在城西南发动进攻，将城墙炸开一个缺口。8月3日开始突入城内。8月5日，美军飞机集中轰炸四周城墙，炸开13处缺口。8月14日，美军飞机轰炸东门敌守备队本部，敌第148联队长藏重康美大校被炸死，由太田正人大尉代行指挥。经几次反复争夺战，我军消灭了城西南一片的敌军。8月17日，我军从城西南及南门等处城墙缺口大举攻城，预备第2师、第36师、第198师、第116师等各部主力先后突入城内，对敌展开巷战。敌人室室设防，寸土必争，巷战空前惨烈，我军每天伤亡均400～500人。8月24日，我军攻占西门阵地，9月1日，攻占东南角阵地，并先后攻克城内武侯寺、城隍庙、文星楼、县政府、秀峰山等阵地，至9月9日，敌残兵被我军压缩到城东北角一隅。此时，蒋介石下达训令：“腾冲必须在9月18日国耻纪念日之前夺回。”攻城部队加强攻势。9月12日夜，敌指挥官太田大尉见其行将最后毁灭，向军司令官、师团长发出临死前的哀鸣诀别电，并烧毁军旗、密码本，破坏无线电报机。9月13日，太田指挥残余兵力进行了最后挣扎，残敌50余人乘深夜大雨之际向东门外偷逃，被我军全部消灭。9月14日上午10时，我军肃清城内零星残敌，腾冲全城光复。

我军胜利光复腾冲，表现了中国军队是勇敢善战的伟大军队，他们为中华民族的解放事业立下了不朽的功勋。我军第20集团军在收复腾冲的战斗中，取得了辉煌的战果。据第20集团军的战报称：“历大小战役40余次，共生俘敌军官4员，士兵60余名，营妓18名；毙敌少将指挥官及藏重大佐（校）联队长以下军官100余员，士兵6 000余名；掳获山炮7门、步兵炮6门、迫击炮10门、重机枪19挺、轻机枪47挺、步骑枪1 000余支、汽车10余辆，有、无线电报机25部及其他军需品无数。我亦伤亡官佐1 334员，士兵17 275名。”① 我军亦付出巨大代价，共伤亡官兵18 200多人，其中阵亡官兵8 600多人②。

腾冲人民痛悼为腾冲光复而英勇阵亡的将士们，1945年7月7日在城南来凤山下、叠水河畔建成“国殇墓园”。阵亡官兵八千多英灵长眠于园内，蒋介石、于右任、何应钦、卫立煌、李根源等人都撰写了匾额和楹联。墓园距腾冲城约1公里，占地约80多亩。国殇墓园是记载抗日阵亡将士伟大功绩的一座丰碑，也是云南人民对抗日阵亡将士留下的永久纪念。

腾冲人民对远征军第20集团军收复腾冲的作战，以最大的热情给予了最大的支援。在保山至腾冲的怒江两岸和高黎贡山山区，全是崇山峻岭，道路崎岖，部队所需的弹药和粮食给养，主要依靠人力挑运。腾冲县先后出动民夫约5万人，为部队做向导、挑运、侦察、救护和修筑工事、抢修飞机场和腾龙公路等，在支前行动中牺牲民夫1 300余人。据第11集

① 第20集团军战报：《第二十集团军总司令部代电参字第四七六〇号》，中华民国三十三年（1944年）11月4日。

② 彭文位、马有樊编：《碧血千秋——腾冲国殇墓园资料汇编》，云南教育出版社2004年版，第6页。

团军总司令宋希濂回忆：先后参加作战官兵达 16 万人，所需的粮食绝大部分是滇西老百姓拿出来的；投入运输任务的老百姓至少有 20 万～30 万人。他认为远征军反攻取得胜利的原因：第一是滇西人民的支援。第二是官兵的坚强斗志，在进攻时，虽然“伤亡累累，但是官兵前仆后继，奋勇直前，决不退缩”。第三是同盟国的协力，是美国用武器物资装备了远征军①。远征军司令长官卫立煌对腾冲人士组成的慰劳团说：反攻腾冲之所以能够取得胜利，半由于将士用命，力摧强寇；半由于群众大力支援之功。

腾冲的光复，对于摧毁滇西敌军，策应缅北反攻和配合中国驻印军和美英盟军打通中印陆上交通线都具有重大意义。

攻克松山　松山位于保山与龙陵之间的怒江西岸，滇缅公路由惠通桥西上经腊勐、松山而至龙陵，东距惠通桥 24 公里，西至龙陵 54 公里，海拔 2 260 米，是滇缅公路的咽喉孔道。松山是高黎贡山余脉，包括大小松山、阴登山、大垭口、滚龙坡、长岭岗等，面积约 25 平方公里，其地山峦棋布，丘陵起伏，山高林密，高差很大，异常险峻；松山主峰与惠通桥怒江边的直线距离仅约 6 公里，沿公路而上即 20 余公里。日军于 1942 年 5 月占领怒江西岸后，以其精锐部队第 56 师团第 113 联队驻守，兵力约 3 000 人，配有重武器等较完备的装备；日军用一个工兵连并强抓大量民夫，经一年的修筑，把整个松山建成为永久性的坚固堡垒群，其主阵地由松山主峰和滚龙坡、大垭口、长岭岗四个可以独立作战又互为犄角的坚固据点组成，以松山顶峰为主阵地。每个据点依地形在制高点上构筑 1～2 个主堡，两侧构筑若干子堡，在阵地前构筑侧射和伏射小堡，用加盖的交通壕连接。敌整个工事的特点是：深入地下，隐蔽而且坚固，地面和空中均不易发现。守敌狂言：中国军队不死 10 万人，休想夺取松山。

敌人在怒江西岸广大地区以松山和龙陵、腾冲构成鼎立三角据点，敌人只要保住松山，我军即不能打通滇缅公路而攻克龙陵，龙陵不克，敌军即有条件增援腾冲和松山。中国远征军第 11 集团军根据长官部 5 月 22 日的命令，在渡过怒江后，攻击龙陵之敌的同时，以第 71 军进攻松山之敌。

① 《鹰犬将军——宋希濂自述》，中国文史出版社 1986 年版，第 181－183 页。

6 月 2 日，我军在怒江东岸开始用重炮轰击松山，6 月 4 日，第 71 军第 28 师主力开始向松山发起攻击，5 日占领腊勐及竹子坡，同时以一部沿腊勐南面迂回，切断了松山与龙陵之间的滇缅公路。从此之后，松山守敌即成为孤军据点，断绝了和敌师团主力的地面联系。松山之敌被四面围困后，孤立无援，只能依靠无线电联系。敌第 56 师团在三个月中多次力图打破我军的包围去营救松山守敌，但其企图始终没有得逞。我军第 28 师于 6 月 17 日攻占阴登山敌阵地。此后，由于敌人顽抗和敌堡特别坚固，虽重炮连续命中亦未攻破，加以气候恶劣等原因，第 71 军主力已伤亡 1 600 多人仍无法取得有效进展。远征军长官部乃命总预备队第 8 军替换第 71 军，再攻松山守敌。

7 月 4 日，远征军对松山发起第二次攻势，第 8 军在空军和炮兵配合下，取得了一定进展，摧毁了敌人的部分阵地工事，使敌伤亡剧增。至 8 月底，远征军虽多次强攻，但仍不能攻破敌人的主阵地。远征军首脑卫立煌、宋希濂、第 8 军军长何绍周和美军联络官窦恩准将等视察了战场，攻坚推进。在久攻不下之时，卫立煌传达了蒋介石的命令，限 9 月上旬内收复松山，否则军法从事。在这种情况下，军、师将领召开紧急会议，经研究后重新部署，决定利用山势陡峻的特点，在敌主堡下面掘壕前进，最后用地下爆破以摧毁敌堡。决定以第 103 师师长熊绶春为左地区攻击指挥官，指挥第 103 师及荣誉第 11 师第 3 团等部，攻取滚龙坡、大垭口、长岭岗等敌阵地；以第 82 师副师长王景渊为右地区指挥官，指挥第 82 师第 246 团及军部工兵营等部攻取松山主峰。从 9 月 1 日起，由第 246 团每天昼夜不停地在松山顶峰四周袭扰敌人，掩护工兵营掘壕作业；工兵营在松山主峰敌阵地下约 30 米处进行掘壕作业，掘进两条地道，构成两个炸药室，填装约 10 吨 TNT 炸药①。9 月 8 日晨，军长下令起爆，一声巨响，整

① 关于爆破松山日军堡垒使用炸药的数量，说法有多种。一是 3 吨说，见黄杰《滇缅作战回忆录》，转见《中国远征军入缅抗战纪实》第 366 页（西南师范大学出版社 1990 年版），黄杰时任第 11 集团军副总司令兼第 6 军军长。二是 6 吨说，见陈一匡《松山攻坚战》，载《远征印缅抗战》第 410 页（中国文史出版社 1990 年版），陈一匡是松山战役参加者，时任第 8 军第 103 师第 307 团副团长。三是 10 吨说，见王景渊《血战松山》，载《远征印缅抗战》，第 397 页。今从第三说。

个松山顶峰被炸翻，日寇第 113 联队的残兵全部覆灭，无一幸存，至此松山战斗结束。其后，日本的广播声称：腊勐（松山）守备队全员“玉碎”。

攻克松山，历时近百日，我军先后投入兵力达 6 万人。歼敌 3 000 余人，除少数逃逸外，悉数被歼；我军各攻击部队伤亡总数达 6 763 人，广大官兵表现出了不怕牺牲、前仆后继的英雄气概。

松山是我军向龙陵、芒市推进，打通滇缅公路的关键，松山既克，为收复龙陵、芒市、畹町等地创造了有利条件。

激战龙陵　龙陵在怒江以西滇缅公路线上，是腾（冲）龙（陵）公路与滇缅公路的交会点，因之龙陵县城扼滇缅公路的要冲，东距怒江惠通桥 78 公里，北距腾冲 100 公里，南至芒市 35 公里，是敌人在滇西、缅北的六大守备据点之一，其战略地位颇为重要。敌军占据龙陵后，在县城构筑了大量的永久性坚固堡垒网群，企图长期固守。

我军反攻龙陵，历经三次重大的反复鏖战。第一次对龙陵守敌的攻击战始于 6 月 5 日。我第 11 集团军第 71 军第 87 师、第 88 师向龙陵发起攻势，第 2 军第 76 师向平戛（现名平达）进攻，矛头直指敌第 56 师团部所在的芒市。6 月 10 日，我军先后攻克镇安街、黄草坝、放马桥、腾龙桥等地，截断了龙（陵）松（山）、龙（陵）芒（市）、龙（陵）腾（冲）等公路，并一度攻入县城，城内守敌 300 余人，固守三个据点待援。但此时我军给养补充不足，粮食弹药不济，无力一鼓作气攻下县城，城内敌军乘机发动反扑，6 月 16 日，我军第 87 师败退，宋希濂被迫下令后撤待援，使反攻龙陵之战陷入僵局。

敌第 56 师团从腾冲抽调 2 000 人，从芒市抽调 1 000 人，增援龙陵。6 月 18 日至 26 日，敌我两军在黄草坝、空树皮、香菇岭一带激战，形势险恶。正在此时，我军第 8 军荣誉第 1 师和新编第 39 师赶到战场增援才稳定了阵势，并转入攻势。至 7 月 13 日，我军重新攻占龙陵城外的勐连坡、红土坡、山神庙等要点。时值雨季，大雨如注，我军运动十分困难，直至 7 月 25 日，才攻至龙陵城郊，夺取了县城四周的一些主要据点。

8 月 14 日，我军发起对龙陵的第二次攻势。当天，在空军 34 架飞机和炮兵的配合下，对龙陵进行了猛烈攻击，敌军荻尾勇少校在轰炸中毙命。与此同时，第 2 军夺取了芒市东南部的一些据点。在此次进攻中，龙陵县城东南的老东坡战事最为激烈，敌人用爆炸性、燃烧性和糜烂性的十多种近距离攻击武器向我军逆击，我新28师官兵十分顽强，前仆后继，勇猛攻击，经十多次冲锋和六天六夜血战，于8月19日将老东坡之敌消灭。我新28师为此付出了重大代价，约有800名官兵在战斗中伤亡。在被我军攻占的敌阵地里，敌人遗尸400多具。

日军缅甸方面军鉴于缅北和滇西的战事极其不利，决定调整部署：对缅北方面采取守势，对滇西方面采取攻势。敌第33军据此制定了“断作战”计划：“军要将主力集结于芒市周围，在龙陵方面击灭云南远征军主力之后，前出到怒江一线，在援救腊勐、腾冲守备队的同时，切断印中联络路线。”可见，日军是要截断中印陆上交通线，故称之为“断作战”。敌第33军司令部为此调其第2师团和第49师团的一部增援第56师团，第2师团长冈崎中将于8月26日到达芒市，其主力由南坎调至芒市，敌第33军命令于9月3日开始攻势作战，其军战斗指挥所由缅北新维转到芒市。

8月底至9月初，日军2 000余人由芒市出发，向龙陵之桐果园、张金山、南天门、双坡、锅底塘坡、三关坡等地进犯，经一周苦战，各据点又先后沦入敌手。远征军急调后援部队紧急增援龙陵。新编第9师奉命增援三关坡，打退敌军，稳定了战场形势。在大脑子坡、南厂方面，又遭到1 000余敌兵的进攻，两地相继失守。9月上旬，我第5军第200师从昆明来援，第54军第36师由腾冲南下龙陵，与荣誉第1师协同作战，经三昼夜血战，至9月14日，将敌人击溃，远征军各部乘胜追击，才将原有阵地一一夺回。

敌第33军在向我军大举反扑之际，腊勐、松山和腾冲两大战略要点被我军攻克，其“断作战”的目的也已无望。远征军的凌厉攻势，完全打乱了敌人的战略部署，敌第33军司令官本多政材中将可悲地叹道：“活到现在还没有尝到过如此悲痛的滋味!”他在无可奈何中含泪决定停止“断作战”，于9月14日，下令各部停止进攻，但要尽力营救其平戛残敌守备队。9月17日，敌第56师团残部1 000余人向平戛进攻，平戛残敌突围与其会合，于9月23日退回到芒市，我第2军进占平戛。

1944年9月，我远征军两个集团军的指挥官亦作了调整：第11集团军总司令宋希濂在指挥作战中是有功的，但因上报攻克龙陵有误，被解除了职务，由副总司令兼第6军军长黄杰代理总司令；撤销了第20集团军番号，第54军归第11集团军黄杰指挥，霍揆彰调任昆明警备区总司令①。

我远征军对龙陵守敌发动两次重大攻击后，敌军的战力已日益耗尽。我军重新调整部署，对敌人发动第三次打击。10月29日，我军各部步兵与炮兵、空军协同配合，向敌人发起第三次大进攻：我左翼军攻击芒市以北、龙芒公路以东，右翼军攻击龙陵县城以西。11月1日，我攻击部队向中央合拢，集中力量对敌争夺县城街巷。步兵在300门大炮和美国空军的配合下，一举攻占敌人在城中的核心据点观音寺。11月2日，占据了城西制高点。敌军残部在我军三面合围后，无力再战，于11月2日夜间偷偷向芒市溃逃而去。1944年11月3日晨，我军胜利进占龙陵县城。

第11集团军副总司令黄杰将军在评述龙陵战役时写道："自1944年6月5日至11月3日，为龙陵之战，此役我曾经过三次攻略，敌亦曾经过两次增援反攻，为全战役中时间最长、兵力最多、战斗最惨烈之会战，计敌人共死伤10 620员名，我军共死伤28 384员名，约1与2.7之比。"

我军收复龙陵，是远征军反攻战役中的第三大胜利。我军先后攻占松山、腾冲、龙陵之后，即为攻克芒市、遮放、畹町铺平了道路。此时，中国驻印军正在向八莫、南坎攻击前进，因此，打通中印公路和滇缅公路的前景已胜利在望。

收复芒市、遮放、畹町　芒市位于滇缅公路上，在芒市坝子的东北端，北距龙陵35公里，南距畹町88公里，敌人据为滇西的最大据点，是敌第56师团司令部驻地。遮放是芒市与畹町之间的一个集镇，地位重要。畹町原为中缅边境上的一个小村寨，因滇缅公路从这里进入缅甸，遂成为中国西南的国门关口，南面通向缅甸新维、腊戍，其西南是勐卯（今瑞丽），地理形势重要。日军在龙陵展开"断作战"时，即计划在龙陵失守后，以芒市和遮放、畹町为依托，对中国远征军进行持久战，为此，在芒市新构筑了大量坚固工事，拟长期固守。

中国远征军在攻克龙陵后，计划在芒市与敌军进行会战，对芒市守敌展开了步、炮、空协同的总攻击。第53军作为攻击军右翼，沿芒市坝子

① 赵荣声：《回忆卫立煌先生》，文史出版社1985年版，第295－296页。

西部远距离迂回，进至遮放坝子北端，切断了滇缅公路，以阻止敌军从南面增援；第 71 军由象滚塘，经芒市河前进，攻击敌军固守的三台山；第 2 军第 76 师作为左翼，向芒市坝子西南的勐戛攻击前进；第 6 军由龙陵出发，沿滇缅公路向芒市正面攻击前进，该军主力很快攻占了芒市附近的一些外围据点。此时，日军鉴于芒市已被三面围困，芒市本身又无险可守，被迫决定放弃芒市，乃于 11 月 19 日夜间全部撤出芒市，沿滇缅公路向遮放转移，远征军于 1944 年 11 月 20 日收复芒市。

敌军残部大部退往遮放后，企图在遮放阻击我军，但遮放是芒市河（龙川江支流）流过的一个狭长坝子，周围的高山已被中国远征军逐步控制，地形不利于敌军在此阻击远征军。敌人妄图以遮放东北面的三台山为屏障，阻滞远征军前进。三台山是遮放东北面的制高点，滇缅公路蜿蜒通过山岭，敌人在山上构筑了大量工事。我第 71 军在空军配合下，对三台山守敌发动猛烈攻击，迅速摧毁敌阵地，将敌残部驱至遮放。我第 2 军由勐戛向遮放进攻，于 1944 年 12 月 1 日进占遮放。

敌军被我军驱逐出芒市、遮放，麇集至畹町后，企图利用畹町的有利地形，与我军进行决战。畹町位于一系列山岳地带的南麓，其东北面的因腊山与正北面的大黑山、黑山门等形成畹町的北部天然屏障，以海拔 1 675 米的因腊山为主峰。这个地形，有利于敌军在畹町布下阵势，将中国远征军吸引到畹町北部山岳地带进行决战。中国远征军一路胜利南下，未能在芒市、遮放捕捉到敌军主力，也计划在畹町包围敌残部主力而加以歼灭。远征军以畹町四周的 10 多平方公里的山岳地带为攻击区域，将各主力重新部署：以第 53 军为右翼，沿龙川江（瑞丽江）而下，绕出畹町西南，截断滇缅公路；第 6 军为左翼，由东面经黑勐龙向畹町进击；以第 2 军为攻击畹町的主力军，沿滇缅公路由北向南推进，直攻畹町；第 71 军为总预备队。12 月 27 日，我军各部分别发起进攻，在空军和炮兵的配合与支持下，从西、北、东三面向畹町推进。于 1 月 3 日攻入畹町街、九谷（属缅甸），敌军即全线动摇。此时，中国驻印军由八莫南下，于 1945 年 1 月 15 日攻占南坎，敌人面临腹背受敌的困境，被迫从畹町突围南逃。我军于 1945 年 1 月 19 日收复畹町，把残敌最后逐出了中国西南国门之外，云南怒江以西沦陷了两年半的国土，至此完全光复。

1945 年 1 月 27 日，中国远征军与中国驻印军在缅境芒友会师，标志着滇西反攻战的完全胜利。滇西反攻战胜利的意义巨大，当时在昆明出版的《民主周刊》指出：全中国“收复失地，实滇省为最早”①。云南在全国最早将日寇驱逐出国土，为抗日正面战场树立了一面光辉的旗帜，极大地鼓舞了全国人民抗战到底的决心和抗战必胜的信心。

1944 年冬，重庆国民政府军事委员会为配合盟军作战，决定在滇西缅北战事结束后，将中国远征军司令长官部改组为中国陆军总司令部，负责西南各战区部队的统一指挥及整训工作。后来，中国陆军总司令部正式成立于昆明，由何应钦兼任总司令，卫立煌任副总司令。

滇西反攻战从 1944 年 5 月 11 日开始，至 1945 年 1 月 27 日胜利结束，历时 8 个月 16 天。此役摧毁敌军的主力部队第 56 师团，歼灭其绝大部分有生力量；同时，有力地打击了敌第 2 师团和第 53 师团，歼敌一部；计此役共毙伤及俘虏敌军 21 057 人。中国远征军在滇西反攻战中共投入 7 个军 14 个师共约 16 万人，在战斗中伤亡及失踪 67 463 人，与日军的伤亡比例为 3. 2∶1，足见中国远征军为祖国的抗日民族解放战争作出的巨大牺牲，是对国家、对中华民族的重大贡献！

滇西反攻战役之所以取得胜利，首先是远征军官兵为民族的解放和国家的独立而战，为世界人民反法西斯侵略而战，战争的正义性，使官兵们特别英勇顽强，斗志坚定，士气旺盛，在进攻中，虽然“伤亡累累，但官兵们前仆后继，奋勇直前，决不退缩”，这是取得胜利的首要原因。其次是滇西人民对侵略军同仇敌忾，全力支援我军打击侵略者，约有 30 万青壮年应征支援作战，他们为我军向导侦察，运送粮秣弹药，跋山涉水，风餐露宿，不畏艰苦，是反攻战取得胜利的另一重要原因。第三是同盟国的合作与支援，尤其是美国帮助训练和装备了中国驻印军和远征军，使我军战斗力迅速提高；在作战中，美国空军提供了有力的支援，这些对我军取得反攻战的胜利，都起了重要作用。

中国远征军入缅抗战，是第二次世界大战中反法西斯阵营的一个重大战略行动；中国远征军入缅抗战最后取得胜利，对于亚洲太平洋战场取得

① 《民主周刊》第 1 卷第 5 期（1945 年 1 月 13 日）。

胜利，其作用和意义都是十分重大的。对亚洲太平洋战场的主要战场——中国战场来说，中国远征军入缅作战，挡住了日军北犯和西进的势头，对稳定中国大陆正面战场起到了拱卫和屏障作用。国民党政府能够坚持和稳定在抗战中心重庆，同中国远征军在缅甸的浴血奋战是分不开的，特别是缅北、滇西反攻战有力地打击了日军，打通了中印公路，恢复了滇缅交通运输线，这就避免了国民党战场的崩溃；对于中国共产党领导下的敌后抗战也起到了呼应和支持作用。中国共产党亦强调指出："反攻缅北，收复缅甸，解放缅甸的战略要求，不仅是东方战略的要求，而且是世界战略的要求。"① 美国《纽约时报》指出："入缅之战，开创了大陆反攻的新阶段。"②

中国远征军入缅抗战，还具有重要的国际意义。当日本发动太平洋战争时，美、英任何一方都无力单独打败日本法西斯，因此参战各方都寄希望于中国战场的抗日作用。英国希望中国给予援助，在缅甸钳制住日军，阻止日军西进印度，以确保英联邦在远东的心脏——印度。对这一要求，由于中英合作，中国远征军入缅浴血奋战，完全实现了。对于美国，他"确信中国为共同作战之重要分子，并视中国战区为击败敌人最切要之步骤"。美国参谋部期望中国继续拖住百万以上的日本陆军，以防止美国进兵欧洲时，日本乘虚而入，夺取澳洲和整个太平洋；美国竭力主张打通印度、缅北和滇西的交通线，并把它作为经由中国大陆向日本展开大反攻的唯一途径。所以也应该肯定，中国军队在缅北的作战，卓有成效地实现了这些战略目标。

中国远征军入缅作战并取得最后胜利，这是积弱百年的民族绝处逢生的胜利，在中华民族历史上写下了光辉的一页。驱敌于国门之外，并在异国土地上打败侵略者，这是中国近代历史上前所未有的，有着极其重大的意义。它再一次向世界表明，中华民族是一个伟大的民族，具有同敌人血战到底、不怕牺牲的民族精神，展现了中国军队不畏强敌、决战必胜的英雄气概。当时美国《皇冠》杂志刊载一位记者的战地述评说："中国军队是世界上最优秀的军队。"缅北战斗"表现出中国军队忍受无限艰难的伟

① 《新华日报》1943年2月11日社论。

② 《纽约时报》1944年5月6日。

大，世界上任何军队都望尘莫及”①。

（《云南抗日战争史》第三章，云南大学出版社2005年第2版）

① 美国《皇冠》杂志1944年11月号，转引自《中国抗日战争史》下卷，解放军出版社1994年版，第452页。

携手东瀛　共图南疆

——黄兴与吕志伊在辛亥革命中

孙中山的革命宏略在于对中国民主主义革命的总体构思和战略部署，黄兴则是着重于在宏观运筹之中把孙、黄二人的革命方略一一付诸具体实施。所以一般论者多称孙中山为资产阶级民主革命的先行者、旗手和领袖，黄兴则是革命的实践家、总指挥和副领袖。孙中山和黄兴事实上形成了中国资产阶级民主主义革命力量的稳定核心，在中国近代史上一直以孙黄并称。

黄兴在筹划和实施全中国的革命部署中，在一个时期内，曾大力组织和发动祖国西南边疆云南的武装起义，计划利用云南地处祖国西南边陲，清王朝的统治势力相对薄弱、对云南的武力控制有鞭长莫及之势，同时，因云南毗邻越南、缅甸，便于革命力量由国外渗入和组织接应给养等比较有利的条件，因而可望在云南边疆首先发动武装起义，以推动全国革命。

孙中山、黄兴根据这一设想，亲自筹划和发动了1908年5月的云南河口起义，推动了同年底杨振鸿等人发动的滇西永昌（今保山）起义。此后，黄兴还亲自深入缅甸北部，考察和部署滇西的革命力量，准备从云南西部发动新的武装起义。虽然，河口起义和永昌起义都先后失败了，黄兴等人亦未能再在滇西发动推动全国的首倡性起义，但革命影响却是巨大的，它促进了云南人民的革命觉悟，使革命时机加速成熟。黄兴为首的革命党人给云南播下的革命火种，迅速形成了强大的革命力量，使云南在辛亥革命中，以同盟会为核心的革命力量，紧接着武昌首义即顺利发动了滇西腾越（今腾冲县）起义和昆明“重九”起义，一举摧毁清王朝在云南的军政权力，取得了云南辛亥革命的成功。

黄兴对云南资产阶级民主革命的促进和推动，是通过同盟会云南支部长吕志伊为首的云南革命志士们共同进行的。黄兴和吕志伊等人在云南和全国民主革命斗争中的共同战斗业绩，永垂青史。

吕志伊（1881～1940年），字天民，号金马、侠少。云南省普洱市思茅镇人。先后入普洱宏远书院、昆明经正书院就读，庚子、辛丑科（1900～1901年）乡试中举。甲辰（1904年）经云南省考选赴日本留学，先入宏文学院速成师范班就读，1905年结业后，升入东京早稻田大学政治经济科深造。吕志伊在日本留学期间，正值中国民主革命运动高涨，孙中山、黄兴等人在日本积极展开革命宣传和组织活动。1905年，孙中山在东京宣传三民主义、五权宪法等民主政治学说，吕志伊"聆其演讲，遂决心革命，矢志不移"[①]，他如饥似渴地接受了孙中山的爱国主义思想和民主革命主张。同年8月，同盟会在东京正式成立，吕志伊和杨振鸿是云南留日学生中最先入盟的两个同盟会员[②]。吕志伊从此走上民主革命道路，在孙中山、黄兴领导下，和黄兴携手共图云南和中国的资产阶级民主革命。

吕志伊遵照孙中山和黄兴的指示，首先积极为发展壮大同盟会革命组织而努力。云南籍同盟会员成立云南支部，吕志伊被推选为支部长，后又被选为同盟会总部评议，他即以云南支部为中心，广泛开展革命活动，大力发展同盟会员，"自丙午（1906年）至戊申（1908年），由其介绍入党者，先后达百余人"[③]。

1906年（丙午年）1月，孙中山、黄兴在东京约请吕志伊、杨振鸿、李根源、罗佩金、赵伸等5人会商，建议云南支部创办革命刊物。孙、黄向云南党人指出："云南最近有两个导致革命之因素：一件是官吏贪污，如丁振铎、兴禄之贪污行为已引起全省人民的愤慨；另一件是外侮日亟，英占缅甸、法占越南，皆以云南为其侵略之目标。滇省人民在官吏压榨与

① 《吕志伊传》，载《续云南通志长编》下册，第738页。
② 冯自由：《革命逸史》第五集，中华书局1981年版，第154页。
③ 《吕志伊传》，载《续云南通志长编》下册，第738页。

外侮凭陵之下，易于鼓动奋起，故筹办云南地方刊物为刻不容缓之任务。”[1] 吕志伊等人热烈响应孙、黄号召，积极进行筹办云南革命刊物的活动。同年4月，同盟会云南支部即成立了“云南杂志社”，将社址设在东京神田区三崎町一丁的云南同乡会内，推举张耀曾为总编辑，席上珍、孙志曾为副编辑。同年10月15日，《云南》杂志创刊号正式出版问世。《云南》杂志以揭露清朝政府的贪污腐败、专制、卖国和帝国主义侵略云南为主要内容，宣传西方政治学说和资产阶级民主革命思想，深受云南人民的欢迎。《云南》杂志在云南昆明、蒙自等9个县，以至缅甸瓦城都设有发行经销点，发行量由最初的一千份逐渐增加到近万份，对启发云南人民的爱国主义和民主革命思想，起到了极大的宣传动员作用，它对云南辛亥革命的功绩是十分显著的。

在东京的同盟会云南支部，以云南杂志社为中心，积极开展革命活动。1908年（戊申年）1月，吕志伊、杨振鸿等人发起举行《云南》杂志周年纪念，开庆祝会，会上再次提出了保卫云南路矿权利、反对贪赃卖国的腐败官僚等号召。同盟会云南支部在东京发出的号召，得到了云南人民的积极响应，推动了云南人民反对云贵总督丁振铎和洋务局总办兴禄等人受贿贪赃而出卖铁路矿山主权的斗争，最后迫使清政府将丁振铎革职和向法、英侵略者谈判收回云南七府矿权。云南人民的斗争取得了一定的胜利，革命的勇气和信心受到鼓舞，民主革命热情日渐高涨。纪念大会后，推举吕志伊、李根源主编了纪念特刊《滇粹》，用明末抗清史事，宣传民主革命思想。

孙中山和黄兴在筹划河口起义时，曾命吕志伊和东京支部成员丁石僧由东京前往越南河内商讨起义事宜。孙中山指出：“云南地当边陲，清廷鞭长莫及，但能一举拿下河口即可进图蒙自，进取全滇。命滇籍同志从速潜入滇境……以为接应。”[2] 1908年5月，河口起义爆发后，黄兴立即奔赴河口指挥起义军战斗，为了组织增援的基干队伍和军事物资接济，当他

① 李根源：《辛亥前后十年杂忆》，载《辛亥革命回忆录》第一辑，中华书局1961年版，第322页。

② 丁石僧：《回忆河口起义》，载《云南贵州辛亥革命资料》，科学出版社1959年版，第23页。

折回河内时，不幸被法国殖民当局拘捕于老街途中，并强迫遣送出境。河口起义军由于失去了统帅、丧失战机及敌我力量悬殊等原因，起义功败垂成。黄兴亲自指挥河口起义战斗，在云南人民中产生了深远影响，促使云南的民主革命思潮更加迅速地向前发展。

河口起义消息传到日本，云南杂志社又获悉清政府电巴黎公使商借安南法军镇压起义。吕志伊、杨振鸿等人以同盟会云南支部为核心，立即发起召开“云南独立大会”于东京锦辉馆，声援黄兴等革命党人在河口的起义战斗，声讨清政府“宁赠友邦”、引狼入室的卖国罪行。商学各界出席大会者约近万人，会上响亮地喊出了“云南独立”的口号，发出呼吁文告，宣布：云南“与清政府断绝关系”，以“云南独立，即为成就中国独立之基础”①。会上还为河口起义军展开募捐活动，许多爱国者和侨胞慷慨解囊相助，当场即募集捐款千余元，河口起义的巨大革命声势，广泛传播到国内外。

黄兴鉴于河口起义失败，深感培养造就军事人才的必要性和紧迫性，“仍注重训练党员之军事学识”。与此同时，吕志伊又收到杨振鸿从缅甸的来信，建议对在日本的革命党人进行军事训练，为武装起义培养骨干。于是，志吕伊商得黄兴、刘揆一的同意②，在1908年暑期中，利用刘揆一、孙武、李根源、赵伸等人在东京组织的“大森体育会”名义，开办军事训练班，对革命党人讲授军事学，并进行军事演习等实地训练。黄兴亲自主持讲课和演习，并聘请日本军官参加训练，使许多未能进入军事学校和河口等处起义后流亡日本的革命志士170余人学到了军事知识和技能③，其中一些人后来成为辛亥革命中著名的军事活动家。

河口起义和永昌起义相继失败后，黄兴、吕志伊等人仍力图继续发动滇西地区的武装起义。在此之前，革命志士秦力山等人曾在1905年由缅甸进入滇西边境干崖（今盈江县）地区进行革命活动；1908～1910年间，

① 《云南留日本同志檄国内反对清政府借外兵文》，载《云南贵州辛亥革命资料》，科学出版社1959年版，第20－22页。

② 冯自由：《杨振鸿事略》，载《革命逸史》第五集，中华书局1981年版，第156页。

③ 刘揆一：《黄兴传记》，载《辛亥革命》（四），第292页。

杨振鸿、居正、吕志伊等革命党人先后到缅甸仰光创办《光华日报》，建立同盟会组织，并反复深入滇西边境，考察社会情况、联络反清志士、发展革命力量。1910 年 10 月，黄兴应吕志伊等在缅甸同志的邀请，偕赵声一道，由香港到达仰光。“时（黄）兴以粤中党人，元气大损，拟改从缅甸入云南，联络云南军队举义。”① 吕志伊陪同黄兴到皎墨，与旅缅侨领滇籍商人寸尊福会晤，经黄、吕做工作后，寸尊福表示热心支持革命，愿资助数万元作为滇西起义的军饷②。吕志伊还陪同黄兴深入到邻近滇西南的缅甸腊戍、麻栗坝等地调查和筹集经费③。黄兴在仰光得知杰出的滇籍革命志士张成清，被缅甸的英国殖民当局杀害于缅茅地方，黄、吕即前往缅茅访求张成清遗骸或墓地，但未能寻获而返④。当时，缅甸人以貌产为首的民族抗英势力正掀起反英斗争，英国殖民当局在缅甸实行军事戒严，前往滇边的通路受阻，黄兴、吕志伊等被迫返回仰光⑤。在此期间，英国侵略势力又发动了军事侵占我国云南领土片马（今属怒江州泸水县）的事件，云南和全国许多地方都函电抗议和声讨英国侵略者，中英关系和滇、缅边境形势骤然紧张。此时，革命党人通过暹罗（今泰国）华侨为云南起义运送的武器又被当地政府扣押。在此形势下，黄兴、吕志伊等人力图通过缅甸发动滇西起义的条件已暂时受阻。黄兴和吕志伊在缅甸进行的革命活动及对滇西边境的形势考察后，结论是：“审察滇边形势，谓其地交通困难，经营十云南不如一广东。”⑥ 他们有鉴于此，“因改前议，决仍依孙总理计划，集中全力举义于广州，而各省响应”⑦。

① 毛注青：《黄兴年谱》，湖南人民出版社 1980 年版，第 103 页。

② 冯自由：《党人之云南革命运动》，载《革命逸史》第二集，中华书局 1981 年版，第 239 页。同时见于吕天民：《杜韩甫事路》，载《南强》月刊第一卷第七期，民国二十六年（1937 年）南京出版。

③ 吕志伊：《同盟会琐录》，载《云南贵州辛亥革命资料》，科学出版社 1959 年版，第 36 页。并见于《黄兴年谱》，湖南人民出版社 1980 年版，第 103 页。

④ 章炳麟：《张成清传》，载《云南贵州辛亥革命资料》，科学出版社 1959 年版，第 123 页。

⑤ 冯自由：《革命逸史》第二集，中华书局 1981 年版，第 239 页。

⑥ 同上。

⑦ 吕天民：《杜韩甫事略》，载《南强》月刊第一卷第七期，民国二十六年（1937 年）南京出版。

当时，孙中山在南洋，乃邀集黄兴、赵声、胡汉民等人，于1910年11月13日在槟榔屿举行会议，孙中山指出："云南辽远，足资控守，而不利于进取。以言地势，究不若广东之可战可守。且经营滇事，皆须草创，运输军械，甚感困难，亦不若广东之有屡次经验，而可驾轻就熟。"黄兴、吕志伊等人接受孙中山主张，"乃决计图粤"①。

黄兴、吕志伊等革命党人以缅甸为活动基地，力图在滇西地区发动武装起义，以影响和推动全国反清革命的努力，未能达到预期的目的，但他们在居正、杨振鸿等人开创的基础上，在缅甸的许多城市建立和健全了同盟会组织，把革命力量扩大到缅甸各地②，使缅甸成为中国民主革命思想的传播基地和革命力量的联络基地之一。吕志伊承继居正、杨振鸿在仰光主办的《光华日报》，"专灌输民族主义于南洋各地华侨，于是，党人在西徼以外之势始立"③，同时，他们大力支持、帮助激进的革命党人黄毓英、杜韩甫、何畏等人往返于滇西边境地区，联络反清志士，发展革命力量，在滇边重镇腾越（今腾冲县）、永昌（今保山市）及傣族土司地区干崖、盏达（今盈江县）等地，发展了许多同盟会员，在腾越建立了以张文光为首的同盟会组织，把滇西地区的革命工作和准备发动武装起义的任务，"交由张文光与当地同志负责进行"④，使民主革命的烈火在滇西各地越烧越旺。当辛亥武昌起义爆发后，以张文光为首的腾越同盟会组织，联合当地新军和巡防军以及会党中的革命党人，于1911年10月27日发动武装起义（早于省城昆明三天），一举取得了腾越起义的顺利成功，并迅速进军夺取了云南西部各地的政权。滇西地区能够形成如此强大的同盟会革命力量，并迅猛地一举取得革命的胜利，黄兴、吕志伊等人在滇缅地区进行的革命思想传播、组织和发展革命力量的功绩是不可磨灭的。

黄兴在武昌起义之前，对云南已积聚的革命力量和形成的革命形势，

① 刘揆一：《黄兴传记》，载《辛亥革命》（四），第294页。

② 冯自由：《革命逸史》第二集，中华书局1981年版，第232－240页。

③ 李根源：《立法院立法委员吕君天民墓志铭》，载《云南文史丛刊》1988年第1期，第83页。

④ 吕天民：《杜韩甫事略》，载《南强》月刊第一卷第七期，民国二十六年（1937年）南京出版。

仍有很高的估价，始终对发动云南的武装起义抱有很大希望。据谭人凤记述，黄兴在武昌起义前夕还邀约他同赴云南："1911 年 9 月 21 日（七月二十九日）入虹口筱崎医院……时克强亦有电至，并电汇三百金，约余同赴云南。"① 黄兴在 1911 年 10 月 5 日（八月十四日）写给冯自由的信中亦认为："至滇之一方面，若欲急办，尽可办到，以去年已着手运动，军界、会党皆有把握，有两三万之款即可发动。"但他也估计到云南是英、法帝国主义侵略者的势力范围，邻近其缅、越殖民地，有受到外敌干涉的危险，他说："然此方面难望其成功，以武器甚少，不足与外军敌也。滇为蜀应则有余，为自立计则不足……是以弟等尚未能决其如何办法，专待蜀事得有确信方敢为之也。"②

1911 年春，根据槟榔屿会议决定，黄兴转回香港，通知南洋各地的重要骨干党人向港、穗集中，准备发动广州起义。黄兴、赵声等人在香港设立了起义指挥机关"统筹部"以部署起义行动，黄兴被举为统筹部部长，他最初计划组成三军，攻取广州③。吕志伊奉黄兴之召，由缅甸来到香港，并受命负责为起义军起草檄文、文告、法令及保管印信、密令等机要工作。临近起义发动之前，吕志伊奉命进入广州，住在沙面，听候调遣。"三·二九"起义出人意料地失败了，吕志伊悲痛万分，恨不能血洒战场，为革命捐躯。他后来在追忆这一伟大斗争时写道：

救国身膏斧锧甘，同盟后死每怀惭。
萧何不事收图籍，烈士应增七十三。

但黄花岗七十二烈士的英勇战斗和牺牲精神，却使吕志伊增强了革命必胜的信心，更坚定了革命的意志，决心为革命的胜利战斗到底，他又写下了这样的诗句：

① 谭人凤：《石叟牌词》，甘肃人民出版社 1983 年版，第 103 页。
② 冯自由：《革命逸史》初集，中华书局 1981 年版，第 245 页。
③ 刘揆一：《黄兴传记》，载《辛亥革命》（四），第 294 页。

半生徒抱澄清志，九死偏留肮脏身。
九州以外环瀛海，我更长征瀛海涯。①

广州“三·二九”起义失败后，黄兴在香港养伤期间，吕志伊和另一些革命党人来到上海，他为上海《民立报》担任撰述，继续进行革命宣传，动员人们准备迎接新的革命到来。在此期间，吕志伊和宋教仁等人一起加入了陈巢南、柳亚子等人创建的革命文学团体“南社”，同时从事革命文学活动。

黄兴在发动广州“三·二九”起义之前，为组织各省响应和支援广州起义，并用广州起义带动全国的革命。在辛亥正月间，“使谭人凤至长江沿岸各省进行军事运动，准备于广州发难时，由苏、浙、赣、皖、湘、鄂诸省纷起响应”②。谭人凤受命后，于1911年2月至5月间，两度前往上海、南京、湖北、湖南等地联络革命党人，布置湘、鄂、沪、宁等处党人在思想上和组织上作好起义准备。5月，谭在武汉把以孙武为首的共进会、以蒋翊武为首的文学社两个革命团体联合起来，初步形成了“湖北中部同盟分会”③。对湖南亦通过焦达峰等人作了组织准备；对江西、安徽、南京亦通过当地新军中的革命党人，做了迎接和响应起义的安排。

谭人凤在长江中下游各省做了大量工作后，于1911年7月回到上海，与宋教仁、吕志伊等人商议决定正式成立中国同盟会中部总会，“嘱钝初（宋教仁）草定中部同盟会简章，分总务、党务、财务、文务、评议五部，假四川北路湖北小学开成立会，到会者二十余人，公推宋钝初、吕天民任文务，杨谱笙、潘祖彝任财务，余（谭人凤）任党务兼司联络军界事，总务部则虚其位以待贤能。部务取合议制，凡事须经评议后始执行，陈英士、范鸿仙、谭价人、谈宅赐等，皆被举为评议员入会参议，推余为议

① 吕志伊：《偶得诗集》卷四，第3-4页。（吕在上行诗“烈士应增七十三”后注：是役予任编辑，保管檄文、法章、印信，致惭后死。）

② 冯自由：《革命逸史》初集，中华书局1981年版，第240页。

③ 谭人凤：《石叟牌词》，甘肃人民出版社1983年版，第98-99页。

长”①。接着，在中部同盟会推动下，南京支部等同盟会分会相继成立。在中部同盟会的大力工作推动下，长江流域各省的革命形势发展十分迅猛。四川保路运动高涨，并发展成为反清革命运动；陕西的革命运动也日渐高涨；特别是湖北的两大革命组织联合以后，以武汉为中心的革命时机已经接近完全成熟，同盟会中部总会的领袖们“益信天与人归，时机已至”，“湖北同志猛勇进行，大有一日千里之势”②。9月中旬，湖北分会派遣居正、杨玉如前往上海，向中部总会报告准备发动武装起义等情况。谭人凤、宋教仁、吕志伊等人紧急商议后，决定请黄兴急回武汉主持指挥起义，即派遣吕志伊持函由上海前往香港，请黄兴北行，共图大举③。吕志伊和刘芷芬于1911年10月2日（八月十一日）抵达香港，向黄兴报告了情况和商议后，黄兴毅然同意回鄂主持武汉起义。他于第二天复函中部会总，赞同对武汉的部署。黄兴在复函中称：“初念云南方面较他处稍有把握，且能速发，于川蜀亦有犄角之势。及天民、芷芬两兄来，始悉鄂中情形更好，且事在必行。弟敢不从公等后以谋进取耶?!”④

吕志伊由沪赴港之前，时值云南同盟会支部领导人之一、时任云南新军标统的罗佩金被派遣到上海购置军械，“志伊与商定回滇进行计划，并密告同盟会中部总会机关，筹画长江各省实况”⑤。嘱咐云南同志迅速准备，以策应湖北方面的起义。吕志伊在香港和黄兴晤商后，黄兴决定北上，同时要求南方各省做好准备，届时发动，互为声援。吕志伊又从香港再次致函云南同志黄毓英、杜韩甫等人，促其加速起义的准备。吕志伊经商议即决定，由香港返回云南。黄兴、吕志伊正在香港积极准备动身，正待启程，武昌起义的消息已传至国内外。10月11日，黄兴接宋教仁电，促黄急返沪共商一切。10月12日，湖北军政府急电请黄兴、宋教仁、居正等赴鄂，并请电告孙中山回国主持大计。黄兴即于10月17日由港启程

① 谭人凤：《石叟牌词》，甘肃人民出版社1983年版，第99页。

② 同上书，第102－103页。

③ 冯自由：《革命逸史》初集，中华书局1981年版，第242页。

④ 黄兴：《复同盟会中部总会书》（1911年10月3日），载湖南省社会科学院编《黄兴集》，中华书局1981年版，第63页。

⑤ 吕天民：《杜韩甫事略》，载《南强》月刊第一卷第七期，民国二十六年（1937年）南京出版。

赴沪，24日抵上海，28日抵武昌，被推举为国民军总司令，第二天即亲赴前线指挥起义军战斗。

吕志伊在香港和黄兴分手后，取道越南由滇越铁路返回昆明，当他刚进入滇境河口时，云南省城昆明，由同盟会革命党人和新军协统蔡锷指挥新军发动的“重九起义”（九月初九，即1911年10月30日）已顺利成功。吕志伊没有赶上昆明起义的时机，未能直接参与云南“重九起义”战斗，但他对云南辛亥革命所起的作用和做出的贡献是重大的。云南起义领导人之一李根源先生认为，他对云南革命，是“夫种之必生，炊之必熟，必然而无疑者”①。

云南以蔡锷为首的资产阶级革命政权——大中华国云南军都督府成立后，吕志伊被任命为都督府参议，参与了新政权最初的决策等事宜。接着，起义各省派代表到上海共商建立革命的中央政权等建国大计，吕志伊被推举为云南都督府全权代表，赴沪参加南方17省代表会议。12月29日，各省代表选举孙中山为临时大总统，1912年元旦，孙中山宣誓就职。1月3日，南京临时政府正式成立，孙中山任命黄兴为陆军总长，同时任命吕志伊为司法部次长。黄兴、吕志伊等革命党人竭尽全力为最后推翻清王朝和巩固南京革命政权而共同斗争。当时，司法部总长伍廷芳，作为南北议和代表在上海和谈，不能主管部务，司法部工作由吕志伊主持。南京临时政府的司法工作在吕志伊主持下，制定了一系列巩固革命秩序和有利于发展民主政治、经济等的法律条令，为革命做了新的努力和贡献。

1912年4月1日，孙中山、黄兴为首的南京临时政府辞职，中央政权被袁世凯篡夺，吕志伊等人随孙中山由宁赴沪。吕志伊在同盟会机关部担任副部长。同年8月，同盟会联合统一共和党、共和实进会、国民实进会、国民公党等组成国民党，推举孙中山为理事长，黄兴、宋教仁等为理事。吕志伊奉孙中山之命，赴南洋、缅甸等地筹组国民党海外支部；同时，受云南军政府的委托，在南洋华侨中动员侨商集资回国发展云南实业。

① 李根源：《立法院立法委员吕君天民墓志铭》，载《云南文史丛刊》1988年第1期，第83页。

1913 年，吕志伊当选为国会参议院议员，在国会中和国民党议员一起共同对袁世凯的专制独裁与卖国行为进行了坚决斗争。“二次革命”失败后，吕志伊由北京南下上海，从事反袁斗争。1914 年 7 月，孙中山在日本成立中华革命党，为反对袁世凯的专制统治，继续为民主革命而斗争。当时，黄兴虽不同意中华革命党的组织办法，去到了美国，但坚持为恢复共和民国、完成民主革命的信念和主张仍然和孙中山一致。1915 年，袁世凯复辟帝制的野心败露后，黄兴和孙中山虽然各在不同的异国他乡，却同时发起了打倒袁世凯称帝的斗争。黄兴当时积极动员海外各地的革命党人支援和参加讨袁起义的护国运动。1915 年 12 月 14 日，黄兴致电各国驻华公使，反对袁世凯称帝，决心为保卫共和民国而战。与此同时，黄兴先后致电在南洋等地的革命党人李烈钧等人，促其入滇发动讨袁。在黄兴的动员和敦促下，李烈钧、方声涛、程潜、熊克武等一大批重要的革命党人先后进入云南，推动唐继尧加速发动武力讨袁。云南起义的当天，唐继尧亦函告黄兴，请他“共襄义举”，“祈大展伟抱，宣扬正义”①。

当孙中山派遣朱执信、居正、陈其美、于右任等人分赴广东、山东、上海、陕西等地组织中华革命军发动武装讨袁时，吕志伊向孙中山提出：“滇、川、黔三省，本党忠实同志极多，且属边远，袁之势力不及，尚易着手，拟前往活动。”② 孙中山同意吕志伊的建议，即派他“赴云南工作”。吕志伊于 1915 年春回到云南后，在滇军中积极进行反袁活动，发展中华革命党党员，使“滇军干部如邓泰中、杨蓁、田钟谷、李文汉、李植生等，黔军中干部如吴传声、熊其勋、彭文治等，均联合一致，决心讨袁”③。滇军官兵普遍反对袁世凯称帝，坚决捍卫共和民国，为云南发动护国起义奠定了坚实的基础，使护国讨袁战争得以在云南顺利发动。

在护国运动中，黄兴积极策划和奔走呼号于国外，使许多在“二次革

① 《唐继尧致黄兴书》，载《护国文献》（上册），贵州人民出版社 1988 年版，第 422 页。

② 何慧青：《云南起义与国民党之关系》，载《南强》月刊第一卷第三期，民国二十六年（1937 年）南京出版。

③ 吕天民：《杜韩甫事略》，载《南强》月刊第一卷第七期，民国二十六年（1937 年）南京出版。

命”后与孙中山一度疏远的革命党人，又团结到护国讨袁的革命旗帜之下，并直接加入了讨袁战争。吕志伊积极活动于云南军中及政界，使滇军中实力派起而推动唐继尧一致讨袁。黄兴、吕志伊两人都在为捍卫和恢复共和民国的战线上，为护国运动发挥了重要作用。护国运动是黄兴、吕志伊携手革命以来，共图南疆的最后一次成功的共同战斗。他们为中国资产阶级民主主义革命再一次写下了光辉的篇章。

（原载《领袖与群伦——黄兴与各方人物》，武汉大学出版社 1991 年版）

论护国运动的历史作用

在近代中国社会前进的历程中，护国运动是重要的历史步伐之一。中国近代社会的发展，从资产阶级旧民主主义革命到新民主主义革命的进程，是历经辛亥革命、护国运动、五四运动等一系列的革命运动，一浪推进一浪地向前发展的，护国运动正是近代中国历史发展中一个前进的波峰、上升的螺旋。可是，护国运动在近代中国历史上的这种作用，却长期不被许多人所理解，史学界对其评论至今仍很不一致，在一些历史著作中，贬低护国运动的历史作用和地位的说法，屡见不鲜。近年来，护国运动史的研究有新的进展，许多新资料和新论著纷纷发表，对护国运动发生的背景、过程和结局，以及资产阶级各派、各政党及其代表人物在运动中的态度、作用及领导权等等具体史实方面论述较多，这是必要的和有益的，然而若能从宏观的角度，在总体上比较确切地估价护国运动在近代中国历史上的作用和地位，给人们的启示，将比说明具体史实本身会更有教益。

护国运动是一次有广大群众参加的资产阶级民主革命运动，发生在辛亥革命之后，五四运动之前，它不仅是辛亥革命的发展，而且是中国资产阶级民主革命的前进和深化，在中国资产阶级旧民主主义革命的历程中，它是以辛亥革命为起点的第三个革命浪潮，所以资产阶级革命党人把它称为“第三次革命”是有道理的。

护国运动的胜利结局，不仅摧毁了袁世凯的“洪宪”帝制，拯救了新生的中华民国，更重要的是它为中国资产阶级民主革命运动的继续发展，再次打通了前进之路。通过护国运动迸发出来的中国人民的革命热情，为打倒君主专制制度而英勇斗争的精神，预示着中国人民要求根本改变中国面貌的革命新高潮必将到来。历史发展的事实正是这样，仅仅时隔三年，爆发了五四运动，这就是新的革命高潮——中国新民主主义革命的伟大开端。因此，有理由认为，护国运动是中国旧民主主义革命进入新民主主义革命中间一个必不可少的上升的螺旋，它在中国近代历史上的进步作用和意义，应予以充分肯定。

一

中国资产阶级革命发生在20世纪初期，当时的世界，已是“无产阶级社会革命的前夜”① 的帝国主义时代，西方资产阶级已经走向没落，但出生在资本主义发展很不充分的东方中华封建大帝国的资产阶级，由于帝国主义的扼制和它自身的弱点，没有在革命中摧毁帝国主义侵华势力和中国君主专制制度赖以生存的基础——腐朽的半殖民地半封建的生产关系，使得封建帝制随时都存在着复辟的可能性。列宁当时就曾预言，最善于变节的袁世凯之流，有朝一日“则可能为了同什么旧的或新的‘立宪皇帝’勾结而出卖民主派”②。孙中山被迫把临时大总统权力交给袁世凯，但也作了为维护民主共和制度而继续斗争的准备，即制定中华民国《临时约法》，以防袁世凯之流出卖民主革命，就是孙中山所说的“故余奉《临时约法》而使之服从”，并“令袁世凯宣誓遵守约法，矢忠不贰”③。孙中山革命派虽然采取了这样的预防措施，袁世凯仍然凭借北洋武力，在帝国主义和买办官僚及大地主阶级的支持下，擅自修改《临时约法》，打击、排斥革命党人，解散国会，在革命未能触动的半殖民地半封建的社会经济基础上，建立了他的封建军事专制统治。孙中山为首的革命派被迫发动“二次革命”，但因时机尚不成熟，革命党人亦准备不充分，在敌强我弱的形势下，

① 列宁：《帝国主义是资本主义的最高阶段》，载《列宁选集》第2卷，人民出版社1975年版，第737页。

② 列宁：《中国的民主主义和民粹主义》，载《列宁选集》第2卷，人民出版社1975年版，第425页。

③ 《总理自述护法之役》，（台湾）《革命文献》第七辑，第4页。

“二次革命”迅速失败。袁世凯的专制统治却达到了顶峰，在一些帝国主义国家的支持下，悍然称帝，推翻资产阶级共和制，恢复封建君主专制制度，一时造成近代中国历史的大倒退。在此形势下，资产阶级各派乃应时而起，联合发动了护国讨袁运动。

护国运动发生的背景和辛亥革命有类似之处。它是在日本帝国主义的猖狂侵略和袁世凯公然卖国求荣、严重威胁到我国国家和民族生存的情况下，资产阶级带动全国人民奋起反对袁世凯卖国称帝的，因而护国运动也是一次反帝爱国的民族民主革命运动。护国运动的胜利维护了中华民族的尊严，对捍卫我国的独立和主权，其意义和作用是重大而深远的。

辛亥革命后，很快爆发了帝国主义重新瓜分殖民地的第一次世界大战，日本帝国主义趁西方帝国主义列强无力东顾之机，决心“确立日本对东洋之权利”，“创造亚洲之未来和对华政策之基础”①，日本各侵华势力集团，如“黑龙会”等侵略性阴谋组织，纷纷向日本政府献策，提出了各种侵华以至独占中国的方案，最后由日本政府归纳为五号二十一条，于1915年1月向袁世凯政府提出，妄图变中国为日本独占的殖民地。日本给袁世凯的交换条件，是“中国如欲改国体为复辟，则敝国必赞成”②，表示满足袁世凯的政治欲望，支持他当皇帝。袁世凯为了换取日本的支持，不惜屈辱卖国，竟在日本政府的威胁利诱之下，于5月8日接受了日本帝国主义灭亡中国的“二十一条”。

日本帝国主义向袁政府提出“二十一条”的消息传出后，我国舆论大哗，全国各阶层人民纷纷通电反对。袁世凯接受“二十一条”后，上海码头工人首先罢工，接着，上海、长沙等地日本企业的中国工人群起响应。北京各界群众连日集会示威，参加者二三十万人。在汉口、沈阳、福州、厦门等地，人民群众纷纷举行抗议集会和示威。海外爱国华侨和留学生，发起组织“敢死队”、“救亡团”，准备回国参加抗日讨袁斗争。菲律宾华侨在《发起救亡团之布告书》中宣言：“国者，乃国民之国，非政府少数人之国”，准备做“毁家纾难之国民……舍一死以与日人拚争”。提出

① 信夫清三郎：《日本外交史》，每日新闻社发行，第292页。
② 白蕉：《袁世凯与中华民国》，上海人文月刊社1936年版，第139页。

“首先除去袁氏，而后对付日本”。据记载，在旅居菲律宾的侨胞中，救亡团之捐款者，劳动者竟占多数①。震惊中外的护国运动，就是在这人民奋起捍卫国家领土主权的反帝爱国斗争不断发展中爆发的。

1915 年 12 月 25 日，云南起义，护国战争爆发，也正是为了打破日本帝国主义和袁世凯的新勾结而提前发动的。按照云南军方和反袁人士原来拟定的讨袁军事计划，是“以滇军一、二两师编为第一军，军分为三个梯团，借剿匪为名，将第一梯团运动至四川叙州附近，第二梯团运动至泸州附近，第三梯团运动至重庆方面，出其不意，一举而占叙、泸、渝。三镇既克，四川全在掌握，然后宣布云南独立，反对帝制”。以“罗佩金为第一军军长，殷承瓛为参谋长，出川”②。照这个军事计划，是要在云南军队先取得重大的军事突破之后，再宣布云南独立，武力讨袁。这个计划和蔡锷在天津和梁启超等人商定的讨袁军事计划是一致的，即梁启超后来所说：“余辈在津原定计划，欲由云南潜运军队到四川境后，乃始宣布独立。”“余在上海得蔡君电，谓：（十二月）二十三日前队出发，出发二十日后发表独立之公文。此正在津原议也。”③ 两个计划所定的宣布起义时间，都应当在 1916 年 1 月或稍后。由于形势变化，梁启超从南京通过冯国璋的将军府，于 12 月 22 日急电蔡锷，声称“由于外交上的某种原因，讨袁通电必须尽快发出，催促云南改变计划，提前起义”④。蔡锷、唐继尧、李烈钧等人经过紧张的筹划后，乃提前于 12 月 25 日发出了云南独立通电，宣布反对帝制，武力讨袁。

云南起义，能赶在袁世凯称帝“登基”之先提前发动，在政治上有重大的作用和意义。它打乱了袁世凯的全盘政治计划，打击了袁世凯恣意横行、疯狂复辟封建帝制的罪恶行径；同时也打击了一些帝国主义国家企图利用袁世凯乞求支持其称帝之机，扩大侵华计划，使帝国主义侵略者慑于

① 洪卜仁：《菲律宾华侨反对廿一条件的爱国运动》，载《近代史资料》1956 年第四期，第 134－139 页。

② 中国第二历史档案馆：《档案资料》卷三十四，第 459 号。

③ 梁启超：《国体战争躬历谈》，载《护国文献》上册，贵州人民出版社 1985 年版，第 300 页。

④ 同上。

中国人民捍卫共和制度和保卫国家主权的反帝爱国声势，不得不有所顾忌。日本帝国主义迫切希望利用袁世凯而取得独占中国的侵略利益，但鉴于袁氏称帝遭到中国人民的强烈反对，因此，停止了对袁世凯的公开支持。原已商定袁政府“赠勋特使”1916 年 1 月 17 日启行赴日，临行时，日本政府突然于 16 日通知“请中国特使延期启行”①。云南护国起义，对遏制帝国主义狂妄的侵华野心，确有作用。

再者，云南起义讨袁军队之定名为“护国军”，其目的是出于反帝爱国，准备对帝国主义作战。据参加云南起义军事会议的刘云峰等人的回忆，起义军最初定名“讨逆军”，但与会诸人认为“讨逆”之名不尽完善。李曰垓等人提出：袁世凯敢于称帝，是得到一些帝国主义国家支持的，特别是以日本帝国主义为靠山，因此，袁世凯如果失败，存在着日本出面干涉的可能性，所以讨袁战争，是否“牵连到对日战争，亦未可知，乃改讨逆军为护国军”②。整个讨袁斗争，亦因此被称为“护国运动”。云南起义军之敢于藐视帝国主义之强暴，高举“护国”之旗帜，其爱国精神崇高、可贵，其敢于对帝国主义侵略者作斗争的勇气，准备为捍卫共和制度和国家主权而作出牺牲的革命精神，在中国资产阶级革命史上，又一次达到了它当时所能达到的高度，这在近代中国历史上具有积极的意义和作用。

二

护国运动的发生，是辛亥革命后资产阶级民主革命思潮继续发展的结果；护国运动的胜利，又有力地促进了资产阶级民主共和观念的普遍深入和巩固。

中国民族资产阶级各派和全国人民为保卫共和制度，奋起反对袁世凯专制统治的斗争，可以溯自“二次革命”之后。在“二次革命”期间，

---

① 白蕉：《袁世凯与中华民国》，上海人文月刊社 1936 年版，第 329 页。

② 刘云峰：《护国军纪要》，载《云南文史资料选辑》第十辑，第 89 页。

资产阶级因摆脱了清王朝的专制桎梏，喜获发展产业的美好前景，因而大喜过望，中、小资产阶级以至普通群众亦喁喁望治，渴求和平。因而当“二次革命”一起，不仅是许多督军、省长（民政长），以至各大城市如上海、广州、武汉等地的商会组织都声言拥护袁世凯政府，反对“叛乱”。在阶级力量对比中，支持袁世凯的势力，大大超过了以孙中山为首的反袁革命力量，导致“二次革命”的迅速失败。袁世凯的胜利，大有自今以后“莫予毒也已”之慨。于是，袁世凯放肆地集权专制，狂妄地倒行逆施，真可谓横行无忌。在政治上残暴地屠杀革命党人之外，打击一切革命势力；在财政措施上，为聚敛专制统治所需之军费、政费，对外大肆卖国借债，使袁政府的外债“不三年间（1912 年至 1914 年）共增加了十二亿四千五百万元，几乎占前数十年来积欠金额三分之二以上”①。对内加紧搜刮，首先是欣喜于产业利益方兴的资产阶级，成了袁世凯勒索的主要对象。1914 年袁世凯下令“规复旧税”，又不断颁布新税则，“二次革命”后仅三年间，印花税增加 8 倍，烟酒税增加 2 倍，统捐税增加 80 倍，发行公债总额增加 3 倍，各种捐税名目繁多，“无物不税，无物不捐”。而且 1914 年袁世凯颁布“验契条例”，以“验契”为名，大肆榨取农民。

在袁世凯疯狂的政治迫害和残酷的经济勒索之下，各阶层人民迅速陷于水深火热之中，全国政治形势因之迅速逆转，阶级力量的对比向着有利于革命的方向转化。广大人民积郁在心中的怒火，终于爆发成反袁的行动，资产阶级的上、中层亦由拥袁走向反袁，士农工商各界群众，都纷纷展开了反对袁世凯专制独裁和阴谋称帝的斗争。

在全国各界人民仇袁反袁怒火开始燃烧之际，以孙中山为首的革命派做了大量的工作，动员和组织人民行动起来，为“扫除专制政治，建设完全民国”而斗争②，在此期间，孙中山先后发出了《讨袁檄文》和两次《讨袁宣言》，揭露袁世凯背叛共和民国，恢复专制制度，帝制自为的罪行，号召全国人民起来打倒袁世凯，重建中华民国。革命党人于 1914 年在东京创办了《民国》杂志，随后，陆续创刊的上海《民国日报》、香港

① 《甲寅杂志》第一卷八号。

② 《总理遗墨》，影印本，第 5 页。

的《现象报》、新加坡的《民国日报》、仰光的《觉民日报》等等，一致发起对袁世凯的政治讨伐，促进了人民的迅速觉醒，鼓舞了人民反袁斗争的勇气和信心。

在革命先驱们的推动和带领下，各阶层人民纷纷奋起讨袁。各地反对袁世凯政权苛掠压榨的斗争，此伏彼起，连年不断①，其中起义规模最大、影响最深远的是白朗起义。白朗起义军在文告中指出，袁世凯政权是“神奸主政，民气不扬。虽据名共和，实厉行专制”。“袁贼世凯，狼子野心，以意思为法，仍欲帝制自为。”② 这个口号，鲜明地反映了以孙中山为首的资产阶级革命派打倒袁世凯、重建中华民国的纲领，形成了农民和资产阶级在讨伐袁世凯、维护共和民国的目标下，协同配合、互相呼应的革命形势。白朗起义军坚持战斗历四年之久，横扫豫、鄂、皖、陕、甘五省，沉重打击了袁世凯的专制统治和帝制阴谋，从而壮大了全国反袁斗争的声势。

中国民族资产阶级因资本主义经济的发展不充分，造成阶级力量的先天不足，在半殖民地半封建生产关系的桎梏下，经济实力不强，政治上软弱妥协。辛亥革命的胜利，主要是靠资产阶级的先知先觉者们的奋斗牺牲而取得的。但资产阶级的广大成员，一经辛亥革命注入了民主共和思想之后，其整个阶级觉醒的速度也就远非昔日可比了。资产阶级对辛亥革命带来的产业兴旺的振奋心情、渴求和平发展的强烈愿望，都被袁世凯镇压“二次革命”后的专制集权和经济勒索的政策措施一一粉碎。于是，他们对袁世凯政权的拥护态度为之一变，纷纷起而反抗。1915 年 4 月，山东济宁两千多家大小商号为反对袁政府征收印花税而联合罢市；5 月，扬州全城商民反对征落地税而相约罢市；广州、佛山为反对征品茗捐而罢市；芜湖商人因反对改订新税律而罢市；8 月，苏州烟酒商人罢市以反对烟酒公卖。当然这些斗争虽是联合的、同盟性的，反映了阶级的行动，但都只在于为自己的生存和发展而斗争，还没有明确地为维护民主共和制度而进行政治斗争特色。

---

① 《东方杂志》第十一卷一号、第十二卷二号及第十三卷二、五、六号。

② 杜春和：《白朗起义》，中国社会科学出版社 1981 年版，第 224、245 页。

袁世凯帝制自为的步伐加快和表面化，资产阶级盼望在民主共和制度下自由发展产业的理想最后破灭，各地资产阶级及其阶级组织——各种商会，也就在公开抗税、同盟罢市的基础上向政治斗争的目标迈进了。

根据袁世凯的旨意，复辟帝制的舆论在官方的保护下，肆虐于神州大地，以毒化全国政治气氛。但当其御用工具“筹安会”一出笼，全国各阶层人民立即群起而攻之。反映资产阶级上层意向的梁启超，发表了《异哉所谓国体问题者》一文，认为辛亥革命后，君主的尊严和权威已不复存在，且为人们所憎恨，皇帝犹如泥塑的偶像，一经落水，是不能复起的，表示反对改变共和国体。汪凤瀛《致筹安会与杨度论国体书》谴责君宪论“学说之祸人”，“甚于洪水”①。广州总商会会董朱若芝著文驳斥“君宪救国”谬论，警告袁世凯说：“现当民智大进，以莽、卓、操、懿之手段，夺大位于四万万人之手，惟自取族灭，并破坏其国家而已。”② 据记载，“自筹安会发生，国内外皆注目于此事，内、法两部，告发之人，纷纷而至”。9月9日，袁政府之肃政厅全体肃政史被迫呈请袁世凯取消筹安会③。一些反对派，纷纷组成“国体研究会”、“治安会”、“国事讨论会”等组织，以与“筹安会”对抗④。全国上下，除少数袁氏爪牙外，各界人士一致要求惩办“筹安会”“六君子”，一时之间，袁世凯及其帝制派集团成为众矢之的。

由这段历史可以看出，护国运动之前，反袁斗争的政治目的，在资产阶级先驱者们中是明确的，即“扫除专制政治，建设完全民国”。可是，更多的人民群众，以及广大的商人、资产者的思想认识，与先驱者们相去甚远，当袁氏帝制的开场锣鼓已经敲响，“筹安会”已经出笼时，还有一些商人仍然声称“今吾人之所重，在安与危，而不在君主与民主”⑤。这说明袁世凯之所以敢于称帝，不仅有他的社会阶级基础，还有一定的思想

---

① 白蕉：《袁世凯与中华民国》，上海人文月刊社1936年版，第214页。

② 《申报》1915年10月23日。

③ 白蕉：《袁世凯与中华民国》，上海人文月刊社1936年版，第241－244页、第254页。

④ 白蕉：《袁世凯与中华民国》，上海人文月刊社1936年版，第241－244页、第254页。

⑤ 《申报》1915年8月29日。

基础。这就表明，在护国运动之前，还不能说是民主共和观念真正深入了人心。

可是，以反对袁世凯称帝为目标的斗争开始后，反袁斗争就发生了质的变化。不仅参加反袁的是各个阶级、各派政治力量而具有极为广泛的群众性，而且各阶层人民在运动中的思想变化，都是随着护国运动的深入发展而迅速提高。资产阶级从拥袁到反袁，从为自己的生存和发展而斗争，到为捍卫共和民国而打倒袁氏“洪宪”帝制；农民阶级从朴素的“打富济贫”，到打倒假共和之名、厉行专制、帝制自为的袁贼世凯。这都反映了资产阶级民主革命思潮在继续发展，捍卫民主共和的观念，转化成了巨大的物质力量。全国各阶层人民在护国运动中的觉醒和前进步伐，一浪高过一浪。

护国运动的历史表明，资产阶级民主革命思想、共和观念，在此之前只是由革命先驱者传播到了人民中间，护国运动则使民主共和思想在中国人民的观念中普遍深入和巩固。也就是说，辛亥革命播下的民主共和思想的火种，经过护国运动才生根、开花、结果。因此，使民主共和观念深入人心，资产阶级的共和制度得以巩固，是护国运动的重要成果。从这个意义上讲，护国运动对于辛亥革命，可谓“青出于蓝而胜于蓝”。于此可见，护国运动在近代中国资产阶级革命史上的进步作用是肯定无疑的。

三

袁世凯悍然窃国称帝，使中国人民把反对帝国主义侵略和保卫共和制度的斗争结合起来，全国在反帝和捍卫民国的共同目标下，共同对敌，联合战斗。这一斗争，推动了中国资产阶级民主革命思想的发展，加速了中国人民的觉醒。资产阶级各派和全国人民广泛投入讨袁护国运动，形成强大的革命力量，使护国运动迅速取得胜利，从而阻止了近代中国历史的大倒退。

护国运动中，中国人民的爱国热情之高涨，前所未有。当袁氏帝制阴谋蠢蠢欲动之际，各派爱国人士准备武力讨袁的筹划，几乎同时在昆明、天津、上海、广州、香港和日本东京等地不约而同地进行。资产阶级革命派和改良派联合讨袁，尤其是他们的先觉者、代表人物如孙中山、黄兴、蔡锷、梁启超等人，都以大无畏的革命精神投入了讨袁斗争，他们不避艰险、不怕牺牲。一般商人和市民群众，也先后投入了讨袁的护国洪流，积极争做贡献，甚至作出了牺牲。云南独立讨袁消息发布后，昆明各界人民自动涌向街头，结队游行，高呼“打倒卖国贼袁世凯!”“拥护共和民国!”欢声雷动，经久不息①。云南起义后，时值民国五年元旦，昆明人民举行拥护共和大会，市民倾城出动，一致声讨袁世凯窃国称帝，坚决拥护蔡锷、唐继尧、李烈钧等人出兵讨袁，“各家铺户，张灯结彩，悬挂国旗，并于门口张贴红纸金书之‘永护共和大纪念’”……“老少欢呼，同庆共和”②。在昆明街头，自动捐献军饷的人流络绎不绝，“人民缴纳捐款的，争先恐后”③。滇蜀腾越铁路公司股东会，把集资的铁路股金一百多万元都奉献作了军饷；云南省城四乡人民共捐款五十余万元，省城（昆明）商会捐款二十余万元。护国军到达昭通时，昭通商会捐银二万两，至老鸦滩，该地商会捐银三万两④。在短短数月中，全国各界人民的护国捐款共七百余万元。海外爱国华侨积极支援护国军出师讨袁，踊跃捐献军饷的热忱，十分可钦可敬，有的甚至表示愿意“牺牲所有财产，以达目的”，先后共捐献军费一千四百余万元。

在云南，学生和社会青年踊跃参军，退伍军人积极响应征召，重上征途，一时之间，形成参军报国的热潮，使护国军迅速扩充，随即新编成步兵 20 个团，云南军队由原有的 8 个团增加为 28 个团，加上炮兵、骑兵、警卫军，军队总数达 36 个团，兵力约增加 3 倍半，这才使护国军的力量，足以对抗袁世凯能驱之西南战场上的北军兵力。

在云南首举义旗的影响下，全国人民纷纷奋起讨袁。贵州于 1916 年 1 月 27 日宣布独立，通电讨袁，与云南合组成“滇黔护国联军”；2 月 2 日，川军第二师师长刘存厚率所部川军在四川纳溪起义，和云南护国第一军共

---

① 由云龙：《护国史稿》，载《近代史资料》1957 年第四期，第 43 页。

② 《滇声报》1916 年 1 月 5 日。

③ 由云龙：《护国史稿》，载《近代史资料》1957 年第四期，第 43 页。

④ 《护国军纪事》（财政纪事），载《中华新报》报馆 1916 年版，第 24－25 页。

同讨伐入川北军；3 月 15 日，广西宣布独立讨袁。滇、黔、桂三省及川军一部联合讨袁，中国西南半壁形成统一的讨袁战线；在全国其他地区起义讨袁的各种武装斗争，南起两广、两湖，遍及大江南北，北迄秦晋高原，声威直逼华北大地。由于护国讨袁运动在全国迅猛发展，势不可挡，袁世凯在政治上陷于完全孤立和被动，被迫在 2 月 23 日宣布延缓“登基”。3 月 22 日，袁世凯在丧魂落魄中宣布取消帝制。

护国讨袁阵线取得了绝对的政治优势，使袁世凯所恃居于优势的北洋军失去了军事优势的意义和作用。在决定两军胜负的四川战场上，数量和装备居于绝对优势的袁氏北洋军，却一直没有能取得战争的主动权，在战斗中十分被动，以致一筹莫展。这固然是由于蔡锷指挥的正义之师英勇顽强，不断给北洋军以有力的打击所致；但护国军也没有能打败北洋军，而是在全国反袁怒潮的强大威力下，从政治上压倒了袁氏帝制派势力，政治的威慑力量，使北洋军在拥有明显的实力优势和不时出现有利战机之际，也没有敢于对护国军或云南大后方发动进攻，致使袁世凯的军事赌注完全破产，在众叛亲离，走投无路的困境下，不得不取消帝制，密令其属下将领陈宧、曹锟、张敬尧等人和蔡锷护国军停战谈判。因此，在两军决胜的川南泸纳战场上，真正激烈的战斗，实际只进行了一个半月（2 月 6 日至 3 月 23 日），双方从 3 月 31 日起停战而转入谈判，直至 6 月 6 日袁世凯毙命，护国战争胜利告终。所以，护国战争并非战场决胜，而是在政治上、道义上打得袁世凯一败涂地，从而取得胜利的。

由于护国战争是在没有摧毁袁世凯的北洋军及其军事官僚体系的情况下结束的，袁世凯之后的北洋政府仍然控制在北洋军阀集团手中，他们继承袁世凯衣钵，力图保持没有袁世凯的袁记封建军事专制统治，决定按照袁世凯制定的所谓“新约法”行事，企图利用所谓“参政院”，以及有关的“立法院”、“国民议会”等袁氏班底，取代革命力量占优势的旧国会，护国运动所要求恢复的中华民国的民主共和制度，面临半途而废的危险。然而此时，经护国运动而高涨起来的人民爱国精神和民主共和思潮方兴未艾，在孙中山革命派和各派反袁力量的坚定要求之下，加之海军于此时为要求恢复《临时约法》和旧国会而宣布独立，加入了护国阵线，刚刚继任大总统的黎元洪，不得不下令恢复民国元年孙中山主持制定的《临时约法》，决定从速召开旧国会。护国阵线的胜利，有力地显示了民主革命和共和制度的伟大力量。后来，尽管由于历史的曲折和不幸，造成了北洋军阀的统治和军阀混战，但谁也无法再公然推翻中华民国及其民主共和制度，把中国再拉回到封建帝王专制的老路上去了。“袁世凯……做了几个月的皇帝就死了……他们想镇压人民，但是结果都被人民推翻。”① 翌年，封建余孽张勋等人发动的清王朝复辟，遭到全国人民、资产阶级各派别、各政党和团体的一致反对，群起而攻之，使张勋复辟转瞬败亡，这就有力地证明了护国运动的伟大历史作用。从这个方面的意义上看，护国运动在挽救新兴的中华民国、捍卫民主共和制度中，具有不可磨灭的历史功绩，因而它也是推动近代中国历史前进的资产阶级革命运动之一。

（原载《护国文集》，河北教育出版社 1988 年版）

① 《毛泽东选集》第 2 卷，人民出版社 1952 年版，第 731 页。

论“靖国战争”

1917 年，孙中山在广东领导护法运动，建立护法军政府和发动护法战争之际，在中国西南的滇、川、黔等省（后扩大到鄂、豫、湘、陕部分地区），以唐继尧为首的滇系军阀，发动了“靖国战争”。这在云南历史上被称为“靖国运动”（或“靖国时期”），与“护国运动”并称。何谓“靖国运动”？据当时云南都督府的公牍、函电、报刊报道，以及后来由靖国联军总司令部汇编的《会泽靖国文牍》的记载，所谓“靖国”，是因为“立法之被毁”，“是以忍痛兴师，冀纳政治于轨道，而奠国家之基础”①。这就是说，兴师“靖国”是为了维护中华民国的法律（指《临时约法》）、维护共和国体，以奠定国家的政治基础。这个目标，和孙中山发动的护法运动是一致的，那又为什么不称为“护法运动”和“护法战争”呢？唐继尧等人是在什么情况下发动“靖国战争”的？“靖国”和“护法”的关系如何？“靖国战争”究竟是什么性质的战争？本文根据有关史料，对唐继尧等人在 1917～1918 年发动的“靖国战争”进行初步探索，并提出粗浅的看法，以就教于熟悉“护法”和“靖国”历史的同志们。

一、“靖国战争”爆发的背景

护国战争的胜利，粉碎了袁世凯洪宪帝制，恢复了中华民国的共和国体，因而使资产阶级革命党人、各派反袁力量以至全国人民都欣喜不已，

① 靖国联军总司令部编：《会泽靖国文牍·序言》，1923 年版。

同声欢庆共和民国的再生。随着黎元洪继任总统，同意恢复《临时约法》和旧国会，并补选冯国璋为副总统，任命段祺瑞为国务总理，于是，孙中山认为目的已达到，令各路民军，一律停战。唐继尧、岑春煊等人宣布撤销了军务院，各省亦相继取消独立。由于南北“统一”，出现了表面上的全国统一局面，全国都是一派令人颇觉大有希望的“升平景象”。但实际上，护国运动只打倒了一个袁世凯，没有打垮北洋军阀集团，更没有能改变帝国主义和大地主、大资产阶级对中国的统治，中国仍然是半殖民地半封建社会，中国社会的基本矛盾仍然是帝国主义和中华民族的矛盾及封建势力和人民大众的矛盾，而且旧的社会阶级矛盾没有丝毫的缓和，新的社会矛盾和各种政治势力的斗争正在急剧发展。

北洋军阀系统，在袁世凯死后分裂为许多派系，其势力最大的是以段祺瑞为首的皖系，皖系继承了北洋军阀的主力，以日本帝国主义为靠山。段祺瑞以国务总理兼陆军总长的地位，控制了北京中央政府的军政权力，其军队控制着安徽、山东、浙江、福建和陕西等广大地区；以冯国璋为首的直系军阀，以英、美帝国主义为后台，拥兵占据直隶、江苏、江西、湖北等省，其实力仅次于皖系。其他各地军阀，也各霸一方，乘机扩张。原控制奉天的军阀张作霖，乘袁世凯称帝乱国之机，将东北三省置于他的势力控制之下，形成了自成体系、仅次于直皖两系的奉系军阀。此外，在北方还有一些依附或亲近直、皖两系的中小军阀，他们都拥有军事实力，占据一定地盘，实行割据，竭力扩张，如以阎锡山为首的晋系军阀；割据苏、皖一带，以徐州为中心的张勋军阀集团等等。

在北洋军阀势力控制之外的中国西南，以唐继尧为首的云南军事政治集团，因护国战争的胜利，扩大了军事实力，增加了政治影响，乘机控制四川，支配着贵州，形成了滇系军阀。以陆荣廷为首的桂系军阀，乘护国战争之机，占领了广东，形成了独霸两广的军阀集团。此外，还有对滇系军阀具有依附性的贵州军阀、处于派系分裂而互不统属的四川军阀，以及广东军阀、湖南军阀等等。这些大大小小的军阀，构成了中国的西南军阀。西南军阀都是在护国战争中发展壮大起来的，他们在对北洋军阀的斗争中有一致性，但他们之间又存在着矛盾斗争，如滇、川军阀之间的矛盾斗争和桂、粤军阀之间的矛盾斗争。

全国南、北军阀，在袁世凯专制统治崩溃之后，都在乘机争夺和扩张，矛盾斗争愈演愈烈，其争夺的焦点是全国政权。控制着北洋政府的皖系军阀，在日本帝国主义的支持下，力图利用中央政权尽量扩张皖系势力，削弱和消灭别的军阀，建立皖系对全国的独霸统治。总统黎元洪深感皖系对他造成了严重威胁，借助南方革命势力和西南军阀的支持，以英、美帝国主义为背景，限制皖系的扩张。从1917年3月开始，黎元洪和段祺瑞，在反对和坚持对德宣战问题上，爆发了“府院之争”，矛盾迅速激化。段祺瑞唆使皖系为主的各省督军，强求国会通过对德宣战案，黎元洪在国会支持下，于5月23日宣布免去段祺瑞的总理职务；段祺瑞又纠集八省督军宣布“独立”，以武力威胁总统和国会。黎元洪请求拥有重兵的张勋入京“调停”，张勋乘机拥兵入京，迫使黎元洪解散了国会，并在段祺瑞、冯国璋等人的默许下，于1917年7月1日演出了拥戴已被打倒的宣统皇帝复辟的历史丑剧。张勋等人倒转历史车轮、祸国殃民，激起全国人民“普天同愤”。段祺瑞眼见他要解散国会和驱逐总统的目的已经达到，转而起兵打败张勋的复辟武装，以“再造共和的英雄”自居，重新窃据了北京中央政权。

以孙中山为代表的中国资产阶级革命派，鉴于护国运动胜利之后，象征中华民国共和国体的《临时约法》和旧国会仍有被北洋军阀毁灭的危险，在段祺瑞挑起“府院之争”期间，孙中山即提出了维护民国约法的号召，指出军阀“谋解散国会，破坏约法，大局前途未许乐观”；5月、6月间，孙中山先后致电西南各省督军、省长，指出：“民国与叛徒不能两存，拥护民国与调和不可兼得。”① 张勋复辟时，孙中山迅速发出了讨逆宣言，令各省革命党人“出师讨逆”，又致电桂、粤、湘、滇、川、黔六省督军及各界人士，要求“火速协商，建立临时政府，公推临时总统，以图恢复”。并于7月6日，偕廖仲恺、朱执信等，乘“海琛号”军舰，由上海南下广州，领导护法运动。在孙中山的号召下，国会议员纷纷抵达广州。8月25日，国会非常会议在广州开幕，决定建立中华民国军政府，联合已宣布“自立”的西南各省督军，共同反对北洋军阀。9月，护法军政府正

① 《孙中山年谱》，中华书局1980年版，第205－206页。

式成立，选举孙中山为海陆军大元帅，唐继尧、陆荣廷为元帅。孙中山高举护法旗帜，决心为恢复真正的共和民国而奋斗。

以滇、桂两系为主的西南军阀，对段祺瑞专权、破坏约法与国会，是持反对态度的。因为段祺瑞对中央政权的绝对控制和准备用武力统一全国，即威胁到滇、桂两系的既得利益，并意味着他们企图分享全国政治权力和向外发展（扩张）的希望落空。对此，以唐继尧为首的滇系军阀表现得更为鲜明。唐继尧和陆荣廷还有所不同，陆荣廷是起自绿林的旧军阀，封建性比较明显，他和北洋军阀（特别是直系）的关系较为接近。唐继尧是留学日本士官学校时加入革命行列的同盟会员、辛亥革命时的革命党人，因而思想上还多少保留一些民主革命的成分，特别是他和蔡锷、李烈钧等人共同发动护国战争取得胜利后，唐继尧的政治声望提高了。因此，在“府院之争”中，他支持黎元洪反对段祺瑞；张勋复辟时，他即于7月3日发出了讨逆通电①。唐继尧反对段祺瑞和张勋，既出于他还没有完全抛弃的民主革命思想，又因为北洋势力的扩张威胁到了他的既得利益和继续扩张，而后者是主要的。因此，唐继尧讨逆的动机和目的，和孙中山坚持继续进行民主革命而护法是不一样的。唐继尧虽然愤恨北洋军阀，但又畏惧北洋武力，他对北洋军阀的斗争只在于希望分享权益和保持其割据地位，并不根本反对北洋统治。因而他反北洋是没有勇气的，并处处留下余地和后路。所以，唐继尧对孙中山要求他“团结西南力量出师护法”，一直不公开响应，当他的情报人员报告：“此派（孙派）急欲借重钧座以抗北京”，唐复电指示：“暂虚与委蛇，以敷衍中央。”② 很明显，唐继尧认为孙中山没有实力，他倡导护法，只不过是空洞的政治号召，唐则自恃有庞大的滇军部队，其军事实力达于川、黔，远至广东；在政治上，其部属常常吹捧他为“西南领袖”，甚至还说有人要推举他为总统③，等等。在此形势下，唐继尧既不能抛弃民主共和旗号，又不能屈居于孙中山领导之

① 《唐督军布告全国克日出兵诛讨复辟电》，载云南《护国报》1917年7月11日第4版。

② 《唐继尧复徐之琛电》（1917年7月5日），载《云南档案资料》（未刊）。

③ 徐之琛在1917年7月12日致唐继尧的密电中说：“太炎有举公为总统之电。”（见《云南档案资料》。）

下而进行护法斗争。于是，他在《编成靖国各军讨伐复辟叛逆电》中，特地打出了自己的“靖国”旗号，宣布“现已集中所部，编成靖国各军，克日出发，誓将廓清妖孽，还我共和”①。唐继尧从此自立门户、独树一帜。这就是唐继尧等人发动“靖国战争”的背景和出发点。

唐继尧为首的滇系军阀，在中华民国的民主共和制度再次遭到北洋军阀颠覆之时，宣布“靖国”、“讨逆”，在客观上有利于“护法运动”。但应当指出，唐继尧等人是在既得利益受到北洋军阀的威胁之下才被迫“靖国”的，他们是为维护和扩张滇系军阀的政治军事权益而战。在这以后，随着“靖国战争”的进程而表现出来的滇系军阀扩张行动，是十分鲜明而突出的。

二、“靖国”并非“护法”

北洋军阀毁法乱国，张勋复辟的倒行逆施，激起全国人民一致愤怒声讨。孙中山的护法号召，在全国得到了迅速而广泛的响应。据当时的报纸刊载，全国各界人士，以至非北洋系的督军、省长，均通电声讨张勋复辟。据不完全的资料统计，伪宣统皇帝的“上谕”发出后，三至五天之内(7月3日~5日)，就有广东省长、江西省议会、广西督军及省长等十二个省的军政界发出了讨伐复辟的通电②。在全国政治舆论的支持下，孙中山率领护法海军，并得到驻粤滇军和部分粤军等武力的支持，在广州建立了护法军政府，和北洋军阀控制的北京政权相对抗。

孙中山在发动护法运动时，对于原为同盟会员、护国“功臣”，又拥有滇军实力的唐继尧，寄予殷切希望，力图借助唐继尧的实力，进行护法斗争。孙中山在5月下旬和章炳麟联名致电唐继尧，劝他出师护法；又于6月6日、8日、9日及7月上旬连续四次电滇、桂等省督军、省长，呼吁他们“克日出师，救此危局，作民保障”③。

① 靖国联军总司令部编:《会泽靖国文牍》卷一，1923年版，第20－21页。

② 云南《护国报》1917年7月13~14日刊载。

③ 《孙中山年谱》，中华书局1980年版，第206－208页。

唐继尧等人则把他们的政治希望，寄托在和北洋军阀达成妥协上，对于孙中山的急切呼吁，“虚与委蛇”，不公开表示支持或反对。遍查唐继尧的《会泽靖国文牍》第一卷，唐在8月11日发表护法通电之前的近三个月期间（即孙中山最急切地呼吁他护法之时），他先后发出“靖国”、“讨逆”文电共五十六件，其中没有一件是发给孙中山的，而全部是发给冯国璋、段祺瑞和北洋系的督军、省长，以及南方一些军政要人的。唐继尧把希望寄托在冯国璋等人身上，反复电恳冯国璋出来“消弭祸乱”、“共救危局”；当段祺瑞起兵攻击张勋复辟军时，唐又立即拥护段祺瑞“讨逆”，表示“愿负弩矢，以为前驱，谨率三军，翘企待命”①。于此可见，唐继尧是把北洋政府当做共和民国政府来维护的。可是，段祺瑞在击败张勋，重新夺得北京政权之后，他不仅不理睬唐继尧的热忱拥戴，反而支持刘存厚反对滇军入川“靖蜀”。8月6日，北洋政府任命皖系将领吴光新为“长江上游总司令”兼“四川查办使”，令吴率领北洋军两个混成旅，由湖南岳州启程入川。到这时，唐继尧对冯、段北洋政府的幻想才告破灭。他出于对北洋军入川的恐惧和愤怒，于8月11日发出了《阐明四义拥护约法通告京内外电》，宣布护法。唐继尧在通电中宣布：总统仍应复职；应即召集国会；国务员须经国会同意，由总统任命；按律惩办称兵抗命祸首等四条主张，但根本不提与孙中山护法的关系，更无响应之意。实际上唐继尧的护法声明并非他真实的政治主张，在这个表面的护法声明背后，他仍在暗中向北洋军阀表示希望妥协。唐宣布护法后，仅事隔五天，他就密电段祺瑞身边的梁启超说：“苟利于国，固不必拘之文法（指《临时约法》）相绳……殊段益肆凌逼，湘、川既临以重兵……继尧悲愤填膺，是以不顾一切，而有真日之通电（按：即8月11日‘护法通电’），明知势难办到，但骑虎之势，不得不尔……”② 唐继尧给梁启超的密电，完全道出了他宣布护法，是由于段祺瑞不让他继续控制四川，割据川、滇、黔，并非真正为了民国和约法。

更有甚者，唐继尧为了和北洋军阀达成妥协的政治需要，竟反对孙中

① 《唐继尧致天津段总司令共同征讨电》，载靖国联军总司令部编《会泽靖国文牍》卷一，第28页。

② 《唐继尧致梁任公电》（1917年8月17日），载《云南档案资料》（未刊）。

山建立护法军政府。他在得到其驻粤代表徐之琛报告护法军政府已经成立时，复电说：“中山举动本嫌唐突，惟既已发表，似勿庸积极反对，有彼在，亦有一种助力，将来取销，亦得一番交换利益。”① 这表明唐继尧等人，还打算把已经成立的护法军政府，作为他们攻城略地的助力，甚至准备把军政府作为他们和北洋军阀进行政治交易的筹码。

尽管非常国会和护法军政府十分尊重唐继尧，给予他仅次于大元帅孙中山的高位，可是唐继尧却不屑于接受这个崇高的尊位，他表面谦让，一再借故推辞，实际上是为了不至堵死和北洋军阀达成妥协的通路，才不接受元帅职的。他向梁启超、段祺瑞表白心迹说：“真日之宣言，实欲维正义，非与激烈分子为和声。近如粤省以元帅见举，亦正复电力辞，足见鄙怀也。”② 同时，他也是为了不得罪桂系军阀，希望与桂系保持一致，故称：“元帅一职已专电奉辞。盖此间所闻，组织军政府非桂粤当局所愿，恐因此愈失同情，转多窒碍，故决然辞去。”③

滇系军阀集团对于如何对付孙中山及护法军政府，曾研究过多种方案。他们提出：“中山尚拥虚名，欲谋新组织也，能否设法去之；如欲去之，则内部又多一纷扰，不如各谋军事之进行，俟结束之期稍见端倪时，再谋较易也。”④ 滇军首领之一、靖国滇军第四军军长黄毓成提出：“（非常国会）竟以此推孙，亦殊与法理事实相背。缘彼非常国会，未甚合法，且实力又未能支配南方……今者已有军事会议，再由各省推举代表民事，与孙之非常国会并立而三。对于总统问题，暂采一虚位制。如此，则我无组织政府之名，而有其实。”唐继尧赞赏这些反护法军政府的方案，他批示：“所见亦是，向（相）机与南方各省一商。”⑤ 正是由于这些反护法军政府的方案的实施，滇系军阀伙同桂系军阀，通过国民党内反孙的政学系分子，修改了护法军政府组织大纲，悍然改组了军政府。

---

① 《唐继尧复徐之琛电》（1917 年 9 月 16 日），载《云南档案资料》（未刊）。

② 《唐继尧致梁启超密电》（1917 年 10 月 8 日），载《云南档案资料》（未刊）。

③ 《唐继尧复张开儒等密电》（1917 年 9 月 16 日），载《云南档案资料》（未刊）。

④ 《郭同请联合直系长江三督排除孙中山致唐继尧密电》（1918 年 2 月 14 日），载《云南档案资料》（未刊）。

⑤ 《黄毓成建议另组政府抵制孙中山致唐继尧密电》及唐绕尧批示（1918 年 2 月 8 日），载《云南档案资料》（未刊）。

从唐继尧以上的宣言和行动中可以看出，由于他所处的环境和地位等关系，在当时全国错综复杂的矛盾中，他虽然举起了“靖国”旗号，并于8月11日发出“真电”宣布护法，但他的真实政治主张并不是要维护民国的共和体制及其《临时约法》和国会，而是因为段祺瑞、冯国璋等人不承认滇系军阀对滇、川、黔的割据，且用武力与之争夺四川，“临以重兵”、“凌逼湘川”，才迫使唐继尧宣布“护法”的。唐虽宣布“靖国”、“护法”，但他并不支持真正护法的孙中山及军政府，甚至反对护法军政府的成立，阴险地企图把军政府作为与北洋军阀进行政治交易的交换条件。所以我们说，以唐继尧为首的滇系军阀的“靖国”并非“护法”。

三、“靖国”止于据川

护国战争之后，在四川，各种军事政治力量都围绕着对四川的控制权展开了斗争：滇系和北洋系、旧川军系和国民党政学系及拥孙派，都直接、间接地对四川展开了争夺。1917年“靖国战争”爆发之前，在“南北对峙”中的滇、川关系是极为复杂的，它表现为川、滇军阀的斗争，却又反映南、北军阀的矛盾，以及四川省内各派的矛盾等等，但其基本线索还是清楚的。唐继尧集团，在护国战争后期，有计划地把滇军主力调进四川，乘机控制“西蜀天府”，并图进而“逐鹿中原”，要求在全国政权中和西南地区范围内都有滇系的份额。护国战争结束时，蔡锷因病离川，护国第一军参谋长罗佩金，代替蔡锷署理四川督军，留川黔军司令戴戡署理四川省长。罗佩金掌握了四川兵权，戴戡成了四川的政府首脑。在当时国家并未统一的半殖民地半封建社会条件下，军队实际掌握在各军事实力派手中，不是统一的国家军队。因此，在四川军政界人士看来，“就军事而言，赶走了北洋军，进来了滇、黔军。就政治而言，由北方的专制统治，转变为滇、黔人的共治。四川人民并没有掌握自己的省政”①。罗佩金作为

① 熊克武：《大革命前四川国民党的内讧及其与南北政府的关系》，载《文史资料选辑》第三十辑，第12页。

滇军将领，受唐继尧支配，从滇系的利益出发，他竭力巩固和加强对四川的军事控制，这是必然的。川军将领刘存厚等人指责罗佩金在整编军队、分配军饷等方面，采取“强滇弱川”的政策，可能是不无根据的；刘存厚指责唐继尧在辛亥革命时就有“并吞川省之谋”，罗佩金督川以后，“西南政策一变而为云南政策，并川之心，于是决矣”①。由此可见，在当时的滇、川军阀之间，是存在着“控制与反控制”的尖锐矛盾的。1917 年 4 月，在成都爆发的滇、川两军混战，就是这种矛盾激化后必然导致的军事冲突。由于矛盾加剧，滇系军阀自然益思加强控制四川之策；川军将领刘存厚等人亦竭力加强联合，并寻求后台，以对抗滇军。

当时，北京中央政权在段祺瑞控制下，继续推行袁世凯未完成的“武力统一”政策，资产阶级革命力量和西南军阀都是它要武力消灭的对象。段祺瑞轻视缺乏武装的南方革命力量，重视拥有军队的西南军阀势力，滇系军阀是西南军阀中的两大主力之一，因此它就成了北洋政府要重点打击的对象之一。北洋政府的战略意图是“盖欲定大局，非谋统一不可。欲谋统一，非川、粤同受政府节制不可。以川较粤，川可稍缓，而粤宜急，粤定，川或随之而自定”②。这就是说，北洋军阀“武力统一”的第一个目标是广东，因为广东是西南宣布“自主”各省的联络点，又是南方革命力量的中心和护法军政府所在地，攻破了广东，就夺取了南方各派反北洋势力的共同基地，并切断他们的海外交通枢纽。其第二个目标就是滇系军阀控制下的四川，因四川是川、滇、黔三省的重心，其战略地位和经济、政治价值都十分重要。北洋政府对川、滇、黔长期鞭长莫及，要控制四川，只有利用滇、川两军的矛盾，支持刘存厚等川军势力反对已进据四川的滇军，是最有效的策略。所以段祺瑞和刘存厚在北京的代表吴莲炬等人保持接触，直接授意刘存厚反对驻川的滇、黔军③。

唐继尧等人感到，北洋军阀的“武力统一”政策如果在四川取胜，不

① 《刘存厚申诉川乱由来电》（1917 年 8 月 12 日），载《四川军阀史料》第一辑，四川人民出版社 1981 年版，第 312 页。

② 《徐树铮电稿》，中华书局 1962 年版，第 182 页。

③ 吴光骏：《刘存厚的早期活动与“刘罗”、“刘戴”之战》，载《四川军阀史料》第一辑，四川人民出版社 1981 年版，第 124 页。

仅损害滇系的既得利益，而且威胁到滇系的未来生存。因此，尽管已在1917年4月爆发了滇、川两军的成都之战，滇军被刘存厚军赶出成都，退守川中、川南，到张勋复辟时，唐继尧还是希望和刘存厚等人“弃嫌修好”，共同对付北洋系。唐以“西南数省与国休戚，滇川犹唇齿相依”为理由，呼吁川军将领们“允宜尽解前嫌，释戈御侮”，共同对付“北系中人”①。

以刘存厚为首的四川军阀，在川、滇对立矛盾中，需要寻求支持者和后台，他们虽然知道投靠北洋系是危险的②，但也不惜采用这种“饮鸩止渴”之法，利用段祺瑞北洋政府的支持，以驱逐滇、黔军。刘存厚在4月成都之战前，即以胡文澜、吴莲炬（共和党参议员）为驻北京代表，积极奔走于北洋军政要人之间，争取北洋系对刘系川军的支持。因此，张勋复辟帝制时，就很自然地选中刘存厚作为四川的代理人，以伪宣统皇帝之名封刘存厚为“四川巡抚”。刘存厚得到晋封伪职，是“欣喜欲狂”的③，但他还没有来得及正式声明受职，段祺瑞已进兵讨伐张勋，刘也就跟着转而“声讨张勋复辟”，表示拥护共和了。接着，段祺瑞夺得了北京政权，刘存厚即宣布拥护北洋中央政府，声明“存厚以川军夙志，惟知拥护中央，破坏之行，未敢强附”④。

在“南北矛盾”斗争中，刘存厚公开站到了北洋军阀一边，滇系军阀企图控制和挟持川军共同对付北洋的努力落了空，唐继尧等人即迅速采取了“靖国首先靖川”的对策，宣布“以靖国之军，先尽恤邻之谊”，“思惟北征，宜先靖蜀”⑤，乃于1917年7月16日发出了讨伐刘存厚的通电，宣称“刻即躬率三军，吊民伐罪”。实际上，以唐继尧为首的滇系军阀，在“靖国”的旗号下，借讨伐刘存厚“叛受伪职”和“附北”之名，迅

① 靖国联军总司令部编：《会泽靖国文牍》卷一，1923年版，第4－6页。

② 熊克武说：“周道刚想利用吴光新驱逐滇黔军，后得悉吴带有数旅之众的北军，恐慌起来，借反客军名义，拒阻吴入川。”（见《文史资料选辑》第三十辑，第13页。）

③ 吴光骏：《刘存厚的早期活动与“刘罗”、“刘戴”之战》，载《四川军阀史料》第一辑，四川人民出版社1981年版，第128页。

④ 《刘存厚驳唐绕尧、刘显世电》（1917年8月6日），载《四川军阀史料》第一辑，四川人民出版社1981年版，第310页。

⑤ 靖国联军总司令部编：《会泽靖国文牍》卷一，1923年版，第27－28页。

速发动大规模的、以进攻刘系川军为目标的“靖国战争”，是预谋的，有计划、有准备的。滇军于1917年4月在成都战败后，滇系对四川的控制地位和滇军在川的处境都岌岌可危。因之，滇系军政首脑们都在密谋挽回控制四川之策，一直在为重新控制四川而寻找时机和借口。他们在策划中提出：“吾滇不急收川，将来直无立足之地……宜先发制人，由镕（罗佩金字镕轩）设法与川军开衅，即藉口进兵，占领成都。若虑此法用力太多、收效迟，尚有一稳健之法：由公（指唐继尧）速保西林（岑春煊）督川……西林对滇感情较桂、粤尤厚，必能沆瀣一气。如此办理，既可无征服痕迹，又可留余力以对付全局。”唐继尧完全赞成这一谋略，断然决定采取第一方案——武力征服。他亲笔批示：“刘已叛，当然取第一策。”① 唐继尧后来也说明，他早就决定重新攻占四川，只是一时未找到借口而未行动，幸喜发生了张勋复辟，刘存厚被伪命为“四川巡抚”，于是立即出兵“靖川”。他声称：“川事不定，关于大局计划亦被牵制。前之所以审慎者，以师出尚无名耳。顷接戴（戡）电，刘已叛受伪职，则武力解决，亦甚正当。刻已着手进行。”②

作为封建军阀，其政治野心都是很大的，滇系军阀也不例外，他们决计以武力占据四川，其贪欲决不止于四川。滇系军政首脑们强调：滇军必须向外发展（扩张），向外发展就要首先占领四川。复辟事件发生后，唐继尧的高参、驻粤代表及情报联络人徐之琛献策说：“对川及早出师，万不可缓。俾势力达到长江，始有逐鹿希望。”③ 唐继尧回复说：“最近消息，段已在北方得手……滇军不乘此出发，将来更无发展希望，现已决定亲出督师。幸刘（存厚）先启衅，征之有辞。刻部队已陆续向川进发，并将滇、川各队编为靖国军。”④ 当张勋复辟已被粉碎之后，他们仍借口“讨伐张勋复辟”，驱使滇军，倾巢入川。唐继尧说：“现复辟事将次解决，非乘此机会，迅将川事奠定，大局何能进行？刻已与镕轩、如周（刘显世

① 《李曰垓致唐继尧密电》（1917年7月2日）及唐继尧批语，载《云南档案资料》（未刊）。

② 《唐继尧复岑云阶电》（1917年7月9日）载《云南档案资料》（未刊）。

③ 《徐之琛致唐继尧电》（1917年7月4日），载《云南档案资料》（未刊）。

④ 《唐继尧复徐之琛电》（1917年7月12日），载《云南档案资料》（未刊）。

字如周）并力以图。”“滇现拟全力定川，川局既定，再图第二步之发展。”[①] 唐继尧等人决定全力“定川”，在军事上积极行动的同时，还广泛开展政治攻势，宣传“靖川”的所谓“必要性”、“正当性”，要求南方军政界要人支持滇军对四川的战争。唐继尧在致李烈钧电中强调：“惟川事不亟收拾，恐北京乘机插入，则棘手殊甚。望与西林、少川（唐绍仪字少川）各方要人妥协设法，俾得将川事付滇收拾。”[②]

滇系军阀集团经过周密策划和部署后，将滇军改编为“靖国军”，共八个军，将其主力第一军（顾品珍军）、第二军（赵又新军）、第三军（庾恩旸军）、第四军（黄毓成军）四个军，以及新编的叶荃第八军、由四川汉军张煦部改编的第七军等部，共60个营，加上黔军王文华第一师十余个营[③]，共约四万余人的兵力，称“靖国军滇黔联军”，唐继尧自任总司令，亲自督师，对刘存厚指挥的川军第一师（周道刚师）、第二师（刘存厚师）、第三师（钟体道师）等部发起大规模的进攻。当时，战线绵延数百里，战场遍布整个川中盆地，时间从1917年7月直至1918年2月，把刘存厚各军赶出成都，战争才初步中止。战争的早期（1917年7月～11月），由于四川军民在“一致对外，驱逐客军”的口号鼓动下，同仇敌忾地抗击滇军，又得到北洋政府的支持，致使滇军遭到全面溃败，丧失了整个川中盆地，直退到滇川边界的盐津、镇雄、叙永等地。唐继尧自己承认是“因北军加入，敌势益张，我军不支，分道退却。又因军［川］人纵火，扰我军心，枪械人员损失甚巨”。迫使他慌忙电李曰垓，要李赶快请岑春煊出面与冯国璋商议调停[④]。在滇军危急关头，顾品珍率军由泸州东下，联合黔军王文华部，突袭重庆成功，于12月4日攻占重庆，北洋军吴光新部战败退回湘、鄂（此时吴光新的上司段祺瑞内阁已倒台，北洋军在湘、鄂战事吃紧，吴军不能再坚守四川），刘系川军被迫从川南各地撤

① 《唐继尧致李曰垓、李烈钧电》（1917年7月15日），载《云南档案资料》（未刊）。

② 《唐继尧致李烈钧电》（1917年7月26日），载《云南档案资料》（未刊）。

③ 《李曰垓致李烈钧电》（1917年11月3日），载《云南档案资料》（未刊）。

④ 《唐继尧因滇军在川战败电李曰垓请岑春煊调停电》（1917年11月12日），载《云南档案资料》（未刊）。

退。赵又新、黄毓成等部滇军，乘机由川南对刘军发动反攻，于12月14日夺回泸州。这时，顾品珍军和王文华所部黔军，联合川军熊克武部，由重庆向成都进攻，1918年2月25日，“川、滇、黔靖国联军”共同攻占成都，刚由北洋政府任命（1917年12月）仅两个月的四川督军刘存厚、省长张澜及川军钟体道师、田颂尧、赖心辉旅等部，败退陕南汉中地区。到此，唐继尧等人发动的以夺取四川为目标的“靖国战争”就基本中止了。

唐继尧指挥滇黔军，联合四川国民党人熊克武（属政学系）、石青阳（属拥孙派）等部川军，打败了北洋系支持的刘存厚系统的旧川军，重新控制了四川，任命熊克武为“四川靖国各军总司令”、四川督军（后经护法军政府任命），杨庶堪为省长。四川省的军政权力，名义上由川人熊克武、杨庶堪掌握，实际上是滇军在黔军和熊系川军配合下，武力割据四川，各地的行政权都由驻防该地的军队支配，各地军事长官自行任命地方官员，为驻军筹集粮饷。熊克武无法应付军费困难，被迫“指定各军饷款，概就驻防县局拨给”。从滇军防区开始的四川境内军阀割据的特有形式——“防区制”，从此正式形成。

唐继尧于1917年至1918年在四川发动混战取得胜利后，踌躇满志，于1918年9月，亲自出马重庆，召开了滇、川、黔、鄂、豫等省“靖国联军”军事会议，取得了“五省靖国联军总司令”之名。他以准备“北伐”为名，要求由联军总司令部特设机关，掌管四川的盐税（四川的基本财政收入）和兵工厂，但遭到熊克武等人的抵制，未能达到目的。

唐继尧因重新控制四川的目的已基本实现，就不打算再推进他的“靖国战争”、进行“北伐”了。当讨刘战事刚结束，唐继尧即部署滇军驻扎于四川各要地，从成渝之间的盆地腹心地带，直到川东的万县、夔、巫长江孔道，都由滇军驻防，战前在川中、川南的顾品珍、赵又新两个主力军，战后仍驻扎在以自贡、泸州为中心的川中、川南一带经济、军事要地。当川军进入泸州南部时，赵又新立即致电唐继尧、熊克武：“务恳锦公（熊克武字锦帆）分电各该司令，此后各队驻防区域，勿得混杂。”唐继尧即批给熊克武：“川南现由赵、顾两军主力驻扎……若他军搀入，即使招安军，亦难办事，应如电由锦帆制止，并将川南划为赵、顾两军驻防区域。”[①] 此后，唐命熊部川军出援陕西，熊又要求滇黔军东下湘鄂北伐；唐要保持和巩固既得利益，熊要保其微弱的实力，双方都不愿离川出战，以至展开明争暗斗。熊克武指责说：“今滇军大部尽屯内地，黔军亦置秀（山）、酉（阳）、綦（江）、南（川），以示归马放牛之意。言念前途，不寒而栗。现湖南战事异常进步，粤省亦正出兵攻略闽赣，我三省联军反蛰居腹地……而护法目的，始终难圆满达到也。”[②] 石青阳又向唐继尧报告，熊克武并不按计划追击刘、钟和援陕，说：“熊总司令电令北路各军暂取守势，并划分区域，指定防守任务。”唐则讥讽道：“熊对陕亦取守势，真眼光太小。”[③] 黔军王文华部则把重庆视为征服之地加以占领，坚守不让，王给唐继尧、熊克武电称：“吾黔商务与渝城有莫大之关系……不能仅视为川省之一治区；我军夺自北军之手，牺牲甚钜，非欲占川省之地，乃欲得战略上之要点，并以维持川黔商务。”王文华效尤唐继尧自己的军事占领做法，唐无言以对，无可奈何地表示：“此间攻守计划完全不能实行。黔军守渝，已成不易之事。”[④] 熊克武以督军名义坐镇四川，他唯恐滇、黔军就此占领和割据四川不走，但想尽了办法亦未能使滇、黔军出川“靖国”、“北伐”，他赌气宣布交出军民两政，率先出师东下，“以竟护法之职志”[⑤]。唐继尧、王文华等人明白熊克武不过是以此要挟他们，故毫不为动，不加理睬。

滇、黔军重新占领四川之后，完成了对川武力割据。唐继尧等人发动“靖国战争”的目的已达到，他们即不再劳师东下，再冒损失滇军主力之危险。同时，唐继尧等人也明白，滇军主力是不足以东下湘鄂和北洋军逐

① 《赵又新请划定防区致熊克武、唐继尧电》及唐继尧批语（1918年6月30日），载《云南档案资料》（未刊）。

② 《熊克武以滇黔军应出川援鄂致唐继尧、刘显世电》（1918年6月30日），载《云南档案资料》（未刊）。

③ 《石青阳致唐继尧电》及唐继尧批语（1918年7月11日），载《云南档案资料》（未刊）。

④ 《王文华致唐继尧、刘显世、熊克武电》及唐继尧批语（1918年7月11日），载《云南档案资料》（未刊）。

⑤ 《熊克武为交出军民两政致唐继尧、刘显世电》（1918年7月8日），载《云南档案资料》（未刊）。

鹿中原的。所以，攻克成都之后，唐继尧就和桂系军阀头子陆荣廷等人，通过岑春煊等国民党政学系分子，和北洋军阀暗中勾结，进行停战议和，要求互相承认各自的割据地位而结束战争。为了和北洋军阀勾结议和，他们排斥坚持护法的孙中山，乃于1918年5月改组了护法军政府，选举唐绍仪、唐继尧、陆荣廷、伍廷芳、孙中山、林保怿、岑春煊七人为总裁，废除了元帅制，迫使孙中山下台，致使孙中山坚持继续民主革命的护法运动，遭到了第一次失败。

由以上史实可以看出：唐继尧等人在1917年至1918年之间所发动的“靖国战争”，不是真正的护法战争，不具有民主革命的进步性。它是一次十足的西南军阀大混战。

（原载《西南军阀史研究丛刊》第三辑，云南人民出版社1985年版）

孙中山与援粤滇军

孙中山在发动和领导护法运动中，曾利用南方军事实力派（后来的西南军阀）以反对北洋军阀。这一段旧民主主义革命斗争的历史，成为评价孙中山的历史功绩中的一个低谷，甚至给孙中山的光辉形象投下了一些阴影，对于护法运动的历史评价，亦因此被降低。实际上，护法运动是孙中山在旧民主主义革命中一段光辉的革命斗争史，在推进民主革命的继续发展中有不可磨灭的历史功绩。至于孙中山在护法中利用以至倚重西南军事实力派，是在当时的历史环境中，客观的阶级力量对比所决定的，也是斗争策略的需要。当孙中山在实践中认识到西南军事实力派已蜕变为地方军阀后，与之进行了坚决的斗争。对这些历史事实，都应当遵照历史唯物主义的精神，实事求是地给予评价。我们以孙中山和援粤滇军的关系为例，对这一段史实试作评述。

一

滇军援粤，曾经先后两次。第一次是李烈钧、张开儒、方声涛率领入粤讨袁的护国滇军。在护国战争中，护国第二军总司令李烈钧率领张开儒、方声涛两个梯团（混成旅）东进，在滇桂边境一举击溃骚扰护国军后方的龙觐光军，配合桂军包围龙觐光军总部于百色，迫使其缴械投诚。护国第二军在广西军民欢迎声中进入南宁，拟经广东转湖南、江西北伐。但已宣布“独立”的广东将军龙济光反对护国军东进广东，龙军朱福全部阻击北进的张开儒军，张军一举击溃朱福全军，进占粤北重镇韶关。其时，袁世凯毙命，护国战争终止。方声涛部配合桂军南下，迫使龙济光军撤离长期盘踞的广州，退往海南岛。但革命党人李烈钧却遭到北洋军阀的攻击诋毁，被迫放弃军权。此后，护国滇军即以张开儒、方声涛为首而驻在广东。云南督军唐继尧把张开儒部编为滇军第三师，驻在以韶关为中心的粤北地区，方声涛部改为滇军第四师，驻广州及其附近地区。

进军广东的护国滇军，在反对袁氏洪宪帝制的斗争中立下了功勋。该部滇军将领李烈钧、张开儒、方声涛等人都是辛亥革命和护国运动中激进的革命派，所部滇军官兵的民主革命精神强烈，在当时全国民主革命思潮持续高涨中，是一支革命军队，这是第一次援粤滇军的特色。

1917 年，段祺瑞继承了袁世凯的衣钵，以国务总理兼陆军总长的地位，继续执行袁世凯的北洋军阀专制统治，"约法毁灭，国会废弃"；挑起尖锐的"府院之争"，诱使张勋复辟；全国政局剧烈动荡，民主共和制度又面临严重危机。在此危急时刻，孙中山立即号召进行护法斗争。但此时"江河流域，已为荆棘之区。惟西南诸省拥护共和，欢迎国会"①。首先是李烈钧、张开儒、方声涛等人代表在粤滇军，积极响应孙中山号召，通电呼吁保卫共和民国。张开儒于 6 月 11 日通电宣布："欲保障共和，必先保障国会"，要求"速兴义师，大张天讨，以全力拥护国会"②。当孙中山由上海启程南下时，张开儒即发出护法通电，要求"两院议员来粤，开非常紧急会议，迅速在广州组织责任内阁……（及）最高军事机关，推举讨逆军大元帅"③。

在滇军和海军宣布护法以及南方革命力量的支持下，国会两院议员纷纷南下广东，8 月下旬在广州举行国会非常会议，9 月 1 日选举孙中山为陆海军大元帅，唐继尧、陆荣廷为元帅，组成了"中华民国军政府"。孙中山能建立护法军政府于广州，在政治上是受全国民主革命力量的支持，在军事上是依靠海军和援粤滇军的力量。海军南下护法其影响巨大，但组成的护法舰队仅 11 艘舰艇，总吨位不过 13 000 余吨，且海军陆战队未能随舰队南下，其实力有限。在粤滇军则是一支不容小视的武装力量，当时

① 《孙中山致国会议员电》，（台湾）《革命文献》第七辑，第 14 页。
② 《中华民国史料丛稿·大事记》第四辑，第 28 页。
③ 《张开儒护法通电》，载《云南档案资料》（未刊）。

北洋政府估计："孙文定计在粤另立政府，所恃陆军势力，只有张开儒、方声涛两师及林虎一旅……实仅张、方两师可资号召。"孙中山亦称："滇军在粤，方（声涛）部讨龙（济光），张（开儒）部拥护军府。"当桂系军阀排斥打击孙中山，以武力威胁军政府时，张开儒挺身而出，以护法滇军支持和保卫护法。张开儒于1918年2月6日通电宣布："开儒前蒙非常国会之推举，承孙大元帅特任为中华民国军政府陆军总长……谨于本日在广州八旗会馆宣誓就职。"[①] 接着，他又宣布："国会及军政府在此，不能不有重兵镇慑。开儒即以国会之所在，即民国正统之所在，故屯兵于此，以资保护。"[②] 并派兵监督广东有关税收机关，督促其向军政府提供财政经费。由于在粤滇军的坚定护法，使桂系和政学系反孙势力，不敢轻举妄动，只能暗中向唐继尧诬告和诋毁张开儒"自任军政府陆军总长以来，举动莫测"[③]。

护法战争于1917年秋，在四川和湖南两大战场先后爆发，唐继尧的"靖国军"在四川驱逐了皖系吴光新军和依附皖系的刘存厚川军，控制了四川。陆荣廷桂军在护法湘、粤军的有力配合下，击败北洋军主力傅良佐、王汝贤、范国璋等部，控制了湖南省。北洋军战败，段祺瑞内阁因之倒台，直系军阀冯国璋、曹锟等人为乘机控制中央政权，倡议停战议和，以作缓兵之计。滇、桂两系在此时都已成为有巨大野心，力图"逐鹿中原"的地方军阀，通过川、湘两场军事较量，他们深知要打败北军，力所不及，只能把分别割据滇、川、黔和桂、粤、湘作为首要目标，因而积极响应直系的"和平"呼吁，立即与冯国璋等人停战议和，企图就此分赃割据。

桂、滇两系为急于与北洋军阀停战议和，拒绝军政府之命，打击排斥孙中山，夺取军政府的控制权。桂系首先夺取捍卫军政府的武装力量，陆荣廷、莫荣新等人利诱收买程璧光，使护法舰队转而依附桂系，"桂系对分化海军之策既告成功，乃进一步对军政府横加压迫"[④]，接着即分化瓦解

① 《张开儒就任护法军政府陆军总长通电》，载《云南档案资料》（未刊）。
② 《张开儒致唐继尧电》，载《云南档案资料》（未刊）。
③ 《杨晋致唐继尧密电》，载《云南档案资料》（未刊）。
④ 邵元冲：《总理护法实录》，（台湾）《革命文献》第七辑，第21页。

护法滇军。陆荣廷、岑春煊等把政学系首领李根源请到广东，利用李根源曾任云南陆军讲武堂总办而在滇中有“声望”，排斥、打击护法滇军中的革命派，夺取其兵权。

桂系和政学系夺取驻粤滇军兵权的行动，得到了唐继尧的支持与配合。唐以云南督军的权力，下令改组驻粤滇军，免去张开儒的滇军第三师师长职务。唐在电令中声称：“张开儒已任军政府要职，所有第三师事务，应另派员接管。”① 撤销由张开儒兼任军长的“靖国第五军”番号，合并三、四两师为“靖国第六军”，任命李根源为军长，指挥全部在粤滇军。莫荣新、李根源等人利用北军袭占南雄县之机，诬张开儒“密令所部向韶（关）撤退”，由李根源率军驰赴韶关，以驻粤滇军军长和“粤赣湘边防军务督办”身份，用突然袭击方式，强行接管张开儒第三师兵权。当张开儒回到广州时（5 月 12 日），莫荣新派兵在车站逮捕张开儒，枪杀了陆军部次长崔文藻。又派兵洗劫军政府陆军部机关。桂系和政学系就完全夺取了捍卫护法军政府的武装力量——援粤滇军。

桂系和政学系劫持护法滇军之际，即着手排除孙中山的领导，夺取军政府领导权。他们通过国会中占优势的政学系议员，提出改组军政府案，“以多头式之总裁制，易单一式之大元帅制，使总理不安于职而去”②。1918 年 5 月 14 日通过了《修正军政府组织法》案，修改了《中华民国军政府组织大纲》。5 月 20 日选举岑春煊、陆荣廷、唐继尧、孙中山等 7 人为“总裁”，废除大元帅制，组成军阀、政客合伙的“合议制”军政府。孙中山被迫通电辞职，但同时在政治上对桂、滇军阀进行了坚决斗争，通电谴责南、北军阀都是“一丘之貉”。

政学系在南、北军阀的政治交易中和桂系紧密勾结，把在粤滇军作为政治投机的资本。援粤滇军完全成为政学系进行政治交易的后盾和桂系军阀统治广东的武装工具之一。

1920 年春，滇系军阀首领唐继尧和桂系展开对援粤滇军的争夺，于 2 月 10 日下令免去李根源的军长职务，使在粤滇军分裂成拥唐和拥李（根

① 《唐继尧命杨晋暂代第三师师长电》，载《云南档案资料》（未刊）。
② 邵元冲：《总理护法实录》，（台湾）《革命文献》第七辑，第 22 页。

源）的两个部分。3月，岑春煊、李根源等人将李部滇军改为“海疆军”，移驻海南岛。8月，孙中山促使陈炯明率援闽粤军回师广东，驱逐割据和蹂躏广东的桂系军阀。桂军在广东军民同仇敌忾、共同打击下，节节溃败。此时，已沦为桂系军阀的附庸和帮凶的李根源所部滇军（“海疆军”），奉命驰赴东江河源县一带，充当桂系炮灰，抵抗粤军回粤讨桂。已蜕变为寇盗式军阀武装的“海疆军”，和桂军一样祸国殃民，鱼肉广东老百姓，所经村镇均被其抢光吃光，真是“揭地三尺”。广东人视“海疆军”残于土匪，愤恨已极，一见滇军溃散，就纷纷开枪伏击，“海疆军”全线溃败。粤军近迫广州，岑春煊、陆荣廷等人悍然片面宣布解散护法军政府，李根源随岑春煊一起仓皇潜逃香港，将滇军残部交给旅长张鑑贵收拾残局。张鑑贵、梁说等人将“海疆军”改名易姓为“护法滇军”，迎请刚从莫荣新的囚牢中获释的张开儒为总司令，张开儒欲挽救这支滇军，于11月30日宣布就任“护法滇军总司令”职，并向陈炯明交涉。但粤军方面既恨滇军（“海疆军”）助桂为虐，又恐滇军日后坐大为患，陈炯明以迅雷不及掩耳之势，一举将滇军包围缴械，全部加以编遣。李根源所部滇军，也就在桂系军队在广东覆灭时，成了桂系军阀的殉葬品。

二

第二次援粤滇军，是杨希闵率领的滇军顾品珍余部。顾品珍是滇系军阀占据四川时驻川滇军的两个军长之一。1920年唐继尧发动对四川督军熊克武的战争失败后，驻川滇军第二军军长赵又新战死，顾品珍率军回云南夺取了唐继尧的军政权力，唐流落香港。一年后，唐继尧搜罗在桂滇军龙云、胡若愚等部，于1922年3月打回云南，顾品珍战死。顾部滇军五个旅，由副总司令张开儒率领向广西转移，时值陈炯明叛变，孙中山号召讨伐陈炯明叛军，张开儒是拥孙护法的革命民主派，立即响应孙中山的讨逆号召，挥军向广东进发。10月23日，孙中山致函张开儒，告以已派员到香港筹划接应和供应工作。张开儒军至广西桂平，滇军内部发生权力斗争，杨希闵、杨池生、杨如轩等人剥夺了张开儒的兵权，推举杨希闵为代理总司令。孙中山于11月8日致函杨希闵，盼率滇军速入广东。“三杨”认为广西地瘠民贫，滇军在桂无发展前途，仍响应讨逆号召，向广东发展，并派代表向孙中山表示拥戴并请示方略。2月6日，杨希闵在广西大湟江白马庙就任滇军代总司令，并和范石生、张开儒、朱培德、刘震寰、沈鸿英等在白马庙召开军事会议（史称“白马会盟”），决定于2月10日发起讨陈军事行动；推举杨希闵为滇桂联军总司令。联军顺利攻克梧州、肇庆、三水等地，驱逐了陈炯明叛军，于1923年1月14日进克广州。

杨希闵所部援粤滇军，由于久经沙场阵战，实战经验丰富，战斗力强。当其入粤时，号称五个旅，实仅十个极不完整的作战团，人数不足一万，不及桂军刘、沈两部（约二万余人）之半。但滇军一路领先，胜利前进，陈炯明叛军闻风溃退。因之，杨希闵滇军的“声威”远较桂军为盛。杨希闵军能响应孙中山号召讨陈，有力地支持了孙中山的革命斗争，这是应当予以肯定的。杨部滇军收复广州后，受到孙中山的倚重。

援粤滇军光复广州的军事告一段落后，由古应芬、邹鲁、胡汉民和滇军将领联名电请孙中山莅粤主持大计，孙中山于2月21日回到广州，就大元帅职，设大元帅府。3月1日正式成立陆海军大本营，以廖仲恺、伍朝枢、谭延闿分任财政、外交、内务等部长。孙中山决定“不再拿护法做功夫”，要“巩固政府的地位并把广东省变成国民革命运动的战略基地”①。当时大元帅府统辖的军队有：讨贼滇军约一万五千人，驻在广州及粤汉路、广三路沿线；讨贼桂军约一万人，驻广州及广九路沿线；中央直辖滇、桂军约五千人；此外还有桂军及粤军梁鸿楷部，各约万人，分驻肇庆和江门等地。东路讨贼粤军许崇智部约二万人，尚远在福建。因此，大元帅能就近指挥的，主要是杨希闵所部讨贼滇军。孙中山对杨希闵及所部滇军寄予殷切之希望，对杨希闵本人更是十分尊重，先后委以滇桂讨贼联军总司令、中央直辖滇军总司令、滇军第一军军长、广州卫戍司令等要职，准备以杨希闵滇军为主，辅以粤、桂各军，统一广东，再行北伐。

杨希闵滇军援孙讨逆之初，在孙中山指挥下，对巩固广东根据地曾发

① ［苏］亚·伊·切列潘诺夫：《中国国民革命军的北伐——一个驻华军事顾问的札记》，中国社会科学出版社1981年版，第40页。

挥过积极作用，平定了沈鸿英桂军叛乱。讨伐沈鸿英叛军的胜利，打破了北洋军阀吴佩孚利用沈、陈两部叛军颠覆孙中山大元帅府的企图，保卫了广州的安全，使孙中山得以集中主要兵力，讨伐对广东军政府威胁最大的陈炯明叛军。

讨伐陈炯明叛军，是孙中山1923年主要的军事斗争，他清楚地认识到，能否平定东江的陈逆叛军，是军政府能否巩固的关键所在。孙中山以杨部滇军为讨贼军主力，配合许崇智等部讨贼粤军，在5～11月之间，对陈炯明叛军林虎、洪兆麟等部展开攻击。孙中山曾于5月和8月，先后数次亲赴东江前线石龙、惠州等地巡视讨陈战事。敌军曾攻占石龙、迫近广州，军事形势十分险恶，是在中国共产党人的帮助下，动员广州的工农群众奋起和讨贼军共同保卫广州，并得到湘军谭延闿部和豫军樊钟秀部的增援，才打退了陈逆叛军，解除了敌人对广州的威胁。

以后，孙中山仍倚重杨希闵所部滇军，对杨希闵更优礼有加，大本营的重要会议杨均参与议事决策，和苏联顾问鲍罗廷，以及廖仲恺等同时席坐于孙中山左右，孙中山甚至曾叫许崇智把所部军队交杨希闵指挥。1924年初，国共合作改组国民党，在国民党第一次全国代表大会上，杨希闵被选为由24人组成的第一届中央执行委员之一，与国民党元老胡汉民、汪精卫、廖仲恺等人平列。1925年2月，广州革命政府集中兵力，发动消灭陈炯明叛军的第一次东征时，仍任命杨希闵为东征联军总司令，统辖许崇智部粤军、谭延闿湘军、刘震寰桂军以及朱培德等部中央直辖建国军，总兵力逾十万人。当时杨希闵真是“权重位尊”，声震南国，完全有条件一鼓荡平陈炯明叛军，统一广东。特别是在打败沈鸿英叛军之后，陈炯明军因丧失民心，士气低落，是消灭陈逆叛军的最好时机。可是，杨希闵等人却别有用心：他们入粤是来抢占地盘的，只想升官发财；他们的基本策略是“养寇自重”，对讨陈战事既不能败，又不可胜，败则让陈军回据广州而丧失地盘，胜则再找不到借口拒绝出师北伐。因此，使讨陈战事旷日持久，毫无进展，形成胶着状态。在作战中，他们拒不执行孙中山的计划和命令，如1923年11月10日，孙中山发布反攻令后，遵命开拔的部队还不到十分之一，时时借端要挟孙中山，临阵索饷逼奖。9月初，滇军一部获小胜，即要求孙中山发给30万元奖赏，才再作战。11月间，滇军在石龙溃败后，杨希闵竟要求孙中山发奖10万元，以央求滇军组织反攻。滇军第三军军长蒋光亮屡次抗命，且有通敌之嫌，孙中山有针对地下令：“不听军令即执行军法。”蒋光亮对之置若罔闻，不顾而去。孙中山对这些骄兵悍将无可奈何，根本无法按军纪军法对付他们的抗命行为。孙中山的革命斗争，再次面临被滇系军阀抵制和破坏的危险局面。

杨希闵所部滇军进驻广州及附近各财富所出之区，各部独霸一方，尽量搜刮，聚敛资财。孙中山要统一财政，即遭到滇军将领们的抗拒。当时广州赌风极盛，其赌捐收入是为聚敛的大宗，各军竞相争夺，范石生军的师长杨廷培把持赌捐，所获大部归己，为范石生所忌，为争夺这项血腥财源，范石生以贪污罪名将杨廷培枪决。滇军第三军军长蒋光亮在广州及广三路沿线大肆搜刮，还克扣军饷，引起所部官兵公愤，蒋竟不顾一切，腰缠数百万，逃往上海，托庇于外国租界，大过其豪华生活①。

孙中山对杨希闵滇军，首先是团结教育，竭力争取改造它为有利于革命之武装，对杨希闵本人始终寄予厚望；对杨部中下级军官亦尽力争取、教育，特设立“滇军干部学校”，对各级军官进行政治教育。孙中山在日理万机中抽时间，亲自为滇军干部学校讲课，每星期到广州高等师范学校大礼堂为滇军军官讲解三民主义，以及中国革命必须走俄国人的道路等道理。廖仲恺专门讲解国内外局势及建立革命军队的必要性等等。以杨希闵为首的各级滇军军官，对孙中山的殷切期望和亲自教诲，根本不接受，真是言者谆谆，听者藐藐。

1924～1925年间，广东革命形势蓬勃发展，东征胜利，杨希闵等人感到霸占广东的既得利益受到威胁，遂将恐惧革命之心理，变为反对革命之行动。当孙中山于1925年3月在北京逝世后，北洋军阀和滇、桂军阀都企图乘机夺取广东革命政权，加紧勾结杨希闵。据上海《民国日报》揭露，段祺瑞给唐继尧提出的合作条件之三，即是“援杨希闵督粤”②。杨希闵于5月6日乘夜轮潜赴香港，和段祺瑞的密使共谋颠覆广州革命政权。5月15日，杨希闵竟致电北洋军阀政府请示处理粤事办法，公然声称：万

① 刘少伯：《滇军杨希闵部入粤见闻》，第94页

② 《中华民国史料丛稿·大事记》第十一辑，第65页。

一广州革命政府别有计划，“最后必用武力，闵惟严饬部曲，即以武力贯彻主张”。唐继尧的代表在香港宴请在港要人，请协助其夺取广州革命政府，杨希闵亦在座。杨希闵、刘震寰在英帝香港当局代表参加下，和唐继尧、陈炯明等军阀头子的代表共同议决，由港英当局负责供给军火，合谋进攻广州①。

南、北军阀勾结帝国主义，阴谋颠覆广东革命政府的反革命行径日益暴露后，继承孙中山革命遗志的革命派，对滇系军阀及其杨希闵滇军，进行了坚决斗争。广州工人代表会执行委员会通电声讨唐继尧“外受帝国主义之指挥，阴谋与陈炯明、陈廉伯相勾结……希图吞并两粤，推翻革命政府……实我国民众之敌人”②。革命政府亦积极部署讨伐杨、刘的军事行动，5 月 13 日，廖仲恺到粤军总司令行营，召集许崇智、朱培德、蒋介石及苏联顾问加伦将军等人参加的军事会议，研究讨伐杨、刘的策略与步骤，推蒋介石为总指挥，5 月下旬，东征军回师广州。6 月 5 日，代行大元帅胡汉民下令免除建国滇军总司令杨希闵、建国桂军总司令刘震寰本兼各职。杨希闵立即调动滇军进占广东省长公署、粤军总司令部等军政机关和广州全城，并发出通电，诬蔑广东革命政府勾结俄人，实行共产，宣称“希闵等断不容彼辈播共产流毒于社会，我军因此喋血疆场，亦所不惜”③，公然对革命政府及人民宣战。胡汉民于 6 月 7 日发出讨伐杨、刘叛乱的通电，公布杨、刘阴谋颠覆革命政府、通敌谋叛的种种罪行，宣布讨伐杨、刘叛军④。当时，杨、刘所部滇、桂军五六万人，战事开始，滇军集中主力于广州东郊，对抗回师广州的“东征军”，企图背城据守。6 月 7 日，两军在樟木头一带开始激战。广东人民饱受滇军蹂躏，尽力帮助东征军打击杨部滇军；铁路工人罢工，使滇军无法利用铁路快速运动，被东征军分割包围，各个击破。至 6 月 12 日，东征军攻破白云山、瘦狗岭、观音山等处滇军据点，击毙滇军第一师师长赵成梁。滇军退入广州城内，受到东征军和湘军、由赣回穗之粤军等部的围攻，全部缴械被俘，杨希闵、刘

① 《中华民国史料丛稿·大事记》第十一辑，第 83 页。

② 同上书，第 85、97 页。

③ 同上书，第 85、97 页。

④ 《陆海军大元帅大本营公报》，（台湾）《革命文献》第十一辑，第 284 页。

震寰潜入沙面租界。滇军第三军军长胡思舜所部，从惠州、河源回救广州，受铁路工人罢工阻滞，迟至6月14日才进抵广州，遭到迎头痛击后，被迫缴械投降①。到此，称霸广东的杨希闵所部滇军（第二次援粤滇军）最后覆灭了。

三

孙中山在发动护法运动时，借助滇、桂两系的军事力量进行护法斗争，是当时的历史条件及阶级力量对比所决定的。孙中山在1917年发动护法运动时，革命民主派的力量是非常不足的，“二次革命”失败后，孙中山的革命政党几经挫折，已四分五裂，他在政治上、组织上没有坚强有力的政党作为依靠；在社会阶级力量方面，拥护孙中山的民族资产阶级虽有一定发展，但其实力还未增强到足以左右中国政局的程度；工人、农民的反封建斗争虽有发展，亦未能达到推动民主革命的规模，也没有能促使孙中山等资产阶级革命家认识到应依靠工农进行护法斗争。可是，孙中山要打倒的对象，却是帝国主义支持下的北洋军阀，它不仅控制着北京中央政权，且握有全国最庞大的陆军和海军，总兵力约47万人；北洋军阀在和南方革命力量和军事实力派的斗争中，各方面均占优势。孙中山在既无地盘又无军队的条件下进行护法斗争，就不能不联合和借助与北洋军阀处于矛盾对抗中的西南军事实力集团，以对主要敌人北洋军阀进行斗争。而且，当初滇、桂两系都还未完全蜕变为封建军阀，使孙中山看到“惟西南诸省拥护共和，欢迎国会”。因此，应当承认，在护法之初，孙中山联合滇、桂等系军事力量的策略方针，是正确的、可取的决策，因为他没有别的选择余地。

当滇、桂两系和北洋军阀勾结，搞南北分赃、停战议和，从而破坏护法运动时，孙中山从历史实践中认识到了，南、北军阀的反动本质都已经一样，于是，他对西南军阀进行了坚决的斗争，并公开谴责南、北军阀都

① 《国民革命军建军至统一两广史料》，（台湾）《革命文献》第十一辑，第276页。

是“一丘之貉”。

当然，孙中山当时还没有清楚地认识到，应当发动和依靠广大人民群众，坚决彻底地进行反帝反封建的革命斗争，长时间地企图利用西南军阀去打倒北洋军阀，因而导致护法运动的失败。对这一错误，我们只能用孙中山及其革命派的阶级局限性和历史局限性来解释。孙中山等人作为中国民族资产阶级的革命人物，他们只能在当时历史环境所提供的条件下活动，我们不能脱离时代标准，要求他们达到以后甚至现代人所能达到的水平。列宁指出：“判断历史的功绩，不是根据历史活动家没有提供现代所要求的东西，而是根据他们比他们的前辈提供了新的东西。”① 孙中山当时能够坚定地高举“护法”旗帜，进行护法斗争，其历史功绩是不应抹煞的。护法运动虽然失败了，但它在中国近代史上，仍是一场具有积极意义的、进步的革命运动。因为当时中国还处在旧民主主义革命时期，当时最激进的革命派人物提出的所有的政治蓝图，都还没有超越资产阶级共和国方案。孙中山高举“护法”的大旗，坚持打倒北洋军阀，维护共和民国，还是在推动着旧民主主义革命运动的前进。护法运动的失败，亦即旧民主主义革命的终结，它宣告资产阶级共和国方案在中国已经行不通了，也表明资产阶级已无力再领导中国资产阶级民主革命的任务了。但它也给人们以深刻的教训，促使中国人民和孙中山革命民主派，重新考虑和寻求中国的出路，促进了新的革命力量和革命人物的成长。正如有革命家写道：“我们也没有可能去根本改造旧军队，使它成为革命的工具，而只是看到个人的作用，力图争取有实力的统帅。”结果都失败了，“这样看来，从前的一套革命老办法非改不可，我们要从头做起”②。因此，在无产阶级登上政治舞台和中国共产党的倡导下，“国共合作”的中国第一次民主革命高潮——北伐大革命运动，应运而生。

（原载《孙中山与贵州民主革命》，贵州人民出版社 1987 年版）

① 《评经济浪漫主义》，载《列宁全集》第 2 卷，人民出版社 1975 年版，第 150 页。
② 《吴玉章回忆录》，中国青年出版社 1978 年版，第 109 - 110 页。

“马嘉理事件”之历史考察

1875 年春天，云南西部边境的景颇族、傣族、回族、汉族民众，在中缅商路上的小集镇蛮允，奋起抵抗英国陆军上校柏郎（H. A. Bromne）“远征队”的入侵，击毙了侵略分子马嘉理（A. R. Margary），打退了侵入我国边境的柏郎武装部队。这一事件，是云南近代史上各族人民反帝爱国斗争的第一次伟大壮举，也是中国近代史上一次震惊中外的帝国主义侵华事件。为了进一步了解这次事件发生的背景、原因及其后果和影响，我们根据史料的记载，对腾越（今腾冲县）和蛮允（今盈江县芒允乡）的抗英历史遗址作了考察，试论述如下。

一

关于云南边境民众击毙马嘉理，打退柏郎“远征队”入侵事件发生的背景和原因，历来说法不一，在当地民间亦众说纷纭。据当时的记载，主要有三种不同的说法：

其一，是清朝政府官方的说法。这主要集中在清政府的钦差大臣李瀚章和署理云贵总督岑毓英等人的奏报中。李瀚章、岑毓英等人说，马嘉理之被杀，系“山匪索过山礼”，只因马嘉理开枪击毙“拦路行劫者”，而“众匪一齐上前将马嘉理及其宾从四人一并杀害”。至于柏郎“远征队”于 2 月 22 日被“山匪”、内地“汉奸”、“回民羽党”等约二千人“三面合围，阻其去路”，也是因为“驮载甚多，匪众复纠伙往劫”①。李瀚章等人向朝廷的奏报，把云南边疆民众保卫领土主权的反帝爱国斗争，诬为“抢劫”事件，这是他们企图搪塞英国人、为官府开脱责任而编造的拙劣谎言。这个说法，有意无意地掩盖了事件发生的背景和真实原因。

其二，是英国官方的说法。英国驻北京公使威妥玛（T. F. Wade）在和清政府总理衙门谈判中，矢口咬定“其根由在朝廷大吏均以攘外为心”，所以“李珍国是奉宪谕，岑毓英是奉旨”② 而行。威妥玛虽无任何凭据，却坚持把“追究罪责”的矛头，直接对准清政府及其所信赖的边疆大吏岑毓英等人。这明显是以马嘉理事件为借口，用外交谈判为手段，对清王朝进行政治讹诈。显然，英国侵略势力是有意掩盖英国当时急欲抢先侵入和控制中国西南这一重要的历史背景，其说法，当然不是发生马案的真正原因。

其三，是一百余年来流传在腾冲、盈江、蛮允以至云南各地群众中的说法。当地群众普遍传说：在马嘉理先期抵达昆明时，云贵总督岑毓英前去迎接他，他却把一条小洋狗放在他乘坐的大轿上，让总督大人躬身去迎接一条小洋狗。马嘉理以洋鬼子的傲慢态度，侮辱身任朝廷封疆大吏的行为，激怒了岑毓英，岑誓杀马嘉理以泄愤。在省城不便下手，乃布置下属官员，在马嘉理前往滇西的途中截杀他。这种传说，在云南西部边疆一带流传极为广泛，几乎众口一词，但显而易见，这是群众对骄横“恣肆”的洋鬼子的极端愤恨之说。这个说法，在当年的稗官野史中就有记载，据说：“马嘉理抵滇垣，谒总督岑毓英，欲用敌体礼，毓英怒……副将李珍国……请杀马嘉理及柏郎，毓英密札如议。珍国乃令其部将蔺小洪、杨大武等谋于野人。”③ 这仍然是当时的民间传说，并不是马案发生的真正原因。

那么，马嘉理事件的背景和真正原因究竟是什么呢？

关于“马嘉理事件”发生的背景，据查办马案的钦差大臣李瀚章的奏折《查明英员马嘉理在滇被戕情形折》之附件《腾越绅众致李珍国原信二

① 《川督李瀚章等奏查明英员马嘉理在滇被戕情形折》，载《清季外交史料》卷五。

② 《总署奏英使对于办理马嘉理案均不同意折》，载《清季外交史料》卷六。

③ 李根源：《纪马嘉理案》，载《曲石文录》卷二。

件》,柏郎、马嘉理之"征远"滇西,"查若辈垂涎我省,非一日矣,此来断无好意。其致一处,设天主堂以传教,设领事官以通商。蔓延既多,恣横日甚"。并提出,对柏郎、马嘉理等人,"倘(若)借故逗留,欲传教、通商,即仿照河南、广西、湖南数省,聚众多人,围而鼓噪,责以大义,动以危言,使不能施其伎俩"①。李珍国是清军腾越镇左营都司兼腾越城乡十八练都团的"总团首"。

腾越的乡绅和民众致李珍国的公函,集中而扼要地说明了,以腾越厅为中心的云南西部边疆民众之所以要反对柏郎、马嘉理"远征队"进入滇西,是深知英国侵略势力"久已垂涎我省",因此,要防止侵略者以"传教"和"通商"为名,在云南西部边疆建立侵略据点,就必须采取预防侵略的措施,以保障我国边疆领土主权和人民生命财产不受侵犯,这就是腾越各族人民抗击柏郎、马嘉理"远征队"的动机。

柏郎"远征队"武装入侵云南边疆,发生在19世纪70年代。当时的世界形势,正是西方资本主义列强向帝国主义过渡的初期。西方列强在那时比过去更富有侵略性,它们"开始了夺取殖民地的大'高潮',分割世界领土的斗争达到了极其尖锐的程度。所以,毫无疑问,资本主义向垄断资本主义的过渡,是同分割世界的斗争的尖锐化联系着的"②。西方资本帝国主义国家,对我国发动的历次侵略战争,都是以要求"传教"和"通商"为借口的。天主教和基督教,是西方人普遍信仰的宗教,但在阶级社会中,却成了统治阶级用以奴役人们的思想工具。马克思指出,"宗教是人民的鸦片"③。在西方殖民主义者向外扩张,掠夺殖民地、原料及商品市场时,"传教"又成了对外侵略的开路先锋,法国和英国侵入越南和缅甸时,其手段就是如此,当他们进而入侵中国时,也仍然如此。教会侵华势力就乘机在《黄埔条约》中写进了:教会可以在中国设立"礼拜堂"、"医人院"、"坟地",其礼拜堂、坟地等倘若遭到中国人的"触犯"、"毁

① 《腾越城乡十八练绅众致李珍国原信》之一(同治十三年十一月廿五日),载《清季外交史料》卷五。

② 《列宁选集》第2卷,人民出版社1975年版,第798页。

③ 《马克思恩格斯选集》第1卷,人民出版社1972年版,第2页。

坏”，中国地方官必须“照例严拘重惩”①。1858年，英法联军攻陷天津，强迫清政府和英、法分别签订的《天津条约》，就把洋教“合法”传入中国大地的“权利”，写进了条约，规定对“耶苏圣教及天主教……自后凡有传授习学者，一体保护”②。当时在华传教士杨格非，于1858年7月30日欣喜若狂地向他的英国本部派遣机关（差会）报告说：“中国出乎意料之外地对传教士、商人和学者开放了！这个国家事实上已落入我们的手中。”他以十分急切的心情敦促各个差会和传教士说：“如果他们不去占领这块地方，不在十八个省的每一个中心取得永久立足的地方，那将是有罪的。”③ 西方教会侵略势力就是这样，既密切配合和帮助英、法侵略军攻进中国大门，又借助侵略军的洋枪大炮狂暴地侵入了中国的内地和边疆。

“传教士”们，在中国广泛地展开以“传教”为名的侵略活动，任意侵犯我国的主权。他们欺压百姓、凌辱官员、干涉内政，这就激起了我国人民，以至一些地方官员的反抗，造成了许多“震惊中外”的教案。在此期间，法、英宗教侵略势力大肆向云南各地渗透和进逼。远在1730年，法国天主教士就非法潜入了云南东北的盐津县，鸦片战争后，他们乘机在盐津龙溪设立了“主教公署”，向昭通、会泽，直至滇西的永胜、洱源、邓川等县扩张。英国“内地会”首领戴德生在后来回顾其侵华经验时说：“在条约所给予的条件下，我们抓住护照，就可以很安全而舒适地由公路或江河到中国的任何一个省。”“在中国的广大土地下，蕴藏着最丰富的矿藏……矿藏能使西方国家富强。”④ 这就是西方宗教首领们侵略中国的自供状。

正是由于英、法侵略势力制造的一次次“教案”，借以发动侵华战争，对我国进行最野蛮、最残暴的掠夺的血淋淋事实，震惊了中国人民，特别

---

① 《中法五口贸易章程·海关税则》（1844年1月24日）第二十二款，载王铁崖编《中外旧约章汇编》第一册，三联书店1982年版，第62页。

② 《中英天津条约》第八款、《中法天津条约》第十三款，载王铁崖编《中外旧约章汇编》第一册，三联书店1982年版，第97、107页。

③ 汤普生：《杨格非传》，转引自顾长声《传教士与近代中国》，上海人民出版社1991年版。

④ 戴德生：《在世界传教百周年纪念会上的报告》，转引自吴耀宗《中国基督教三自革新运动四年来的工作报告》（1954年7月28日）。

是危处在英国侵略魔爪之下的云南边疆人民，对此尤为敏锐，始终保持高度警惕。所以，腾越地区民众，一旦“顷闻英国派钦差三员，由缅入滇，并由京派翻译官马嘉理赴缅甸交界迎接，不日即到腾城”，他们即预感到英国人“此来断无好意”。英、法侵略者对中国发动的两次鸦片战争，及其强加给中国的不平等条约，使中国陷入了灾难深重的半殖民地深渊。中国人民都深深地懂得英、法侵略者要求“通商”的含义和性质。云南边疆民众，正是从英、法侵略者以要求“通商”为名，从而不断发动对中国的侵略战争，把一系列掠夺性条约强加给中国这一事实，才深恐英国人来腾越“设领事官以通商”。然而英国侵略势力，也正是为了把进一步的侵略目标，集中到印度、缅甸和中国大陆西部的结合部——中国西南地区，力图开辟由印度经缅甸而深入中国西南，以达中国内地的掠夺性商路。因而竭力要建筑联结印度—缅甸—云南—四川的铁路干线，以大大缩短它由英国本土和印度，经海路绕道马六甲海峡、中国南海而进入长江的漫长运输线。为此目的，英国侵略势力有计划有组织地对我国滇、川、藏区域进行了大量的“游历”、“探险”、“武装探路”等等间谍侦察活动。1858 年，英国侵缅军军官斯普莱提出了修筑从缅甸马达班（毛淡棉）到云南江洪（景洪）铁路的计划，受到英国议会的重视，并于 1867 年进行了线路勘察，因发现工程技术上有难以解决的困难，才放弃了这条线路计划。1868 年，英国驻缅都瓦城（曼德勒）专员斯来登（英国军官），率武装“探路队”进入云南西部地区，他们在回民起义军控制的腾越，进行刺探我云南西部地区的军事、政治、经济情报的活动，曾诱惑回民起义军叛投英国，企图煽动起义军分裂中国西南边疆。斯来登提出了修筑八莫—腾越—大理铁路，以代替“斯普莱铁路”的计划。这一计划又受到英国政府的极大重视，并为此而对我滇、川、藏地区进行了更为广泛深入的侵略性侦察。1869 年，英国资产阶级在印度和上海的两大商会组织（即垄断着印度经济的和侵入我国上海的两大侵略集团）又派遣冒险家枯泊（Goopers）率领“考察队”，进入我国四川西南和云南西北地区，深入地进行了侦察，获取了大量的地理、自然资源和商业贸易等详细情报。枯泊的侦察报告，受到英国印度殖民当局和上海英国商人集团的特别重视，英国的印度殖民政府外交部次长特地为其报告——《商业先驱者的游记》写了序言，大加赞扬。枯泊的报告提出："（缅甸）八莫与大理商路开通之后，云南人必输出土产品，与仰光入口之纺织品交易，但并无害于四川之商务（按：指上海英商集团的利益）。设使中国政府被诱胁而允许辟重庆为自由商埠，则可以重庆为中国西部之中心，再加以求水陆交通之便利，则沿路之农产及矿产，均可予取予携。""盖此路一面可连通八莫、大理之铁路，以控制云南，一面又可以打通四川，与扬子江上游英国商业之势力范围取得联络，同时又可以垄断西藏之政治、经济也。"①

由于英国侵略势力对我云南、四川、西藏地区步步进逼，不断的"游历"、"探路"等侵略性侦察活动，这不能不引起中国西南地区人民，特别是和印度、缅甸相邻的云南各民族人民的严重忧虑，因而才提出了保卫边疆领土主权的强烈要求。这就是以腾越为中心的云南西部各民族，反对柏郎"远征队"武装入侵云南边境的历史背景和真正原因。

二

英国资产阶级侵华集团，为了实现斯普莱、斯来登、枯泊等侵华"先驱者"提出的赤裸裸的侵略计划，"英属印度的政府……于1874年，又派遣了柏郎上校率领下的第二次远征部队……由黄河新道的勘探人伊利亚斯（Neyetias）和外科医生兼博物学家安德逊博士（John Anderson）协助……包括有十六名采集人和杂役，以及由十七名印度塞克教徒和一百五十名缅甸人组成的一支警卫队……所有属于这个远征队的人数为一百九十三名"②。柏郎"远征队"计划从缅甸曼德勒出发，经八莫，越过中缅边界，进入中国云南腾越地区。英国驻华公使威妥玛根据英国政府的指示，为配合柏郎的侵略性侦察，向清朝北京政府总理衙门谎报说，有三名英国人由缅甸入滇"游历"，请发给护照；同时派遣英国驻上海领事馆翻译员马嘉理（A. R. Margary）前往中缅边境接应。1874年8月，马嘉理由上海出发，

① 转引自杨体仁《英人经营滇缅边境之史实》，载《永昌府文征·纪载》卷三十六。

② ［美］马士：《中华帝国对外关系史》第二卷，三联书店1958年版，第314页。

沿长江西上，经武汉、湖南、贵州、昆明、大理等地，于1875年1月到达中国边境腾越。

马嘉理在途经我国内地时，“因阴图川、滇山川，在道颇不循轨度”①，有刺探我国内地各种情报的行为，引起沿途人民和官府的注意。马嘉理到达腾越时，擅自深入城郊险要关隘叠水河，竟绘制地形图和拍摄照片。腾越绅众见其行为有草绘军用地图之嫌，即向城内报警，民众闻警而至者数百人，人们把马嘉理团团围住，喝令其交出照片。马嘉理自知理亏，只得搪塞说还未拍下照片，被迫离开了叠水河②。腾越总兵蒋宗汉、腾越厅同知吴启亮等官员见势不妙，知马嘉理触犯众怒而处境危险，即派兵把他迅速护送出境，经南甸（今梁河县）、干崖（今盈江县）、蛮允前往缅甸。据云贵总督岑毓英的奏报：“自马嘉理赴缅甸后，道路纷纷传言，有洋人数十，将来腾设立洋行。又闻有洋兵二三百人，携带军火，欲借通商为名，袭据腾城。”③

云南西部地区各民族群众，刚刚经过回民起义和清军镇压回民的十多年战火蹂躏，因而当听到此消息时都惊惧不安，腾越绅众即用“腾越城乡十八练总团”（由地方士绅掌握的武装组织）名义，召集会议，商讨保境安民的自卫办法。他们决定齐团设防，即集合十八个练（县下属区划，相当于后来的区、乡单位）的民众武装，实行武装保境。同时立即通知在边境巡视的总团首李珍国（李时任清军腾越镇左营都司、副将衔参将），要他立即回到腾越城，主持十八练武装的齐团事宜。他们在通知李珍国的紧急信中写道：“今特商定月之初六、七日，合厅齐团，相约七司（按：指边境七个傣族土司），联为一气，使外匪无从得入。”“务祈阁下定于初六、七日前来会团，预为防备，以固梓乡。此事关系紧要。”④

正在云南西部边境前沿国境线上巡边的李珍国，得到腾城绅众的紧急信后，对可能发生的外敌入侵，立即作了防范部署。他召集腊撒、陇川、

① 李根源：《纪马嘉理案》，载《曲石文录》卷二。

② 腾冲县志办公室调查访问材料（1983年）。

③ 《岑毓英奏英员马嘉理在滇缅边界被戕一案现在拿办情形折》，载《岑襄勤公奏稿》卷十二。

④ 《腾越城乡十八练绅众致李珍国第二函》，载《永昌府文征·纪载》卷二十一。

章凤（均在今陇川县境）等沿边景颇族山官、头人，用“刀标木刻为凭令”，又命沿边各傣族土司“出具印结”，于各要隘防堵洋兵入侵，他为了“桑梓之邦数万生灵起见，昼夜筹划，费尽心力，（以）断绝阴谋大患”①。

从上述史实可以看出，腾越城乡十八练总团的设防部署，李珍国指令边境的景颇族傣族山官、土司武装布防，都是为了保护边疆人民的和平安宁，保卫国家领土主权不受侵犯，是完全必要的正当防御措施，这是我国边疆爱国人民神圣的自卫权利，也是李珍国等爱国的边防武装首领的当然天职。清政府的地方大吏也予以承认。岑毓英的奏报中说：云南腾越地区的百姓在遭受十多年的战火蹂躏之后，“正欲休养生息，忽传洋人来腾通商，洋兵来占腾越之说，激于义愤，聚而防堵，自系实在情形……无非为保卫疆土起见”②。

柏郎、马嘉理在缅甸八莫会合后，由马嘉理引导柏郎武装“远征队”，在根本不知照我当地地方政府的情况下，就非法越过中、缅界河南滨江（红蚌河），侵入我国境内。当时，柏郎等人虽一再听到我国边民已进行保境自卫的消息③，他们却根本藐视中国人民的自卫权利，由马嘉理率领少数武装人员，于光绪元年正月十二日（1875 年 2 月 17 日）悍然闯进我国境内三十余公里的腾越厅辖境南甸（今梁河县）土司属地蛮允街（今盈江县芒允街），住进当地佛寺内，经刺探我边境军民动态之后，于 2 月 21 日，返回接应柏郎“远征队”。当马嘉理行至蛮允街外两公里的蚌屯冲（傣语，意为“红木树坪”），临近户宋河时，受到我汉族、回族、傣族、景颇族等各族边民一百余人的盘查，劝其不得带洋兵入境。马嘉理态度十分横暴，气焰嚣张，他竟首先开枪击杀我边民，激起了在场民众的无比愤怒，大家一致奋起反击，用刀、矛、棍棒将马嘉理及其帮凶兵丁 4 人当场击毙。

柏郎率领其近二百人的武装“远征队”，在马嘉理之后相距一日路程跟进，于 2 月 21 日，进至蛮允以南约十五公里的崩洗山（又作“班西

① 《李珍国复腾越厅总局绅众函》（同治十四年正月初二日于勐卯）。

② 《岑毓英奏英员马嘉理在滇缅边界被戕一案现在拿办情形折》，载《岑襄勤公奏稿》卷十二。

③ 英国探路队员：《探路日记》，载《小方壶斋舆地丛钞》第七帙。

山")下的雪列寨。我国边民在反击并消灭了凶相毕露的侵略者马嘉理之后，立即前往雪列阻止柏郎侵略军的继续推进，于2月22日将柏郎"远征队"围困在崩洗（班西）山下。据清王朝钦差大臣李瀚章当时调查后的奏报称："柏郎于十七日（阴历）在班西山下被众三面合围，阻其去路。"① 我方民众包围柏郎侵略军后，令其出境；柏郎军队凭借洋枪与我方持刀矛的边民对抗，但已陷入重围，有被全部歼灭的危险，最后，他们狡诈地用焚烧我边境森林的大火，隔断了我边民进攻的路径，狼狈逃回缅甸境内。

英国侵略者无视中国主权，在对清政府蓄意欺骗、谎报少数人入滇"游历"的幌子下，竟派遣二百人的武装"远征队"悍然闯入我国境内，是侵犯中国领土主权的侵略行径，这是任何一个主权国家都不能容忍的。我云南腾越各族边民，在捍卫我国边境时，因马嘉理首先向我方开枪而怒杀马嘉理，是正当的自卫还击。因此，马嘉理之死是咎由自取，我边民的自卫行动，具有不容争辩的正义性。

马嘉理事件本来是英国侵略者造成的，是英国侵华阴谋的一次大败露，然而英国侵略势力却以此为借口，乘机扩大其侵略中国的行动。马案发生后，英国资产阶级不断恐吓清政府，狂妄地宣称：要"完全除去由中国边疆到云南的我们贸易者通路上的一切障碍"，绝不因马嘉理被杀而放弃由缅甸进入中国的要求，甚至在英国议会的辩论中叫嚷："女王的谕旨答应'不惜用一切的力量来达到惩罚'那些与马嘉理事件有关的人们。"② 英国侵略者深知清王朝昏庸无能、软弱可欺，大施其恫吓要挟的伎俩，对清政府进行讹诈。在谈判中，表面以马案为词，实质是要求扩大其经济侵略权益，如减免税收、增开商埠等等，其"要请之端，除大臣往来一节外，余皆注意商务"。英国公使威妥玛在其无理要求遭到拒绝后，竟声称"中国如不照办，是国家自任其咎，自取大祸"。在长达一年半的谈判中，威妥玛屡次以声言断绝外交、下旗出走、派兵来华等手段相要挟，英国政府亦于1876年2月从印度调4艘军舰来华，为威妥玛的讹诈助威。清政府

① 《李瀚章等奏查明英员马嘉理在滇被戕情形折》，载《清季外交史料》卷五，北京和济印刷局1932年版。

② ［英］伯尔考维茨：《中国通与英国外交部》，商务印书馆1959年版，第153页。

在谈判中也明白，“商务各节，各国均蓄意已久，而美国、德国为尤甚……即无滇案，亦将别开难端”①，俄国更公然出兵新疆，和英国的讹诈相呼应。

清王朝在英国侵略势力的讹诈和武力威胁下，被迫让步。首先，慌忙处理滇案，于1875年3月下令署云贵总督岑毓英彻查奏报，接着，为讨好英国侵略者，宣布派遣湖广总督李瀚章、刑部侍郎薛焕为钦差大臣，奔赴云南查办马案。清政府官员上下口径一致，用马嘉理之死，系“山匪”拦路抢劫所致，并宣布要严剿重惩“山匪”，以搪塞英国人。岑毓英奉命后，以严厉剿办我边疆爱国民众的行动，来掩盖自己的责任，他指令云南提督杨玉科，督同迤西道台陈席珍、永昌知府朱百梅等官员，前往腾越剿办。杨玉科等人又责令腾越厅同知吴启亮、腾越总兵蒋宗汉、参将李珍国等人，率领官军前往蛮允，包围户宋河西岸一带散勐、刁弄、老鹳坡等景颇族山寨，大肆围剿搜捕景颇村民。官军在第一次围剿中，除打死打伤之外，抓捕了9名景颇族同胞；继而追剿逃避深山的景颇村民，甚至把路过景颇山的外地人也一齐逮捕，至1875年八月二日（阴历），最后包围了景颇人赖以藏身的云岩洞山，“蒋宗汉亲督官兵四面围攻……攀藤附葛而上，破入岩洞，匪等纷纷坠岩而逃，当时格毙四名，生擒尔同巴等八名”②。据官军自称，先后打死景颇边民6人，重伤致死2人，捕获17人。

岑毓英等人调动官军疯狂围剿景颇山寨后，将其逮捕的景颇族边民押往省城昆明，由钦差大臣李瀚章、薛焕，伙同英国使馆派出的“观审”代表格维纳（英国驻北京使馆参赞）等人演出了一场“审判”丑剧。李瀚章、岑毓英等人利用景颇边民不懂汉语，须通过翻译进行“译审”的条件，将其点头应声和砍柴、挖地的手势，都翻译为：是杀了马嘉理，并做出了“砍杀”的动作，然后全部记录为审判所得口供。李瀚章、岑毓英等人就用这种极为卑劣的欺骗被审人的手段，把“杀人罪”强加给全然不知被审内容的被审人，最后宣布判处“死刑”，残杀了这些无辜的景颇族同胞，向英国侵略者表示清政府是认真严肃地查办了马嘉理案。

① 《总署奏英使对于办理马嘉理案均不同意折》，载《清季外交史料》卷六，北京和济印刷局1932年版。

② 《岑毓英奏拿获凶杀英官案犯并赃物折》，载《岑襄勤公奏稿》卷十二。

英国公使威妥玛根本不承认清政府对马案的查办和惩处，他声称清政府官吏审理滇案“质同儿戏”，坚持认定杀马嘉理“是带兵大员所为”，指名要把岑毓英等人“提京候审”，以要挟清政府。与此同时，威妥玛不断提出马嘉理事件之外的许许多多侵略性要求。清政府被英方的威胁所屈服，派出北洋大臣李鸿章为全权谈判代表，向英国求和。

1876年9月13日，中英双方签订了《烟台条约》（又称《芝罘条约》）。《烟台条约》使英国通过谈判桌上的讹诈，就获取了以往发动一次大规模的侵略战争才能攫取的侵华利益，从而扩大了原有的不平等条约的特权。《烟台条约》的签订，表现了正在向帝国主义过渡的英国资产阶级强烈的侵略性，是英国侵略势力掠夺中国的又一次血腥的历史记录。

三

云南人民抗击柏郎、马嘉理事件，发生在距今一百多年前，但当我们现在去到腾冲和芒允调查时，当地人民仍引以为荣。年逾古稀的汉族老人、年轻的傣族景颇族农民、教师和干部都骄傲地说：“我们边疆人民是不怕洋兵洋枪的，我们的阿公、阿祖就是靠中国人的志气和刀、枪、弩箭打退过柏郎的侵略军，打死了凶暴的马嘉理。”“我们就没有向侵略者屈服过，我们抗击过英帝国主义者的多次入侵，当日本鬼子侵占我们滇西国土（指云南怒江以西）时，我们就打游击，最后把日本侵略军撵出了滇西。”“马嘉理事件后我们蛮允人就把‘蚌屯冲’叫做‘混戛拉’，这是傣语‘洋人凹’，意思就是杀洋人的地方，现在我们还是叫它‘混戛拉’。前些时候进行地名普查，我们芒允人要求继续用‘混戛拉’这个地名，因为它是我们的祖先在保卫边疆的斗争中留下的地名，有历史纪念意义。我们要用这个地名来教育我们的子孙后代，使他们懂得，这是我们的祖先用生命和鲜血保卫下来的祖国边疆领土！”①

抗击柏郎“远征队”入侵，本来是云南人民的一次胜利，是英国侵略

---

① 《云南省盈江县芒允区社会历史调查材料》（1983～1984年）。

阴谋的败露，但昏庸腐朽的清王朝屈服于英国侵略者的政治讹诈和武力威胁，镇压边疆人民的反帝爱国行动，签订了丧权辱国的《烟台条约》。另一方面，“马嘉理事件”又促使我国人民更快地觉醒，使云南人民的反帝爱国斗争从此日益高涨，爱国主义精神不断发扬光大！

（原载《云南社会科学》1987 年第 3 期）

西南军阀史研究述评

西南军阀史在中华民国史中还是一个新兴的研究课题。“西南军阀史研究会”于1980年成立以来，由于参与研究的同志们的积极努力，使研究工作进展迅速，研究的范围和内容不断扩大，学术论著纷纷涌现。这一课题的研究，已引起史学界从事近、现代史研究，特别是研究民国史的专家、学者们的重视，在国外一部分研究中国近代史的学者中也引起了注意。

西南军阀史作为一种专史，是中华民国史的一个重要部分。民国史上的军阀统治时期，西南军阀是当时对立、并存的南、北两大军阀体系之一。研究民国史，不能不研究北洋军阀及其与之对立的西南军阀史。同时，为研究中国革命史和中共党史，也需要研究革命对象方面的历史，因为历史运动是对立统一的运动。

1980年4月，川、滇、黔、桂、粤、湘六省区从事近、现代史研究和教学的部分同志，在成都成立了“西南军阀史研究会”后，至1987年，先后在各省区举行了六届学术讨论会，从理论和史实等方面，对西南军阀及其统治的历史，进行了广泛的探讨。一些学者、专家的论文和学术报告，如李新教授的《论军阀》，陈旭麓教授的《军阀与近代中国社会》，孙思白教授的《试论军阀史的研究及相关的几个问题》，来新夏教授的《关于军阀史的研究》，谢本书、王永康教授的《西南军阀史研究中的几个问题》，以及其他一些学者的论著，都对西南军阀史研究起了开拓和引导的作用。在历次学术讨论会后，已出版《西南军阀史研究丛刊》四辑。

这一段研究取得的进展和成果，大致如下：

一、学术组织迅速建立，研究队伍不断壮大

在对中国近、现代史的研究中，过去多着重于革命史方面，对作为革命对象的反动统治阶级及其统治的历史，研究者多不愿光顾，军阀史被视若“禁区”，成为中国近、现代史研究中的一段空白。“西南军阀史研究会”成立后，团结了一批专业和业余的研究者，展开分工合作的研究活动，形成了一支研究队伍，涌现了一些有较高水平的学术带头人，使西南军阀史这一新开拓的史学学术领域，很快出现了繁荣景象。

二、研究成果不断涌现

研究西南军阀史具有拓荒性，许多研究者以很高的热情投入这一专史的研究，在七八年中，约有 200 位研究者撰写了 300 多篇学术论文，约 300 万字；已出版《西南军阀史研究丛刊》共四辑，收录论文 110 余篇，120 余万字。在此基础上编写的三卷本《西南军阀史》，由谢本书、冯祖贻主编的第一卷已定稿，由莫济杰、张克谟主编的第二卷，由贾维诚、马宣伟主编的第三卷，也正在修改定稿中。

西南军阀史研究促进了西南地区史学的研究活动。由谢本书、冯祖贻等同志编著的《护国运动史》（贵州人民出版社 1984 年版），除对护国史作了全面论述外，对西南军阀的出现和混战的开始也提出了新的见解，受到重视和好评。上海《文汇报》在 1984 年 7 月以《西南地区史学研究的新成果》为题，发表了书评。《光明日报》、《中国史学年鉴》都先后发表了肯定的评价。在此期间，谢本书著的《蔡锷传》、《唐继尧评传》先后出版，作者通过对唐继尧的成长、发家、蜕变、衰亡史的评述，对民国史上军阀统治这一特殊的历史现象，作了较深入的分析及其规律性的探索，引起了一些学者的浓厚兴趣。西南地方史和军阀史的新著纷纷问世，如隗

瀛涛、李有明、李润苍主编的《四川近代史》，马宣伟、肖波合著的《四川军阀杨森》、《四川军阀混战》等，这些史著的问世，使西南军阀史研究向纵深发展。

为配合西南军阀史研究，一些军阀史资料纷纷出版，《四川军阀史料》已出版三辑，共110多万字；《贵州军阀史资料选辑》（第一、二辑）、《桂系军阀资料索引》、《桂系见闻谈》、《湖南军阀史资料索引》、《陈济棠研究史料》、《广东军阀史大事记》等先后出版。数以百万字计的军阀史史料的出版，为西南军阀史研究提供了可贵的资料。

三、活跃了西南地区史学学术活动，促进了学术交流

西南各省在近代以来的社会发展，其内在联系密不可分，尤其与在西南军阀统治和割据混战时期的历史关系更为密切。因此，西南各省区的这段历史可以共同研究的课题不少。西南军阀史研究会成立后，在这一学术研究的新天地里，广泛进行学术讨论和交流，推动了西南地区学术活动的发展，活跃了西南地区史学界的学术思想。据统计，参加历次学术讨论会的约600人次，西南六省区和其他各省市的学者、专家及热心研究军阀史的同志，为西南军阀史的学术研究带来了许多有益的见解，使学术思想得到了较快的发展。西南军阀史研究，已从一般史实概述，进入较深的理论探索、人物评价和专史著述，较多的学术论文和专著等阶段性成果得以纷纷面世，促进了西南军阀史和地方史学术园地的繁荣。

现就西南军阀史研究中的一些问题，评述如下：

（一）研究西南军阀史的意义和作用问题

对西南军阀史研究会的成立，一些人提出质疑：为什么要研究反动军阀的历史？有什么意义和作用？研究西南军阀史有无必要，有何价值，就成了争论的一大问题。不少学者、专家撰文或在学术报告中对此作了论

证。指出：

第一，由于多年来只着重于研究革命史，使得从辛亥革命到五四运动这段历史几乎等于空白；从五四运动到中华人民共和国成立的30年间，北洋军阀和国民党统治的情况也很少叙述。可是，要说清楚革命史和中共党史，都要详细占有军阀统治的历史资料。西南军阀史研究会，填补了过去历史研究的这块空白，开辟了史学工作的新阵地①。

第二，民国史（包含军阀史）的研究，与革命史、中共党史的研究绝不是互相排斥，而是互相促进的。毛泽东研究了国民党的战争史，得出了“枪杆子里面出政权”的著名结论。马克思研究过若干反面人物和反动事件，如《反革命在维也纳的胜利》、《路易·波拿巴的雾月十八日》、《德国的革命和反革命》等，给后人以重要启示。列宁把帝国主义作为研究对象而写出了众所周知的名著。可见，立场、观点、方法对了，研究帝国主义史可以有用，研究军阀史也可以有用②。

第三，军阀是历史上一个客观实体，它是历史进程的组成部分。如果认为军阀史只是历史的反面而不屑一顾，那么历史上正与反辩证发展的统一体将失去其一面，那将是历史研究中一种严重的缺陷③。

第四，中华民国史从某种意义上说，是一部新旧军阀史，西南军阀史是民国史的一个组成部分，研究西南军阀史，可以为中华民国史的撰写工作做出一定贡献④。

此外，诸如深入研究军阀统治对中国现代社会的影响，可以对中外历史作对比分析，可从中了解俄、德、日等国何以能从比较落后的政治和社会经济走向现代化，为什么中国却失败了？从研究国共合作的统一战线的历史经验教训中，可以深刻阐明我们的战略策略的制定，无不是以对对立

① 荣孟源：《要重视西南军阀史的研究》，载《西南军阀史研究丛刊》第2辑，贵州人民出版社1983年版，第10－11页。

② 孙思白：《试论军阀史的研究及相关的几个问题》，载《西南军阀史研究丛刊》第2辑，贵州人民出版社1983年版，第1－2页。

③ 来新夏：《关于军阀史的研究》，载《西南军阀史研究丛刊》第3辑，云南人民出版社1985年版，第1－2页。

④ 谢本书、王永康：《西南军阀史研究中的几个问题》，载《西南军阀史研究丛刊》第1辑，四川人民出版社1982年版，第27－28页。

面或中间方面的了解为根据的。可见，要把现代革命史的研究提高到一个新水平，也应当研究民国史和军阀史。

（二）关于军阀的定义及产生的根源

作为军阀，须具备什么条件和特征，是研究军阀史应当明确的重要问题之一。《中华民国史》的主编李新教授提出：作为民国史上的军阀，它是在封建地主经济，亦即小商品农业经济基础上生存的，它有三大特征：一是私兵，二是地盘，三是武治。

一些学者对李新所提的三个特征不尽同意，有所补充。他们指出，作为军阀，它还有其理论基础，那就是以儒家文化为中心、以封建伦常关系为纽带而自成体系，没有系统就不能称为“阀”①。这种意见，强调了封建意识形态对军阀体系的维系作用。

再一种意见，把构成军阀的特征归纳成五点：一是有枪有队伍，拥军成阀；二是割据一块地盘，有权有势；三是和地主豪绅买办勾结，对外投降帝国主义；四是征兵征粮征税，残酷压榨人民；五是争权夺利，彼此混战②。

这些论点，似乎还未能完全深刻概括民国史上军阀的本质特征，还未成为研究者们一致的见解。所以有关军阀的基本概念，仍在继续探讨中。

对军阀的产生及形成割据混战的原因，一般论者多以毛泽东所提出的，由于“地方的农业经济（不是统一的资本主义经济）和帝国主义划分势力范围的分裂剥削政策”这一著名论断而加以阐发的。

第一种意见认为，民国史上的军阀，起于1895年袁世凯小站练兵，形成于辛亥革命时期。武昌起义时，清政府指挥不动北洋军，非袁不可，这时才表现出北洋军为袁世凯所有。后来，北洋军阀就以此为基础形成。在南方，各省响应武昌起义，出现了许多都督，由于同盟会领导比较薄弱，各都督对南京临时政府不那么听命，表现出半独立性，后来，他们中

① 来新夏：《关于军阀史的研究》，载《西南军阀史研究丛刊》第3辑，云南人民出版社1985年版。

② 谢本书、王永康：《西南军阀史研究中的几个问题》，载《西南军阀史研究丛刊》第1辑，四川人民出版社1982年版。

有的人站到革命行列，有的人转化为军阀。护国战争后，袁世凯的表面统一破灭了，没有一个统一的力量取而代之，北洋军阀分崩离析，南方桂、滇、蜀、黔各军事力量互不统属。军阀割据混战就在这种混乱之下出现。至于形成这种现象的两种原因中，“地方的农业经济”是主要的，而帝国主义的分裂剥削政策加深和助长了军阀的割据混战。鸦片战争以后，中国社会自给自足的自然经济有所分解，但统一的民族市场经济不发展，分散的农业经济还占优势，各地区可以自给自足，这就是军阀割据的重要社会基础。另一方面，农业生产不发达，农业人口特别多，人们往哪里去呢?其出路之一就是当兵。所以，分散落后的农业经济，也给军阀混战提供了兵源①。

第二种意见认为，军阀割据和我国民族传统文化心理中的“大一统”权力象征的丧失有关。清亡、袁死之后，维系大一统的封建文化心理上的权力象征不复存在，孙中山的威望和影响还受到限制，新的权力中心尚未形成，离心倾向加大，据地自雄的割据局面就在这时出现了②。

第三种意见强调，“正是辛亥革命的不彻底，才导致了中国近代军阀割据混战的产生”。地方农业经济不平衡的特点，反映到政治上，便是在中央集权之下，各地都保持相对的独立性。外国资本主义的入侵，加剧了中国的分裂涣散。辛亥革命仅推翻了清政府，没有触动帝国主义和封建势力，中国的分裂因素，反而因清政府的被推翻和革命的失败而公开化了，北洋军阀和各地大小军阀的割据混战局面就此形成③。

（三）西南军阀的范围、形成的标志及存在的时限

西南军阀怎样确定和划分？最初，有同志提出，“西南军阀”的名称难以确立。他们既参加了护国、护法，是反北洋军阀的，不应把他们看成

① 陈旭麓：《军阀与近代中国社会》，载《西南军阀史研究丛刊》第2辑，贵州人民出版社1983年版，第19－22页。

② 孙思白：《试论军阀史的研究及相关的几个问题》，载《西南军阀史研究丛刊》第2辑，贵州人民出版社1983年版。

③ 冯祖贻：《辛亥革命与近代军阀统治的产生》，载《西南军阀史研究丛刊》第2辑，贵州人民出版社1983年版，第26－36页。

军阀。可用“西南地方实力派”代替“西南军阀”之称。

有的同志提出，西南军阀应当只限于民国早期存在和活动于川、滇、黔三省的军阀。广西军阀早期是北洋军阀的附庸，后来的新桂系又是国民党新军阀的组成部分；广东、湖南的军阀也不属于西南军阀范围。

但另一些同志认为，西南军阀作为一个历史概念，它不完全是按地域划分的，仅指云、贵、川的军阀，它的客观存在和活动都是包括桂、粤、湘等系的军阀在内。西南军阀也不是指任何时期的西南地区的军阀，如清初的吴三桂、耿精忠、尚可喜那样的三藩割据，而是指民国初年出现的西南地方军阀①。这种看法，为较多的研究者所接受。

对于西南军阀出现和形成的上限，有的人认为，辛亥革命失败后，中央政权被袁世凯攫取，西南各省的掌权者，有的本来就是旧官吏、立宪派，有的同盟会员也蜕变为军阀，例如唐继尧就是在1912年假“北伐”之名，夺取了贵州省政权，他在贵州的统治已具有军阀统治的特点，是贵州军阀统治的开始②。因此，西南军阀史的上限是1912年。

第二种意见认为，西南军阀不是一个统一的体系，并非形成于同一时间。其形成的依据应该是以“建立封建割据的专制统治”为准。滇系形成于护国战争后，唐继尧把护国军由三个军扩编为八个军，派往四川，妄图主宰西南。川系是在川、滇、黔军大战后，各派川军在所占据的“防区”内实行军事封建专制统治。桂系是“二次革命”后，陆荣廷驱逐了政府中的同盟会员，省、县议会被停止活动，广西政权即已是封建军阀政权了③。

第三种意见认为，1917年爆发的滇、川、黔军成都巷战，是西南军阀形成的重要标志。即西南军阀形成的上限应当是1917年④。

对于西南军阀存在的下限时间，主要有两种看法。一是认为抗日战争

① 谢本书、王永康：《西南军阀史研究中的几个问题》，载《西南军阀史研究丛刊》第1辑，四川人民出版社1982年版，第26页。

② 冯祖贻：《评唐继尧督黔》，载《西南军阀史研究丛刊》第3辑，云南人民出版社1985年版，第299页。

③ 杨维骏：《西南军阀史的上限》，载《西南军阀史研究丛刊》第1辑，四川人民出版社1982年版，第34－42页。

④ 谢本书：《西南军阀形成的重要标志》，载《西南军阀史研究丛刊》，第3辑，云南人民出版社1985年版，第18页。

开始后，西南各省地方政权都加入了中国共产党倡导的抗日民族统一战线，出兵抗战。因此，西南军阀的下限应是1937年止。

另一种意见认为，中国近代军阀与近代中国社会相始终。其演变过程可分为四个阶段：第一，酝酿准备阶段，起于曾国藩的湘军和李鸿章的淮军。第二，军阀的形成阶段，从1895年袁世凯小站练兵到辛亥革命时期。第三，军阀割据混战阶段，这是军阀的典型时期，是从护国战争到1927年。第四，军阀的消亡阶段，从1927年到1949年。蒋介石通过新军阀混战，建立了表面统一的政权，但他的独裁统一，直到其1949年逃离大陆时也未完成。所以，近代史上的军阀是中国共产党领导全国人民，连同蒋介石的统治一起消灭的①。

（四）西南军阀人物的评价问题

对西南军阀人物的研究，是研究西南军阀中的一个重要部分。对军阀人物进行全面研究和公允的评价，有助于说明近代中国社会中军阀统治这一特殊历史现象。在西南军阀史研究会历次学术讨论会上，对军阀人物的评价问题是探讨较多的问题之一。一般认为：

第一，对军阀人物不能一概而论，要具体分析。中国近代历史是复杂的，这种复杂性都具体反映到各种代表人物身上，所以，评价时不能简单化。近代军阀对中国社会造成了无数罪恶，但不能说每个人都如此，其中也有爱国的，有的人还有民族气节，有的晚节可风；有的在文化教育、生产等方面做过好事。当然，做过好事也不能掩盖坏事，但实事求是地记上一笔，是对历史的严肃态度②。

第二，对军阀人物评价，应对他们的动机和客观后果统一起来考察。对他们不能就一时一事，而应就他们一生的全部活动来进行评价。总之，

① 陈旭麓：《军阀与近代中国社会》，载《西南军阀史研究丛刊》第2辑，贵州人民出版社1983年版，第14－17页。

② 陈旭麓：《军阀与近代中国社会》，载《西南军阀史研究丛刊》第2辑，贵州人民出版社1983年版，第23－24页。

对军阀人物不能因其过而隐其功，也不能因其功而讳其过①。

上述见解基本上是一致的，但触及具体人物时，往往有分歧：有完全否定和贬斥者；有为亲者、长者、本乡名人争地位者。不过，对这种非历史唯物主义的倾向，是多数研究者所不取的。

经历次学术会讨论后，对军阀人物的评价已不断扩大了范围、加深了认识，已不再重复过去评价的简单模式，而是把人物放到当时的社会环境之中，联系当时的阶级关系、社会政治、经济情况等方面作全面的评价。

西南军阀史研究，是一个拓荒性的新领域，近年来参加研究者众多，积极性很高，经过艰辛劳动，成果纷纷涌现。但研究还处在早期开拓阶段，无论在广度，或者深度上，都还须做更多的艰苦努力。以这一课题在民国史中的地位而论，与其应达到的要求相距还很远，应研究的问题还很多。今后应如何把西南军阀史研究引向深入，现就肤浅的感觉，谈点不成熟的想法。

对西南军阀史开展研究以来，一直存在理论标准问题。研究西南军阀史，和史学领域的其他课题一样，需要有一个统一的理论标准和尺度，去衡量和认识军阀及军阀统治的历史，否则，不可能得出比较一致的结论。在历次学术讨论会上，每一次都对基本概念、定义、性质、特征、人物评价的标准及社会经济基础等理论性问题，探讨热烈，争论颇大，至今仍未得出一致意见。这反映出我们对军阀史的有关理论问题研究还很不够，急待进一步深入探讨。

历次学术讨论会收到学术论文共计300多篇，已选编在研究专辑《西南军阀史研究丛刊》（已出版四辑）中的110余篇论文中，属于理论性研究的文章不足10篇，约占8%，其他70%属于史实性研究，约18%系人物传记与评价。仅从已发表的论著的数量上看，亦足见理论性研究之不足。因而，其他问题的深入也受到限制。

在学术论文和讨论中，大多都能引用马克思主义唯物史观作为依据和思想指导，这是应当肯定的。马克思主义历史唯物主义是我们研究社会历

---

① 谢本书、王永康：《西南军阀史研究中的几个问题》，载《西南军阀史研究丛刊》第1辑，四川人民出版社1982年版，第28页。

史的指南，只要以此作为指导方针，就能使我们的研究沿着正确的方向前进。但马克思主义只是指导我们研究的原理，对中国半殖民地半封建社会中军阀统治和割据混战这种畸形的特殊历史现象，马列主义经典作家都无专门论述。在研究中理解和运用马克思主义原理上并不一致，在论及军阀的基本概念、定义、性质、特征、社会经济基础及阶级基础等问题时，仍有仁者见仁、智者见智之势。

马克思主义原理作为指导我们进行史学研究的指导思想是不应怀疑的，但马克思主义不是一成不变的终极真理，随着人类社会的发展，自然科学和社会科学中不断涌现的新发现，马克思主义理应发展，事实上马克思主义也在不断获得补充而前进。因此，我们在运用这一原理指导我们的研究时，也是可以作某些新探索的。在方法上也可以使用数据统计、计量分析、比较研究等等，以增加一些研究的方法手段，这也许是有意义的。

在思想方法上也值得重视，须要避免主观好恶。我们研究西南军阀史，不是为军阀招魂和树碑立传；我们研究那种历史现象，是要为后世提供鉴戒，是为杜绝而鞭挞那种历史现象。与此相反的倾向，是背离实事求是的科学态度：如有为亲故避讳者，有为某些军阀人物争地位者，也有为了某种需要而要求研究者作片面肯定或否定者。这些对研究的干扰性的现象，有可能妨碍我们研究的正确方向和研究工作的正常发展。为了不致损害我们研究的科学性、客观性，需要我们加强马克思主义理论学习，解决好统一的理论标准问题，以使西南军阀史研究沿着正确的方向继续前进。

（原载《民国档案与民国史学术讨论会论文集》，北京档案出版社1987年版）

近现代云南边疆问题研究述评

长期以来，人们对中国西南边疆的研究，都集中于云南边疆问题；近现代云南边疆问题研究，是在反帝爱国斗争中开始的，其主要内容是云南边疆史地和近代边界问题；大致经历了三个时期，即清朝末年（19 世纪末至 20 世纪初）、民国年间和新中国成立以后。

一

清朝末年，国际帝国主义加紧了侵略中国的步伐，除在我国划分“势力范围”，还进而企图肢解和瓜分中国。我国边疆危机空前严重，云南在当时成了英、法两个帝国主义国家进行肢解和分割的角逐场所。许多有识之士深感“云南之危，危及全国；云南之急，急于各省”，故而积极研究云南边疆问题。国外的云南留学生和国内的爱国知识分子，撰著和出版了不少有关云南边疆问题的刊物和著作，其中影响巨大的首推《云南》杂志；此外，有留日云南同乡会主办的《滇路危言》（月刊）、留日学生刘钟华主编的《滇话》（月刊）、留学越南学生徐濂等人主编的《云南旬报》等刊物，主要内容是论述和介绍列强侵略下的云南边疆的危急形势，号召人民起来反对英、法帝国主义侵略，保卫云南边疆的领土主权，论述保卫我国西南边疆的重要性和基本途径。在此期间，还出版了一些特辑和小册子，宣传和论述云南边疆问题，如杨觐东编辑的《滇事危言》（初集、二集），留越学生编辑的《云南警告》、《暮鼓晨钟》，闵为人著的《片马紧要记》，云南省咨议局部分爱国人士的《上滇督中缅界务与片马交涉书》

等。《滇事危言》（初集）在出版序言中写道："滇省逼于外患，而外患之所由逼，则以路矿界务为主要"，因此"是编意在警惕滇人，哀吁政府及贡士大夫谋施救"。从《滇事危言》（初集）的篇目看，有关云南铁路权益者37篇，关于矿产开采权者16篇，关于界务交涉者32篇，其他论箸22篇。这类专辑的出版和传播，不仅在当时有唤醒人们进行反帝爱国斗争的作用，也为后来研究云南边疆史地和边界问题留下了可贵的史料。

在上述刊物和著作中，具有代表性的是云南同盟会员在日本东京出版的《云南》杂志。据《云南杂志选辑》（科学出版社1958年版）中不完全的材料统计，在1906~1911年间，先后发表的关于云南边疆危机、界务和商务交涉等方面的文章和资料共80篇，其中33篇揭露法国和英国殖民主义者的侵略；36篇呼吁和号召人民争回铁路和矿产主权；10篇论述保卫云南边疆的重要性及策略；6篇阐明英、法并吞缅甸、越南的史实及历史教训。《云南》杂志发表的大量有关云南边疆问题的文章，其主要内容大致可以概括为三方面：

第一，广泛论述英、法殖民帝国侵略云南的目的，即占据云南进而侵入四川等中国内陆各省，瓜分全中国。这类文章强调指出，英法侵略云南，正是它们侵占和并吞印度、非洲、美洲的历史的重演，对云南的侵略步骤，正是它们原来在印度、非洲等地的做法，从掠夺煤铁等经济资源开始，进而夺取铁路、内河、工厂、矿山，最后实行军事占领，使被占地的人民完全成为他们的奴隶。"方今世界各强国，对于支那的经济行动，正属此类"，并引证法国人古德尔孟对云南作了全面考察以后，提供给法国政府的结论性意见："云南气候温和，最似法国南境，于法人甚为相宜。法国于云南，最适于此类之殖民地也。"① 英、法两国为协调与缓和在争夺云南等地的矛盾冲突而达成"军事协约"②。《云南》杂志对此发表专论指出，英法协约"是无形之攻守同盟也，是和平之侵略政策也"。英、法利

① 《论殖民之种类》，载《云南杂志选辑》，科学出版社1958年版，第19－20页。

② 该文指的是英、法两国外长于1896年1月15日在伦敦达成的《古塞尔—索尔兹伯里协议》。协议双方同意保持暹罗"中立"，以作为英国殖民地缅甸和法国殖民地印度支那之间的缓冲地带。规定两国均不占领我国云南江洪地区（西双版纳），一方在我国云南、四川获取的特权，亦准他分享（所谓"利益均沾"）。

用其协约，“于东方殖民之根据地，以实行其扩张领土之野心也。我云南何不幸而适当其冲”①。这些论述以英法两国的行径为依据，揭露其对云南和全中国的狂妄侵略野心，唤醒人们对保卫云南边境而斗争。

第二，论述保卫云南的重要性和策略方针。《论云南对于中国之地位》指出，英、法侵占缅甸和越南之后，云南已陷入“两雄交伺，前虎后狼”的险境之中：“云南虽边隅，一旦有事，则祸势蔓延，全国必受其影响。”因此云南的存亡，关系到全中国的存亡。文章指出，必须为保存云南而联合各省，加强军事力量，建成“军事国家”。要使全国人民都认识到“边省不能生存，即全国不适宜生存”，“非保守云南不足以存中国”②。《救云南以救中国》提出多种对付之策：加强军备设施和军事实力、兴教育、兴实业、实行地方自治及各省联合等。还主张，应速修筑云南连接内地的滇湘铁路，要用各省联合的力量来救云南，“救云南省，实以救中国也”③。《论国民保存国土之法》提出设立“保存国土会”，由一郡、一府、一省，进而全国；并提出了保存国土的十项办法，如规定公私土地均不得卖与外国人；由国人自行筑路开矿；移民殖边；等等④。这类文章对于启发人民的爱国思想、鼓舞人民反帝斗争的精神，都有积极意义。

第三，揭露法、英两国掠夺云南铁路与矿产的罪行，论述路矿主权对云南的重要意义，号召人民奋起收回路矿权利。《云南》杂志发表的论述云南路矿问题的文章达 36 篇之多，均立论有据，论述充分，对鼓舞人民进行反帝斗争起了很大作用。1908 年元旦，云南留日学生在东京集会，号召“废除七府矿约，收回滇越铁路”，推动云南人民，首先是青年学生，在省内掀起了三次收回七府矿权的群众运动。云南各界爱国人士组成了“保矿会”，敦促清政府废约赎矿。“保矿会”于 1908 年 6 月 4 日在昆明发起有两千多人参加的集会和示威游行；6 月 11 日再次举行集会示威时，云南陆军小学堂 200 多名学生列队前往云南咨议局请愿，学生赵永昌自砍手指，杨越割破手臂，用鲜血写请愿书，表示为争回七府矿权而献身。英、

① 《英法军事协约问题》，载《云南杂志选辑》，科学出版社 1958 年版，第 613－614 页。

② 《云南杂志选辑》，科学出版社 1958 年版，第 312－319 页。

③ 《云南杂志选辑》，科学出版社 1958 年版，第 332－327 页。

④ 《云南杂志选辑》，科学出版社 1958 年版，第 67－85 页。

法侵略者鉴于中国人民反帝斗争势不可挡，清政府中出卖矿权以谋私利者亦感到众怒难犯，被迫与英、法隆兴公司协议废除了矿约，收回了云南七府矿产开采权。

从上述内容可以看出，有识之士面对云南边疆严峻的危机，积极调查研究和论述云南边疆问题的严重性和紧迫性，以唤起人民的爱国精神，激励和动员人民起来为保卫边疆而斗争。

二

民国时期，中华民族处于新的危机中。云南边疆问题研究围绕云南边疆遭受侵略和久悬不决的界务交涉等问题展开。第一次世界大战结束后，帝国主义各国竟在巴黎和会上公然争夺在华侵略权益。接着，英、法两国又在云南卷土重来。英军于1922年重新侵占片马，大举进兵江心坡，对中英滇缅北段未定界广大区域强行实施军事占领；1926年，英国缅甸殖民政府在江心坡登记户口、设官统治，对反抗英国占领军的当地景颇族、傈僳族居民实行暴力镇压，打死打伤景颇族居民300多人，焚毁了景颇人的许多村寨；至1927年，占领江心坡中缅北段未定界区域的英军为4 000人以上。英国殖民侵略者对中英滇缅南段未定界（阿佤山区域）亦加紧进行资源掠夺和侵占我边境领土的活动。英国设在缅甸的“缅甸有限公司”，在掠夺缅甸锡钨矿藏的同时，把贪婪的掠夺之手伸进了阿佤山区我方边境，先是非法收购我国班洪、班老等地的银铅矿石，进而直接开采我国边境的银铅锌矿藏。这些侵略行径，遭到云南边境的佤族部落首领和民众的强烈反对，英方竟以武力支持其经济侵略行动，1934年1月20日，英军侵入阿佤山的班洪、班老等地，占领炉房、金厂坝、户算等矿山。

英国扩大侵略云南边疆，激起云南和全国人民愤怒的抗争。一些爱国知识分子和有关的实际工作者也重新研究云南边疆问题、界务问题以及对外关系问题。云南省城昆明和滇西边城腾冲等地的爱国人士组成“滇缅界务研究会”，向全国发出英军入侵中缅北段未定界片马、江心坡的警报，派人深入江心坡等地调查英军侵占当地的实况，同时又派出代表到南京向民国政府呈报边境危机，促政府保卫边疆。英军入侵中缅南段未定界阿佤山区，正值日本帝国主义大举侵占我国东北和华北地区、全国人民掀起抗日救亡运动之际。在抗日救亡运动的推动下，知识界、学术界爱国人士，积极展开云南边疆问题研究。抗日战争开始后，沿海和内地的大学和研究机构纷纷迁到西南，“各地学人多来集昆明，尚论边政”，“一时各地以研究边疆问题相号召，多有专著”①。

在一些爱国人士和学者的倡导下，一些专家、学者为开发和建设边疆而深入边境地区考察，纷纷发表考察报告的学术论著。云南省昆华民众教育馆编辑边疆问题研究专辑《云南边地问题研究》上、下两卷，于1933年出版，全书共55万余字，收录考察报告和研究论文21篇，其中研究边疆史地、界务交涉、民族情况、社会经济、风俗民情等历史和现状的13篇，论述开发与建设边疆、保卫和巩固边防的8篇。该书序言指出，该专辑的宗旨是对西南边疆，我们过去尚未考察研究，所见的出版物，多为外国人之作。因此，我们“不可不立起直追，作有系统之调查研究”，为“巩固西南国防……当从边地建设为急务。方今东北沦陷……爱国者急起立行，造人材，修战备，固国防，捍边疆，为实际救国之运动”。该专辑的论著和考察报告大量介绍了云南边疆遭受英、法帝国主义侵略的历史和现状，引起国内爱国人民的注意和关切，并很快被译成法文，定名为《云南边境的土地和人民》②，并遭到坚持侵略立场的某些帝国主义御用文人的诋毁。后来，云南省昆华民众教育馆又继续编辑出版了《云南史地辑要》（上、下册），约请专家学者撰写了云南历史沿革、民族、边务、地理、地质等10个专题。该书对研究云南边疆史地有一定参考价值。

张凤岐的《云南外交问题》（商务印书馆1937年版），是研究云南对外关系和边疆史地有代表性的和较大影响的学术专著。作者在自序中说：“近年以来，国人渐知中国边疆问题的重要，佥以我国领土之丧失，均起于边疆，而外侮之来，又以边患最烈。”为成是书，“总计研讨调查，前后几十年，五易其稿”，“自班洪事件发生……又至南段未定界调查凡一年”，

① 方国瑜：《滇史论丛》，上海人民出版社1982年版，第2页。

② ［英］D. G. E. 霍尔：《东南亚史》（下册），中山大学东南亚所译，商务印书馆1982年版，第347页。

最后完成这本专著。该书除充分引证我国历史典籍，还使用了当时政府的外事档案，其中大量引证外国人在我国领土上进行考察（侦探）后写成的报告和著述。对中越、中缅的历史关系该书虽仍袭用原来的“宗藩关系”的说法，但系统扼要地阐明了中越、中缅国家之间悠久的民族、历史和经济文化关系，阐明在西方殖民主义侵入东南亚之前，我国和越南、缅甸两国人民曾长期和平相处，友好往来，一直保持着睦邻关系。该书较为系统地叙述了英、法殖民帝国并吞缅甸和越南后，进而侵略我国云南边疆的历史过程，以及英、法两国掠夺云南铁路矿山等经济权益和侵占我边境领土的史实。

方国瑜《滇西边区考察记》（云南大学西南文化研究室，1941 年）根据 1935 年至 1936 年实地调查滇西边境所得，记载了云南西南部的佤族、拉祜族、傣族等少数民族及其社会经济文化、风俗民情、地理环境、历史沿革，以及边界问题等等。该书收录了阿佤山区各部落首领的《告祖国同胞书》和《致中英会勘滇缅南段界务委员会主席书》（1936 年 1 月）。佤族各部首领在这两个文献中，向世界各国郑重重申：“佧瓦山地为中国边土，佧瓦山民为中华民族之一部分”，“佧瓦山地与中国为一体，不能分割”，佧瓦山民“宁血流成河，断不作英帝国之奴隶；愿断头颅，不愿为英帝国之牛马”。

民国年间在云南先后创办的研究和反映边疆问题的刊物有十余种之多，如《西南边疆》、《边疆人文》、《西南研究》、《滇南杂志》、《新动向》、《新云南》、《新腾冲》、《云南民众外交后援会周刊》、《民族与国家》等等。出版的专著、专辑和丛书有 20 余种，主要的如张凤岐《云南外交问题》、民众丛书《云南边地问题研究》（两辑）、《云南史地辑要》（两辑），西南文化研究丛书 11 种，张印堂的《滇西边区经济地理》、李拂一的《泐史》、华企云的《云南问题》和《中国边疆》、李培天的《滇缅界务与西南国防》、尹明德的《云南北界勘察记》、周光倬的《滇缅南段未定界报告书》、云南民众外交后援会的《滇缅界务意见书》等等。上述各种专门刊物、调查研究专辑和学术专著的出版，把西南边疆问题研究提高到一个新的水平，初步阐明了西南边疆的发展变化及历史沿革，使人们得以普遍认识到，远在西方殖民主义者侵入之前的两千多年，云南边疆各族人民已经是中华民族的组成部分，云南边疆领土自古以来就是中国领土不可分割的一部分。

当然，当时出版的刊物和发表的专著、专辑，大多是罗列现象和介绍史实，一般都没有进行深入的专题研究，没有从理论上加以分析。

三

中华人民共和国成立以来，云南边疆史地研究有了新的变化，也取得了一定的成绩。

首先是国家组织对全国各省进行少数民族社会历史调查研究。对云南边疆的疆域变化、历史沿革、边界史等等也都进行了全面调查。在1951年至1955年，云南省调查了各边境民族的社会政治经济情况；1956年至1960年，全国人大民委会组织的民族调查组对云南少数民族的社会经济形态、民族族源、历史文化、云南边疆及疆域的发展和变迁作了全面系统的调查，同时还对有关历史文献资料进了系统整理、汇辑。这是云南前所未有的一次大规模的民族社会历史调查，也是一次边疆史地调查研究工作。在所得的数千万字资料中，边疆史地资料占有相当大的比重，为研究中国西南疆域的发展变迁、历史沿革、边界问题积累了大量的珍贵资料。

1954年至1960年，中国和缅甸两国政府为解决边界悬案，谈判勘定边界问题。我国政府组织有关专家学者将清末至民国年间有关中英滇缅界务交涉的外交档案和各时期的调查报告，以及有关的研究著作等文字资料，编成《中缅北段未定界资料》、《中缅南段未定界资料》和《中缅已定界资料》等计100余万字，这是研究云南疆域史、近代边界史极为难得的基础资料。遗憾的是，这些珍贵史料至今仍未开放使用。

关于研究队伍问题。云南远在清末就有一批人研究近代边疆史地、边界问题和对外关系；到了民国年间，热心研究边疆问题的实际工作者和学者为数不少，但却始终未形成相对稳定的研究队伍。新中国成立后近40年来，热心研究边疆问题者为数很少，且主要集中在云南大学历史系和云南省历史研究所。在云南大学历史系以方国瑜、江应樑教授为主，先后成立了云南民族史与地方史研究室，尤中教授主持成立了西南边疆民族历史研究所。他们在教学之余，积极从事研究和著述，培养了人才，并不断取得了研究成果。在云南省历史研究所集中了一部分从事边疆民族史和地方史研究的专业人员，其中有张凤岐先生等老一代研究者和新中国成立后长期从事研究的人员，还有一些人从事东南亚史和云南边疆跨境民族的社会历史研究，后来集中到新建立的东南亚研究所。所有这些为数不多的专业研究人员中，均无专门从事边疆史地研究者。

从事云南民族史、边疆史研究的专业或业余研究者们，是在工作条件很差、原有基础薄弱、资料匮乏的艰难条件下开始研究的。有关边疆史、边界史的研究成果因有禁区，很难发表，现在所能见到的有关文章约 20 篇。其中主要的有：陈吕范、邹启宇《帝国主义与云南矿业》（云南《学术研究》1962 年第 3 期）；王绳祖《十九世纪六十年代英侵略我国云南的活动》（《南京大学学报》1963 年第 2 期）；王叔武《十九世纪英、法侵略云南史述略》（《思想战线》1980 年第 6 期）；田汝康《杜文秀对外关系及刘道衡“使英”问题研究》（《民族学报》1981 年第 1 期）；佘定邦《十九世纪后半期英国对云南的侵略和云南人民的反侵略斗争》（《历史教学》1980 年第 1 期）；谢本书《片马问题研究》（《研究集刊》1985 年第 2 期）；孙代兴《马嘉理事件的历史考察》（《云南社会科学》1987 年第 3 期）和《帝国主义利用宗教侵略云南和云南人民的反帝爱国斗争》（《民族与地方史研究》1975 年第 1 期）；龙永行《论中法战争》（《学术论坛》1983 年第 3 期）等。

上述文章多系中英、中法关系史范围。新中国成立前的有关文章，大多是仅就云南边疆危机和英、法的侵略活动作情况介绍和史事罗列，近年来研究文章的特点，是把英、法对云南的侵略，把云南边疆危机的出现和英、法侵略中的边界界务交涉斗争等问题，置于帝国主义时代的世界环境中加以考察。许多论文都指出，英、法侵略我国西南边疆，是他们争夺南亚霸权的重要环节，是西方资本主义、帝国主义发展的必然结果。可以看出，新中国成立以来，有关云南边疆问题的研究有一定的深度，学术水平也有了提高。

在学术专著方面。有方国瑜的《中国西南历史地理考释》（中华书局

1988年版，95万字）、尤中的《中国西南边疆变迁史》（云南教育出版社1987年版）。方国瑜先生用毕生精力，对中国西南边疆史地进行了深入细致的基础性研究，最后完成了有较高学术价值的《中国西南历史地理考释》，对西南边疆史地研究做出了一大贡献。《中国西南边疆变迁史》对我国历代以来所指的西南边疆——云南边沿区域，从古代至近代的沿革及变迁作了系统阐述，史料丰富，论点鲜明，是研究西南边疆史地的一项有价值的学术成果。

新中国成立近40年来，云南史学界发展了云南边疆史地的研究，在研究西方列强侵略我国云南和云南人民的反侵略斗争史、云南近代边界史等方面都是有成绩的。但在投入的力量、研究的广度和深度、成果的数量和质量等方面，都远不适应现在的要求。在广度上基本上没有超过，甚至没有达到新中国成立前的水平。现在仍很少有人研究云南边疆史、边界史、疆域的发展变迁史。其原因，除了还有“禁区”外，也与当前社会科学研究中重应用轻基础的倾向不无关系。有关云南边疆问题研究的现状，与云南在全国的地位，与我国作为一个历史悠久的大国的国际地位都是不相称的。因此我们应当增加人力，有计划地加强这方面的基础性研究，改变落后的局面。

（原载《中国边疆研究通报》，新疆人民出版社1998年版）

史学功能与爱国主义教育

历史学是一门古老而长青的科学，它的功能和社会作用从来都是显著的，我们既不能贬低，更不能否定。我国的历史学产生以来，已有近三千年的历史，并没有因为它特别古老而失去效用和衰亡，而是随着社会的前进而发展，这个事实就证明历史学在人类文明中是一门具有重要价值的学科。就世界范围看，尊重和热爱自己的历史，是各民族和国家对历史的共同态度。著名的思想家、哲学家、科学家、政治家、军事家都非常重视历史学，古罗马政治家西塞罗认为：不知道你出生之前的历史的人，永远是个孩子；英国唯物主义哲学家培根说：读史使人明智；马克思主义创始人马克思、恩格斯等高度重视历史学，他们说："我们仅仅知道一门唯一的科学，即历史科学。"① 马、思在创立马克思主义的过程中，用了很大精力致力于研究历史，建立了历史唯物主义科学体系。毛泽东非常重视总结历史经验和运用历史知识，他说："我们这个民族有数千年的历史……今天的中国是历史的中国的一个发展；我们是马克思主义的历史主义者，我们不应当割断历史。从孔夫子到孙中山，我们应当给以总结，承继这一份珍贵的遗产。"② 周恩来曾说过：一个民族不懂历史就会是一个愚昧的民族，愚昧的民族是不能建设社会主义的。与此相反，对自己祖国的历史持虚无主义态度，从来都是被人们鄙弃和反对的，这也是《河殇》的历史观受到普遍批判的原因。

① 恩格斯：《路德维希·费尔巴哈和德国古典哲学的终结》，载《马克思恩格斯选集》第1卷，人民出版社1972年版，第21页。

② 毛泽东：《中国共产党在民族战争中的地位》，载《毛泽东选集》第2卷，人民出版社1952年版，第522页。

历史告诉我们，人类从自己的童年开始就懂得珍重自己的历史，珍惜历史的经验和知识，因为没有人类历史就没有人类的现在和未来。人类进入文明时代以后就有了历史学，现代民族和国家都有自己的传统史学。各民族都为自己的光辉历史而自豪，也对历史上有过苦难历程而铭刻不忘，并用以鞭策激励自己的民族奋发图强。我国是世界文明古国中由自己的民族直接承续下来的国家，悠久而辉煌灿烂的华夏文明史，是鼓舞中华民族奋勇前进的伟大精神力量。中华民族懂得尊重和热爱祖国的传统历史，崇拜和歌颂祖国历史上为国家和民族做出过贡献的英雄、伟人和爱国志士，特别钦佩和效法近代以来为反对侵略、救亡图存、振兴中华而献身的革命志士。从中国人民强烈的历史意识和热爱历史的态度中，说明人们对历史的兴趣是永恒的。所以，历史学的社会功能和价值是永远不会泯没的。

历史学在任何一个文明社会中的地位都应当予以肯定，因为历史学特有的研究对象和社会功用，是任何一个社会所不可缺少的，轻视历史学的社会是不正常的社会。历史学在社会科学各学科中的地位也是同样肯定的，不仅现在，而且在未来社会中，人们也仍然需要历史学。

对史学功能的概括和阐述，在史学界有多种不同的归纳和说明。比较多的学者把史学的功能归纳为借鉴和教育两个方面。有的学者还指出，历史学是一门综合性学科，它的功能是综合的多项的，并概括为四大功能：第一，伦理教育功能；第二，经验借鉴功能；第三，文化积累和传播功能；第四，获取对社会规律性认识的功能。把史学多方面的功能概括起来就是“察古而知今”，目的在于知今。只有察古才能知今①。这种归纳是比较细致和确切的，但也可以都归入教育和借鉴两大功能之中。

关于历史学的借鉴功能，这是马克思、恩格斯所重视的“历史的启示”作用，也是我国历史上一直受看重的“以史为鉴”。历史的经验值得借鉴，这是我国史学界的普遍共识，它已作为一种知识，积淀在我国文化宝库中。当然，历史经验的借鉴和历史知识的运用，在古代比现代更为有用；在中国古代社会中，前朝和后代的社会经济状况和政治经济制度变化不大，差别较小。因此，由史学记载和说明的过去的兴衰治乱缘由，对后

① 丁伟志：《“察古而知今”是历史学的价值》，载《光明日报》1986年1月22日。

来的统治者有较多的借鉴价值。但到近现代，社会发展速度加快，现代和过去的差异性增大了，历史经验的可用性随之降低，史学的借鉴功能自然下降，这是符合社会发展趋势和史学自身特点的。但这并不否定史学的借鉴意义，在现代社会中也仍然需要对过去经验的借鉴，现代社会是由历史的社会发展而来的，未来的发展也是以现代社会为基础并参考它的历史背景。我国现在建设有中国特色的社会主义，社会主义初级阶段理论的提出，就是基于中国现实的国情和它的历史特点及基础。历史学在这方面的价值和意义是明显的，并将在今后继续发挥它的作用。历史背景及特点，过去的经验教训，即使在条件已经改变了的后世，仍然有许多值得吸取的因素和可供参考的知识。经验借鉴和历史知识的运用，永远都是历史学所特有的功能之一。

中国近现代历史发展的轨迹和它所选择的今后发展的道路，是我国"以史为鉴"的最好例证。我国之所以选择社会主义道路，正是根据中国近现代历史发展的经验教训作出的历史抉择。人们从中国近代历史发展历程中都知道，在清朝封建统治的后期。由于政治腐败，经济落后，在西方列强侵略下，中华民族陷于生死存亡的严重危机之中；我国许许多多的爱国志士，为反抗侵略，救亡图存，振兴中华，曾历尽艰难险阻，寻求救国之道，先后采用过"中体西用"、变法维新、民主革命等救国方案，并为之进行了近一个世纪艰苦卓绝的英勇斗争，最后都失败了。历史一再证明，世界历史发展到帝国主义时代，中国已经不可能再建立独立的资产阶级共和国。在中华民族存亡攸关的历史关头，中国共产党领导全国人民取得了反帝反封建的新民主主义革命的胜利，走上了符合中国历史发展趋势和世界潮流的社会主义道路，并迅速取得了社会主义革命和建设的伟大胜利。虽然，我国在建立社会主义制度之后仍有失误和挫折，但这不是走社会主义道路的错误，是违背社会主义原则和发展规律的后果。改革开放以来，中国共产党在纠正这些失误的过程中，已使中国的社会主义事业获得了前所未有的发展和成就。中国现代历史发展选择社会主义，是指引我们继续前进的"历史的启示"，我们应当尊重这一历史的选择。

关于历史学的教育功能，是历史学在社会生活中能广泛发挥作用的重要方面。虽然许多社会科学学科都有教育功能，但史学的教育作用是它所特有的，不同于其他社会科学学科。历史学提供的是精神产品，是供给人们的重要精神养料，它在提高人们的思想和文化素养中发挥积极的作用。我们的社会主义现代化事业，要建成社会主义的高度物质文明和精神文明，必须依靠有理想、有道德、有文化、守纪律的一代新人来完成。要培养造就这样一代新人，在教育训练他们掌握现代科学知识和技能的同时，还必须培养他们具有崇高的民族自尊心和自信心，高度的爱国主义思想，自觉地为祖国社会主义现代化事业而献身的精神。这种理想和道德的形成，其重要途径之一，就是从祖国优秀的历史遗产中吸取精神养料，从前人的光辉业绩中和发明创造中受到思想启迪和精神感染。概括说来，历史学在教育方面的作用主要有以下几点：

第一，历史是爱国主义教育很好的教科书。爱国主义是在漫长的历史发展过程中形成的人民对自己祖国的崇高的思想感情，是人民为祖国的繁荣富强而奋斗的强烈责任感，以及为捍卫祖国的独立和民族尊严而不惜牺牲自己的伟大献身精神。爱国主义还表现为热爱祖国的历史文化、民族传统、民俗习惯和祖国的大好山河，以及热爱故土、乡里的深厚的民族感情。光辉灿烂的华夏文明史，是中国人民爱国主义思想永不枯竭的源泉，是鼓舞中国人民奋勇前进的巨大精神力量。中华民族的历史和文化传统形成的强大凝聚力，把我国各族人民紧紧地凝聚在一起，它所产生的爱国主义精神，是一股强大的向心力，使中华民族团结一致，为祖国的独立和兴旺繁荣而共同奋斗。在我国历史上，每当国家、民族出现危难的时刻，尤其是在近代遭到帝国主义侵略而濒于危亡之际，中国人民毅然奋起，外抗强权，内惩国贼；无数爱国志士，英雄豪杰，为捍卫中华民族的独立、统一、主权和领土完整，为人民的安宁和幸福而抛头颅、洒热血，进行了英勇不屈、可歌可泣的斗争，表现了伟大坚强的民族气节。我国历史上许多政治家、军事家、革命家和思想家、科学家都是杰出的爱国主义者，他们光辉的英雄业绩，造就了中华民族伟大坚强的民族性格，形成了我国优秀的历史传统。中华民族的爱国主义精神和传统，已经构成了我们全民族共同遵循的道德规范和行为准则的重要组成部分，它对我国公民具有政治的、道德的约束力，任何人如果违背爱国主义准则，就会受到道德的约束和舆论的谴责，直至承担政治和法律的责任。所以，热爱祖国、保卫祖国，是我们每个中国人必须具备的起码的道德品质。我们应当通过对祖国历史的深刻了解和认识，对祖国寄予最真诚的热爱，从而提高热爱社会主义祖国的自觉性。中国人民，特别是青年们，应当在爱国主义精神的激励下，把智慧和力量都奉献给祖国人民，为祖国繁荣、人民幸福而英勇奋斗。

第二，历史是民族自尊心和自信心的重要教材。悠久而辉煌的华夏历史，是中华民族的自信心和自豪感的坚实基础。中华民族数千年来，冲破重重艰难险阻，勇往直前，表现了华夏民族坚强的生存能力和创造能力。现代中国是直接承续华夏文明古国而来的伟大国家，它在五千年的悠久历史中，产生过许许多多的思想家、政治家、军事家、革命家，发明家、科学家、文学家、艺术家，他们对世界文明产生过重大影响；我国古代四大发明，对世界物质文明做出过巨大贡献。华夏文明曾经是世界上最先进的文明。学习和深刻了解中国历史，使我们由衷地感到为祖国悠久辉煌的历史和优秀的民族文化而自豪，也就有信心使我们的华夏文明在社会主义现代化事业中更加发扬光大。因此，我们也就有根据有理由批判那种诋毁华夏文明为什么“失败的”、“黄色文明”等错误观点，清除那些毒害青年们的民族自卑感。

第三，历史是最好的伦理教材。历史对人和事的检验与评判是严肃公正的，严肃的历史著作能帮助人们明是非、辨善恶；历史上有益于人民和社会的人，流芳百世；历史的罪人，遗臭万年。“历史的检验”和“历史的定论”的是非标准，是人们公认的准则；历史阐明的人间哲理，有助于培养人们高尚的道德情操。这种思想道德和行为准则，在人们的社会生活中是一股潜移默化的巨大精神力量，任何个人的主观意志是无法改变的。所以，有人称历史是以史实说理的哲学。我们的历史教育，可以使人们从中学到许多做人的道理。

从以上简略归纳的历史学的借鉴和教育两大功能中可见，历史学虽然是社会科学中一门古老的传统学科，但它在现代生活中仍具有现实的积极意义，除帮助人们获得对社会规律的认识，提供历史经验借鉴和知识的应用之外，还有重要的教育作用，特别是在爱国主义教育、革命传统教育、伦理道德教育，以及树立民族自尊心、自信心和民族气节、民族精神的教育等方面，都有重要的作用。

当然，我们也必须承认，历史学由于自身的特点，它在形成人们高尚理想、道德和精神素养中的作用，是渐进的、无形的和潜移默化的，因而不能要求它如同某些应用学科那样，直接起某种立竿见影式的具体作用、产生直接的社会经济效益。历史学作为精神养料，它产生和发挥作用是持续性、永久性的。因此，也不应要求它像某些宣传教育材料那样，解决某种现实的思想和意识形态方面的具体问题，它不应当是起时效性的短暂作用。

（原载《爱国主义与历史教育》，云南大学出版社 1990 年版）

辛亥革命在云南

70年前，伟大的革命先行者孙中山先生领导的辛亥革命，是我国历史上伟大的民主革命运动。它推翻了帝国主义的走狗清王朝的封建统治，结束了两千多年的君主专制制度，建立了中国历史上第一个资产阶级共和国——中华民国，使民主共和的观念从此深入人心。虽然，辛亥革命没有完成反帝反封建的任务，但它为以后的中国革命开辟了道路。辛亥革命后，中华民国的政权被北洋军阀和蒋介石新军阀集团篡夺，中国陷入了黑暗苦难的深渊。中国共产党接过孙中山的革命旗帜，继承孙中山开创的民主革命事业，领导中国人民进行了长期的反帝反封建斗争，取得了民主革命的胜利，建立了中华人民共和国，并把这一斗争推进到了社会主义革命的新阶段。

辛亥云南起义，是全国辛亥革命的一个重要组成部分。在纪念辛亥革命七十周年之际，我们回顾云南辛亥起义的光辉历史，重温我们所继承的民主革命传统，学习和发扬辛亥革命先烈们英勇献身的革命精神，是我们对辛亥革命的真诚纪念，也是我们建设社会主义现代化强国的需要。

一、辛亥革命前的云南

云南是祖国西南边疆的多民族省份，经济文化发展迟缓。1940年鸦片战争，英国资本主义侵略势力用炮舰打开了中国的大门，云南和全国都逐渐沦入了半殖民地半封建社会的悲惨境地。由于云南资源丰富、地位重要，连接越南、老挝、缅甸，是祖国西南的要地，英国侵占缅甸和法国侵占越南后，云南就成了英、法入侵的目标和角逐场所，英法两国都力图把云南攫为自己的“势力范围”。1876 年，英国侵略势力借云南人民打死英国武装入侵者马嘉理的事件，胁迫清政府订立了《烟台条约》，作为公开入侵云南的凭借。1885 年，中法战争后签订的《中法天津条约》，给云南造成了空前的恶果，法帝侵略势力不仅可用传教、游历、探险、通商等名义，在云南肆行侵略活动，进而取得了在云南修筑铁路之权，并于 1904 年开工修筑滇越铁路。随着滇越铁路的伸展，蒙自、思茅、腾越等商埠的开辟和扩大，关税一减再减，帝国主义商品和银行资本潮水般地涌进了云南，造成外贸年年入超，白银大量外流，据蒙自（1889 年开关）、思茅（1897 年开关）、腾越（1902 年开关）三关的统计，自开关到 1911 年，共入超 2 369 万海关两，平均每年入超 200 万两，占云南财政岁入的三分之二。与此同时，云南原来比较兴盛的纺织、制茶、铜锡采炼等民族工商业横遭扼杀，备受摧残；云南的锡、铜矿产和茶叶、山货、药材等原料，被帝国主义掠夺殆尽。英、法侵略者在经济上掠夺云南的同时，还不断蚕食云南领土和进行军事入侵。云南面临被帝国主义瓜分吞并的严重威胁。民族危机空前严重，帝国主义和云南各族人民的矛盾十分尖锐。

清王朝被帝国主义历次侵华战争打败，特别是 1900 年被八国联军打败，签订《辛丑条约》后，完全沦为帝国主义侵华的工具和走狗，成了“洋人的朝廷”。清王朝为博取外国主子支持其摇摇欲坠的统治，竟公然“量中华之物力，结与国之欢心”，加紧搜刮民脂民膏，以充赔款、以供挥霍，苛捐杂税无止境地增加。清末云南的捐税达三十多种：米捐、盐捐、钱捐、官租、学租、夫马津贴等等，几乎记不胜记。云南商牲杂税总额在道光时岁收一万八千多两白银，到光绪时，仅商税一项即达四万六千余两。除各种赋税之外，反动官僚们又无官不贪，个个都大肆贪污中饱。清朝最后一任云贵总督李经羲，在其短短两年的任期中，贪赃枉法，获白银四万多两，昆明“重九起义”时，还从他家中查出，刚由其下级贪官个旧厅“同知胡思义谨呈”的黄金四条，鸦片烟油数十缸①。在虎狼般的官吏和豪绅敲骨吸髓地盘剥下，“迤东、迤南赤地千里，人民之困于饥馑者，

① 孙种因：《重九战记》，载中国近代史资料丛刊《辛亥革命》（六），第 246 页。

不下数百万”①。云南各族人民处在水深火热之中，挣扎在死亡线上。阶级矛盾异常尖锐，人民被迫起来进行反帝反封建斗争。

二、民族民主革命运动在云南的兴起和发展

20 世纪初，云南的资本主义产业才开始出现，据昆明及滇越路沿线 47 家民办火柴、食品、卷烟、五金等企业的粗略统计：其建立时间是，1905 年 4 家，1906～1909 年 11 家，1910 年 10 家，1911 年及以后的 22 家；其资本额，万元（或两）以下的 17 家，1～3 万元的 20 家，3 万元以上的 10 家。又据昆明 46 个矿厂的统计，其建立时间是：1904～1907 年建立的 13 家，1907～1911 年的 33 家②。这些民族资本性质的企业，出现的时间都晚于沿海和内地，其经济力量也非常薄弱，在帝国主义和封建主义的双重压榨下，发展极其艰难，有的还未投产就倒闭了。在此期间，中国民族资产阶级已成为一个独立的阶级，且已经有了统一的政党——1905 年成立的中国同盟会。而云南的产业资本家才开始出现，作为一个阶级尚未形成，直到 1906 年，在云南省的经济中心昆明，才有了“总商会”的组织。因而云南民族资产阶级的阶级活动起步较晚，为发展资本主义而进行资产阶级革命的要求，落后于全国资产阶级民主革命运动的发展。

民族民主革命运动在云南省，是从各民族人民激烈的反帝爱国运动中发展起来的。

19 世纪末和 20 世纪初，帝国主义步步进逼，中华民族面临亡国灭种的威胁，处于生死存亡的危险关头。地处祖国西南边陲的云南，在英法帝国主义交相侵略威胁之下，形势更加危急，爱国的人们大声疾呼地喊出了：“云南之危，危及全国；云南之急，急于各省。”③ 帝国主义的猖狂侵

① 《云南水旱灾募捐公启》，载《云南杂志选辑》，科学出版社 1958 年版，第 309 页。

② 《续修昆明县志》。

③ 拙人：《救滇唯一之上策》，载《云南杂志选辑》，科学出版社 1958 年版，第 348 页。

略，激起了云南各族爱国人民汹涌澎湃的反帝爱国运动，并直接导致了民族民主革命运动的兴起和发展。从19世纪80年代开始，云南各族人民进行了多次的反洋教侵略斗争。1899年，在蒙自爆发了杨自元为首“火烧洋关”的反帝斗争；1900年，昆明人民进行了声势浩大的抗法斗争；滇西边境人民奋起抗击了英军入侵片马、茨竹、派赖；1903年，周云祥领导矿工和农民，在个旧、临安、石屏起义，口号是“阻洋占厂”，“拒洋修路”。这些斗争，有力地激励着爱国人民为“救乡救国救种”而奋斗。最先觉醒并最为敏锐的知识分子们（他们从地主阶级中分化而来，先于云南资产阶级而出现），痛恨清王朝政治腐败，深忧国家民族的危亡，羡慕西方国家的富强，在20世纪初兴起的留学浪潮中，纷纷出国寻求救国救民之道。云南从1879年开始，先后有数百人出国留学，仅1904年到日本的留学生就有100多人，其中学军事的有30多人。留学生们虽怀着不同的动机出国，但他们大多热爱祖国，有志救国救民。他们广泛地接触和学习西方资产阶级的民主自由、民权革命等社会政治学说，逐渐接受了孙中山的民族民主革命思想。

1905年，中国同盟会在日本成立。云南留日学生杨振鸿、吕志伊、李根源、赵伸等数十人先后加入同盟会，在东京成立了同盟会云南支部，由吕志伊任支部长。同盟会云南支部成立，是云南资产阶级革命史上的一个极为重要的新起点，从此，云南民族民主革命有了资产阶级政党的领导。接着，同盟会云南支部就积极展开革命宣传和发展革命组织，而开始了伟大的革命斗争。

同盟会云南支部为宣传革命，于1906年在东京创办了《云南》杂志，由李根源、赵伸任干事，张耀曾任总编辑。10月，《云南》杂志正式创刊。于是，西方资产阶级的社会政治学说，同盟会“驱逐鞑虏、恢复中华，创立民国、平均地权”的革命纲领，以及收回路矿权利、兴办实业等发展资本主义经济的方案，广泛传入云南；英法帝国主义的侵略罪行，清王朝的黑暗专制和卖国行径，被大量揭露在云南各族人民面前。《云南》杂志的宣传，鼓舞着云南人民为反帝反封建而战斗，受到各族人民的欢迎，被称颂为“救死药”和“醒梦钟”。帝国主义和反动官府的封锁扼杀无济于事，《云南》的出版发行日渐扩大，在昆明兴隆街设立了分社，在云南各府、州、县和海外的新加坡、越南、缅甸都有代办所，各地都有行销员发行。发行量从最初的 3 000 册增加到 10 000 册，到辛亥革命止，共出刊 23 期，在当时的同类革命刊物中，是出刊时间较长和影响较大的。

同盟会云南支部在开展革命宣传的同时，逐步派遣成员回国，开展革命斗争。1906 年，杨振鸿回到昆明，他利用办新操学堂的机会，在校内外学生中举办演说会、节假日集会等，揭露帝国主义侵略，抨击清王朝的黑暗专制，宣传民族民主革命思想，于是，“非武不足以图存，非革命不足以挽回国运”的武装革命思想，在学生中广泛传播。杨振鸿还组织了“公学会”，在各州、县设立分会。在革命党人李伯东、王九龄等的共同努力下，“兴汉会”（昆明）、“敢死会”（昆明）、“自治同志会”（腾越）、“同学会”（大理）、“体育会”（个旧）等革命团体纷纷建立，蓬勃发展。同盟会云南支部，在 1906 ~ 1907 年之间，发动和领导了云南各族人民反对屈辱卖国的贪官污吏丁振铎（总督）和兴禄（洋务局总办）的斗争，清王朝迫于云南人民从国内外掀起的斗争浪潮，撤换了丁振铎、兴禄二人，同盟会领导的第一次群众斗争取得了胜利。

1907 年初，杨振鸿出任腾越巡防军管带（营长）。他带领腾越人民反对英帝强勘腾越铁路，揭露当地官吏屈辱卖国和利用傣族土司袭职进行敲诈勒索的罪行，提高了人民反帝反封建斗争的勇气。1908 年发展张文光等人入同盟会，使腾越成了同盟会在云南的第二个活动中心。此外，同盟会在滇南的蒙自、个旧、临安等地也开始了革命活动。

1908 年 4 月，孙中山布置发动了河口起义。起义军一举攻克河口、蛮耗、南溪等地，当地各族人民热烈响应，清军纷纷投诚。孙中山急电黄兴赶到前线指挥。河口起义声威震动国内外。清廷为之惊恐万状，急命滇、黔、川、桂等省调动清军反扑，并勾结越南法国殖民当局共同围剿。起义军坚持浴血奋战达一月之久，最后失败了。河口起义打击并动摇了清王朝在云南的严酷统治；同时，它把民族民主革命的烈火从珠江沿岸燃烧到了云南边疆，给云南各族人民以巨大的鼓舞。河口起义时，杨振鸿率领部分革命党人从日本回国支援未成，转至仰光，在缅甸指挥滇境的革命斗争。经腾越、永昌（保山）等地革命党人的努力，革命力量有一定发展，杨振鸿决定于 1908 年 12 月 31 日发动永昌起义。计划先占永昌、腾越，再会师大理，进军昆明，光复全省。但因准备不足，在清军集结兵力的威胁下，起义队伍未能如期集合即自动溃散。永昌起义又未成功，杨振鸿亦染病死于蒲缥，但革命的影响在云南边疆继续扩大。

1908 年 12 月，日本士官学校第六期的云南留学生毕业，时值清政府为编练新军〔云南编一个师，建制为陆军第十九镇（师），下辖 37、38 两协（旅），并有炮兵第十九标（团）、骑兵第十九标等部〕，急需新式的军事人才，士官生成了清统治者争相延揽的对象。署理云贵总督沈秉堃电调李根源（同盟会云南支部长）回滇，任命为新建的军官学校“云南陆军讲武堂”的监督兼教官。接着，一大批留日归国的士官生李烈钧、方声涛、赵康时、罗佩金、李鸿祥、唐继尧、沈汪度、张开儒、刘存厚、顾品珍、庾恩旸、刘祖武、张子贞等，相继被任命为讲武堂教官或陆军十九镇各标、营指挥官，他们大多是同盟会员。1910 年，李根源升任讲武堂总办，沈汪度和张开儒分任讲武堂监督和提调。革命党人掌握了讲武堂的领导权和教育训练大权，爱国主义、民族主义、西方社会政治学说，反帝反清的革命思想等等大量传授给学生；《云南》、《革命军》等革命书刊，在讲武堂广泛流传。清政府的军官学校，成了同盟会进行革命活动的中心和造就革命人才的基地。随着讲武堂内革命活动的深入开展，学生们普遍接受了民族民主革命思想，许多人加入了同盟会伟大的无产阶级革命家朱德同志，就是这时在讲武堂加入同盟会而开始走上民族民主革命道路的。与此同时，同盟会在新军中加紧活动。1911 年初，由李根源和罗佩金推荐，日本士官学校第三期毕业的蔡锷，被云贵总督李经羲调来云南，委以新军 37 协统领（旅长）之职。蔡锷不是同盟会员，但他热爱祖国，有志救国救民，倾向革命。他掩护同盟会的革命活动，安排了一些同盟会员到 37 协中任职，把“营以上的主要干部都换成了具有推翻清朝思想的革命人物”①。罗佩金担任了新军 37 协 74 标统带（团长），李鸿祥、唐继尧、刘存厚、谢汝翼、黄毓成、庾恩旸等人都担任了步炮各营的管带（营长）。革命党人控制了昆明新军的大部分兵权。驻腾越新军 76 标第三营和巡防军第四、五营，也逐渐被同盟会腾越支部的同盟会员陈云龙（新军排长）、

① 王冠军：《辛亥云南反正亲历记》，载《辛亥革命回忆录》（三），第 365 页。

彭蓂、李学诗、和朝选（巡防军哨官，即连长）等人控制。驻临安新军75标，也有以士官生赵复祥（赵又新）为首的同盟会员在其中活动。

1907年，革命党人用云南留日学生名义，上书外务、邮传两部，提出“赎路废约”的主张。1910年，云南留日同乡会又上滇省铁路主张自办书，支持云南绅商各界“赎滇越路救亡之国民义务捐大会”的各项要求，引导人民不断加强对法帝的斗争和对清政府屈辱卖国的愤恨。又引导和支持全省人民进行了声势更为浩大的收回七府矿权的斗争，昆明各学堂学生罢课抗议，上街演说，游行示威，直至包围法国领事馆，有的学生激于义愤和爱国热情，断指割臂以表示誓死抗争的决心；各种“保矿”团体纷纷奋起斗争。清政府迫于人民的压力，用150万两白银，赎回了法、英隆兴公司掠夺的云南七府矿权。革命党人支持的云南人民反帝斗争又一次取得了胜利。1910年10月，英军再次入侵片马，云南各族人民再次掀起了保卫片马、保卫国土的斗争。革命党人在斗争中积极宣传：“外患迫切，内政不修，此致亡之道。欲图补救，必须先从根本解决，解决之法，惟有实行革命，推倒满清，扫除专制，建立共和。”① 把各族人民的反帝爱国热情，迅速地引向反清革命。云南的革命时机已经完全成熟，革命已处于一触即发之势。

三、辛亥云南起义和云南军政府的成立

1911年（辛亥年）10月10日武昌起义爆发。风声所播，全国响应。武昌起义的枪声，给云南传来了革命的信号，于是随即爆发了10月27日腾越起义，10月30日昆明起义和11月1日临安起义。“光复”了云南全省。

腾越是滇西边境的政治、经济、文化中心和边防重镇。汉、回、傣、景颇等兄弟民族相对集中。英帝国主义势力侵入腾越后，人民反帝爱国运动高涨，思想活跃，经革命党人杨振鸿等大力开辟工作后，腾越成了云南

① 刘存厚：《云南光复阵中日志》，云南省图书馆藏抄本。

的第二个革命运动中心。武昌起义后，同盟会腾越支部领导人张文光，和老同盟会员刀安仁（在日本入盟的干崖傣族土司）、刘辅国（腾越商人中的同盟会员）商定，立即起义响应。经过两次紧急会议，决定利用新军和巡防军发动武装起义。辛亥腾越起义顺利成功。接着，组成了“滇西都督府”，公举张文光为都督，陈云龙为都指挥。各族群众热烈拥护军政府，踊跃参加起义军。张文光根据杨振鸿生前提出的云南革命计划，分兵三路向永昌（保山）、顺宁（凤庆）、云龙进军，准备会师大理，进克昆明，光复全省。起义军东进，革命迅猛发展，大理以西的广大地区迅速归向滇西都督府。各地群众和起义军，迎着革命声势打击贪官污吏：顺宁起义群众杀了反动知府琦璘（满族贵族官僚）；永昌起义军逮捕了一批土豪劣绅；蒙化等地也打击了豪绅地主。滇西人民的反封建行动，使顺宁、大理等地的官僚豪绅惊恐不安。

昆明的起义是10月30日爆发的（时为辛亥年九月初九，故称“重九起义”）。武昌起义消息传至昆明，革命党人立即紧急部署，在10月16至28日之间，举行了五次紧急会议，经过拥护蔡锷和拥护李根源两派的争论后，推举了蔡锷为起义领袖，并决议由李根源指挥步73标（驻北校场），蔡锷指挥步74标和炮19标（驻巫家坝和干海子），于10月30日夜间12点，从昆明南北两面同时发动对云贵总督府等首脑机关的进攻；由讲武堂师生打开城门内应。10月30日傍晚9时，73标因事机泄漏，提前发动了进攻，由李根源、李鸿祥（73标教练官兼三营管带）率领全标士兵，从北门攻入城内，占领圆通山、造币厂，围攻军械局（在螺峰街）和五华山（两级师范校址，清军制高点）。蔡锷、罗佩金率领74标和炮19标，从大东门和小西门攻入城内，围攻总督府（今胜利堂）。新军19镇统制（师长）钟麟同、总参议靳云鹏，指挥巡防军抢占五华山，反扑军械局。云贵总督李经羲，调集五六百人的卫队，在总督府负隅顽抗。战况十分激烈。起义军经一昼夜浴血奋战，先后攻克军械局、五华山和总督府。钟麟同被起义士兵斩首，靳云鹏落荒而逃，李经羲穿墙洞而出潜匿于街坊。昆明“重九起义”一举成功，从而结束了清王朝对云南250多年的专制统治。起义战斗中，革命党人英勇顽强，冲锋陷阵，前仆后继，150多人英勇献身，300余人光荣负伤。他们受到人民群众的高度敬仰。发丧之日，成千上万的人为起义英雄们送葬，“祝贺军政府，敬吊战死者之旗帜，辉煌金碧，掩映昆华”①。这些资产阶级革命党人英勇献身的大无畏革命精神，是我们现在仍应该继续发扬的。11 月 1 日，成立了以蔡锷为都督的“大中华国云南军都督府”，下设军政、参谋、军务三部和参议院，以李根源为军政部长兼参议院长，李曰垓、唐继尧为军政部次长；殷承瓛为参谋部长，谢汝翼、唐继尧（兼）为次长；韩建铎为军务部长，沈汪度为次长。

云南军都督府成立后，云南省出现了两个并立的军政府。滇西的政治军事中心大理，在昆明和腾越都已起义的形势下，并得到云南军都督府通令各地“反正”后，即由驻大理新军 38 协统领（旅长）曲同丰召集官绅们，宣布“反正”，组成“迤西自治总机关部”，并站到云南军都督府一边。此时，陈云龙指挥腾越起义军继续东进，先拟会师大理，后得知省城已起义，决定到省投效。蔡锷军政府未允许陈云龙的请求，大理“机关部”则诬告腾越义军“戕官掠民”，“破牢纵囚”，图谋不轨，要求阻击。于是形成了腾越和大理的对抗。大理“机关部”在蔡锷的同意下，调动训练有素、装备优良的大理新军 38 协 76 标，将腾越起义军击败。同时，云南军都督府即任命李根源为陆军第二师师长兼迤西国民军总司令，率军到滇西，准备进攻腾越起义军；并向滇西都督府提出：裁军、停止捐派、惩办军中会党首领等九项条件，迫其就范。张文光为避免军事冲突扩大和滇西人民生命财产遭受损失，被迫接受全部条件。李根源率军到腾越，遣散腾越起义军三万余人②，委张文光为空有其名的“云南提督”，调驻大理，使滇西都督府自行瓦解。云南军政府，用优势的军事力量，消除了两个军政权并立的局面，统一了全省政权，这对于统一和巩固云南省新兴资产阶级的统治、避免分裂和战乱，是有利的，有其进步性。但用武力遣散了腾越起义军，瓦解了革命党人领导的滇西都督府，也就损害了滇西人民可贵的革命精神。

临安（建水）起义是紧接昆明之后，由同盟会联合当地士绅实力派共同发动的。临安是滇南的政治军事中心，新军 38 协 75 标驻临安。以同盟

① 孙种因：《重九战记》，载中国近代史资料丛刊《辛亥革命》（六），第 247 页。
② 李根源：《雪生年录》卷二，第 2 页。

会员、士官生赵复祥（赵又新）为首的革命党人，在临安新军中进行着活动，同时又在争取临安士绅实力派反清。赵复祥等人于11月1日得知省城起义消息后，即在取得握有400余名新兵的临安大绅士朱朝瑛（清末乡试副榜、授广东补用道）的同意和支持下，于当天夜里，率领新军75标一、二两营起义，攻打了标本部和临安府衙门，驱逐了标统罗鸿逵、知府吴昌祀和建水县知事。起义成功后，随即成立了“南军军政府”，由朱朝瑛任都统、赵复祥任副都统，并致电报告了云南军都督府。在赵复祥率军攻克滇南重镇蒙自后，云南军都督府即任命赵复祥为南防军统领兼署蒙自关道（蒙自海关和迤南兵备道），朱朝瑛署临沅镇、王垂书署临安府知府。

云南军政府，一面统一全省军政权力，一面就制定了七条政纲，政纲规定：“定国名曰中华国。定国体为民主共和国体……建设主义以联合中国各民族构成统一之国家，改良政治，发达民权，汉、回、蒙、满、藏、夷、苗各族视同一体。建设次第，由军政时代进于约法时代，递进而为民主宪政时代”①。军政府实行了巩固资产阶级新政权和改革政治的政策措施：废除封建官僚制度，制定了《云南文官试验暂行规则》，对官员实行考试选录②；整顿财政收入，紧缩开支；整顿盐务，拟定了《云南矿务暂行章程》；鼓励发展工商业，组建了东川铜矿公司。云南军政府的政纲和政策措施，表现了新登上政治舞台的云南资产阶级革命派朝气蓬勃的革命精神。

云南军都督府由蔡锷、李根源等人掌权，他们作为资产阶级的代表人物，有其明显的阶级局限性。他们夺取政权后，即阻止革命继续发展，下令“全省各文武官衙，照常供职”，只许各州县遵命“反正”，不许群众自己起来革命。他们派滇军“援川”，援川滇军在支援四川革命的同时，又在宜宾、泸州、自贡等地，干预了革命武装“同志军”的活动。蔡锷还根据贵州立宪派的请求，派唐继尧率北伐滇军“援黔”；唐继尧率军打垮了贵州省革命军政府，而当上了贵州都督。

① 孙璞：《云南光复军政府成立记》，载《云南贵州辛亥革命资料》，科学出版社1959年版。

② 《云南政治公报》第五期。

四、辛亥云南起义的历史意义

云南辛亥革命是孙中山先生领导的中国历史上伟大的民主革命运动的一个组成部分。云南是最先响应武昌起义的少数几个省区之一，云南迅速地取得辛亥起义的胜利，有力地声援和推进了全国辛亥革命的胜利进程。云南辛亥革命的特点是鲜明而突出的：

第一，云南辛亥起义是革命党人利用新军，实行坚决的暴力革命，经过激烈的战斗而夺取政权的。昆明起义战斗的激烈程度，据研究，仅次于首义的武昌，在响应起义的各省中居首位。

第二，云南辛亥起义和它所建立的新政权，是由同盟会为首的革命党人领导的，由于起义和新政权的领导力量的一致，使云南政局非常稳定，并呈现了欣欣向荣的局面。这也是全国为数不多的最有成效的省区之一。

第三，云南军都督府的政纲和政策措施，表明它是典型的资产阶级革命政权；表现了新兴资产阶级处于上升时期的朝气蓬勃的革命精神。这些革命措施在云南引起了民主革命精神的高涨，并留下了深刻的革命影响，使民主共和观念深入人心。因此，孙中山在1913年发动反对袁世凯专制独裁的“二次革命”时，云南大理就爆发了响应“二次革命”的杨春魁起义。1915年袁世凯叛国称帝、复辟帝制时，云南就首义，发动了震撼中外的护国讨袁战争。在全国各地发动护国运动的共同奋斗下，最后推翻了袁世凯“洪宪帝制”，恢复了中华民国。云南人民的护国首义行动在全国赢得了崇高的声誉。

固然，云南辛亥革命和全国一样，没有完成反帝反封建的任务。但我们不能因此抹杀它的历史功绩和它在近代历史上的地位。

我们纪念辛亥革命七十周年，更加缅怀孙中山先生为首的伟大的民主革命战士们、革命先烈们！他们为夺取革命的胜利，英勇奋斗，抛头颅、洒热血，推翻了封建帝制，为我们开辟了新民主主义革命和社会主义革命的前进道路，我们将永远铭记他们伟大的历史功绩。

（原载《昆明师院学报》1981年第4期）

辛亥“腾越起义”述评

辛亥革命是中国近代一次伟大的资产阶级民主革命。武昌起义爆发后，云南是最先响应武昌起义的省份之一，它推进了革命进程的迅速发展，加速了清王朝的彻底崩溃，在中国近代史上做出了它应有的贡献，是辛亥革命不可分割的组成部分之一。云南辛亥革命是由腾越起义（1911 年 10 月 27 日）、昆明重九起义（1911 年 10 月 30 日，即农历九月九日）、临安起义（1911 年 11 月 1 日）共同完成的。三个地区条件不同，所起的作用也各有差异，但不能因昆明是云南省会，是全省政治、经济、文化中心，便于发布命令、号召全省等原因，而以昆明重九起义来概括云南辛亥革命的全部。这不是科学的态度。云南辛亥革命中的三次起义，比较起来，腾越起义较早，革命态度坚决，很少带有向封建主义妥协的软弱性痕迹，而是努力按照资产阶级革命的轨道进行，“推翻专制，拔救同胞”①。虽然这次起义远在滇西边陲腾越，不处于滇垣的政治经济中心，但起义宗旨明确，它以“纠合党人起义腾越，以滇西作根据，建瓴东下，规复长江上游各省”②，“进军大理，会师武汉，直捣幽燕为目的”③。很显然，腾越起义以推翻清王朝在全国的统治作为奋斗目标，而不仅以一个区域性的斗争为限。事实上，腾越起义成功之后，也即按照事先拟订的目标前进，进军大理。这遭到了昆明重九起义后建立的“云南军都督府”的阻止，电令迫回腾永，并进行了带污蔑性的宣传。为了澄清腾越起义的历史真相，恢复腾越起义的本来面目，本文拟对其经过情况及历史意义作一简要的评述。

---

① 祝宗云：《滇南光复伟人张文光传》。

② 同上。

③ 李德贤：《同盟会在缅甸仰光的活动点滴》，载《云南文史资料选辑》第一辑。

一

19 世纪后半期，世界资本主义如列宁所说“开始了夺取殖民地的大‘高潮’，分割世界领土的斗争达到了极其尖锐的程度”①，各国争先恐后地向亚洲国家和其他地区推销商品和进行资本输出，中国邻近的国家，相继沦为英、法、日、俄的殖民地和保护国。1852 年英国侵吞缅甸，1885 年法国并吞越南，1895 年日本占领朝鲜。这些国家在占领了我国的邻国之后，接着就向我国的边疆推进。云南地接缅甸、越南、老挝，是英、法角逐和争夺的焦点。英国占领缅甸后，以缅甸作为据点，不断派出武装人员，深入云南边防，勘测滇缅交通，妄图由“八募与大理间商路开通之后，云南人必输出土产品与仰光入口之纺织品交易……则沿路之农产及矿产均可予取予携”②。法国则派安邺率代表团对湄公河测探，把目标指向云南。1875 年，英国利用“马嘉理事件”，强迫清政府订立《烟台条约》，其中“昭雪滇案”规定：“由英国选派官员在于滇省大理府或他处相宜地方一区驻寓查看通商情形。”③ 法国不甘落后，效尤英国，在中法战争结束之后，1885 签订的中法《越南条约》，除承认法国在越南的殖民统治外，并同意在云南、广西两省的中越边界，开埠通商④。自此以后，英在腾越开辟商埠，法在蒙自、思茅开辟商埠，并且在蒙自、昆明等地开设东方汇理银行，以便进一步控制云南的整个经济命脉。法国在云南南部地方进行掠夺，英国在云南西部地方进行掠夺，并以此划分势力范围。英、法都想独占云南，但由于国际、国内各种原因和条件谁也未能独占云南。因此，他们互相争夺又互相勾结，来共同抢夺云南财富。1902 年，英、法共同强

---

① 列宁：《帝国主义是资本主义的最高阶段》，《列宁选集》第 2 卷，人民出版社 1975 年版，第 798 页。

② 杨体仁：《英人经营滇缅边境之史实》，载《永昌府文征》卷三十六。

③ 王铁崖编：《中外旧约章汇编》第一册，三联书店 1957 年版。

④ 引自翦伯赞、郑天挺主编《中国通史参考资料》（近代部分）上册，中华书局 1980 年版，第 421 页。

迫清政府签订《云南隆兴公司承办七属矿务章程》。按照这个章程的规定，云南七府（云南、澄江、建水、文山、元江、永胜、楚雄）的矿产听任英、法开采。1904年，法国在云南修筑滇越铁路，英国也在加紧策划修筑滇缅铁路。云南已整个地处于英法的掌握之中。

面对这种危急形势，云南人民宣告：“云南者，云南一千数百万人民所有也，头可断，身可灭，家可毁，而地不可失，种不可奴。”① 只有行动起来，对内推翻封建专制制度，对外赶走帝国主义，才是唯一的出路。自英、法入侵云南以来，云南人民就不断地进行抵抗斗争。这个斗争，经历了从自发到有组织领导的过程。其中较为著名的，在滇南有1899年个旧矿工杨自元的起义，“攻扑蒙自县城，谋杀洋人，焚劫洋关，烧毁税司房屋……两日之间，众至万余”②。使得腐败的清朝政府大声惊呼：“势颇猖獗。”③ 1903年，个旧又爆发周云祥领导的矿工起义，他们提出的口号是“拒修铁路”，“阻洋占厂”。很明显，这些斗争都具有反帝反封建的民主革命性质，虽然没有得到成功，被清政府一次又一次地血腥镇压下去，但是，他们的斗争为日后掀起更大的革命风暴，彻底推翻清王朝积累了经验。在滇西，云南人民的斗争则是以腾越厅为中心展开的。腾越是滇西边防上的重要城市，地处中缅交界，是缅甸进入中国的主要门户。自从英帝国主义把腾越辟为商埠以来，大量商品源源而入，行销云南、贵州、四川、西康等地，又从西南各省将原料、土特产经腾越运回英国。清朝政府对腾越地区也极为重视，因为该地区是汉、白、阿昌、德昂、傣、景颇、傈僳等多民族的杂居地区，清政府在该地区派重兵防守，设总兵镇署，迤西道即署于该地，以巩固其在边防上的统治。因此，腾越地区遭受帝国主义的侵略和封建主义的压迫最甚，手工业、商业的发展被帝国主义破坏，人民又处在清王朝的黑暗野蛮统治之下，过着暗无天日的生活，成为清末云南矛盾较为尖锐的地区，是革命和反革命进行搏斗较量的场所。腾越地区的人民素有革命斗争的光荣传统，1875年2月当英国触角伸进云南时，当地傣族、景颇族、汉族人民即和入侵者进行积极的斗争，在蛮允附近打

① 侠少：《论国民保存国土之法》，载《云南杂志选辑》，科学出版社1958年版。
② 林绍年：《林文直公奏稿》，光绪二十九年二月。
③ 同上。

死了英国使馆翻译马嘉理，打败了英国上校柏郎组织的武装探路队，将他们逐回缅甸。1900 年，英国派武装部队入侵片马地区的茨竹、派赖等寨，遭到这一地区土守备左孝臣领导的傈僳族、白族、景颇族、汉族一百多人的英勇抵抗。

20 世纪初期，云南人民的斗争特别是腾越地区人民的斗争进入了一个新的阶段，即在资产阶级政党领导下有组织有纲领地进行反对封建专制的民主革命。腾越地区群众基础较好，又有历次革命斗争的经验，因此，1905 年孙中山先生创建领导的同盟会在日本东京成立后就很重视它，一方面指示同盟会员中的云南留学生杨振鸿、吕志伊等人“筹办云南地方刊物为刻不容缓之任务”①，出版《云南》杂志向云南人民宣传革命主张，藉以提高云南人民的反清觉悟；另一方面派遣云南留学生中的同盟会员转回家乡，宣传革命，建立同盟会，发动群众进行武装起义，推翻清王朝。同时，又通过旅居缅甸的革命党人和同盟会员不断地进入腾越地区，进行革命宣传和组织工作。1905 年，反英爱国的腾越干崖土司刀安仁（沛生）倡办军国民学堂，革命党人秦力山由缅甸至干崖，“名应干崖土司刀沛生君教授之聘，实则运动革命，考察云南边地情形”②。继秦力山之后，同盟会员黄毓英由缅甸到腾越地区进行工作，黄毓英“遍历蛮允、干崖、盏达诸地，奔走号呼，演说革命”③。同盟会员居正（觉生）也由仰光到腾越属地弄璋，和当地的同盟员刘弼臣等人商量革命行动，纵谈革命方略，向他们提出：“欲举大事，必先由云南下手，以为根据地，借以号召海内。以云南僻居西南，清廷鞭长莫及也。”④ 先后到腾越地区进行革命工作的，有杨振鸿、杜韩甫、喻培棣、王养石、王尧民、李遐章、马幼伯等人，他们对腾越起义的爆发，对中国旧民主主义革命做出了很大贡献。

在这些革命党人中，成绩卓著应该值得一提的是杨振鸿。他是昆明人，1903 年考取官费留学生，至日本陆军振武学校学习，在日本参加同盟会。1906 年毕业回昆明，任体操专科学校监督，同年十月调至腾越任巡防

① 《云南杂志选辑 · 序言》，科学出版社 1958 年版。
② 冯自由：《秦力山事略》，载《革命逸史》初集。
③ 李植生：《云南革命伟人黄武毅公行述》。
④ 《辛亥光复滇西国民军民政司刘君弼臣事略》。

队第四管带（营长）。在此期间，他积极发动群众，揭露英帝国主义和清政府的罪恶，并且大力发展组织，介绍张文光等人加入同盟会。由于他的革命行动明显，引起了英帝国主义和清政府的注意，云南总督锡良下令通缉，迤西道关以镛、腾越镇总兵李宝书捕之甚急，杨振鸿只好逃亡日本。1908 年，河口起义爆发，杨振鸿及其他同盟会员三十多人赶回云南参加起义。在中途听到起义失败的消息，于是"同赴新加坡，谒见孙总理，商定密入滇西进行革命计划"①，一致赞同："滇西革命运动，以腾（越）永（昌）为入手。"② 同年年底，杨振鸿由缅甸急入腾永，领导永昌起义，由于准备不足，不幸失败，杨振鸿吐血死于蒲缥，为中国旧民主主义革命贡献了年轻的生命。

永昌起义虽然失败了，但它是辛亥腾越起义的前奏曲，是腾越起义前夕的一次预演。腾越地区的革命运动并不因永昌起义失败停顿下来，仍然继续向前发展，正如朱德同志所说："永昌也举行起义，结果也没有成功，但是，革命的影响，却在云南日益扩张起来。"③

二

腾越地区的革命党人汲取历次起义失败的经验教训，更加沉着坚定，发动群众，扩大组织，继续进行反对清王朝的斗争。继杨振鸿之后，张文光领导起这一地区的革命斗争。张文光系腾越人，少年时曾就塾肄习经史，长大后经营商业，来往于缅甸、腾越之间贸易，眼见清政府的黑暗，英帝国主义在缅甸的横行，极为愤慨，在民主革命高涨的形势之下，受到了杨振鸿等革命党人的熏陶和影响，参加了同盟会。由于他重义轻财，在社会上有一定的影响，当时各界人士都愿意和他接触，无论商界、新军、哥老会、学界，他都结交朋友，并在这些人士中发展同盟会员，又在腾越

① 吕天民：《杜韩甫事略》。
② 何畏：《杨振鸿滇西革命纪略》，载《辛亥革命回忆录》第三集。
③ 朱德：《辛亥革命的回忆》，载《辛亥革命回忆录》第一集。

地区创立“自治同志会”，进行革命活动①。他奔走于腾越、干崖之间，和同盟会员刘弼臣、刀安仁说：“非达到目的其心不快，非痛饮黄龙其心不舒。”② 当时刀安仁甚壮其言。1910 年春，革命党人黄毓英等人从缅甸到腾越，和张文光磋商革命，相互订约：黄毓英在省城起义，张文光在滇西起义，以腾越为根据地，腾、省互应，各负责任。次年三月，广州起义，张文光闻风而动，准备在腾越起义，事泄，被清政府通缉，于是逃亡缅甸，暗地联络革命党人，积极筹划再举。

1911 年 10 月 10 日，武昌起义爆发，张文光得知消息，星夜由缅甸潜回干崖，与刘弼臣、刀安仁相会，约定于阴历十月至十二月间起义，到时互相响应，然后只身潜回腾越。在腾越传闻清政府已听到起义风声，要在全城搜捕革命党人，情况紧急，于是张文光立即召集新军中的同盟会员、自治同志会员陈云龙、钱泰丰、彭蓂、方涵、周缵、薛朗、李光斗、宋学诗、革勋言等人于卧牛岗进行商议，决定以“自治同志会”为中心，发动清军士兵、农民、少数民族、会党，教师、学生，提前于 10 月 27 日即阴历九月六日起义，并将这一起义日期通知干崖同盟会员刘弼臣及蛮允、盏达其他党人，让刘弼臣安抚好该地区的兄弟民族之后，领导景颇、傣、傈傈等兄弟民族武装前来响应会台。起义前三天，张文光亲赴干崖，通知刀安仁起义日期，希望他火速响应，并提取孙中山先生制定的《革命方略》，以便按照执行。此时刀安仁有所犹豫，其原因是他的父亲老土司阻拦他的行动：“我们土司是全靠皇家的封典收租，是皇帝老倌的臣民，反对皇帝的事，怎么做得?”③ 但是，刀安仁在起义后仍按以前商议率领傣族武装前来响应，并且带来很多大米，作为起义军的军粮，仍不失为傣族中的革命者。仰光同盟会也陆续派遣了李耀堂、杨春霆、曹羡、周作霖、尹子慎等人前来参加腾越起义。

1911 年 10 月 27 日夜 9 时腾越武装起义爆发。张文光率领敢死队在李光斗、钱泰丰的协助下，击毙巡防军第四营管带（营长）曹福祥，全营官兵参加起义。然后钱泰丰率领第四营参加起义的士兵攻取军装局。与此同

① 新加坡《国民日报》:《记云南张君文光死事》。
② 滇第一军都督编修处编辑:《滇复先事录·引言》。
③ 尹文和:《张文光致刘辅国密函及其他》，载《云南日报》1984 年 5 月 13 日。

时，新军排长陈云龙集合驻腾陆军七十六标（团）第三营右、后两队，攻破营部，击毙营长张桐。革命党人彭蓂率领义军攻取腾越厅署。张文光、陈云龙、李学诗直接领导攻取腾越镇总兵镇署，革勋言、宋学诗亦带领“自治同志会”会员前来参战。当夜12时，攻下镇署、厅署、军装局等清朝军政机关，迤西道尹宋联奎投降，腾越厅同知温良彝潜逃，腾越镇总兵张嘉钰吞金自杀，起义军占领了腾越全城，腾越起义得到了成功。

10月28日，即起义成功后的次日，张文光于自治局召开绅、商、学等界代表会议，共商光复后的各项事宜。会上，士绅寸开泰、李治，商界张鉴安，学界祝宗云等代表各界人士推举张文光为滇西国民军都督，即日成立“滇西都督府”。“滇西都督府”任命陈云龙为都指挥，钱泰丰为副都指挥，彭蓂、李学诗为统带，并着手地方政权机构的设置，根据《滇复先事录》的记载，计有：民政司、财政处、厘税局、盐务局、粮赋处、国民军银行、警察局、电信局、济善局、裁判局、军装局、参谋处、外交处等，其中裁判局负有开办学校、振兴实业、筹办粮饷之责。仰光同盟会和华侨也派出人员到腾越协助和参加滇西都督府的政权建设工作。

“滇西都督府”建立后，对内实行保护工商、买卖公平，保护庄稼不许践踏，恢复教育，兴办女学，实行民族平等，饬令沿边各地土司保境安民等等政策，并以布告的形式公之于众。滇西军政府还严惩了少数奸商和一些违反军纪扰乱百姓的军人，保障了社会的安定。对外照会英国驻腾越领事馆、海关税务司，照旧办公，保护他们的生命财产。并发布《对外宣言》：“一、所有中国前此与各国缔结之条约，皆继续有效。二、偿款外债照旧担认，仍由各省洋关如数摊还。三、所有外人之既得权利，一律保护。四、保护外国居留军政府占领之域内人民财产。五、所有清政府与各国所立条约所许各国权利及与各国所借国债，其事件成立于此宣言之后者，军政府概不承认。六、外人有助清政府以妨害国民军政府者，概以敌视。七、外人如接济清政府以可为战争用之物品者，一概搜获没收。”① 这个对外宣言有的部分反映了资产阶级反帝的不彻底性，但对稳定当时社会形势以便全力对清王朝进行斗争也只能采取这样一种策略。

① 滇第一军都督编修处编辑：《滇复先事录》。

由于滇西军政府采取了上述对内对外的措施，社会秩序平稳，人民生活安定，就连那些对滇西起义全过程抱有不正确看法的人也不得不承认："故军兴之际，城中安堵如故。"① "市井晏然，鸡犬无惊。"② 正因为如此，滇西军政府得到人民群众的拥护，也得到过去为清政府服务的军政方面的谅解，如盐务总办彭友兰、永昌知府陈书田即电告不作抵抗，表示同情。龙陵旧军李槐部队也表示归降，愿意参加起义军。"蛮允之第六营，古永之第十一营，及陇川之绥边营，野人山之保商营并辑私营，均先后来归。"③ 这扩大了起义军的队伍，使之发展到二十个营，还组建了一个学生营，名曰"士林军营"。为了维持这样庞大的义军粮饷，除本地区供应外，缅甸同盟会及旅缅华侨爱国人士亦多次捐款相助，瓦城（曼德勒）贯兴祥捐款大洋二万，仰光鼎新公司捐款数万，瓦城福盛隆捐款大洋数千，仰光"演说社"亦筹款若干，"在缅党人寸尊福、李瑞伯、刘玉海等亦纷纷携款回国相助"④。"仰光同盟会同人以卢比三万盾派寸海亭、李瑞伯二人解赴腾冲，以济军饷。"⑤ 滇西军政府曾致电相谢："赖诸君鼎力维持，筹拨的款，源源接济，得以力图前进，不致有支绌之虑。"⑥

三

"滇西都督府"建立之后，按照原定革命宗旨，进军大理，夺取昆明，会师武汉，推翻清王朝。当时昆明尚未起义，云南其他地区亦未有革命行动，腾越起义的这一方针无疑是正确的。军政府建立的当天，即命令陈云龙为前军都指挥，钱泰丰为副都指挥，和朝选、彭蓂、方涵、李光斗、李学诗等带领腾越起义军分三路进发，一路赴顺宁，一路赴云龙，一路赴永

---

① 曹之骐：《腾越光复记略》，载中国近代史丛刊《辛亥革命》（六）。
② 李根源：《雪生年录》卷一。
③ 曹之骐：《腾越光复记略》，载中国近代史丛刊《辛亥革命》（六）。
④ 仰光《光华日报》：《张文光光复腾越记》，载《永昌府文征》卷二十。
⑤ 李德贤：《同盟会在缅甸仰光的活动点滴》，载《云南文史资料选辑》第一辑。
⑥ 张文光电文，见滇第一军都督编修处编辑《滇复先事录》。

昌，三路军队会攻大理，沿途回、白、傈僳、傣等少数民族兄弟都加入义军队伍。11月2日，义军抵达永昌，然后义军各部队照原订计划进发，迅速攻占了各地。这样，“滇西都督府”就辖有腾越、永昌、龙陵、云龙、永平、顺宁、缅宁等地区，并在这些地区内惩治贪官污吏土豪劣绅，勒令他们奉献饷银，得到广大人民的欢迎。

腾越起义军占领永昌后，继续东进大理，奉命“反正”的大理清军协统和一些官绅闻听腾越起义军反封建的坚决性，惊呼异常。“文光之名，知者绝鲜，讯至大理，咸怪异之。”① 由“反正”后大理官绅宣布建立的“迤西自治机关总局”采用种种卑鄙手法，诬蔑腾越起义军为“游民匪类”，“戕官掠民”，“各路股匪皆陈天星（云龙）派出者”②。“此辈……一在侵略有夜郎自王之野心，一在消纳以邻为壑之诡图”③，还雇人私刻“滇西都督府”印信，伪造文件，送交刚成立的“云南军都督府”，捏造陈云龙电省要挟命令八条，杀害“滇西都督府”报信人员，关押腾越起义军派出交涉的代表，视坚决反封建的腾越起义军为洪水猛兽，必欲消灭之而后快。由此可以看出“迤西自治机关总局”的立场。

“迤西自治机关总局”对腾越起义军采取敌视态度，阻止其前进，派出较为精悍的新军在合江四十里桥打败腾越起义军，并向刚成立的“云南军都督府”报告，诬称为匪，请速派兵合力剿灭。“云南军都督府”的主要负责人对此一面电令腾越起义军退回腾越；一面派出李根源为云南陆军第二师师长兼滇西国民军总司令，名曰处理西事，实则“派兵到滇西堵截各路义军”④，对腾越起义军施以武力。“云南军都督府”处理腾越起义军的电文至今犹在⑤，现摘引几则如下：

辛亥十一月十四日（1912年1月2日）致赵藩、李根源电：

大理赵樾老，李师长鉴：经营西防边务，以巩固滇疆，亦一

① 孙玉峰：《辛亥革命大理陆军起义之经过》，载《云南文史资料选辑》第一辑。

② 同上。

③ 赵藩遗稿：《驳捏饰陈云龙遗爱公告》。

④ 张天放：《辛亥腾越起义的历史回顾》。

⑤ “云南军都督府”的电文见《天南电光集》，原件现存云南省政协内。

大事业，印公（李根源）到腾永，得竟此功，尤所盼望。而腾永善后各事非慑之以兵威，难速就范。锷，寒印。

辛亥十一月十六日（1912 年 1 月 4 日）致李根源、赵藩电：

大理赵巡按，李师长鉴：日接张文运（腾越起义军赴榆谈判代表）来电，意颇诚恳，然腾军仓卒号召，势涣党分，裁兵善后一切事业，断非张文光等所能得柬，亦须两公前往示以诚信，临以兵威，方易就范。锷，谏印。

1912 年 1 月 29 日致李根源电：

永昌李师长鉴：月密。咸电悉。腾兵至十五营，分别裁留，正费擘画。各该将领虽已贴服，防范自不可疏。所云外守信义内严戒备二语，深中肯綮，望相机区处，勿激勿纵。锷，艳印。

1912 年 1 月 31 日致李根源电：

西路行营李师长鉴：月密。腾永军外虽就范，其心地尚不可测，务须严为戒备，勿稍疏虞，并转樾老（即赵藩）注意。锷，三十一印。

云南陆军第二师即按照“云南军都督府”“临以兵威”的指令，在滇西横加镇压腾越起义军。据“滇西国民军总司令部”的战报记载：“裁兵三万余人，斩决不法官兵及惯盗劣绅土棍蠹胥千余人。”① 取消腾越起义后由各族人民建立起来的“滇西都督府”；对在“滇西都督府”任职的腾越起义领导人张文光等则加以调离，委派一些旧有的官吏和土豪劣绅到滇西各地任职，成为“云南军都督府”领导下的地方政权机构，建立新的统治

① 李根源：《雪生年录》卷二。

秩序，这比之于坚决反封建的腾越起义建立起来的“滇西都督府”，明显的带上妥协改良的色彩。从此，滇西的革命运动被“云南军都督府”的一些保守派纳入了他们的范围。

四

腾越起义军虽然被扑灭下去，滇西各族人民的民主革命精神受到了严重打击，但其最先在云南发难的历史意义是深远的。从以上的评述中，可以看出：

第一，腾越起义在云南辛亥革命运动中是比较彻底的旧民主主义革命，就它发动的群众基础来说，有农民、学生、教师、商人、华侨、哥老会、新军等，其广泛程度是辛亥昆明重九起义、临安起义所不可比拟的。参加起义的有滇西各个民族，汉、白、回、傣、景颇、傈僳等，在某种意义上来说，腾越起义实际上是滇西各族人民的起义。它所建立起来的新政权“滇西都督府”是资产阶级性质的政权，新政权的各项政策措施，只没有平分土地这一条，其他都是按照旧民主主义革命的纲领实施的。腾越起义的几个主要领导人带有比较强烈的资产阶级革命性，他们代表了资产阶级的利益，一切军政措施贯彻得也比较有力，受到当时的资产阶级和人民群众的拥护，也招致封建势力和官僚军阀的嫉恨，所以，后来张文光死于袁世凯、唐继尧之手，陈云龙被北洋军阀段祺瑞所枪杀。这也从一个侧面说明了他们反封建斗争的坚决性。

第二，腾越起义是在同盟会领导下进行的。同盟会很重视滇西地区的民主革命运动，多次派党人深入滇西地区，动员群众，发动组织筹备起义。杨振鸿、张文光和其他同盟会员做了大量细致深入的工作，群众基础较好，缅甸的同盟会也派出人来参加起义，起义成功后，政权始终掌握在同盟会的手中。这里，值得一提的是缅甸同盟会自始至终都很关注滇西民主革命运动，在腾越起义前后过程中，缅甸同盟会都给予援助和支持，派出人员充实起义队伍，派出翻译，帮助新政权办理外交，多次捐出款项，解决起义军的粮饷，只要“滇西都督府”来电提出经济困难，缅甸同盟会都给予接济。在腾越起义军东进过程中，受到大理方面的攻击，缅甸同盟会立即派出人员至大理调查解释，并且以“仰光演说社”的名义致电大理，坚持革命立场。

第三，腾越起义是云南最先起来的滇西各民族反封建的革命斗争，在国内外产生了很大的影响，各报社相继刊载腾越起义的事实和起义领导人的情况，向海内外同胞宣传腾越起义的革命精神。仰光的《光华日报》、新加坡的《国民日报》、中国香港的《中国日报》在海外作了广泛的宣传，赢得了侨胞的赞扬，纷纷解囊相助。国内北京的《顺天日报》、上海的《神州日报》、云南的《天南新报》亦作了真实的报导，表明了他们的支持。以后，滇西大理地区发生的反袁世凯的斗争，就是在腾越起义的影响下爆发的。若干年后，滇西各族人民呈文“云南省第一殖边督办公署”请求表彰腾越起义和褒恤腾越起义的领导人①，由此可见腾越起义在人民群众中的深远影响。

曾经参加过辛亥腾越起义的老人张天放先生说得好：“由各民族人民奋起的腾越起义，顺利成功，推翻了清王朝在边疆的统治，动摇了昆明的清政府，在云南近代史上有不可磨灭的功绩。”② 这是十分确切而又公允的。

（原载《云南民族学院学报》1986 年第 2 期）

① 见“云南省第一殖边督办公署”批文，督字第三九六四号。抄件，现存腾冲县文化馆。

② 张天放：《辛亥腾越起义的历史回顾》。

护国战争中的川南之役

讨伐袁世凯叛国称帝的护国战争，是一场保卫资产阶级民主共和制度的革命战争。护国军在云南首义后，推动了护国运动在全国的发展，推翻了袁氏“洪宪”帝制，使资产阶级民主共和国——中华民国得以复生。护国运动的胜利，使民主共和观念更加深入人心，封建专制制度为更多的中国人民所深恶痛绝。正如列宁所指出：“不管……伟大中华民国底命运如何，但世界上决没有一种力量……能铲除亚洲国家和半亚洲国家中人民群众底英勇的民主精神。”① 护国运动在中国近代史上有其重要的地位。

在云南起义之初，蔡锷、李烈钧、唐继尧等人商定，为唤起全国军民响应护国，共同讨袁，以云南为首义区，把起义讨袁之滇军编为护国第一军，由蔡锷任第一军总司令。计划先夺取四川，再东下荆、襄、武汉，并北出秦陇，然后从西、南两面直捣袁氏老巢幽燕。为贯彻此意图，其后相继组建了护国第二军和第三军，由李烈钧任第二军总司令，率部向东南攻桂、粤；由唐继尧以云南都督兼任第三军总司令，指挥滇、黔军出贵州东进湖南。于是，护国军就先后在川南、湘西、滇桂边三个战场上，同袁世凯的北洋军展开了拼搏。护国军以第一军为主力，以川南为讨袁的主要战场；袁世凯亦倾其北洋军主力曹锟第三师、张敬尧第七师和李长泰第八师等部，麇集川南，全力迎战护国军。因此，川南叙州、泸州之战，便成为护国战争中决定胜负的关键。

本文拟以护国战争中叙州、泸州之战的战史为依据，对护国第一军的

① 列宁：《论亚洲是世界风暴底新泉源》，载《列宁斯大林论中国》，人民出版社1953年版，第35页。

战斗功绩和护国战争胜利的决定性因素，提出不成熟的看法，就正于史学界的同志们。

一

自袁世凯窃据中华民国大总统以后，袁世凯的北洋军阀集团在政治上、军事上均占据有利的形势。在政治上，袁氏在镇压“二次革命”后，牢牢控制了北京中央政权。当时，全国人民切盼和平建国，资产阶级热衷于发展实业，而袁世凯却乘机加强了军事独裁统治。在军事上，袁世凯掌握着完整的北洋军事体系，有北洋正规陆军十二师和拱卫军、禁卫军、模范队等，兵力在25万人以上①。此外，还有海军和新建的空军。在革命派方面，自“二次革命”失败后，不仅失去了政权和兵权，而且，坚定的革命党人在袁世凯追剿下，大多逃亡国外，留在国内的革命派急剧分化，已不能成为有力的反袁力量。但是，“力量对比不但是军力和经济力的对比，而且是人力和人心的对比”②。袁世凯反动的军事独裁政权，同仍然是进步的上升的资产阶级民主革命力量的斗争在继续着，力量的对比也在发展变化之中。1915年，袁世凯踌躇满志，竟冒天下之大不韪决定复辟帝制，妄图把封建专制的枷锁重新套在全国人民头上，激起了全国各阶层人民的愤怒反抗，资产阶级革命派和立宪派都起而发动反袁斗争。这就使政治力量的对比，发生了有利于资产阶级革命派，而不利于袁世凯封建军阀集团的变化。

云南的护国起义，正是在有利于资产阶级民主革命的政治形势下发动的。虽然，反袁的武装力量，仍难以同控制中央政权与北洋军的袁世凯抗衡，但在西南局部地区的政治、军事力量对比，以及战略地理位置等方面，都有利于起义反袁的力量。

西南的滇、黔、桂、川，当时尚未完全被袁世凯所控制，特别是僻处

① 文公直：《最近三十年中国军事史》，上海太平洋书店1930年版。

② 毛泽东：《论持久战》，载《毛泽东选集》第2卷，人民出版社1965年版。

西南边陲的云南，一直是袁氏鞭长莫及之区。资产阶级民主革命思潮的影响，在云南比较普遍深入，政权先后掌握在蔡锷、唐继尧等革命派手中，因而云南还保持着资产阶级民主革命精神。贵州虽是立宪派掌权，但深受云南影响，政治上同云南还保持一致。掌握广西军政权力的陆荣廷，是不受袁世凯支配的地方实力派。袁世凯安插其亲信陈宧为四川将军兼巡按使，但陈宧到职不久，还未完全控制四川的军政权力。因此，西南各省除四川外，滇、黔、桂三省的军政权力，都还掌握在民主派和地方实力派手中，袁氏帝制派的势力相对弱小。

在军事上，云南有不受袁世凯支配的陆军两个师一个旅，兵员近二万人。在这支滇军中有大批优秀的军事人才，其中许多是留日士官生、老同盟会员，如罗佩金、殷承瓛、赵又新、顾品珍、张开儒等，中下级军官大都在云南陆军讲武堂受过良好训练，并深受民主革命思想教育，如朱德、邓泰中、杨蓁、董鸿勋、何海清等，他们都在云南辛亥起义中受过革命战火的锻炼。滇军的装备是从德、日等国购进的，在当时比较先进，优于南方各省军队的装备。所以，滇军不仅有较强的战斗力，还有可贵的民主革命精神，素质较好，当时即有“滇军之精锐雄武，为当时之第一流军队”① 之赞誉。贵州和广西军队虽不及滇军精锐，但是都不受袁世凯支配调遣。四川省虽已开始为北洋军控制，但仅有三个不完整的北洋混成旅。其中伍祥祯第四混成旅战斗力很弱，李炳之旅分散在较远的綦江一带，冯玉祥第十六混成旅一部分留在陕西，仅部分入川，且远在川北。冯玉祥本人是辛亥滦州起义的领导者之一，有反复辟的思想基础。当时，川军的主力是一、二两师。第二师师长刘存厚是云南辛亥起义的骨干之一，同蔡锷及云南反袁人士的关系密切。其下属两个旅长之一的雷飙，原是蔡锷的学生和亲信部属，他们在蔡锷的策动下，都有可能参加护国反袁。川军第一师师长周骏所部驻重庆，也不完全听从陈宧的支配。袁氏的北洋军主力，当时远在长江中下游地区和北方，一时无法驰援西南。

在地理位置上，西南地势险阻，易守难攻；特别对于在北方平原装备和训练的北洋军，在西南地区行军、作战，均不及滇、黔军矫捷。滇军如

① 文公直：《最近三十年中国军事史》，上海太平洋书店 1930 年版。

果夺取了四川，即可会合四川的反袁力量，利用四川的人力、财力和丰富的资源，东可顺流而下，攻略荆、襄、武汉，控制长江中游的枢纽；北可越秦岭、大巴山，攻秦陇，控制潼关，威逼华北和袁氏巢穴北京。滇军即使暂时不向前推进，亦可利用西南的有利地理环境同北洋军周旋，以推进全国反袁护国运动，促使袁氏“洪宪”帝制崩溃。

云南反袁力量，正是根据上述全国形势和西南地区的政治、军事、地理的有利条件，决定集中滇军兵力进攻四川，“出其不意，一举而占叙（州）、泸（州）、渝（重庆）。三镇既克，四川即全在掌握，然后宣布在云南独立，反对帝制”①。这个出兵计划是切实可行的。后来，由于梁启超以外交紧急为词，一再催促汇集昆明各派反袁力量，在滇军还未抵达川南之前，云南就提前宣布独立讨袁，这给护国军以后的作战带来了若干困难。

二

叙府（今宜宾）之战，是由护国第一军第一梯团（相当于混成旅）担任的。第一梯团由滇军步一团和步七团组成。这两个团，在云南辛亥革命中经受过锻炼。两个团的团长邓泰中、杨蓁具有拥护共和制度的民主思想，在他们的带领下，官兵们一直保持着爱国民主精神②。因而，当袁世凯称帝时，官兵们都表示强烈反对，愿为保卫中华民国而战斗。

在云南宣布起义护国之前，对一、七两团进行了战斗动员，并于起义前夕（12月21日至24日）由昆明向四川叙州府开拔。当两团进抵300公里之外的东川（今会泽县）时，才接到组成护国第一军总部的命令，将一、七两团编为护国第一军第一梯团第一、二两支队，以刘云峰为梯团长，邓泰中、杨蓁分任一、二支队长③。第一梯团于1916年1月15日抵

① 《滇军准备出兵讨袁计划》，中国第二历史档案馆馆藏档案资料，卷三十549号。

② 奚济霖：《护国第一军二支队（原步七团）的回忆》，载《云南文史资料选辑》第十辑，第208页。

③ 李文汉：《云南护国亲历记》，载《云南文史资料选辑》第十辑，第128页。

达川滇接界的滩头、燕子岩等地。

袁世凯和四川将军陈宧，对护国军进军四川作了严密的防御部署。他们任命伍祥祯为“川南镇守使”，令其率领北洋第四混成旅由成都开往叙州府堵御护国军；又命四川叙州的“汉军”（地方军）统领张振鸿率部进抵川滇接界的横江，凭险设防。护国军于1916年1月17日开始发起进攻，一天之内，即一举攻克横江沿岸的敌军据点滩头、燕子岩、凤来场等地。18日攻占横江镇。敌军全线溃退，逃往金沙江北岸的安边镇。安边扼横江与金沙江的汇合口，背山面水，形势险要，易守难攻，为川西南重镇叙州府城的屏障。伍祥祯集中全力固守安边。护国军以第一支队在金沙江南岸佯攻安边，牵制敌人；以第二支队西渡横江，从安边上游渡过金沙江北岸，迂回抄袭安边侧背。1月20日夜，第二支队出敌不意，突袭安边。伍祥祯旅一触即溃，乘夜逃向叙州城，护国军乘胜追击，敌人闻风逃窜。护国军第一梯团于1916年1月21日胜利攻克长江上游的川西南重镇叙州府。

叙府之战的胜利，护国军威震全国。各通讯社立即将护国军的胜利消息传遍国内外。据上海《民国日报》载：“本社香港电讯称：滇军在叙府大捷，已于昨天（21日）整队入城，该处袁军全数溃退。”东方社23日北京电：“压迫四川军于金沙江北岸安边之云南军，至21日，将叙府确实占领。”路透社24日北京电：“革命军已确占叙州。成都来电称，伍祥祯将军闻在叙州北面30英里。”爱国人民为护国军的胜利而欢欣鼓舞。《民国日报》1月25日载，“成都近讯”称，“老鸦滩一战，北军大败，死一千人一语，街头巷尾，莫不欣欣然有喜色。民军大占优势之说，为一般人所公认。且阖城人民，无不表欢迎态度也”①。

在护国军攻克叙州府的胜利消息鼓舞下，护国讨袁运动在全国各地加速发展。贵州省于1月27日正式宣布独立，响应护国起义，出兵讨袁。四川陆军第二师师长刘存厚率部于1月31日在纳溪宣布起义讨袁，用“中华民国护国川军总司令”名义，发出了讨袁通电，并随即与护国军第三支队董鸿勋部会师，进攻泸州。

袁世凯对于叙府失守，十分震惊。他立即下令褫夺伍祥祯的“川南镇

---

① 上海《民国日报》民国五年1月24日二、三版，25日三、六版。

守使”官职，令其“戴罪立功”；同时强令已入川之北洋军全力反攻叙州府城。在陈宧的指挥下，冯玉祥旅由泸州攻叙州之东，伍祥祯旅由自流井攻叙州之北，又命四川汉军八个营由岷江顺流而下，攻叙州之西，企图夺回叙州府城。由于北洋军未能同时到达叙府，护国军乃集中兵力，予以各个击破。1月29日，护国军第一梯团集中四分之三的兵力，在叙北宗场首先迎战最先到达的伍祥祯旅，经三昼夜激战，将伍旅击溃，迫使其逃回自流井。31日，冯玉祥旅以优势兵力进攻叙东之白沙场，护国军二支队一营顽强抵抗，胡岳全连壮烈牺牲，杨盛民、姚玉麟等连、排长阵亡，全营官兵伤亡过半，但终于挡住了敌军的进攻。当夜，护国军从宗场调来两个主力营加入白沙场战斗，一举毙伤敌军数百人，俘虏一百余人，击毙敌营长一人、连长三人①，打退了叙府东面敌人的进攻。冯旅分两路向南溪和富顺方向撤退，直退到200多里之外的隆昌县。2月6日，由西边攻叙府的敌军推进到叙府城西二十余里之牛喜场，护国军调集三营兵力，于2月7日将西路敌军击溃。护国军第一梯团保卫叙州府之战，至此胜利结束。此次战役在护国战争史上谱写了英勇壮烈的光辉篇章，但护国军第一梯团损失较大，兵员已不到昆明出师时的一半②。

1916年2月中旬，护国军主力在泸州、纳溪同北洋军展开激战。由于中路战事吃紧，蔡锷从叙府第一梯团的五个营中抽调四个营增援泸州、纳溪战场，因而叙州只剩下一个不完整的作战营和一个新征召的工兵连，兵员仅200多人③。北洋军四川总司令曹锟和四川将军陈宧，乘叙府空虚，急令冯玉祥、伍祥祯再次反攻叙州府。护国军第一梯团已无可战之兵御敌，被迫于3月1日放弃叙州府，转移至安边、横江，北洋军冯旅于3月2日进占叙州府城。

① 陈天贵：《护国战役亲历记》，载《云南文史资料选辑》第十辑，第178－206页。
② 同上。
③ 同上。

三

护国第一军三路进军四川，以第一梯团为左翼，攻取叙州；以戴戡率黔军为右翼，进攻綦江；蔡锷率护国第一军主力第二、三梯团，作为中路，经宣威、毕节，出永宁（今叙永），进攻泸州。护国军中路以董鸿勋第三支队为先锋，于1916年1月10日从昆明出发，蔡锷率领的第一军总司令部于1月14日离开昆明。此时已是云南宣布起义后二十天了。

董鸿勋支队于2月1日到达永宁。2月4日同刘存厚军会师纳溪，随即于2月6日攻占与泸州隔江相望的兰田坝。2月8日，从太安场渡过长江抵北岸，攻占罗汉场，逼近泸州城东，从西、南、东三面包围了泸州城。川军第一师师长周骏向袁世凯告急，惊呼："现城西敌已据方山……城东二十里之大安桥，敌又占领……城南即为刘逆主力……距泸二三十里内均系敌兵，四面受敌，危状莫名。"①

董鸿勋支队在刘存厚军的配合下渡江进逼泸州城东之时，他们已远离尚在行军途中的护国军主力，脱离了总司令部的指挥孤军深入敌人的心脏地区。困守泸州城内的川军第一师熊祥生旅急电向曹锟、陈宧告急，于是，敌张敬尧师、曹锟师及李炳之旅各一部，均奉命驰赴泸州，分头截击护国军董、刘两部。敌军熊祥生旅于2月9日夜偷渡长江，袭占了兰田坝，截断了董鸿勋支队与护国军主力的联系，使董部孤悬长江北岸。董部遂被迫撤回长江南岸。

护国第一军主力（第二、三梯团）、系调集驻防云南各地的滇军组成。由于驻地分散，因而集结困难，行动迟缓。当护国第一军主力到达川南之前，敌军张敬尧师、曹锟师和李长泰师各一旅以及川军熊祥生旅等部，已先于护国军赶到泸州东、北两面，兵力达15 000余人，而护国军中路兵力不过5 000人左右，因而战场形势发生了不利于护国军的变化。在敌军优

① 《周骏致统率办事处麻电》（民国五年2月10日），中国第二历史档案馆馆藏档案资料，卷一〇〇三（2）107号。

势兵力的压力下，2 月 12 日，刘存厚军退守纳溪县城，董鸿勋支队退到渠坝驿，敌人进围纳溪，形势十分危急。13 日夜，何海清率领的护国军第四支队驰至纳溪增援。接着，禄国藩（五支队）、朱德（六支队）等部也先后星夜驰抵纳溪前线，同包围纳溪的敌军曹锟师王承斌团、张敬尧师田树勋旅等部展开激战，毙伤敌军 1 700 余人，纳溪解围稳定了泸州、纳溪战线。

蔡锷于2 月23 日奔赴纳溪前线指挥作战。朱德支队由棉花坡，何海清支队向双合场，禄国藩支队由黄土坡等处，同时向纳溪东、南两面之敌进攻。刘存厚军一部渡过长江北岸，从石棚佯攻泸州城龙透关，策应正面进攻。2 月 28 日，由叙州来援的金汉鼎支队两个营加入纳溪战斗。于是，战斗在纳溪、双合场、牛背石、兰田坝之间以及江安到泸州的长江沿岸一带广阔地区全面展开。2 月 23 日至 3 月 6 日，护国军连续发起猛攻，多次肉搏拼杀，予敌重创。但由于敌人兵力一直处于优势，凭险固守，护国军虽然英勇顽强，作出了重大牺牲，还是无法突破敌人的阵地，也未能消灭敌人有生力量。护国军在劣势条件下，同敌军反复拉锯苦战，实力损耗严重，士气大受影响，难以再坚持战斗，被迫于 3 月 6 日撤到渠坝驿、大洲驿、叙蓬溪（今护国镇）一线休整，以利再战。

护国军经过休整，士气复振，蔡锷决定迅速发动反攻。3 月 15 日，他连续发出六道准备反攻的命令①。接着，在广西宣布独立讨袁的鼓舞下，护国军于 3 月 17 日开始出动，18 日发起全线总反攻。蔡锷采取避实击虚的战术，命顾品珍梯团由渠坝驿正面佯攻敌军；以赵又新梯团作为主攻部队，从白节滩经牛背石攻击敌人左侧；朱德支队和张煦支队从侧面迂回兰田坝，以阻击敌人从泸州城增援；又命刘存厚军牵制江安之敌，掩护主力进攻。反攻开始后，战斗十分激烈，护国军打得勇猛灵活，捷报频传。但敌人也集中兵力固守其坚固设防的纳溪城、朝阳观等据点，护国军未能打破敌人的防线，战争陷入了僵持状态。护国军因损耗严重，补充不继，蔡锷乃于 3 月 23 日下令撤退。24 日，各部撤回大洲驿、叙蓬溪等地设防固守。以后，敌我双方均未再发起进攻。3 月 31 日开始停战谈判，直至 6 月

① 《护国之役总司令部命令钞》，载《文献》1982 年第二期，第 8－10 页。

6日袁世凯毙命，战争乃告结束。

四

护国军在叙州和泸州纳溪战役中，全军将士英勇顽强，表现了大无畏的英雄气概，取得了辉煌的胜利，给全国护国讨袁运动以有力的推动。可是，护国军未能在战场上大量地歼灭敌人的有生力量。在攻克叙府的战斗中，仅仅击溃了北洋军伍祥祯旅，并没有歼灭伍旅主力，使得伍祥祯能在短期内集结队伍组织反扑。冯玉祥旅也只是受到一定损伤，稍加整顿后，又投入了战斗。北洋军伍、冯两旅，加上四川地方军张振鸣、朱登五等部，兵力一直在万人以上，大大超过了护国军第一梯团二千余人的兵力，敌人一直在兵力、装备和给养方面占着优势。护国军第一梯团是依靠官兵的革命精神和英勇善战，才得以坚守叙州府城四十余天。但当护国军第一梯团主力调往泸州纳溪后，敌人于3月初再次发动反攻时，护国军再无力坚守，只得放弃叙州。在泸州纳溪战役中，护国军中路主力（二、三梯团），2月份曾一举毙伤敌军1 700余人，3月下旬又给敌人以重创，但这两次都未能打垮敌军。敌人在泸州、纳溪一线的兵力一直保持在两万人以上，远远超过护国军中路主力，且牢牢控制着阵地。护国军撤出纳溪后，始终未能再夺回纳溪。

根据敌我两军在泸州纳溪决战的情况来看，护国军在时机上，未能按照预定计划，在北洋军主力进入四川之前，一举攻占叙、泸、渝；在力量对比上，没有足以压倒敌人的优势兵力，对敌军实行歼灭性打击，因此，护国军未能在战场上掌握主动权。护国军既未能攻占四川，也就谈不上实现东下武汉、北出陕西的军事战略目标。在敌人方面，北洋军兵力始终占着优势，且占据了有利地势，巩固了阵地。因此，从力量对比和战场形势来看，敌军倒是有可能继续反攻的，而且出现过有利于北洋军进攻或迂回抄袭护国军后方的时机，可是北洋军也没有乘势进攻。总之，护国军和北洋军都没有在战场上取得胜利，但最后的结局，却是护国军方面取得了胜利。其原因究竟何在呢？我们从叙州和纳溪两个战场上战事的发展变化中可以看到政治因素在起着决定性的作用。

叙州之战的后期，冯玉祥旅于3月2日攻占叙州时，护国军第一梯团仅有战斗兵员200余人，纳溪战场上的护国军主力又濒临弹尽援绝的危境，冯旅完全有力量趁此有利时机，长驱直入云南，或移师抄袭纳溪护国军后方，这将给护国军造成不堪设想的后果。但冯玉祥在反攻叙府得手后，即停止了战斗。其原因，冯玉祥说："我是绝对不能站到帝制这一边去和护国军为敌的，要不然，滦州起义我们干什么来着?"① 冯玉祥在参加辛亥滦州起义后，深受民主革命思想影响，他和当时许多军、政界人士一样，本来就不赞成袁世凯复辟帝制。所以，当他奉命阻击护国军时，即命其参谋蒋鸿遇、张之江等人，暗中与蔡锷、刘云峰等联络，希望避免交锋。及至迫于命令不得不与护国军交战也并非全力以赴。在其奉命攻占叙州之际，全国反袁护国运动更趋高涨，他已预感到北洋武力不能挽救袁世凯倒台的命运，因此，更不愿为袁氏卖命。此时，曹锟、陈宧命冯玉祥乘胜追击护国军，他即回电称："官兵病者太多……不但身上有病，心里亦人人有病，务请速作主张。"② 于是，他趁陕西将军陆建章来电告急之机，立即撤出叙州，率部经自流井移至成都，同陈宧的参谋处长刘一清一起，促陈宧宣布独立反袁③。这说明袁世凯的复辟帝制，在政治上不得人心，限制了他的军事优势的发挥。因为"战争是政治通过另一种手段的继续"④。

同时，泸州纳溪战局的发展和终结，从四川将军陈宧的态度变化中，也可以窥见护国战争胜利的政治原因。陈宧是袁世凯的亲信，是拥袁称帝的人物之一。他在1915年12月21日和翌年1月3日、12日，连续电请袁世凯早即帝位，并派兵围攻云南⑤。护国战争开始后，他严令伍祥祯、冯玉祥等北洋军进攻护国军。但随着伍旅在叙州的溃败，冯旅及北洋军主力

---

① 冯玉祥：《我的生活》上册，黑龙江人民出版社1981年版，第210页。

② 同上。

③ 季自求：《入蜀日记》，载《近代史资料》1963年四期；同时参见冯玉祥《我的生活》上册，黑龙江人民出版社1981年版，第226页。

④ 列宁：《战争与革命》，载《列宁选集》第3卷，人民出版社1975年版，第72页。

⑤ 周开庆：《民国川事纪要》，台湾文献研究社1974年版。

曹锟、张敬尧、李长泰等部均受到打击，四川和全国的反袁护国运动随之高涨，陈宧在四川的统治地位受到威胁，他的坚决拥袁的态度也逐渐动摇了。同时，蔡锷一直通过函电同刘一清、雷飙等人联系，令其对陈宧进行规劝。陈宧也派人和蔡锷联系，提出“倒袁行联邦制”等旨在保住北洋体系的条件，同护国军讨价还价①。于是，“安陆②见大势所趋，不敢开罪永宁③……邮书商榷，难煞中间秉笔人矣”④。陈宧的态度既有所转变，并和蔡锷保持若即若离的关系，因而也就不欲让北洋军急于图功。当张敬尧师在纳溪被护国军挫败后，陈宧飞电袁氏：“张师强项轻进，损失极重。”袁即电饬张师：“不听陈言，轻进失败，记大过一次。”张敬尧自是不敢再进。“是时，陈宧明知川滇两军饷弹缺乏，不能久支，竟如此电袁者，实已听受其旅长雷飙及参谋长刘一清之运动也。”⑤ 因此，北军曹锟、张继尧、吴佩孚和川军周骏等部先后集结四川战场者虽达四万余人，且大部进抵泸州前线，装备精良，粮饷充足，但自2月中下旬两军激战之后，北军再也没有主动发起进攻，其原因盖在军心、民心都反对袁氏复辟称帝。

接着，袁世凯的政治处境更加狼狈不堪。继广西3月15日独立讨袁之后，广东独立迫在眉睫，湖南、江西以及南方各省都在酝酿独立反袁，长江下游各省均在观变。此时，又传说日本打算承认起义各省为“交战国”。袁氏最重要的心腹干将冯国璋、李纯、靳云鹏、朱瑞等人，也竟联名请袁氏“取消帝制，以安人心”。袁世凯赖以实行军事专制的北洋军阀体系，出现了分崩离析的局势。袁世凯在走投无路的情况下，被迫于3月22日宣布取消帝制。这时，北洋军虽有大兵重压川南战场，但是他们在政治上、精神上已经垮了，士气一蹶不振。接着，被迫停战谈判。袁世凯于6月6日可耻地毙命，袁记封建军事独裁政权彻底垮台，北洋军奉命撤回北方，护国军取得了最后胜利。这个胜利，实际上是讨袁护国运动的胜利。

---

① 《蔡锷致梁启超卅一电》（1916年3月31日），载《松坡军中遗墨》。

② 陈宧，字二庵，湖北安陆县人，“安陆”即指陈宧。

③ 永宁，今四川叙永县，当时蔡锷司令部驻永宁，“永宁”即指蔡锷方面。

④ 季自求：《入蜀日记》，载《近代史资料》1963年四期；同时参见冯玉祥《我的生活》上册，黑龙江人民出版社1981年版，第226页。

⑤ 周开庆：《民国川事纪要》，台湾文献研究社1974年版。

护国运动的胜利，只打倒了叛国称帝的袁世凯，恢复了名义上的中华民国，并没有取得资产阶级民主革命的胜利。护国运动后的中国，仍然是帝国主义操纵下的大地主阶级和封建军阀的黑暗统治，并把中国进一步推向灾难更加深重的军阀混战阶段。以孙中山为首的中国资产阶级革命民主派，仍在继续为民主革命的胜利，为建立资产阶级民主共和国而奋斗。

（原载《贵州文史丛刊》1985 年第 4 期）

论驻粤滇军

民国初年，南、北军阀混战，南方革命中心广东境内，经常是各路大军云集（最多时有十三个省的总司令部群集广东），其中“驻粤滇军”曾一度名列前茅，给广东军政局势造成重大影响，在西南军阀史中有研究的价值。

滇军驻粤有过两次。第一次是1916年李烈钧、张开儒、方声涛率领入粤的护国滇军，这支军队在拥护孙中山护法和保卫护法军政府中起过积极作用，后来被桂系和政学系劫持而成反动军阀的工具，以至被拥护孙中山的粤军所消灭。第二次是1923年杨希闵率领入粤助孙讨逆（陈炯明叛军）的滇系军阀部队，孙中山对这支滇军寄予殷切希望，特别倚重，但杨希闵等人未能改变其军阀本性，后来抵制孙中山统一广东，抗拒民主革命的发展，终遭覆灭，最后结束了“驻粤滇军”的历史。

本文对“驻粤滇军”的发展、演变及其消亡的历史，作初步论述。

一

护国战争爆发后，李烈钧任护国军第二军总司令，率张开儒、方声涛两梯团（混成旅）东下，其时兵员不足四千人，装备亦不精良，但在全国人民讨袁护国的革命运动中，张、方两部官兵士气高昂，在滇、桂边境一举击溃奉袁世凯之命侵扰护国军后方的龙觐光军，配合桂军迫使其缴械投诚。护国第二军在广西军民欢迎声中进入南宁，计划经广东，转湖南、江西北伐。但已宣布独立的广东将军龙济光反对护国军经广东进军，龙军朱福全部阻击沿粤汉路北进的张开儒军，张部炮兵一举击溃朱福全军，进占粤北重镇韶关，护国军威震粤北，“张开儒三炮定韶关”之说，一时成为滇军内外的赞誉。此时，袁世凯毙命，护国战争终止。方声涛部配合桂军南下，迫使龙济光军撤离其长期盘踞的广州，退往海南岛。但革命党人李烈钧却受到北洋系攻击诋毁，被迫放弃军权。此后，护国滇军即以张开儒、方声涛为首驻在广东。云南督军唐继尧将张开儒部编为滇军第三师，驻在以韶关为中心的粤北地区；方声涛部编为滇军第四师，驻在广州及其附近地区。

第一次驻粤滇军是在护国战争中胜利进军广东的，在讨袁战争中立有战功，该部滇军将领李烈钧、张开儒、方声涛等人，都是辛亥革命和护国运动中激进的革命派，所部驻粤滇军官兵的民主革命精神鲜明。因此，在当时全国民主革命思潮继续高涨中，驻粤滇军是一支革命军队。这是第一次驻粤滇军早期的特色。

1917年春夏之间，继承袁世凯衣钵的段祺瑞，以国务总理兼陆军总长的地位，继续执行袁世凯未完成的北洋军阀专制统治。段祺瑞扩张皖系实力，削弱和兼并异己，排挤总统黎元洪；并在日本帝国主义支持下，出卖国家主权与民族利益，强行“对德宣战”，挑起“府院之争”，纠集皖系督军以武力威逼国会，驱逐总统，全国政局激烈动荡，民主共和制度又面临危机。在此危急关头，李烈钧、张开儒、方声涛等人代表驻粤滇军，积极响应孙中山的号召，及时通电呼吁保卫共和民国。张开儒于6月通电指出：“欲保障共和，必先保障国会”，要求“速兴义师，大张天讨，以全力拥护国会”①。当孙中山由上海启程南下广东时，张开儒即发出护法通电，要求“两院议员来粤开非常紧急会议，迅速在广州组织责任内阁……（及）最高军事机关，推举讨逆军大元帅”②。

在南方革命力量的支持和海军宣布护法的推动下，国会两院议员纷纷南下广东，8月下旬在广州举行国会非常会议，于9月1日选举孙中山为陆海军大元帅，唐继尧、陆荣廷为元帅，组成了中华民国军政府（即护法

① 《中华民国史资料丛稿·大事记》第四辑，第28页。
② 《张开儒护法通电》（1917年7月14日），云南省档案资料。

军政府）。孙中山能建立军政府于广州，在政治上是受全国民主革命力量的拥护，在军事上是依靠海军和驻粤滇军力量的支持。海军南下护法，其影响巨大，但组成的“护法舰队”仅11艘舰艇，总吨位不过13 000余吨，且海军陆战队未能随舰南下，故其实力不大。驻粤滇军则是一支不容小视的陆军武装力量，即如北洋政府方面的估计：“孙文定计在粤另立政府，所恃陆军势力，只有张开儒、方声涛两师及林虎一旅……实仅张、方两师可资号召。”① 孙中山亦称：“滇军在粤，方部讨龙（济光），张部保卫军府。”② 当桂系军阀排斥打击孙中山，以武力威胁军政府时，张开儒挺身而出，以驻粤滇军支持和保卫军政府。张于1918年2月6日通电宣布：“开儒前蒙非常国会之推举，承孙大元帅特任为中华民国军政府陆军总长……谨于本日在广州八旗会馆宣誓就职。”③ 接着他就宣布：“国会及军政府在此，不能不有重兵镇慑。开儒即以国会之所在即民国正统之所在，故屯兵于此，以资保护。”④ 并派兵监督广东有关税收机关，督促其向军政府提供财政经费。由于驻粤滇军坚定的护法行动，使桂系和政学系反孙势力不敢轻举妄动，只能向滇系首领唐继尧诬告和诋毁张开儒“自任军政府陆军总长以来，举动莫测”⑤。以上史实证明，当初的驻粤滇军，在支持护法运动和保卫军政府的斗争中，是功绩卓著的。

护法战争于1917年秋，先后在四川和湖南两大战场爆发后，唐继尧的“靖国军”在四川先败后胜，驱逐了皖系吴光新军和依附于北洋的刘存厚川军，控制了四川。陆荣廷桂军在护法湘、粤军的配合下，败击北军主力傅良佐、王汝贤、范国璋等部，控制了湖南全省。北洋军战败，段祺瑞内阁倒台，直系军阀为控制中央政权，提出“停战议和”，以作缓兵之计。滇、桂军阀都是有巨大野心，力图“逐鹿中原”的地方封建军阀，但通过川、湘两场军事较量后，深知要完全打败北洋军阀是力所不及的。于是，桂、滇两系把分裂割据桂、粤、湘和滇、川、黔作为各自的目标，乃积极

① 《马凤池密报》，载《近代史资料》1978年第1期，第41页。
② 《孙中山致唐继尧电》（1918年3月15日），云南省档案资料。
③ 《张开儒就任护法军政府陆军总长通电》（1918年2月5日），云南省档案资料。
④ 《张开儒致唐继尧电》（1918年3月5日），云南省档案资料。
⑤ 《杨晋致唐继尧密电》（1918年3月25日），云南省档案资料。

响应直系的“和平”呼吁，立即与冯国璋等人停战议和，企图就此分赃割据。

南、北军阀的争夺与勾结，由军事较量转为政治交易，就给孙中山的护法运动带来了严重的威胁。桂、滇军阀本来就反对孙中山建立军政府，陆荣廷、陈炳焜当军政府一成立，即通电宣称，对非常国会建立军政府之举“不敢附和雷同”，“概不负责”[①]。唐继尧指责孙中山成立军政府是“唐突”，并指示滇系各要员并转告桂系，不要急于公开反对，而打算把军政府作为和北洋军阀进行政治交易的筹码[②]。当直系呼吁“停战议和”时，桂、滇军阀即不顾孙中山及军政府强烈要求推进护法战争的意见。但直系以“停战议和”为幌子的缓兵之计得逞以后，随即集中北洋重兵反攻湖南，使以桂军为主的滇粤桂护法联军全线败退，桂军一溃千里，退到湘桂边境。此时，桂系已无力和北洋军争夺湖南，甚至感到它的原有地盘桂、粤两省亦大受威胁，因而急于与北军议和，以保老巢。

桂、滇军阀急于议和，由不服从孙中山军政府之命令，进而打击排斥孙中山，并决定夺取护法军政府的控制权。为此，桂系决定首先夺取保卫护法军政府的武装力量。陆荣廷、莫荣新等人通过利诱收买，拉拢程璧光，使“护法舰队”转而附依桂系；“桂系对分化海军之策既告成功，乃进一步对军政府横加压迫”[③]，着重分化瓦解驻粤滇军。陆荣廷、莫荣新和岑春煊等人密谋策划后，把政学系另一首领李根源请到了广东，利用李根源在驻粤滇军中的影响和“声望”（李根源曾任云南陆军讲武堂总办，滇军军官多系李的学生），打击和瓦解驻粤滇军中的革命派，夺取其兵权。

桂系和政学系夺取驻粤滇军的兵权，得到唐继尧的支持配合。唐继尧以云南督军的身份，下令改组驻粤滇军，免去张开儒的滇军第三师师长职务，唐在电令中称：“张开儒已任军政府要职，所有第三师事务，应另派

① 《中华民国史资料丛稿·大事记》第四辑，第50页。

② 《唐继尧复徐之琛密电》（1917年9月16日）说：“中山举动本嫌唐突。惟既已发表，似勿庸积极反对……将来取消，亦有一番交换……将此意密告陆、龙、陈、谭诸人。”云南省档案资料。

③ 邵元冲：《总理护法实录》，载（台湾）《革命文献》第875页。

员接管。"[1] 撤销由张开儒兼任军长的"靖国第五军"番号，合并三、四两师为"靖国第六军"，任命李根源为军长，指挥全部驻粤滇军[2]。但遭驻粤滇军中革命官兵反对，致电要求唐继尧"收回成命"[3]，唐继尧任命的师长郑开文亦不敢前去接任。莫荣新、李根源等人急不可待，乃利用北洋军袭占南雄之机，诬张开儒"密令所部向韶（州）撤退"[4]，由李根源率军驰赴韶关，以驻粤滇军军长和"粤赣湘边防军务督办"之权力，用突然袭击的方式，强行接管张开儒第三师兵权。接着，当张开儒回到广州时（5月12日），莫荣新派兵包围车站，当场逮捕了身为军政府陆军总长的张开儒，枪杀了陆军部次长（张开儒的助手）崔文藻[5]，又派兵洗劫并捣毁了军政府陆军部机关。桂系军阀和政学系政客就完全夺取了护法军政府的武装保卫者——驻粤滇军。

二

驻粤滇军遭劫之际，正是南、北军阀加紧进行"南北议和"的政治交易的紧要时刻。孙中山坚决反对议和，坚持"舍恢复《约法》及国会外，断无磋商之余地"[6]。孙中山毫不妥协的立场，成为南北军阀议和的障碍，桂系和政学系决定改组军政府，排除孙中山的领导权，随即通过国会中占优势的政学系议员，悍然于1918年5月4日通过了《修正军政府组织法》案，修改了《中华民国军政府组织大纲》，"以多头式之总裁制，易单一式之大元帅制，使总理不安于职而去"[7]。5月20日，非常国会选举岑春煊、陆荣廷、唐继尧、孙中山等七人为"总裁"，废除大元帅制，组成军阀、政客合伙的"合议制"军政府。孙中山被迫通电辞职，谴责南北军阀都是

① 《唐继尧命杨晋暂代第三师师长电》（1918年3月27日），云南省档案资料。
② 《驻粤滇军略史》，载李根源驻粤滇军总司令部编《滇军在粤死事录》。
③ 《驻粤滇军旅长李天保等致唐继尧电》（1918年4月19日），云南省档案资料。
④ 《莫荣新致唐继尧密电》（1918年5月5日），云南省档案资料。
⑤ 《莫荣新致唐继尧密电》（1918年5月14日），云南省档案资料。
⑥ 《孙中山年谱》，中华书局1980年版，第219页。
⑦ 邵元冲：《总理护法实录》，载（台湾）《革命文献》，第876页。

“一丘之貉”，愤然离广州前往上海。

政学系在南北军阀的政治交易中，和桂系密切合作，夺过驻粤滇军的兵权，作为政治投机的资本。李根源秉承桂系之旨意，设驻粤滇军总司令部于广州旧将军衙门，又受粤督莫荣新委任为“粤赣湘边防军务督办”，设督办公署于韶关，控制粤北地区，掌管粤北十五县的军、政、财全权；在韶州及各县设筹饷局，统管税收，筹集饷糈和政治活动经费；并在韶关开办“陆军讲武堂”，招生两期，共有学员约760人，罗致大批士官生和保定生到堂任教，驻粤滇军之影响日益扩大。

李根源的驻粤滇军，分驻韶州、广州和粤汉路沿线，以韶州为主要基地进行训练和扩军。李根源等人以驻粤滇军为资本，积极从事政治活动，周旋于政学会、益友社、石行俱乐部等议员、政客之间，把用筹饷名义搜刮来的大量经费，用于政治投机，从而“操纵政学会派系议员”①。驻粤滇军完全成了政学系进行政治交易的工具，同时也是桂系军阀的附庸。

李根源的驻粤滇军在桂系的大力支持下，不断招兵买马，实力日益增强，至1919年6月，扩充到24 000余人②（还不包括方声涛率领援闽的伍毓瑞旅），居当时驻粤各军之首位。到这时，李根源等人即不愿再受滇系首领唐继尧的支配，有脱离滇系的趋势。唐继尧有鉴于此，即运用各种手段加强对驻粤滇军的控制与争夺。李根源升李天保、朱培德为第三、四两师师长，杨益谦为第二十旅旅长，培植自己的亲信势力；唐继尧派其弟唐继虞等人去广东联络滇军军官，李天保与唐有所接触，李根源即罢免他的师长职务。唐、李矛盾迅速激化。此时，桂系、政学系和北洋军阀议和，操纵非常国会和军政府，不断煽起政潮，南方政局险象丛生。他们又挑动四川督军熊克武反唐，唐继尧即径电岑春煊加以指责③。

滇系在广东的处境难艰，唐继尧被迫又转向孙中山，加紧和李烈钧等人联络，企图借助护法派的支持而夺回驻粤滇军的控制权。驻粤滇军军官

① 孙天霖：《护法期间驻粤滇军内部矛盾见闻录》，载《云南文史资料选辑》第六辑，第119页；黄宗儒：《旧桂系统治广东时期李根源在韶关海南的活动及其失败》，载《广东文史资料》第十辑，第61－63页。

② 《粤省军队之概数》，中山图书馆藏《广州共和报》1919年6月（日期已残缺）。

③ 《唐继尧致岑春煊电》（1919年5月25日），云南省档案资料。

朱培德、张怀信、胡国秀等人，亦对李根源产生恶感，滇军便分化为拥唐、拥李两派。唐继尧乃于1920年2月10日正式下令免去李根源的驻粤滇军军长职，任命李烈钧接任驻粤滇军总司令。李根源拒不受命，立即由韶关潜往广州，依靠桂系莫荣新的武力保护，拉拢部分滇军军官，公开抗拒李烈钧接任总司令。岑春煊、莫荣新则以军政府首脑和粤督之名义，命李根源继续统率滇军，因而煽起两派滇军在广州以北和韶关一带发生激战，互相火并，唐继尧于3月14日通电声讨莫荣新。此后，驻粤滇军分裂为对立的两部分。李烈钧、朱培德等人率领拥唐滇军转战后退入湘南，该部约占驻粤滇军的五分之三，奉唐继尧命，编为三个旅，由张怀信、鲁子材、胡国秀分任旅长，然后经湘、黔入川，参加唐继尧对熊克武川军的混战，失败后，又退返湘、桂、粤边境一带，进行流寇式的转战活动。拥护李根源的滇军约占五分之二，在桂系军阀的卵翼下，亦编为三个旅，由李根源、梁说、周兴权分任旅长。稍后，改为“海疆军”，于1920年3月移驻海南岛。

李根源以海南岛为割据地盘，统管全岛政治经济权力，总揽财政税收，“海疆军”得以继续招兵买马，不断扩军，三个不完全旅的兵力，很快又扩充到约13 000人。同年8月，陈炯明响应孙中山号召，率粤军由福建回师广东，驱逐盘踞在广东的桂系军阀。桂军在广东军民同仇敌忾、共同打击下，节节溃败。李根源奉命率“海疆军”驰赴东江河源县一带，充当桂系炮灰，抗拒粤军回粤。已蜕变为寇盗式武装的“海疆军”，和桂军一样祸国殃民，鱼肉百姓，所经过地方的猪鸡粮食都被抢光，揭地三尺。广东人民视“海疆军”胜于土匪，对其愤恨达于极点，一见（滇军）溃兵，就开枪射击①。“海疆军”拒战一月，即全线溃败，退据广州。岑春煊、陆荣廷等人在溃败之后，悍然片面宣布解散护法军政府，李根源被迫和岑春煊一起仓皇逃往香港，将所余滇军残部交给旅长张鉴桂接管，命张以参谋长名义收拾残局。张鉴桂、梁说等人将“海疆军”改头换面为“护法滇军”，迎请刚从莫荣新囚牢中获释的张开儒任司令，张开儒为挽救这

① 赵锦雯：《在李根源驻粤滇军中的回忆》，载《云南文史资料选辑》第六辑，第87页。

支滇军，于11月30日宣布就任“护法滇军总司令职”[①]，并立即向陈炯明等人交涉。但粤军方面既恨滇军（“海疆军”）助桂为虐，又惧滇军日后坐大为患，陈炯明以迅雷不及掩耳之势，一举将滇军包围缴械，全部编遣。从此结束了第一次驻粤滇军在广东的历史。

三

第二次“驻粤滇军”，是杨希闵率领入粤的滇军顾品珍余部。顾品珍是驻川滇军的两个军长之一。1920年，唐继尧发动驱逐川督熊克武的战争失败，滇军第二军军长赵又新在四川战死，顾品珍率滇军回师云南夺取了唐继尧的军政权力，唐流落香港。翌年，唐继尧又纠集在桂滇军龙云、胡若愚等部回滇和顾品珍争夺政权。1922年3月，顾品珍在唐顾两年混战中战死，所余滇军五个旅，由副总司令张开儒率领向广西转移。时值陈炯明叛变，孙中山号召讨伐陈炯明，张开儒是拥孙派，立即响应孙中山的讨逆号召，挥军向广东进发。10月23日，孙中山致函张开儒，告以已派员赴香港筹划接应和接济事宜[②]。张开儒师至广西桂平，滇军内部发生权力斗争，杨希闵、杨池生、杨如轩等人剥夺了张开儒的兵权，推举杨希闵代理总司令。孙中山于11月8日致函杨希闵，盼率滇军速入广东[③]。“三杨”认为广西地瘠民贫，滇军在桂无发展前途，仍响应孙中山讨逆号召，向广东进发，并派代表向孙中山表示拥戴和请示方略。12月6日，杨希闵在广西大湟江白马庙就任滇军代总司令，并和范石生、张开儒、朱培德、刘震寰、沈鸿英等在白马开军事会议，决定于12月10日发动讨陈之战[④]，推举杨希闵为滇桂联军总司令。联军顺利攻克梧州、肇庆、三水等地，驱逐了陈炯明叛军，于1923年1月14日进克广州。

光复广州的军事告一段落后，由古应芬、邹鲁、胡汉民和滇桂军将领

① 《张开儒就任护法滇军总司令通电》（1920年11月30日），云南省档案资料。

② 《孙中山年谱》，中华书局1980年版，第301页。

③ 罗家伦：《国父年谱》民国十一年11月8日。

④ 同上。

联名电清孙中山莅粤主持大计，孙中山于2月21日回到广州，就任大元帅，设大元帅府。3月1日正式成立陆海军大本营，以廖仲恺、伍朝枢、谭延闿分任财政、外交、内务部长。孙中山决定“不再拿护法问题做功夫”，而是竭力“巩固政府的地位并把广东省变成国民革命运动的战略基地”①。当时大元帅府统辖的军队有：讨贼滇军约一万五千人，驻在广州及粤汉路、广三路沿线；讨贼桂军约一万人，驻广州及广九路沿线；中央直辖滇桂军约五千人；此外还有桂军及粤军梁鸿楷部各约万人，分驻肇庆和江门等地。东路讨贼粤军许崇智部约二万人，尚远在福建②，因此，大元帅能就近指挥的，主要就是杨希闵所部滇军。孙中山对杨希闵部寄予殷切期望，对杨希闵本人更是十分尊重，先后委以滇桂讨贼联军总司令、中央直辖滇军总司令、滇军第一军军长、广州卫戍司令等要职，准备以杨希闵滇军为主，辅以粤、桂等军，统一广东，再行北伐。

杨希闵滇军入粤之初，在孙中山指挥下，也曾做过一些有利于巩固广东根据地的事情，主要是平定桂军沈鸿英叛乱。沈鸿英原已暗中投靠北洋军阀，接受北洋政府密令，以协助滇桂联军讨贼为名，乘机入据广州，抢占广州衙署和财政机关，控制财源。沈鸿英为挑起滇粤两军冲突，再胁迫滇军一起投靠北洋政府③，制造了“江防会议事件”。在滇军江防司令部会议上，伏兵袭击广州卫戍司令、广东讨贼联军总司令魏邦平和孙中山的代表胡汉民、邹鲁等人，但均未击中，阴谋暴露，即于4月中旬公开叛乱。沈鸿英在吴佩孚军方本仁部的配合下，以所部桂军主力从韶关沿粤汉路南下，攻占白云山，逼近广州城。孙中山亲出督师，偕杨希闵指挥滇军，坚决反击沈军，在粤军一、三师等部配合下，打败了沈鸿英叛军，至5月8日，将沈军逐出韶关，平定了北江地区④。讨伐沈鸿英叛军的胜利，打破了北军吴佩孚利用沈军和陈炯明叛军颠覆孙中山大元帅府的企图，保障了广州的安全，使孙中山得以集中主要兵力，讨伐对广州军政府威胁更

① ［苏］亚·伊·切列潘诺夫：《中国国民革命军的北伐》，中国社科出版社1981年版，第40页。

② 《孙中山年谱》，中华书局1980年版，第311页。

③ 胡铭藻：《滇桂军入粤》，载《广州文史资料选辑》第一辑，10－13页。

④ 《孙中山年谱》，中华书局1980年版，第313页。

大的陈炯明叛军。

讨伐陈炯明叛军，是孙中山1923年重建大元帅府后的主要军事斗争，他清楚地认识到，能否平定东江陈逆叛军，乃是军政府能否巩固的关键所在。孙中山以杨希闵滇军为讨贼军主力，以许崇智等部讨贼粤军相配合，从5月至11月之间，对陈炯明军林虎、洪兆麟等部展开攻击，孙中山曾于5月和8月，先后数次亲赴前线的石龙、惠州等地巡视和督战。敌军曾攻占石龙，迫近广州，军事形势十分险恶，最后是在中国共产党人的帮助下，发动广州的工农群众配合讨贼军奋起共同保卫广州，并在湘军谭延闿部和豫军樊钟秀部的增援下，才打退了陈逆叛军，解除了对广州的威胁。

此后，孙中山仍倚重杨希闵及所部滇军，对杨希闵本人一直优礼有加，大本营的重要会议，杨均参与议事决策，和苏联顾问鲍罗延以及廖仲恺等同样坐席于孙中山左右，孙中山甚至曾劝许崇智把所部军队交给杨希闵指挥①。1924年初，国民党改组，国共合作，在国民党第一次全国代表大会上，杨希闵还被选为仅有二十四人组成的第一届中央执行委员之一，与胡汉民、汪精卫、廖仲恺等国民党元老并列②。1925年2月，广州革命政府集中力量，发动彻底消灭陈炯明叛军的第一次东征时，仍任命杨希闵为东征联军总司令③，统辖广州政府下的许崇智粤军、谭延闿湘军、刘震寰桂军、杨部滇军以及中央直辖建国军朱培德等部，总兵力逾十万人。当时杨希闵真是“权重位尊”，声震南国。

四

孙中山在统一广东的斗争中，一直寄希望于杨希闵及所部驻粤滇军，尽管当时各省驻粤有十三个总司令之多④，仍任命杨希闵为联军总司令。

---

① 刘少伯：《滇军杨希闵部人粤见闻》，载《云南文史资料选辑》第六辑，第92页。

② 《中国国民党十三年改组史料》，载（台湾）《革命文献》第八辑，第97页。

③ 《国民革命军建军至统一两广史料》（一），载（台湾）《革命文献》第十辑，第99页。

④ 斯敢：《“白马会盟”前后回忆》，载《广东文史资料》第一辑，第41页。

当时杨希闵完全有条件一鼓荡平陈炯明叛军，统一广东。可是杨希闵及所部官兵部不积极作战，他们甚至拒绝执行孙中山的命令。如 1923 年 11 月 10 日，孙中山发布反攻命令后，遵照命令开拔的部队还不到十分之一①。原因是杨希闵等人入粤是为了抢占地盘，升官发财，他们讨伐的策略是“养寇自重”，对讨陈战争既不能败，又不可胜，败则让陈军回据广州而丧失地盘，胜则再也找不到借口拒绝出师北伐。因此，讨陈战争旷日持久，形成胶着状态②。杨希闵军在作战中，往往借端要挟孙中山，临阵索饷逼奖。9 月初，滇军一部获小胜，即要求孙中山发给三十万元奖赏，才再作战。11 月间，滇军在石龙溃败后。杨希闵竟要求孙中山拿出十万元作奖赏，以央求滇军组织反攻。滇军第三军军长蒋光亮屡次抗命，且有通敌之嫌，孙中山有针对地下令“不听军令者即执行军法”，蒋光亮置若罔闻，“不顾而去”。孙中山对这些骄兵悍将无可奈何，根本无法按军纪军法制裁他们的抗命行为，过后还宣布嘉奖蒋光亮，以示抚慰。

杨希闵驻粤滇军，进驻广州和附近的富庶地区，即将驻地作为自己的割据领地，独霸一方，尽量搜刮，聚敛资财。驻粤滇军第二军军长范石生控制了广东兵工厂，该厂所产枪械，他用作交易，任意分配，甚至擅自在出厂的枪支上烙上一个“范”字，把兵工厂的产品全视为他的财产③。各军都竞相强占税收机关，攫取税源，在筹集军饷的名义下，把大部分收入装进自己的腰包。孙中山要统一财政，即遭到滇军将领们的抗拒，公然要挟“统一财政，必须先行发给两月军饷”，孙中山统一财政的计划，始终未能实现。广州的赌风极盛，赌捐收入极为大宗，为各军所垂涎和争夺，范石生军的师长杨廷培，把持了广州的赌捐收入，以每月所获大部归己，为范石生所忌，为夺取此项血腥财源，范竟擅自将杨枪杀④。滇、桂各军在广东各地开馆贩（大）烟，包收国税和地方税，勾结不法商人走私逃税，甚至拦路抢劫，无恶不作，无法无天。当时广州市警察局维持治安的

---

① 李烈钧：《孙大元帅戡乱记》，第 61 页。

② 刘少伯：《滇军杨希闵部入粤见闻》，载《云南文史资料选辑》第六辑，第 93 页。

③ 同上书，第 94 页。

④ 那博夫：《一九二二年滇军入粤讨伐陈炯明始末》，载《云南文史资料选辑》第一辑，第 60 页。

巡察队，就常与横行霸道的滇、桂军官兵发生武装冲突，维新路警察局经常戒严，如临大敌[①]。滇军第三军军长蒋光亮驻广州及广三路沿线，大肆搜刮民脂民膏，意犹未足，更克扣军响，引起全军官兵的愤慨，蒋竟不顾一切，擅自脱离部队，腰缠数百万，逃往上海，托庇于外国租界，大过其寓公的豪华生活[②]。

孙中山对滇军始终持教育争取态度，总希望这支军队能改造成为有利于革命之武装，除对杨希闵特别倚重外，对滇军将领及中下级军官亦竭全力教育争取，特设立“滇军干部学校”，加紧对各级军官进行政治教育。孙中山亲自为滇军干校讲课，每星期到广州高等师范学校大礼堂为滇军军官讲解三民主义，以及中国革命必须走俄国人的道路等道理；廖仲恺专门讲解国内外局势及建立革命军队的必要性等等。以杨希闵为首的滇军将领及大多数军官，对孙中山的殷切希望和亲自教诲，根本不接受，真是言者谆谆，听者藐藐[③]。

杨希闵在民国初年的滇川军阀混战中起家，其所部滇军也是在军阀混战中发展壮大的，他们都是以对外扩张地盘、掠夺财富、不惜蹂躏同胞，以求自己升官发财为目的。这种封建军阀一般是难以改造的，所以孙中山对杨希闵及其所部滇军的谆谆教诲和反复理喻，并没有能改变杨希闵等人的军阀本性。

革命形势的发展，东征的胜利，杨希闵等人感到他们霸占广东的既得利益受到威胁，逐渐将恐惧革命之思想，转变为敌视和反对革命的行动。此时，北洋军阀段祺瑞和滇系军阀唐继尧亦加紧勾结杨希闵，据上海《民国日报》揭露，段祺瑞给唐继尧提出的合作条件之三，即是“授杨希闵督粤”[④]。杨希闵亦于5月6日乘夜轮潜赴香港，和段祺瑞的密使共谋颠覆广州革命政府[⑤]。5月15日，杨希闵竟致电北洋政府请示处置粤事办法，公然表示：万一广州革命政府别有计划，“最后必用武力，闵惟严饬部曲，

① 斯敢：《“白马会盟”前后回忆》，载《广东文史资料》第一辑，第42页。

② 刘少伯：《滇军杨希闵部入粤见闻》，载《云南文史资料选辑》第六辑，第94页。

③ 同上书，第97页。

④ 《中华民国史资料丛稿·大事记》第十一辑，第65页。

⑤ 同上书，第73页。

即以武力贯彻主张”①。唐继尧的代表在香港宴请在港要人，请协助颠覆广东革命政府，杨希闵亦在座。杨希闵、刘震寰在香港英帝国主义当局代表的参加下，和段祺瑞、唐继尧、陈炯明等军阀头子的代表共同议决，由港英当局负责供给军火，合谋进攻广州②。

南北军阀勾结帝国主义，阴谋颠覆广东革命政府的反革命行径日益暴露之后，首先受到革命人民的政治鞭挞。广州工人代表会执行委员会通电声讨唐继尧“外受帝国主义之指挥，阴谋与陈炯明、陈廉伯相勾结……希图吞并两粤，推翻革命政府……实我国民众之敌人”③。革命政府有鉴此，亦积极部署对付杨、刘的军事行动，5月13日，廖仲恺到粤军总司令行营，召集许崇智、朱培德、蒋介石及苏联顾问加伦将军等参加的军事会议，研究了讨伐杨（希闵）、刘（震寰）的策略及计划，推蒋介石为总指挥，5月下旬，东征军回师广州。6月5日，胡汉民（代行大元帅）下令免除建国滇军总司令杨希闵、建国桂军总司令刘震寰本兼各职。杨希闵立即调动滇军进占广东省长公署、粤军总司令部等军政机关及广州全城，并发出通电，诬指广东革命政府勾结俄人，实行共产，宣称：“希闵等断不容彼辈播共产流毒于社会，我军因此喋血疆场，亦所不惜。”④ 悍然对革命政府及人民宣战。胡汉民于6月7日发出讨伐杨、刘叛军的通电，公布了杨、刘阴谋颠覆革命政府、通敌谋叛的种种事实，宣布用武力荡平杨、刘叛乱⑤。当时，驻粤滇、桂军约五六万人，战事开始时，滇军为对付回师广州的“东征军”，集中其主力于广州东郊，以图背城一战。6月7日，两军在樟木头一带开始激战。广东人民深受滇军蹂躏，尽力帮助东征军打击滇军，铁路工人罢工，使滇军队伍无法调运集中，被东征军分割包围，各个击破。至6月12日，东征军攻破白云山、瘦狗岭、观音山等处滇军据点，击毙滇军第一师师长赵成梁。滇军退入广州城内，受到东征军和湘

① 《中华民国史资料丛稿·大事记》第十一辑，第79页。

② 同上书，第83页。

③ 同上书，第85页。

④ 同上书，第97页。

⑤ 《陆海军大元帅大本营公报》第十四号（民国十四年6月），载（台湾）《革命文献》第十一辑，第284页。

军、由赣回穗之粤军等部的围攻，全部缴械被俘，杨希闵、刘震寰潜逃至沙面租界。从惠州、河源回救广州之滇军第三军胡思舜所部，受铁路工人罢工阻滞，迟至6月14日才进抵广州，遭到迎头痛击后，亦全部缴械投降①。到此，称霸广东的杨希闵驻粤滇军最后覆灭了。

（原载广东人民出版社《西南军阀研究丛刊》第五辑）

① 《国民革命军建军至统一两广史料（二）》，载（台湾）《革命文献》第十一辑，第276页。

卢汉传

（一）

卢汉，字永衡（原名卢邦汉），是举行云南起义完成全省和平解放的领导者。云南昭通县西三区炎山人，彝族，1895 年 2 月 6 日（清光绪二十一年正月十二日）出生在吉迪家族一个大地主的家庭。幼年曾在昭通县立学堂读书。

1911 年四川各地反抗清廷，纷纷组织保路同志会。有云南永善县人魏焕章在家乡召集六百余人，前往叙府（宜宾）、嘉定（乐山）一带，参加“同志军”的反清革命行动。卢汉同其表兄龙云及邹若衡等曾参加魏部，继后回师川南宜宾。同年 10 月，云南辛亥“重九”起义后，云南军都督府派滇军“援川”，第一梯团谢汝翼部经昭通入宜宾。魏、邹、龙、卢在宜宾加入援川滇军。1912 年，谢梯团回滇，在昆明整编部队，编余的军官佐，送入云南讲武堂第四期受训。卢汉以准尉级保送入讲武堂。1914 年毕业。

1916 年冬，卢汉奉命到四川成都，在驻川滇军成都兵工厂保厂营担任排长，后来升任连长、副营长等职。到 1920 年四川军人掀起“川人治川”驱逐滇军的运动，滇军被迫退出成都。在泸州战役中，滇军第二军军长赵又新阵亡。滇军统归第一军军长顾品珍指挥；保厂营撤销，编余的军官全部回滇。卢汉回到昆明，在唐继尧的元帅府当少校副官。1921 年顾品珍率领驻川滇军回滇，驱逐唐继尧。唐继尧被迫逃往香港。临行前，派卢汉拿他亲笔信到个旧找龙云（龙云当时担任第十一团团长，驻扎个旧），命龙云把队伍带到蒙自芷村车站待命。唐带着佽飞军大队到了芷村车站，改编队伍，佽飞军编为第十二团，升龙云为第一梯团团长，指挥第十一、十二两团；任命卢汉为第十二团第三营营长，并命龙云带领部队到广西柳州。唐继尧去香港后，龙云从蒙自出发前往广西，沿途收编了云南地方部队，扩大队伍。

1922 年春，唐继尧由香港返回柳州。率领龙云、胡若愚等部回滇，顾品珍战败阵亡，唐重新统治了云南。唐将第十二团改编为近卫部队，卢汉升任为近卫第三团团长。1924 年，孙中山在中国共产党帮助下改组了国民党，确定了联俄、联共、扶助农工三大政策。民主革命形势的发展，引起英、日等帝国主义惊恐。唐继尧在帝国主义支持下，反对孙中山和广东革命政府，于 1925 年春，派龙云、胡若愚等率军企图配合北洋军阀，南北夹击广东革命军政府①。此时，卢汉被唐继尧升为第七旅旅长，归龙云第五军指挥，率军进攻两广。在广西被桂军及驻粤滇军范石生部打败回滇。唐又整编部队，卢汉仍然担任第七旅旅长，属第五军。

1927 年 2 月 6 日，在北伐战争胜利发展，北洋军阀统治迅速瓦解的形势下，云南发生了推翻唐继尧独裁统治的“二六政变”。昆明、蒙自、昭通、大理四镇守使龙云、胡若愚、张汝骥、李选廷，发出联名通电，指责唐继尧“全出独裁，势同专制”，对唐举行兵谏，要求改组省政府。唐被迫交出政权，组织“云南省务委员会”，由胡若愚任主席。

“二六”政变后，胡、龙争夺领导权的矛盾日益上升，在唐继尧死后不到一个月，就爆发了“六一四”政变，胡、龙、张火并。

6 月 14 日，胡、张趁龙云疏于防备，即秘密调兵进省，突然袭击北校场龙军，同时包围龙云部将领卢汉、孟坤、高蕴华等人的住宅。龙云以众寡不敌，请法国领事出面保证龙的安全，随即缴械被俘。卢汉、孟坤趁夜逃出城外。高蕴华在北校场营房，闻警后曾向北门反攻不遂，乃向富民方面撤退，至禄丰即与朱旭的近卫第四团、刘正富的第十三团会合。卢汉也到达禄丰。在卢汉主持策划下，重组兵力，取道西上，向下关集中。龙部

① 《中华民国史资料丛稿·大事记》第十一辑，第 81－83 页。

各军在沿途各县和盐场，调集当地武装，提枪提款，将所部扩编为三个师，由孟坤为第一师师长（辖三个团）、卢汉为第二师师长（辖八个团），朱旭为第三师师长（辖三个团），实力增强。

胡、张俘获了龙云，但放走了龙部各军，因而派兵合力西上追击龙军，两军激战于祥云县清华洞。卢、孟、朱军告捷，胡、张军败退，卢汉追击，主力直趋昆明。胡若愚据报，把在囚的龙云挟持东走，放弃昆明。胡行至大板桥，为了缓和卢汉的追击，与龙云订立了“板桥协定”，将龙释放。龙云即于 8 月 13 日与回师昆明的卢汉部队会合。

龙云“八一三”回昆明后，得卢汉的支持，重新取得了云南政权，当了云南省主席，继续了十八年的封建统治。卢汉和龙云谊属至亲，多年在龙云军中任职，能征惯战，有勇有谋，为龙部的台柱子。在龙、胡军阀混战和龙云十八年的封建统治中，为龙云效力的人固然很多，但以卢汉居首，卢的声望也在其他人之上。卢汉与龙云因民族和亲戚关系，可以说龙以卢为支柱，卢得龙而升迁，互为依赖。

1929 年，当时云南财政征收权为军人把持，龙以卢在滇军中威望较高，任命卢汉兼任省财政厅长。卢到任后，决定收回征收权，将烟酒、厘金筹税，一律招商投标逐办。命令一出，许多把持税收的军人，慑于卢的威势，不敢违抗。税收整理后，数月之内收入大增，财政趋于稳定。

1930 年，蒋介石和冯玉祥、阎锡山发生大混战。桂系军阀出兵湖南，直指武汉，图谋攻击蒋介石的中心地区。蒋介石命令龙云出兵广西，攻击桂系的后方，任命龙云为“讨逆军第十路总指挥”，并许以滇军攻下南宁后，即任命卢汉为广西省主席。龙云即以卢汉为第十路军前敌总指挥，率滇军三个师三万余人，进攻广西。在蒋、冯、阎、桂新军阀混战中，有力地支持了蒋介石，龙、卢因此深得蒋介石的欢心。但滇军围攻南宁三个月未攻下，又被李宗仁、白崇禧由湖南回师击败，卢汉率滇军退回云南。卢汉在回师途中，根据龙云的旨意，对滇军进行了重大的整编（罗里整编），将三个师缩编为四个旅，从而加强了龙、卢统治云南的军事力量。

（二）

1937年7月7日，日本帝国主义悍然发动了全面进攻我国的法西斯侵略战争，全国人民掀起了抗日救亡新高潮。在中国共产党的积极推动下，抗日民族统一战线逐渐形成。国共第二次合作，一致抗日。以龙云为首的云南地方实力派，加入了抗日民族统一战线。1937年8月，龙云出席了南京国民政府的军事会议，决定出兵参加抗日。于是，集中滇军主力，编为第六十军，卢汉任军长，率军由云南出发参加抗日。第六十军辖三个师：第一八二师师长安恩溥，第一八三师师长高荫槐，第一八四师师长张冲。每师辖两个旅，每旅辖两个团，还有军直属部队及六十兵站、修械所。全军兵三万五千余人。并由云南陆续成立了十几个补充团，随时送到前线作兵源补充。武器、弹药、器材等都是由云南自己装备。

第六十军于1937年9月9日在昆明誓师，10月初由云南出发，徒步行军，经贵州转湖南，于11月下旬，经常德到达长沙，即奉调保卫南京外围。当部队到达上饶、金华、玉山一带，南京已沦陷。又奉命折回南昌，经南浔铁路至九江，再转至武汉，归国民党武汉卫戍总司令陈诚指挥，保卫武汉。1938年2月又调驻沿京汉铁路孝感、花园、武胜关及信阳一带训练。中上级军官调到武昌珞珈山国民党中央训练团受训。

1938年4月初，六十军被调至郑州转陇海路到兰封、归德一带，归第五战区司令官李宗仁指挥，担任维护徐州后方陇海路这一段唯一交通补给线的任务。当时由于前线李宗仁桂系部队和孙连仲、于学忠、汤恩伯等部队已经疲惫不堪，纷纷后撤，所以六十军先头到达归德车站时，李宗仁即命令六十军接守台儿庄。

卢汉回军部后，即传令于4月22日拂晓赶渡过运河东岸，第一八二师在大小蒲汪、杨庄、凤凰地区，第一八三师在耿庄、邢家楼、五圣堂地区集结待命；第一八四师进驻台儿庄。

第六十军由于初到台儿庄，敌情不明，地情不熟，时间又急迫，并认为距离第一线还有三十余里，并有友军掩护。不料一下车就与日寇遭遇，战斗异常激烈。第一八三师先遣队第一〇八一团尹国华营，苦战后全营壮烈牺牲；第一八三师第五四二旅旅长陈钟书看到敌人如此嚣张，激于民族义愤，奋勇当先，与敌进行白刃战，英勇献身。

经过三天的激烈战斗，阵地大部被敌炮火及其坦克摧毁，官兵伤亡很大，卢汉为了确保台儿庄，重新调整战线。在禹王山一线加强兵力，调第一八四师主力固守禹王山，一部分仍守住台儿庄。日寇夜袭东庄，我军以猛烈的火力出击，聚歼寇兵大部，日寇遗尸百余具，我军缴获轻重机枪二十余挺。

六十军在这一线阵地坚持了二十七天，保住了台儿庄。当时日寇机械化的板垣、矶谷师团也遭到重大的伤亡损失。闻名中外的台儿庄战役，第六十军是颇著战功的①。

卢汉以第六十军经过二十七天与日寇激烈战斗，部队严重减员，为了便于继续作战，将第一八二师并编为一个团（一〇七七团），由余建勋任团长；第一八三师并编为一个团（一〇八一团），由副旅长肖本元指挥，杨孟雄任团长；第一八四师缩编为三个团：第一八〇八五团由曾泽生任团长，第一〇八六团由杨洪元任团长，第一〇八七团由邱秉常任团长。各师编余军官合并为一个军官队，归军部直接指挥。全军分为三个纵队，以战备急行军向西转移。于5月19日到达徐州时，即接孙连仲电令，接替该军所守徐州外围重要据点九里山一带，掩护友军撤退。卢汉即偕高荫槐、张冲去视察徐州情况，见已被炸成一片焦土，无一守兵，市区内仅见极少数走不了的难民，在废墟中翻觅食物。饿犬啮尸，狂吠不已。卢汉即命张冲率领杨洪元团到九里山一带侦察，张冲率部到达九里山，见已空无一人，李宗仁、孙连仲部队，早已逃跑一空。因此，卢汉决定立即撤退。各纵队于5月25日至27日先后到达周口，经漯河沿京汉铁路南行。6月上旬先后抵黄陂、麻城一带整顿，防日寇沿长江进犯武汉。

卢汉到武昌向蒋介石复命，蒋称赞卢汉：已尽到应尽责任，伤亡越大，越显力战。不要灰心。军队番号不变，部队不缩编，速向本省请求补

① 白肇学：《六十军的编成和参加鲁南抗日战略述略》，载《云南文史资料选辑》第二辑。

充兵员，武器不足由中央酌予补充。并可以加派其他部队归卢汉指挥①。蒋对卢汉打气，以使其继续为他卖命。1938 年 8 月，六十军扩编为第三十军团，卢汉任军团长。

8 月中旬，第六十军各师在崇阳拨补编整完毕，蒋介石命开往阳新、通山、排市、木石港一带，加入保卫武汉的防线。10 月，武汉失陷。这时卢汉因盲肠病发，向陈诚请假就医。初住长沙湘雅医院，后因长沙大火，转送贵阳。卢汉临行时，电报蒋介石和陈诚，以高荫槐代军团长。而高亦因病滞留长沙，部队由张冲师长指挥，军部由参谋长赵锦雯照料。

1938 年 12 月，第三十军团改编为第一集团军，卢汉为总司令，高荫槐为副总司令，卢汉病留贵阳，以高荫槐代。其后，抗日滇军一直坚持在湘赣战线上，进行了长时间的抗日战争。

卢汉指挥的云南抗日军队，和其他抗日部队一起共同肩负着中华民族伟大的抗战使命，为中华民族的生死存亡而英勇战斗。在保卫台儿庄的著名战役中，坚定顽强地打击了疯狂进攻的日本侵略军，“表示了中华民族的英雄气概”（毛泽东：《为动员一切力量争取抗战胜利而斗争》）；在保卫武汉、坚守湘赣战线的长期抗战中，也都做出了重要的贡献。

1940 年 9 月，日寇进占越南河内，龙云向蒋介石要求，由江西调回第六十军一八二、一八四两师，防守滇南，派卢汉为滇南作战军总司令。同年底，滇南作战军总部改为第一集团军总部，由昆明移驻蒙自，设置第一、二路军指挥部。以安恩溥兼第一路军指挥，以张冲为第二路军指挥，沿滇越边境之河口、屏边、金平、个旧、建水一带防守。

1945 年初，第一集团军改编为第一方面军，卢汉任方面军司令官。

同年 8 月，日本投降。蒋介石命令卢汉率第一方面军开往越南，接受日军投降。卢汉曾电越北日军指挥官三十八军团长土桥永逸，派洽降代表前来云南蒙自联系。日军派参谋长湛井干城大佐为洽降代表团团长，于 8 月 31 日由河内直飞开远，转往蒙自，呈递各种表册。卢汉派总部代副参谋长尹继勋，率领少数人员飞到河内，设前进指挥所。入越受降部队计

① 高蕴华：《六十军在鲁南抗日简述》，载《云南文史资料选辑》第二辑，第 212 页。

有：卢汉指挥的云南部队第六十军（军长万保邦），第九十三军（军长卢濬泉），共六个师；另有暂编十九师师长龙绳武，暂编二十三师师长潘朔端；其他尚有广东部队的第六十二军黄涛部，国民党中央军第五十二军赵公武部，第五十三军周福成部，第九十三师吕国权部及荣誉第一师戴坚部，总共五个军，四个独立师，共约二十万人，统归卢汉指挥。由滇越、桂越边境的莱州、河阳、谅山、龙凭四路入越，于9月21日以前到达越南北纬16度以北的顺化、河内、海防地区集合。

卢汉于9月20日率领总部一部分人员直飞河内，8日，在河内总部举行受降仪式。

卢汉率部入越后，即发生了蒋介石武力改组云南省政府迫使龙云下台的事件，同时又听到云南部队要调往东北打内战的消息，官兵思想混乱，情绪浮动不满。卢汉为了安定官兵情绪，以免发生事变，在蒋介石的授意下，整编了云南部队，把八个师，改编为两个军、六个师，将龙云原来直属的龙绳武和潘朔端两个师，并入第六十军与第九十三军。

在越南受降大致结束后，蒋介石把云南部队远调东北参加内战。委卢汉任云南省主席。卢被削去军权，内心虽然不满，但云南已为国民党中央所控制，无可奈何，只得听任蒋介石摆布。

1946年5月，第六十军一八四师师长潘朔端在中国共产党的革命统一战线感召下，于海城起义，首开国民党军队在东北起义的创举，给蒋介石以沉重打击，对东北战场影响很大。接着重新成立的一八四师团长张秉昌为解放军所俘，暂编二十一师团长徐济民被打死。军心惶惶，士气低沉。

卢汉远在云南，但对东北这两支云南军队，仍有影响。蒋介石为了敷衍卢汉及安定滇军军心，仍把第一八四师番号恢复。并于同年7月派卢汉到抚顺第六十军军部进行抚慰。

第六十军在潘朔端起义后，滇军接连遭受解放军在梅河口、海龙的两次进击，士气更为消沉。蒋介石于1947年10月，又派卢汉第二次到东北向云南部队打气。卢汉到吉林，虽作了一些安抚，但士气仍然低落。卢汉离开吉林后，解放军即把吉林围困，蒋军长官部下令第六十军突围向长春靠拢。

第六十军逃到长春后，形势的演变就越来越不利于国民党了。解放军的炮火，控制着市区，后方的补给完全中断。在大势所趋和解放军强大的压力下，经共产党派员策动，军长曾泽生和师长陇耀、白肇学等，决定率部起义。于1948年10月17日晚全军二万余人宣布起义，通电反蒋，拥护共产党。第九十三军于1948年10月在锦州战役中，遭到了解放军的彻底歼灭，全军覆没，兵团司令卢濬泉、副司令杨宏光、师长景阳、李长雄均被人民解放军俘获。云南军队开赴东北参加反人民战争，遂告结束①。

（三）

1945年10月3日，蒋介石用突然袭击的手段，武力改组云南省政府，把龙云赶下台，任命卢汉为云南省主席。在卢汉未到职前，由李宗黄以民政厅长暂代省主席职。

蒋介石剥夺云南地方实力派的军事力量，是企图消灭云南民主革命力量，以解除他发动全国内战的后顾之忧。但云南的民主革命力量不是推翻了龙云政权就能消灭的，而卢汉指挥下的滇军和云南地方势力，也不是上层政变所能打垮的。蒋介石不得不笼络仅次于龙云的云南地方势力的第二号人物卢汉。所以在蒋介石解决龙云时给卢汉的亲笔信中，一面强调“急需统一军令、政令”而把龙云调往国民党中央，同时通知卢汉，任命他接替云南省主席，并要卢“晓谕所属，以安众心”②。

卢汉对此只能被迫就范，但又不甘心放弃兵权，于是他和蒋介石国民党政府展开了钩心斗角的斗争。1945年11月初，卢汉奉命去重庆参加复员整军会议，他即向蒋介石提出请求：“辞去本兼各职”，以试探蒋介石的态度。而此时，蒋介石军事接管云南仅仅一个月，他派到云南代理省主席的李宗黄和警备司令关麟征，对云南人民实行法西斯高压政策，已引起各界人民的强烈反对，国民党政府极为不安。因此，蒋介石不能抛弃卢汉，他只好直接告诉卢汉：“李宗黄在云南搞得不洽人意，需要你回去就主席

① 胡俊：《近二十年来云南地方军队概述》，载《云南文史资料选辑》第六辑。
② 范承枢：《卢汉任云南省主席经过》，载《云南文史资料选辑》第八辑。

职，安定地方。”“六十、九十三两军将来调防山东胶济铁路沿线，仍由你去指挥。”① 这时，卢汉的内心和处境都极为矛盾。他考虑到，滇军既调北方与共产党作战，如远离云南前去指挥，弊多利少，又无法保证对云南本省的控制。于是卢汉决定，先保住政权，再争兵权。

1945 年 12 月 1 日，卢汉就任云南省主席职。发表宣言，指出“首要工作在力求社会安定，使人民得以安居乐业。对地方建设在人力财力可能范围内尽力举办”。这是符合当时云南人民的愿望的。

在政治方面，卢汉一上台，就力争对云南的实际控制权。他首先争得了和国民党中央政府共同商定云南省政府的厅长和委员的任免权。在最初组成的省政府中，虽有蒋介石派来控制云南的民政厅厅长李宗黄等人物，但其后都被先后撤换，而代以卢汉的一班人物掌权。在省以下的各级政权中，也逐渐安置了卢汉的亲信，而排除了国民党中央政府的势力，并在 1946 年建成谷昌水库、松花坝水库；并着手建盖五华山光复楼，准备省府合署办公；兴建抗战胜利堂；修订地方各项法规。为防止国民党中央对云南地方经济企业的控制，将原云南省企业局和原云南省经济委员会，合并成立云南人民企业公司（1946 年 6 月成立），由卢汉任董事长，缪云台任总经理，统一管理这两个单位所属各企业。集中控制和支配云南地方势力资本的财力和资源。

卢汉对云南的统治，还是着重在军事控制上。他集中力量恢复和重建云南的地方军事实力。卢汉上台之初，他就向蒋介石争兵权，蒋介石同意卢汉仍控制六十军和九十三军的人事权，由卢汉推荐孙渡代替他去指挥滇军，并由卢汉提名调整了滇军两个军的人事安排，取得了对滇军的部分控制权。他要求撤销由蒋介石中央直接指挥设在昆明的“警备司令部”，虽没有被蒋介石同意，但允许成立云南保安司令部，卢汉以省主席兼保安司令，仍取得了控制省内地方保安部队的兵权。1946 年中，卢汉将在越南受降的第一方面军司令部撤回昆明，以其机构和人员，组成了“云南省保安司令部”，并竭力不断扩充“新型滇军”——保安团队。最初是四个总队（团），一个独立大队；到 1948 年扩为三个旅九个团；到 1949 年准备起

① 范承枢：《卢汉任云南省主席经过》，载《云南文史资料选辑》第八辑。

义，暗中扩编为十七个保安团，以后扩编为七十四、九十三两个军，兵力达五万余人。三年之中，使保安团队的兵力增加了四倍多。“人企公司”的所属富滇新银行库存的银元，既是保安团队的军需来源，也是购置武器装备的经费来源。卢汉用省政府的名义，向“人企公司”借款半开银币1 000万元，作为保安团队的军费。因为卢汉大量扩编保安团队，事先没有得到国民党中央政府的批准，也就没有可能得到国民党中央政府拨给的扩编军费。1949 年 6 月，蒋介石被迫同意卢汉的要求，撤销云南警备司令部，成立云南绥靖公署，卢汉以绥靖主任兼省主席，正式合法地总揽了全省军政大权。

（四）

卢汉政权在建立之初，由于其统治尚不巩固，又无军事实权，国民党反动派曾制造事端，多次镇压云南爱国民主力量。先后有李宗黄一手造成的“一二·一”惨案和以国民党云南警备司令霍揆彰为首蓄意暗杀民主人士，制造震惊中外的李闻血案。前一惨案发生之际正是卢汉就任云南省主席之日，这是国民党反动派故意使卢汉难堪。后一血案发生之时，适逢卢汉奉蒋介石电召已到南京，霍揆彰对外扬言，系龙、卢内外合谋，并嫁祸于龙云的副官长杨立德承认系受龙、卢指使，有意捏造事实、制造混乱，力图借以达到霍实现其搜捕中共地下组织，打击进步人士，清除龙、卢地方势力的阴谋。

随着解放战争的胜利进程，全国革命形势迅速发展，在反对蒋介石法西斯统治的“第二条战线”上的斗争也迅速高涨。1947 年，昆明学生响应全国各地学生的爱国民主运动，先后举行了抗议在华美军的罪行，要求“美军滚出中国去”（1 月），“反饥饿、反内战、反迫害”示威游行（5 月），以及“人权保障运动”（9 月至 11 月）等声势浩大的爱国民主运动。1948 年 6 月，昆明学生为响应上海等地爱国学生的斗争，举行了“反美扶日”运动。国民党派原教育部参事刘士英来昆，会同原警备司令何绍周与卢汉会商，策划后悍然镇压学生运动，制造了“七一五”惨案。当天原警备总司令部逮捕爱国学生一百多人和不少教师，后来有四百多学生被关入集中营（伪称为“夏令营”），遭受审讯甚至种种迫害；同时下命令解散了四个中学，解聘了一大批大学教授和中学校长及教师。这是在卢汉政权时期镇压人民爱国民主运动的又一次行为①。

1949 年 2 月 12 日，昆明人民为反对国民党政府中央银行用“金圆券”制造通货膨胀，掠夺人民，对中央银行昆明分行悍然宣布的中央银行自己发行的版面颜色深浅不同的“金圆券”为伪钞（浅色的一种），并拒绝兑换，群众万分愤慨，纷纷挤向该银行质询，要求兑换。该行竟关门拒兑，群众更为愤怒，由争吵叫骂发展到殴打乱砸，甚至冲上该行楼上，趁机抢砸。反动派调集武装宪警，将挤兑群众团团围住，向空鸣枪，造成一片混乱。为扩大事态，原警务处长李毓祯（军统特务）下令，当场逮捕群众二百余人后，即赶到五华山向卢汉报告，请示处理。当时卢汉被其煽动性汇报激怒，立即驱车赶至南屏街现场，在该行门前设桌，亲自审讯被逮捕群众，凡讯及曾冲上该行楼上者，立即枪决。就这样草率地一连枪毙了 21 人，造成了“南屏街大血案”，对人民犯下了严重的罪行。新华社于 2 月 22 日在陕北发出评论：警告他放下屠刀，悬崖勒马②。

1949 年 8 月 15 日，黄绍竑、龙云、刘建绪等 44 人，在香港招待记者，发表《我们对现阶段中国革命的认识与主张》的声明，指责国民党政府在过去二十五年统治中的反三民主义、反革命的行径，主张拥护共产党。这个声明当天即由伦敦广播。接着又有人代表龙云在香港对记者发表谈话，说什么“云南在龙云的策动下，已准备成熟，即将举行起义”等话，在香港报纸登出。消息传到台湾，蒋介石于 8 月 24 日由台湾急忙赶到重庆，电召卢汉赴渝，卢汉对去与不去，犹豫不决。十多天来，多次召集属下军政人员会商，莫衷一是。卢汉借此拖延时间，一面调集保安团队，在昆明市区加筑工事，布置城防；一面派人到香港找宋一痕回昆，询问派宋到北京向中共中央联系的结果。宋一痕飞回昆明向卢汉汇报，到北京已代表卢汉向中共中央表示，卢汉愿意在适当时期起义，周恩来指示：卢汉

① 李志正：《“七一五”国民党反动派在昆明镇压学生运动的经过》，载《云南文史资料选辑》第二辑。

② 新华社 1949 年 2 月 22 日评论：《警告杀人犯》。

愿意归向人民，党中央表示欢迎，但在解放大军进军未达西南以前，不要轻举妄动。

卢汉在昆明城防部署就绪，又得知了中共中央的意见后，于9月6日前往重庆，暂谋妥协。卢汉到重庆当天，蒋介石立即召见。卢汉向蒋介石表示辞职，蒋不同意。蒋说："云南有什么困难，我都支持你。"蒋准许卢汉把云南保安团扩编为两个军，番号用七十四军和九十三军，军长由卢推荐余建勋为七十四军军长，龙泽汇为九十三军军长，拨发军费银元一百万元。武器、装备，陆续补充。蒋介石则要卢汉回昆后，进行"整肃"，解散省参议会，查封进步报刊和进步学校，逮捕进步人士，撤换民政厅长安恩溥。在蒋介石的威迫下，卢汉只好表示照办。

卢汉于9月8日返回昆明。同日，蒋介石派国民党国防部保密局局长毛人凤随卢之后到昆明执行"整肃"任务。卢回昆后，民政厅长派朱景暄接替，解散了省参议会。于9月9日夜间突袭，查封进步报刊，逮捕共产党人和进步人士800多人，宣布整理大中学校，在昆明实行白色恐怖，进行了罪恶的"九九整肃"。

卢汉不得不照蒋介石的命令进行"整肃"，但他又坚持不执行蒋介石特务的要求而处决大批被捕人士，以听候处理的办法，拖延时间。直到11月初，国民党政府代总统李宗仁逃往香港路过昆明，卢汉利用蒋介石与李宗仁的矛盾，托请李根源、周钟岳作为民意向李宗仁上书，请求将"九九整肃"按蒋介石命令所逮捕的人士，全部释放，以安民心。李宗仁批示："交卢主任从宽处理。"① 卢汉即手令绥署军法处，立即无条件全部释放。

（五）

随着全国的迅速解放，人民革命力量已经势不可当之际，卢汉就不得不考虑他自己和云南地方政府的出路，而愿意商讨中共中央提出的和平解放问题，并从1949年5、6月开始，连续派人向中共中央进行联系。特别

① 杨肇骧：《九九整肃见闻记》，载《云南文史资料选辑》第三辑。

是在中国人民解放大军渡江南进之后，眼见国民党南京政权已被消灭，蒋介石集团大势已去，卢汉就不再愿意紧紧地捆在蒋介石的战车上，而为蒋介石集团去殉葬。于是卢汉一面加紧扩充地方军事力量保安团队，准备为保存自己的地方势力统治而奋斗，以应万变。一面采取了若干措施，力图摆脱国民党中央在各方面的控制并积极与中共及“边纵”密谋联系。拒绝国民党军入境。停止征兵征粮。卢汉派林毓棠（原财政厅长）为代表，赴广州出席1949年5月17日国民党中央财政粮食紧急会议，以避免激起民变为理由，在会上坚决拒绝在云南恢复征实征借；拒绝国民党中央在云南发行银圆券，改革币制，自铸半开银币（即五角的银币）；接管国税，截留国民党中央银行昆明分行的库存金银；精简机构，开放新闻，听任云南报刊报道新华社消息；是年7月昆明《正义报》刊登了毛泽东的《论人民民主专政》，发表《云南并非反共基地》。

1949年6月，卢汉特派龙泽汇到嵩明羊街和“边纵”副司令员朱家璧见面进行联系，赠送武器、弹药、电台和军服等。1949年7月，按照蒋介石命令成立滇南“剿匪”指挥部，当时中共地方革命武装朱家璧部在滇中滇南，卢汉又派人建议转移到滇西。因而使云南的民主自由气氛逐渐浓厚，甚至有的反动分子向国民党中央控告卢汉附和共产党时，卢汉公开表示：“我现在怕共产党八分，怕中央（国民党）只两分，听他们去告吧！”卢汉除曾派代表到北京，向中共中央表示愿意和平起义外，卢汉又和四川、西康的地方军事实力派刘文辉、邓锡侯、潘文华等人取得了联系。“九九整肃”后中共华南分局和云南地下党仍继续对卢进行争取，11月及12月初，卢汉又先后派周体仁（原北平警备司令，起义后被派回云南工作的）、林毓棠（省财政厅长）、张公达（云南绥靖公署副参谋长）等为代表飞香港与中共华南局驻港负责人联系，并到广州晋谒叶剑英，请求转陈中共中央，在卢汉起义时予以支援。在广州受到叶剑英的欢迎，他代表中共中央表示支持云南和平起义。

人民解放军胜利进军西南，先后解放了桂林（1949年11月22日）、南宁（12月4日）、贵阳（11月15日）、重庆（11月30日）；国民党军队土崩瓦解，纷纷溃散；云南境内的人民解放军“边纵”，也先后解放了三十多座县城和全省三分之一以上的地区，昆明的工人、学生、市民群众已纷纷准备迎接解放。在这革命形势已经日益临近之际，卢汉对蒋介石集团的军事威胁和以张群出马的劝说利诱，采取提高讨价还价要求（要大洋300万元和两个师的优良装备），反复谈判，以迟滞蒋军的行动。又以加强防备为理由，将滇军九十三军（军长龙泽汇）调防昆明，七十四军（军长余建勋）由滇西移驻接近昆明的楚雄、禄丰一带。但表面上又按照国民党中央政府的指示，命令一切机关、厂矿将其档案、物资、器材，选册上报，待运滇西。12月2日，还电令保山专员筹组云南省政府于保山，筹组云南绥靖公署于大理，以敷衍和迷惑国民党中央政府。同时，积极做好和平起义的一切准备，等待和选择发动时机。

1949年12月9日午后，龙泽汇（忠于卢汉的九十三军军长）和张群（国民党西南军政长官）、李弥（国民党第八军军长）、余程万（国民党第二十六军军长）等，由成都飞返昆明。卢汉据报，确知国民党军队主力已被解放大军围困在川西成都地区，即将被歼灭，已无力南顾。卢汉当机立断，决定立即于当天宣布云南起义。当天傍晚，卢汉经过周密布置，将张群、李弥及余程万等拘禁起来，在云南省政府大楼（五华山光复楼），通过电话机，向全省全国宣布云南起义，并向全国发出云南起义通电。五华山上第一次升起了光辉灿烂的五星红旗，云南全省和平解放！

卢汉将军率领云南军队和军政人员和平起义，为云南开辟了走向和平民主和社会主义的光明大道，这是卢汉将军对云南革命人民和解放事业的重大贡献。中共中央和中央人民政府主席毛泽东、中国人民解放军总司令朱德，在云南起义的第二天即复电卢汉将军："云南起义，有助于西南解放事业之迅速推进，为全国人民所欢迎。"并代表全国人民欢迎卢汉起义，给云南起义以崇高的评价，并鼓励卢汉为建设人民民主专政的新云南而奋斗。

卢汉起义后，随即遵照中共中央指示，废止了云南省旧有的全部军政机构，成立了以卢汉为主席的云南人民临时军政委员会，作为云南省临时的最高权力机关。该委员会的组织如下：主席卢汉。委员：杨文清、谢崇文、曾恕怀、安恩溥、吴少默、宋一痕等。秘书长吴少默。军政委员会下设：军务处长龙泽汇（后是谢崇文）、民政处长安恩溥、财务处长林毓棠、文教处长姜亮夫（后是李群杰）、公安处长宋一痕。起义部队原七十四军改编为人民解放军暂编十二军，以余建勋为军长；原九十三军改编为人民解放军暂编第十三军，以龙泽汇为军长。

国民党反动派，失去了云南这块反共基地，并不甘心，妄图在人民解放军未进入云南之前，将卢汉起义镇压下去。蒋介石命令其在云南的嫡系部队进攻昆明，12 月 16 日敌第八军、第二十六军主力，三面包围昆明，并即全面发起攻势。卢汉一面派飞机炸毁蒙自、沾益飞机场，破坏敌军空中补给基地；一面向敌军散发传单，动摇其军心。18 日，南路敌军冲到巫家坝飞机场外围，机场被突破。卢汉调派得力部队猛攻机场外围的敌军，当天下午即把飞机场外围收复，保卫了机场的安全，旋即撤退到新公路一线，准备守城。敌军于 19 日从东南两路全线发动总攻，并组织了所谓敢死队，企图利用夜暗突入城内。敌军虽集中了兵力和火力，摧毁了几个城防工事，但由于我军坚强抵抗和在地下党领导下，由工人学生组织的"义勇自卫队"的支持，敌人未能得逞。午夜以后，敌军攻势顿挫，便停止猛攻。20 日卢汉把余程万放出城去，下晚第二十六军攻城部队撤退，南郊战况，遂趋沉寂。同日下午，卢汉接到刘、邓两将军重庆来电，谓已命贵阳杨勇兵团派得力部队，星夜兼程，驰援昆明，希与密切配合，共同歼敌。中国人民解放军第五兵团杨勇司令员，也来电告知，已派牛司令员、房副司令员率军兼程入滇支援，即可到达沾益。接电后，卢汉立即通知各守备部队，士气大为振奋。敌军得知解放军即将到达，向南逃窜的道路即将被截断，敌第二十六军于 21 日拂晓撤退。第八军发现第二十六军撤走，也纷纷撤退。昆明保卫战遂告胜利结束。接着，中国人民解放军迅速进军滇南和滇东，彻底打垮了敌第八军和第二十六军，消灭了国民党反动派在云南的全部军事力量。

1950 年 2 月中旬，陈赓、宋任穷两将军率领解放大军入滇。卢汉派龙泽汇和林毓棠作代表到宜良县迎接大军进驻昆明。2 月 20 日解放大军举行入城式，受到云南各族人民 20 万人的夹道欢迎。卢汉亲自到昆明状元楼外迎接，受到陈赓、宋任穷、周保中将军的亲切接见。

1950 年 3 月，云南省军政委员会成立，卢汉任主任，宋任穷、周保中任副主任。其后，卢汉调任西南行政委员会副主席。历任全国人民代表大会第一届代表，第二届和第三届全国人民代表大会常务委员会委员；中国人民政治协商会议第一届全国委员会委员，第二届和第三届全国政协委员会常务委员；国防委员会委员；中华人民共和国体育运动委员会副主任；中国国民党革命委员会中央常务委员等职。

卢汉在全国解放以后，一直拥护中国共产党的领导，热爱社会主义祖国。他积极参加社会主义革命和社会主义建设事业。在北京任职期间，于1956年，曾参加全国人大代表团到莫斯科进行访问。并经常到全国各地视察，为加强我们伟大社会主义祖国各民族的大团结大统一而努力奋斗。

卢汉后因患肺癌，医治无效，于1974年5月13日在北京逝世，终年79岁。5月17日下午，叶剑英、邓小平、郭沫若，以及有关单位负责人，在北京的部分民革常务委员和卢汉的生前友好，向卢汉的遗体告别。卢汉的追悼会，于5月18日下午在北京八宝山革命公墓礼堂举行，党和国家领导人董必武、朱德、周恩来、叶剑英、李先念、邓小平、刘伯承、郭沫若，人大常委会、国务院、政协全国委员会、中共中央统战部、国家体委和民革中央送了花圈。党和国家领导人以及有关方面负责人叶剑英、李先念、徐向前、阿沛·阿旺晋美、沈雁冰、许德珩、廖承志、罗青长、史良、严济慈、茅以升、罗叔章、胡子昂、胡厥文、胡愈之、王芸生、刘斐、朱蕴山、郑洞国、董必武、钱昌照、楚图南、傅学文、洪希厚等参加了追悼会。

中共中央军委副主席、人大常委会副委员长、国防委员会副主席徐向前主持追悼会，政协全国委员会副主席许德珩致悼词。悼词中说："卢汉先生在解放前夕，曾支持中国共产党领导的人民游击武装，1949年12月率部起义。卢汉先生自起义参加革命后……二十多年来，卢汉先生拥护伟大领袖毛主席，拥护中国共产党，热爱社会主义祖国。他积极参加社会主义革命和社会主义建设。对我们伟大社会主义祖国各民族的大团结，对我们伟大社会主义祖国欣欣向荣，繁荣昌盛，对我国国际地位的日益提高，欢欣鼓舞。卢汉先生关心台湾省的解放，关心台湾省同胞和故旧，盼望台湾省早日回到祖国的怀抱，实现祖国的统一。"①

在卢汉一生中，虽然经过曲折的道路，但在抗日战争的台儿庄战役和

① 见《人民日报》1974年5月19日第2版《卢汉先生追悼会在北京举行》。

在解放战争中举行云南起义，实现云南全省的和平解放，对人民做出了重大贡献，黄花晚节香，卢汉终究是爱国的民主主义者。

（原载《文史资料选辑》第九十八辑，1985 年）

评《龙云传》

谢本书同志的新著《龙云传》（四川民族出版社新近出版），是一部颇有特色的学术性和普及性兼备的人物传记，值得一读。

谢本书同志三十年来致力于中国近现代史的教学和研究工作。近年来，他又侧重于西南特别是云南地方史的研究，先后发表论文百余篇，出版专著十余种，其中人物传记占有相当比重。据作者在《龙云传》“前言”中说，他对民国以来在中国特别是在西南地区产生过重大影响的云南历史人物都有为之作传的想法，现已问世的有《蔡锷传》、《唐继尧评传》和这本新著《龙云传》。如果说《蔡锷传》、《唐继尧评传》的特色是着重于研究性的学术成果，《龙云传》则是在具有学术价值的基础上，更注意了对传记主人公的性格上的长处和弱点、梦想和追求，以及从特殊的生活道路表现人物特征等方面，进行了比较深入的发掘和刻画，把龙云这样一个并非出自名门望族或书香世家因而留下生平史料较少的历史人物，写成了一个活生生的有血有肉的人。《龙云传》真实而生动地再现了那个时代的历史，叙述了那个时代中国政坛上一代风云人物。长时期使人难解的是，像龙云这样一个出身山区彝族而后来身居高位的民国时期著名将领，怎么会对爱国民主运动做出贡献，并走向人民解放阵线，成为光荣的爱国者，其思想的变化和发展，符合逻辑吗？有哪些轨迹可寻呢？这些问题都在作者笔下得到了令人信服的回答。

龙云一生经历非凡，富有传奇色彩。他后来以国民党政府高官（一级上将、陆军副总司令、云南省政府主席）而走向爱国反蒋，投身人民民主革命阵线，声名著称于世。作者善于发掘和驾驭有关龙云的纷繁的材料，从中捕捉那些最有价值的、具有决定性意义的史实，条分缕析，据实陈述，而把重点放在龙云后半生的转变上。这种写法，既有对过去各种介绍性史料和研究成果的承续性，又有鲜明的创新。作者在《龙云传》的十六个章节中，对传记主人公在各个历史阶段的突出事迹和特点都作了比较准确的记述、合理的分析和评论。

龙云的少年时期，生活道路是颇为坎坷的。他幼年丧父，家境清贫，寄篱外婆家中，靠舅父抚养。虽然也和表兄弟们同样获得了入塾读书的机会，但他又不是一个甘心沿着仕途进取的人。少年时的龙云，颇有些类似项羽式的经历，"学书不成，去学剑"；他对"四书""五经"并不爱好，对武术却有浓厚的兴趣，在金沙江下游沿岸各地到处求师，后来他师从彝族山乡中一名狂热的武术爱好者，成了一位武功兼备气功的高手。同时，少年时代的龙云还有自己更远大的理想和抱负，内心世界是广阔的。当他的表兄龙文波中举归来，受到乡亲们热烈的欢迎，母亲借此机会教育他要像表兄一样有出息时，龙云慨然表示："他（龙文波）是靠文的。我要靠武的。说不定比他更有出息。"这多少反映了龙云青少年时期的梦想和追求。

龙云的青年时期，正当中国旧民主主义革命运动高涨，原来和民主革命运动并无政治缘分的乡村青年龙云，也迅速卷入了反清民主革命的洪流。客观形势的发展和要求，给龙云带来了梦寐以求的进取机会。1911 年夏，当四川的"保路运动"高涨并发展成武装反清斗争之际，正在川南宜宾一带活动的龙云深受鼓舞，他很快就投入了这场具有辛亥革命先导意义的保路运动。当"武林高手"魏焕章回家乡永善县招募保路义士时，龙云偕同他的表弟卢汉一起加入了魏焕章的"保路同志军"，在向成都进军途中，转战于川西乐山等地。当他们回师宜宾时，云南辛亥"重九起义"后的援川滇军进至四川宜宾，龙云就在宜宾投军于援川滇军谢汝翼部，从此步入当时的革命军。这是龙云后来数十年军事政治生涯的开端。

龙云在滇军中的发展是出人意料的、传奇式的。他的军事学识基础形成于云南陆军讲武堂，而发迹的机遇则是护国运动。护国战争开始，龙云成为护国军云南都督唐继尧身边的一名卫士，后来即由一名侍卫副官一跃而为唐继尧的佽飞军大队长。在唐（继尧）顾（品珍）战争中，他支持唐继尧取得了胜利，进而升为军长，成为云南唐继尧手下的三大军事实力人物之一，跻身于云南军政界的最高层次。其后，在云南的三年内战（1927～1929 年）中，龙云更戏剧性地由败反胜，击败对手而成为云南的主宰者，从此开始执掌云南政柄达十八年之久。龙云在滇军中的发展和上升，从一些具体事件的发生来看，有其机遇上的偶然性，但总的说来是历史的必然。当时分裂战乱的环境，要求强有力的人物出现，以稳定政局和安定社会。龙云通过战争手段，结束了云南的战乱，也就适应了当时的历史需要。

1930 年至 1937 年，是龙云个人历史上的第三个时期，也就是他在云南的统治地位趋于巩固，并使云南社会经济得以恢复和发展的时期。当时，云南的外部环境和全国形势，是蒋介石集团经过新军阀大混战，击败了争夺全国政权的各个对手，使蒋介石南京政权得以稳定。在此期间，龙云在云南打败了胡若愚、张汝骥两军之后，竭力争取蒋介石南京政权的认可和支持，巩固在云南的统治地位，因而遵照蒋介石的旨意和南京政府的命令，进行过“清共”，追堵过红军。这在云南历史上一般称之为龙云的“拥蒋反共”时期。在这一段时期，龙云是走了一条背离时代的逆流之路。但在此期间，龙云为巩固自己的地位，整顿了地方财政金融，恢复商业贸易，发展外贸出口，使云南渡过了受战争摧残而破败不堪、人民生活极端困苦的局面。云南政局趋于稳定后，社会得以安定，经济转入低水平的复苏和发展。龙云在军事、政治、经济等方面取得了胜利和一定的成绩，这就是传记中的“依靠南京”、“建设云南”部分对龙云的肯定性评述。

龙云的第四个时期（1937～1945 年），在中国历史上是抗日民族民主革命时期。这是我国由长期遭受侵略、失败、屈辱，最后奋起战斗而取得胜利，走向民族复兴的伟大历史时期。正是在这一历史时期中，龙云由一个旧政权的统治者走上了爱国民主道路。作者对龙云在这一阶段的思想、行动、措施和作为等等的叙述和刻画，用力最多，引证翔实，分析评论合理。《龙云传》作为一部成功的具有学术水平的人物传记，以这一部分为主要标志。如“出师抗战”一章中写道：原来“拥蒋反共”的龙云，相信蒋介石“安内”是为了抗日，当西安事变发生时，他慷慨激昂地谴责张学良、杨虎城，更唯恐中共乘机置蒋介石于死地。但出乎意料，中共以民族和国家利益为重，顾全大局，使西安事变和平解决。龙云对“中共顾全大局，实行抗日民族统一战线，深表佩服”，表明“龙云在这民族国家存亡关头，政治态度开始有了新变化”。龙云出席南京国防会议期间，和朱德、周恩来等人相见倾谈，发现中共领袖们不仅在宣言上，而且在行动上，全心全意抗战，民族统一战线的方针毫不虚假，符合国家民族的最大利益，深得全国民心；他们抗战到底的决心，使龙云深受感动。龙云回到昆明后，对其亲信要人说：“中央（蒋介石）说中共借抗战之名，行割据之实，纯系诬蔑，完全不可信。”“这表明龙云的思想有了重要转变。”

与此同时，龙、蒋关系开始向相反方向变化。蒋介石一直凭借其嫡系势力建立对全国的集权控制，总想伺机消灭川、康、滇、黔等地方实力派而实现其独裁统治。因此，蒋介石对龙云在云南稳定秩序、建设云南的种种措施都心存疑忌，竭力阻挠。龙云为保境安民，潜心研究古今政治，深知民心之重要，采取了一些较为开明的措施，团结各界人士，对知识分子优礼有加，重用了一批知名人士。蒋介石认为龙云是搞“独立王国”。抗日战争爆发后，当龙云全力投入抗战之际，蒋介石借抗战之名，将其嫡系军队、宪兵、特务，以及金融、经济等实力全面渗入云南，企图消灭云南地方势力，使龙云大受威胁，不能自安。随着抗战重心西移，国民政府迁都重庆后，全国抗日民主力量也随之大量移往西南。北大、清华和南开等高校迁滇，西南联大在昆明建立，一时中共地下党员、爱国民主人士云集，抗日民主运动在昆明迅速高涨。在抗日爱国民主运动的推动下，龙云逐渐为中共的抗日民族统一战线的主张及行动所感动，爱国主义精神也日益增强。在此形势下，龙云为了抗战和对付蒋介石的严重威胁，急需扩大和加强与中共联系的渠道，以便在中共和蒋介石政权之间保持平衡。为此，龙云从抗战中期开始，采取了种种防范性措施，“联共抗蒋”的思想常常溢于言表。1941 年，蒋介石制造“皖南事变”，龙云表示愤慨，他说：“设圈套消灭自己的军队（新四军），这是哪家的中央政府?!”昆明学生运动不断高涨，蒋介石遣其要员和特务头子到昆明迫龙镇压学运，龙云则设法抵制或拖延不办。他说：“学生是好学爱国的……对学生、教授们讲了话就要根究、干涉，会越压越闹，‘防民之口，甚于防川’嘛!”他还以国民党军事委员会昆明行营主任的权力和地位，规定蒋介石中央军队、宪兵、特务不得进驻昆明城区，这在客观上保护了昆明的抗日爱国民主运动。龙云为防止蒋介石的不测举动，不顾国民党中央政府的禁令，大力扩充地方军；在财政金融、经济实力等方面，采取了保护其独立自主的坚决措施。有意通过蒋介石安置在其身边的高级特务，指责蒋介石“亲小人，远贤臣”，“必众叛亲离，同室操戈”。1943 年秋天，龙云在视察昭通等地时，对地方官员和各界人士大讲“民贵君轻”，“民主与独裁”，公开指责蒋介石搞偶像崇拜、搞“党争”，是“煮豆燃萁”。

中共中央南方局根据龙云的处境和思想变化，加强了对他的团结和统战工作。1943 年，周恩来和龙云在重庆会晤；同年 10 月，中共中央的代表华岗到了昆明；根据龙云的要求，中共方面派员设电台于云南省政府所在地昆明五华山，龙云和中共方面开通了直接的电讯联系。中共云南地下省工委给龙云的各项建议，都先后被龙云采纳，变成了他的策略方针。龙云逐渐接受中共的主张之后，更积极地支持云南的爱国主义运动，思想变化益加显著，到 1944 年末，加入了中国民主同盟，成为一名秘密的盟员。龙云从一个云南地方实力派首领变成了一名站到抗日民主运动行列中的爱国者，实现了他一生的重大转变。

龙云“联共抗蒋”，支持抗日爱国民主运动，为蒋介石所不能容忍。蒋介石预设阴谋，趁抗战胜利之机，命滇军几乎全部到越南受降，随即在昆明发动军事政变，剥夺了龙云的军政权力。龙云在和蒋介石的对抗和斗争中最后失败了，但正是蒋介石此举，促使龙云完全脱离蒋介石国民党的羁绊，公开投向爱国民主阵线。1948 年末，龙云由南京脱险逃到香港后，公开主张国民党政府在国共和谈中应接受中共的八项条件，以实现国内和平，反对蒋介石在利用云南作为最后的反共反人民战争根据地，并积极策动云南武装起义。1949 年 8 月 13 日，龙云和黄绍竑等 44 人在香港发表了《我们对于现阶段中国革命的认识与主张》，表示完全脱离蒋介石国民党，谴责了蒋介石祸国殃民的政策。龙云最后终于宣布与蒋介石决裂，归向人民，完成了他一生的最后转变。

作者在《龙云传》中对龙云一生的综述和分析评价，有不少鲜明的特点。我认为其中有两点尤其值得称道。

首先是《龙云传》的史料翔实，读后使人觉得真实可信。近年有关龙云的传记文章、评论和专著屡有所见，但谢本书的《龙云传》明显处于后来居上之作。在这里，史学工作者的求实求真的科学精神起着重要作用。由于过去没有留下多少有关龙云生平事迹方面的文字材料，作者便亲自调查采访，广泛搜寻，终于掌握了大量的第一手可靠资料。作者深入昭通边远山区进行田野调查采访，《昭通报》曾报道称：在此之前，对龙云、卢汉“虽有不少书对他们作过介绍，但作者谁也没有到过（昭通）炎山（龙云的出生地)”。作者到昭通炎山实地调查，弄清了许多过去传闻失实之处和疑点，如有关龙云的籍贯、出身、亲族关系及青少年时期的生活特点等等。这些情况正是龙云一生中很富有传奇性、笼罩着许多神秘色彩的部分，也是反映传记主人公特有的生活道路、性格特征以及他的梦想和追求的宝藏。作者通过与龙云同时代、同乡里而迄今还健在的亲友、邻居或龙云的部属的采访，澄清了一些既普通而又传闻各异的事实。如龙云是四川人还是云南人？是云南昭通县人，还是永善县人？一直有争论，作者调查后确认，龙云原籍四川大凉山金阳县则祖村，其父亲时迁居云南昭通县炎山，龙云确实生于昭通炎山梭罗村。不过，金阳县则祖村和昭通炎山梭罗村，仅仅有金沙江一水之隔，两地山水相连，在金沙江两岸遥遥相望，在自然地理区域上都属于金沙江沿岸山区。昭通炎山的梭罗、屋角等村落，原是昭通、永善、巧家三县边邻的交错地带，在历史上的行政区划曾多次变动；不过梭罗村一直隶属昭通，所以龙云的准确籍贯是云南昭通人。又如龙云和卢汉的亲戚关系问题，一直鲜为外界所知，传说十分离奇。最近在《新观察》上发表的《爱国将领卢汉》一文（1988 年第 5 期）仍误称龙云、卢汉同是彝族“纳吉家庭”，是“姑表兄弟”。作者经实地考察，确知在昭通炎山的梭罗梁子（拖鸡梁子）两侧，居住着彝族的三个大家族，即龙云的“纳吉”家、卢汉的“吉迪阿普”家、卢汉夫人龙泽清的“海”家。这三个家庭原无血缘姻亲关系，只是在采用汉姓时，“纳吉”和“海”两家都用了“龙”姓。到龙云、卢汉的三代祖时，三家才开始联姻，卢汉的姑祖母（姑奶奶）出嫁到“海”家，后来成为龙泽清的祖母、龙云的外祖母，龙云、卢汉才成为表兄弟。龙云因幼年丧父，在外婆家中依靠舅父龙德源（龙泽清之父即卢汉的岳父）抚养，并在舅父家中和表弟卢汉同窗共读，两人亲如手足，又一起从军，并从此开始了其后三十多年（1911～1949 年）生死与共的军事政治生涯。因龙云、卢汉二人在云南政坛上长期亲密无间，同生死、共患难的经历，人们就把他们的身世及其关系也神秘化了。再如，对龙云的武术功底及来源，是又一传闻神秘的部分，作者调查得知，“龙云的拳术并非来自一家，而是师出多门”。龙云的武术师傅，人们能确指其姓名的有五六人之多，其中以四川宜宾人、回族马得胜（即“马汤圆”）对他的影响最大。马得胜是著名的武术气功师，而龙云的武术正是“少林拳中的四门方卦拳术，同时还能运用气功”。这就澄清了传说中的所谓“神授”、“少林真传”等等神秘之说，使龙云的武术气功有了真实性。由于这些确切的叙述，增强了《龙云传》的真实性和科学性，提高了著作的学术价值。

第二个突出的特点，是作者对传记主人公的记述和评论紧扣时代和社会环境，避免了在此之前的龙云传记中，或者因突出其“个人英雄”而缺乏时代感和历史感，或者因渲染其“传奇色彩”而脱离真实性。龙云作为民国时代的著名历史人物之一，生活在中国急剧变革的大时代中，反映着一定社会力量的利益和要求，周围环境深刻地影响着他，他又反过来在那个时代留下自己的印记。因此，作者对传记主人公和他所处的时代的理解及理解的深度，往往就成为决定这一传记作品成败的关键。我认为，谢本书在这点上是成功的。作者深刻地理解了马克思在《路易·波拿巴的雾月十八日》一书第二版“序言”中对历史人物的评价原则，用以研究民国史上的历史人物。他写道：“拿破仑由一个平庸而可笑的人物扮演了英雄的角色，是由于法国阶级斗争的发展所造成。龙云由一个不知名的武术爱好者变成了著名的反蒋爱国人士，也是由当时中国阶级斗争的发展所造成的。离开了中国特定的历史条件，龙云这样的历史人物的出现那就是难以理解的了。”通观全传，龙云一生的发展变化，是沿着一条时代变动的轨迹前进的，虽然有曲折，但他最终成为一个爱国者的发展线索是清楚的。正如史学家黎澍在《龙云传》的“序言”中所评价：“龙云的经历说明一个人因为偶然机会而置身高位，如果只为自己打算，不能为人民做些有益的活动，那就不值什么。龙云把自己同人民的解放事业联系起来，正是他不同于许多同时代人的所在，《龙云传》的意义无疑也在这里。”

《龙云传》也有一些不足之处。首先在全书的结构和文字风格方面，作者把“擂台比武”安排为全书的开头部分，这有些类似小说和戏剧的表现方法。对作为一部学术性研究成果的历史人物传记来说，似有损其学术价值。而且有关龙云“擂台比武”的材料，都来自民间传说，更无当年记载，且传说又不一致。把这个部分排在全书的突出地位，会产生“有失信史”的影响。再者，《龙云传》有些部分使用材料过多过细，涉及的人物面过宽，略嫌枝蔓多了些。

（原载《云南民族学院学报》1989 年第 1 期）

中国边疆史地研究的新成果

——《中国边防史》读后

郑汕教授主编的《中国边防史》，由社会科学文献出版社于1995年在北京出版。这是我国第一部研究我国从古至今的边防发展史的学术专著，是蓬勃发展的中国边疆史地学科中的一项新成果。

《中国边防史》采用章节体例，全书分上、下两篇，7章17节83目及212个小标题，近50万字。叙述了从公元前21世纪夏朝国家的出现，直至中华人民共和国成立前约4000年中，中国边防的出现、形成和发展的历史。以如此规模的鸿篇巨著，全面叙述中国边防斗争的历史，这在我国边疆史地研究中，可能还是第一次尝试，因而具有首创性，是一项创新性的学术研究成果，值得祝贺。

《中国边防史》根据中国历史发展的总体线索全面、系统地总结叙述了我国历朝历代边防斗争的历史及其经验教训，对历代边政措施的得失成败进行总体宏观考察，作比较研究，不仅对边防历史作了清晰的叙述，并力求对其进行理论探索，最后形成一部完整、系统的中国边防史。这种研究方法，发扬了中国史学经世致用的优良传统。这一研究成果，不仅有较高的学术价值，且对我国现代边防建设也有很好的现实意义。《中国边防史》提出的一些历史认识和理论见解，对我们进行边疆史地研究，富有启发性。

对于《中国边防史》写作的目的和意义，它所总结概括出的中国边防史的基本内容及其特点，以及著作的思想性等等，我根据初读的印象，试作一些粗浅的介绍与评述。

一、目的明确　意义深远

编著《中国边防史》，是一次新的尝试。经过作者们的反复研究和探索，最后形成了一部首创性的学术新成果。为什么要写这样一部著作呢？主编在“前言”中作了这样的说明：“在长期的历史发展过程中，我国各族人民和历代政府，为开发边疆、保卫边疆、巩固边防，积累了丰富的历史经验。”但历朝历代关于边防史的记载，仅是一些分散的片断史料，“缺乏系统性和完整性”。“因此，从中华民族整体历史发展框架中，比较完整系统地总结我国边防斗争的历史经验，就显得十分重要和有意义。”探索和总结我国历史上开发边疆、保卫边疆、巩固边防的历史经验，为我们现代的边防建设提供历史借鉴，是《中国边防史》研究及撰著的动机和目的所在。读完全书以后，可以清楚地感受到作者们通过反复的研究、探索和总结，对我国历史上 4000 多年来的边防发展的基本特点及其规律性，在不同历史朝代存在的不平衡性与差异性，以及成败得失的基本经验，都提出了作者自己的独特见解。书中提出：“一个国家自它产生以来，有国就有‘边’，有边就有‘防’。边防，作为国家整体防务的一部分，是国家整体防务方针、政策在边疆防务上的实施和反映。”接着，作者就给我们展现了一幅宏伟的历史画卷：随着中国统一，多民族国家的出现、形成及发展壮大，中国的边疆防务也就随之出现、形成和逐步发展。“公元前 21 世纪在中原地区建立的夏朝，是中国历史上第一个奴隶制国家。虽然国家形态尚不完备，但夏朝已进入阶级社会，国家机器的出现，中国历史上早期的边防——‘夷夏之防’也随之开端。”历经商周时期，中原华夏族已形成为稳定的民族共同体，中原王国的疆域迅速扩大，在民族融合和政治、经济、文化的迅速发展中，商、周王国的边防也日益发展和巩固。春秋战国时期，中原各诸侯国不断进行兼并和统一战争，它一方面给人民带来了灾难，另一方面它又实现了各强大诸侯的区域性统一，使周边民族不断融合到中原华夏族之中，中原王国的边防形势发生了重大变化，并酝酿着政治、经济、文化的更大的统一趋势。秦于公元前 221 年统一了六国，建立了中国历史上第一个统一的多民族封建专制国家，从而奠定了两千多年来相沿至今的中国版图的基础。秦帝国的统一，社会经济文化因统一而得到更好的发展，增强了民族的凝聚力，从而极大地增强了国家的边防实力，使中国的整体边防得以形成和巩固。此后，从汉朝直至1840年前的清朝前期，在2000多年的中国历史长河中，随着中央王朝的强盛，中国的边防力量亦随之强大，使中国的边疆也就日益稳定和巩固。其间，虽历经魏晋南北朝和五代十国的分裂战乱，但每一次战乱之后，都促成了新的、更强盛的统一局面的形成，中国的边防也就更加强大和巩固。中国古代边防的这种规律性的发展趋势，都是在“夷夏之防”中发展的，也就是在以华夏族为主体的中原王国和边疆少数民族政权之间的统一与斗争中发展演变的。汉朝以后的我国史籍中，记载了我国边疆史地和边防斗争史的大量专门篇章，这些就是《中国边防史》所依据的极为丰富的历史资料。

中国近代的边防史，则与古代边防史有根本性的区别。中国近代边防是在西方列强用炮舰攻破中国的海防和边防大门之后，中国采取的对外国侵略者的军事防御与斗争。因此，中国近代的边防斗争，是中华民族为捍卫国家的领土主权、维护中国各族人民的生存空间而进行的反侵略斗争。近代中国边防斗争史，对中华民族来说，是极为悲壮和惨痛的历史。中国近代边防史的经验教训是什么呢?《中国边防史》写道：“从学术研究的角度说明一个道理，一个国家只有自己强大，才不致受到别国的侵略，才能稳定自己的民族生存空间。马克思、恩格斯在批判欧洲地主资产阶级形形色色的疆界理论的时候，曾经说过：‘只有一点是毫无疑问的，那就是我们本身的强大。’从中国疆域形成、发展、变化的整个历史看，什么时候国家强大，边防稳定，国家的主权和领土完整就不可能受到侵犯；什么时候国家虚弱，边防松弛，国家的主权和领土完整就会受到侵犯。鸦片战争后，资本帝国主义咄咄逼人的侵略气焰和中国半殖民地半封建的虚弱边防，形成了强烈的反差，才造成我国疆域不断向内收缩。这样的历史教训我们是应当吸取的。”“历史证明，只有国家强盛，边防才能稳固；只有边防稳固，国家才能安宁。前事不忘，后事之师。这些历史的经验教训，对我们今天的边防建设，都有宝贵的借鉴意义。”作者在全书的编著中都贯穿了这一可贵的观点。

二、中国边防的基本内容和特征——从“夷夏之防”到“中外之防”

《中国边防史》的作者们经过潜心研究和全面总结，得出的结论是：中国的整个边防史（中华人民共和国成立之前），从公元前21世纪夏朝国家形成，直至公元1840年西方列强侵略中国之前的约4000年中，都是“夷夏之防”；1840年英国发动侵华的鸦片战争后，西方列强不断掀起侵华狂潮，迫使中国边防从“夷夏之防”转变为“中外之防”。

《中国边防史》的上编（古代史部分），都是叙述的“夷夏之防”。所谓“夷夏之防”，是古代中国以华夏族为主体的中原王朝，在华夏族生存活动的地理空间之内实施的国家军事防御。“夷”是指居住在中原王朝的边沿地带的少数民族，“夏”是指中原的华夏族。其边防的基本任务，是防止“夷族”夺取中原王朝的统治权力，否定中原王朝的正统地位，用边沿地带落后的夷族文化，改变中原华夏文明。中原王朝的这种防御，实质上是一种“内防”，或者说其内防的作用比较明显，“外防”的作用和意义都非常微弱。《中国边防史》写道：“所谓‘夷夏之防’，是中国古代以‘内防’形式存在的边防形态，‘夷’是指边疆少数民族，‘夏’是指中原华夏民族，‘夷夏之防’的核心是防止‘以夷变夏’。”在中国古代的历史长河中，虽历经改朝换代，执政的统治者不断变换，但历朝历代的边防重点都是防边疆少数民族“以夷变夏”。在和平时期，主要表现为维持中原王朝和华夏族的安定发展，促进中原和边疆地区各族政治、经济和文化的交流。在战争年代，主要表现为防止边疆少数民族割据政权对中原王朝的攻击和颠覆。

《中国边防史》对中国各历史时期各朝代所奉行的“夷夏之防”的基本形式和特征，作了全面的叙述。书中写道：在中国古代早期的夏朝时期，自从夏朝国家形成后，其“夷夏之防”的边防定制即随之形成。其主要内容是：确立华夏国家及中原文化的正统性，把沿边各族视为非正统的夷族，因而坚持防止“以夷变夏”，只能“以夏变夷”；并以大一统思想和承认“四夷”生存权为前提，强调以中原王朝为核心的中华民族内聚力（第一章第9页）。

商朝时期，因国家已较为完备，武力更强大，在其与四周各“夷”族的交往和防御中，仍然是全力防御各“夷”族政权对中原王朝的侵犯。在商朝的国家防御中，保持着对各“夷”族连续不断的征战纪录（第一章第15～17页）。

周朝时期，国家政权已比较强大，并拥有大批的同姓封国，但仍和周边的东夷、西戎、南濮和北方的鬼方、肃慎等族进行着不断的战争，其“防夷变夏”的斗争非常显著（第一章第23～25页）。

秦朝时期，秦王朝统一中国后，为巩固华夏疆域，稳定边防，集中全国主要兵力30万人，将南侵的匈奴族逐出阴山以北，用万里长城严防匈奴等族“以夷变夏”。秦帝国又南征百越，并移民50万人戍守南越一带南部边疆。秦王朝在巩固中国南部边防的斗争中，促进了中原文化南迁，促进了南方夷夏各族的融合（第一章第40～41页）。

两汉时期，华夏族融合大量少数民族而形成了汉族，国家疆域广大、国力强盛，建立了大批边郡和属国，采取驻军设防、屯田戍守、移民实边等办法巩固了边防。但以匈奴为主的“夷”族仍是汉王朝的汉族生存的严重威胁，汉王朝被迫对匈奴采取长期“和亲”和最后武力征讨的策略，才解除了匈奴对华夏族的威胁。在两汉长达400年的边防斗争中，防止匈奴、鲜卑、羌、越等周边各族“以夷变夏”的斗争，始终是两汉王朝边防的中心内容（第一章第47～61页）。

唐朝是中国封建经济、文化发展的鼎盛时期，国力和边防能力空前强大，但唐朝的边疆还是受到突厥、吐蕃等沿边“夷”族的严重威胁。游牧在大漠南北的东突厥不断侵犯唐朝的北部边疆，曾一度攻入长安附近，严重威胁到王朝和华夏族的安全与生存。唐太宗时，集中兵力击败东突厥各部，把唐朝的行政管辖力量延伸到大漠南北，巩固了华夏族的北部边防；其后，又击破西突厥等部，扫清了通往西域“丝绸之路”上的障碍，巩固了西部边防。唐王朝又采取和平政策，通好吐蕃，册封南诏，稳定了西南边防。唐朝在整个边防方针政策中，改变了“重夏轻夷”的边防策略，大量采用“和亲”的办法，初步改变了“贵中夏，轻夷狄”的传统，实行羁縻政策，推行“因俗而治”，不仅巩固了边防，而且促进了夷夏各族人民的经济文化联系，促进了统一多民族国家的形成和发展（第二章第107～122页）。

两宋时期，由于北方已先后形成了契丹族的辽政权、女真族的金政权和党项族的西夏政权，三个少数民族王朝雄踞北方，一直和两宋王朝争夺控制中原的正统地位。北宋和南宋两代中原华夏王朝，为捍卫自己的正统地位和生存，在其存在的300多年间（960～1279年），一直进行着反契丹、女真、党项等族侵犯中原华夏王朝的斗争，其防止“以夷变夏”的边防斗争的性质十分鲜明和突出（第三章第135～147页）。两宋王朝和辽、金、夏等北方少数民族政权的斗争，虽有战争灾害的一面，但另一方面，它又加速了中原华夏族和北方各少数民族的交流和民族融合进程。北宋王朝和辽政权分疆而治，但都自认为是“中华一家”。辽兴宗致书宋仁宗说：“封域殊两国之名，方册纪一家之美。”辽道宗致书宋神宗说：“虽境分二国，克保于和欢；而义若一家，共思于悠永。”宋、辽、夏以南朝、北朝、西朝相称，事实上确认了汉族与北方各族之间相互依存的关系，体现了当时历史条件下的“国中之国”或国中之朝、“华夏同风”的中华一体观念。金朝的全面汉化程度超过了辽朝，朝野上下学习汉文化的风气很盛，提倡女真人与汉人通婚，认为这是“国家长久安宁之计”。这些都表明两宋王朝和北部地方民族王朝中的中华意识和祖国观念的增强，各少数民族政权向全国统一的发展趋势。所以宋代以后，中国即未再出现大的分裂割据局面（第三章第151～152页）。

元朝是居住在大漠南北的蒙古族入主中原而建立的统治全中国的“夷族”政权，但蒙古君主没有能用游牧文化改造华夏文化，而是接受了先进的华夏农业文明，用以改造游牧文化，也就是以华夏文明为正统，用汉族的制度统治中国和各蒙古汗国。元朝对中国的统治，实际上是蒙古贵族和汉族的地主阶级联合对中原华夏族和周边各少数民族的统治。元朝皇帝是统治亚洲、中亚和东欧各蒙古汗国的“一切蒙古君主的君主”，对各汗国拥有最高的宗主权。各蒙古汗国虽是独立的国家，但名义上仍然是元朝皇帝统一管辖下的属国，与元朝皇帝保持着君臣关系。当时，蒙古四大汗国（钦察汗国、察合台汗国、窝阔台汗国、伊儿汗国）汗位的承袭和变更，要得到元朝皇帝的认可和批准，各汗国的重大事务虽然自行处理，但必须向元朝皇帝报告（第三章第168～169页、第173页）。这表明元朝仍然是以中原华夏文化作为正统的，它的边防防御方针和目标，仍然是防止周边非正统的政权改变中原的正统政权。

明朝取代元朝中央政权后，蒙古贵族统治势力退据中国北部边疆，常兴兵南下骚扰，企图复辟元朝统治，因此，明朝的边防重点一直在中国北部边疆。明代后期，辽东的满族兴起，成为中国北方的主要威胁，明朝边防的重点转向防御满洲贵族对北部边疆的侵犯。中国东南沿海的倭寇为患，在明朝时期达到了极为猖獗的高峰时期，明朝政府大力加强东南海防，集中力量打击倭寇的骚扰和侵犯，是为明代边防斗争的特色。明代整个边防，是典型的、传统的“夷夏之防”。

清朝是由中国东北边疆的少数民族满族入主中原而建立的全国政权，因而它改变了历代“贵中华，轻夷狄”的传统民族观念。但是，满洲贵族的统治政权，是和中原汉族地主统治阶级相结合而形成的，其统治思想的基础，仍然是传统的中原封建地主阶级的统治思想。在边防观念和方针政策上，清朝完全继承了中国传统的边防思想，把周边少数民族和藩属国当作“夷”，其边防设防的目的仍然是防止“以夷变夏”（第四章第257页）。所以，清朝前期（鸦片战争前）的边防形态，从总体上看，仍是属于中国古代的边防类型，是传统的“夷夏之防”。

从上述中国古代（从夏朝开始至1840年鸦片战争前）边防发展演变的全部历史可以看出，中国古代边防史基本上就是一部“夷夏之防”的历史。中国古代边防斗争的最大特点就是，它始终是在中华民族生存和活动的地理空间之内，也就是传统的中国疆域之内进行的；是中原王朝对边沿地方政权的防御，因而实际上是中国的内防。在中国古代虽然发生了许许多多的边防战争，但这些战争都是中华各民族内部的兼并战争和统一战争。因此，不存在侵略和被侵略的性质。当然，在中国古代的“夷夏之防”中发生的国内民族战争，仍然有正义和非正义的区别；有维护团结统一和实行分裂割据的区别；有反对民族掠夺和骚扰与实行民族歧视和压迫的区别（“前言”第17页）。

1840年英国发动侵华的鸦片战争以后，西方列强侵华势力迅速冲破了中国的海防和边防门户，“海警”和“边患”不断袭来，迫使中国的边防性质发生了根本性的转变：从维护华夏民族中央王朝的正统性的“夷夏之防”，一变而为反对西方列强侵华的“中外之防”。由于西方资本主义经济发展迅速，列强的军事侵略力量迅速膨胀，而当时在落后的清王朝封建统治下的中国，尚停滞在分散的农业经济和盲目的闭关锁国的边防方针之下，因而使中国的海防和边防不断遭到西方列强的军事进攻。当时的晚清政府、后来的北洋军阀政府和国民党政府在抵御外患中是软弱无力和妥协退让的，但他们为了自身的统治利益，并受到人民反帝爱国的压力，也不断调整自己的边防政策，对外来侵略作了一定的抵御和反抗。但总体说来，中国近代以来边防力量的衰弱、边防方针政策的落后和谬误，使中国在资本帝国主义的猖狂进攻中节节败退；中国在外国侵略者强加的不平等条约的压迫下，边防大门完全敞开，中国在不断割地赔款的同时，外国商品像潮水般地侵入全国城乡各地，使我国的农业、手工业和整个民族经济惨遭摧残和破坏。到清朝末年和民国年间，中华民族历经4000多年艰苦奋斗而建立起来的国家边防，被帝国主义侵略势力逐渐摧毁，我国被侵略者勒索去的战争赔款以数十亿两白银计，被侵占的固有领土数以百万平方公里计。

近代以来，在资本帝国主义侵华的历史背景下，我国对外关系中的几次大的民族战争，都是帝国主义对中国的侵略战争；中国人民和政府所进行的抵抗，都具有抵御外侮、反抗侵略的性质，例如两次鸦片战争、中法战争、中日甲午战争、八国联军侵华战争等。当然这些战争已不是单纯的边防战争，而是我国的边疆危机、民族危机、政治危机相互交织在一起的国与国之间的民族战争。1937～1945年的抗日战争，不仅是中华民族的解放战争，而且是世界人民反法西斯战争的重要组成部分。

从近代中国的全部对外斗争的历史可以看出，近代中国的防务都是“中外之防”。中国人民和政府所进行的保卫边疆和领土主权的斗争，都是反对外国侵略的斗争。而且，这些斗争从保卫边疆安宁，逐渐发展成为保卫中华民族国家的领土主权和生存的斗争，后来汇合成为中华民族的解放斗争。最后经过抗日民族解放战争和中国人民革命战争的伟大胜利，中华人民共和国的建立，使中国的边防和整个国防为之一新，并从此得以巩固和壮大。新中国坚固和强大的边防和国防力量，捍卫着中华民族和国家的和平、安宁、发展、进步。

三、爱国主义思想的结晶

《中国边防史》在“前言”中写道：“本书以爱国主义为主旨，记述我国第一个奴隶制国家夏朝起至新中国建立前的中国边防的历史。”我初读了这部《中国边防史》后，深深感到作者在研究和撰著这部著作时，不是单纯地论述史实，或客观地提出一些一般性的学术见解，而是饱含深厚的爱国热情，在歌颂历代中华民族开发边疆、建设边疆、巩固边防和保卫祖国领土主权而斗争的光辉业绩。读后深受教育。

第一，书中着重记述和颂扬了我国秦、汉、唐、清等朝代各族人民和有作为的统治者开发边疆、拓展疆域和巩固边防的光辉业绩。

秦代是我国形成统一的多民族国家，并奠定了相沿至今2000多年基本版图的重要时期。《中国边防史》在记述秦代中国疆域形成的历史时，不仅概略地叙述了一般的历史过程，更着重记述了秦王朝对边疆的平定、开发和巩固，并形成中国版图的辉煌业绩。书中写道：“秦统一全国后，十分注意开拓疆土的斗争，强化了对周边的经略和开发。鉴于当时匈奴的威胁和百越的不归，秦帝国集中力量同时在北方和南方进行了征伐战争。”并扼要叙述了秦王朝为解除匈奴南犯中原的威胁，派遣大将蒙恬率30万大军，先后将匈奴逐出到河套和阴山以北，在河套南北设置44个县和九原郡等行政建制；为防止匈奴继续南犯，秦王朝征调数十万民众，配合30万大军，大规模修筑长城，经十多年的艰苦努力，建成了中国古代历史上最伟大的工程——万里长城。万里长城在当时的军事技术条件下，有效地阻止了北方游牧民族南袭，保护了中原的农业文明。秦王朝又大规模移民实边，大量移民带着先进文化和生产技术移居边疆，使北部边疆得到开发和巩固。当秦统一中原和北方之际，在华南各地的百越部落集团阻碍着全国统一事业的完成。秦王朝调动50万大军南征百越，先后平定了南越、西瓯等部，在岭南广大区域，设置了南海、桂林、象等三大郡，使珠江流域归入了伟大祖国的版图。秦王朝以50万人戍守岭南，使大量的中原农民、手工工人和商人将先进的中原文化传到岭南区域，加速了南方民族和中原民族融合的进程。

汉代继承了秦代大规模开发边疆、拓展疆土的宏伟事业。在北方坚持了上百年的反击匈奴南犯中原的斗争，在南方平定了东瓯、闽越、南越以及西南等地的分裂割据政权，使中国的疆域东西达到9 302里、南北达13 368里；疆界东至大海，南至日南（今越南中部），西到巴尔喀什湖和葱岭，西南达云南以远，北过大漠，东北到辽东和朝鲜半岛中部，为古代中国基本疆域的形成奠定了坚实的基础。

唐朝是我国封建时代最强盛和统治时间最长的王朝之一。唐朝前期社会经济蓬勃发展，封建经济政治制度日益完善，为唐朝开发疆土创造了有利条件。唐朝最高统治者、杰出的政治家李世民、武则天等人都十分重视对边疆的开发和巩固，采取各种政治和军事手段，加强边防建设，稳定边疆，巩固统一多民族国家，从而使唐代疆域超过了强盛的汉代疆域。唐代疆域之大，民族之多，都是空前的。李世民等人运用政治和军事手段，使北方的突厥、薛延陀、高丽等民族先后归附唐朝。唐王朝在少数民族地区实行“羁縻政策”，争取少数民族统治人物的信任，先后在北方和西南等边疆地区开发和设置了安东、东夷、安北、单于、安西、昆陵、蒙池、北庭、安南几个都护府等一批大行政区，把南北广大边域纳入了唐王朝的治理之下，使盛唐时的中国疆域“东到台湾及附近岛屿等东海海域，南到海南岛及南海诸岛海域，西到咸海及巴尔喀什湖以东以南地区，北至贝加尔湖，东北到黑龙江以北及外兴安岭一带”。经过唐代的开发和发展，使唐代中国的疆域成为当时世界上版图最大、国力最强盛的封建国家。

清王朝建立全国政权后，清政府致力于巩固统一的多民族封建国家，进行了长达百年的稳定边疆的斗争。1685～1686年，清政府在东北边境进行了雅克萨反击战，打退了沙皇俄国的早期侵略，统一了漠北蒙古各部，稳定了北部边疆；在南部疆域，从1673年开始，逐步平定了吴三桂、尚之信、耿精忠等“三藩”之乱，胜利地完成了削藩和西南地区的“改土归流”；平定了西藏内乱，改革了西藏的政治管理制度，巩固了中央政府对西藏的治理。收复了台湾，最后巩固了全国统一的幅员辽阔的强盛的清帝国。清政府经过百余年稳定和开发边疆的斗争，使中国的疆域西跨葱岭，西北达巴尔喀什湖北岸，北接西伯利亚，东北到外兴安岭和库页岛，东临太平洋，东南到台湾、钓鱼岛、赤尾屿等岛屿，南领南海诸岛，西南管辖云南、西藏，领土面积约 1 300 万平方公里，成为亚洲最大的国家。

《中国边防史》记述和颂扬了华夏人民和统治阶级中一些杰出人物，特别是有代表性的秦、汉、唐、清等朝代的一些杰出政治家们，在历经数千年来开发边疆、治理边疆、巩固边防的斗争中所创建的辉煌业绩，使后来的中国人读到华夏祖先们为开发我国辽阔疆土、为创建强大的华夏古国和巩固祖国边防所做的伟大历史贡献，都会由衷地敬佩，对祖国的崇敬和热爱之情油然而生；作为华夏后代的中国人，将为继续建设和保卫祖国疆土而英勇斗争！

第二，《中国边防史》记述了近代以来中国人民反抗外来侵略、保卫祖国边疆和领土主权而英勇战斗的伟大斗争史，歌颂了华夏各族人民为保卫祖国边防、海防，为民族生存和国家的独立而奋斗牺牲的伟大爱国精神。人们从《中国边防史》中都会深受爱国主义精神的感染。

鸦片战争是近代中国人民第一次奋起反击外国侵略、保卫国家主权和领土完整的正义斗争。最初，中国军民奋起打退了英国侵略者肆无忌惮地倾销鸦片和海盗式入侵。及至清政府屈膝让步，使英军得以侵入我国沿海时，我广东、福建、浙江、江苏等地沿海人民自发地奋起抗击英国侵略军。《中国边防史》大量记述和颂扬了沿海人民特别是广州三元里等地人民英勇的抗英斗争。书中写道："鸦片战争使中国各阶层人民受到强烈的震撼和刺激，中国人民有了初步觉醒，爱国主义精神得到强烈的展示。最早觉醒的是东南数省的人民群众，他们自发地组织起来，进行抗英斗争，表现了中国人民不畏强暴、坚决反抗侵略的英雄气概和爱国精神，在近代海防斗争中占有重要地位。""三元里人民的抗英斗争，是中国人民进入近代以来第一次大规模武装反对列强入侵的自发斗争。"三元里人民以大无畏的英雄气概，对英军展开了数场血战，打死英军上百人，最后把英军驱逐出广州、三元里等地。"三元里人民的抗英斗争，充分显示了中国人民不甘屈服、敢于斗争的英雄气概。"

江、浙、闽沿海人民进行的抗英斗争，也是中国人民反抗列强侵略的重要组成部分。在鸦片战争期间，浙江定海、宁波，台湾基隆等地民众自动组织起来抗击英军入侵，给侵略军以沉重打击。这些斗争因为政府对侵略者屈服妥协，而无法挽回整个战局，但人民群众英勇无畏的反侵略斗争精神是十分可贵的，它显示了中国人民的力量。清政府与英国侵略者签订屈辱的《南京条约》后，英国侵略者根据条约，要入据广州、福州等城市，广州、福州人民又进行了长时间的反入城斗争；在广州社学等抗英团体动员十万以上义勇人员严阵以待的威慑下，使英国侵略者多年不敢进入广州城。

鸦片战争后，东南沿海人民的反侵略斗争显示了中国人民的伟大力量。它表明，尽管封建统治者对外屈服妥协，但人民群众坚持着不屈不挠的斗争，在一定程度上打击了外国侵略者的嚣张气焰，对挽救中国边防海防发挥了积极的作用。

抗日战争是近代以来中国人民反抗外国侵略的中华民族解放战争。《中国边防史》对抗战时期的边防斗争和全国人民一致奋起誓死抗击日寇侵略的全民族抗战，都饱含着爱国主义深情，作了充分的记述和颂扬。书中叙述了后方各族人民加强后方边防，建立西南、西北两条抗战国际战略通道的英雄业绩：云南各族人民一致奋起在短时间内修通了滇缅公路、中印公路，把云南建成了抗战后方最重要的陆上和空中通道；西北人民建成了通往苏联的陆上和空中通道，使中国抗战获得了苏联和美、英的国际援助。

书中记述了抗战全面爆发后，国民党政府在正面战场上组织了积极的抵抗，同时，以更大篇幅描写了在中国共产党的全面抗战方针指导下，全国各族各界人民投入了全民族的全面抗战。书中认真记述了京汉铁路工人，华北各地农民，平、津等城市学生都以高昂的抗日爱国热情，奋勇奔赴前线抗敌，或组织起来支援前线部队打击敌人。还记述了全国性的文化、学术、新闻、宗教及其他社会团体都纷纷组成抗日后援组织或前线战地服务团队，一致抗击日寇侵略。旅居南洋及世界各地的爱国华侨，先后组成 649 个大型抗日救国团体，回国抗战。

书中还大量记述和歌颂了东北抗日联军为主的东北人民的抗日斗争、内蒙古人民的抗日斗争、云南西部边疆人民的抗日斗争、海南岛以及台湾人民的抗日斗争。总之，《中国边防史》全面记述了全国抗战爆发后，中国各党派、各团体、各阶级、各阶层都积极投入全民族抗战的英雄史绩，使中华民族的伟大爱国精神得到了充分展现。从这一角度看，《中国边防史》还是一部十分可贵的爱国主义好教材。

（原载《贵州民族研究》（季刊）1997 年第 3 期）

护国起义七十周年学术讨论会综述

护国起义七十周年学术探讨会，于云南护国起义七十周年之际（1985年12月25日）在昆明举行，来自全国十七个省、市、自治区的一百多位同志出席了会议。

对护国运动进行这样全国规模的学术讨论，还是第一次。这次学术讨论会，是在近年来对护国运动史研究有了新的进展的前提下举行的。近年来，有关护国运动的资料集和专著陆续出版，具有新意的论文纷纷发表，研究的领域逐渐扩展，研究者的队伍不断壮大。因此，这次学术讨论会的举行，受到国内史学界从事近代史教学和研究的同志们的关注，与会的许多同志认为，这次护国运动学术讨论会的召开，使护国运动史的研究前进了一大步，是研究护国史的一个新阶段的开始。

会议主要讨论了以下五个方面的问题：

一、关于护国运动的历史地位和意义问题

讨论中，代表们普遍认为，护国运动在中国近代史上的地位，过去没有得到应有的评价。由于种种原因，在许多著作中贬低护国运动历史地位的言辞比比皆是。因此，适当提高护国运动在中国近代史和中国革命史上的地位是应该的、必要的。但是，应该提到什么样的高度，与会代表的意见则不完全一致。许多同志指出，护国运动是中国近代史上的一次重要的革命事件，它处于辛亥革命和五四运动两个革命高潮之间，是由前一个高潮向后一个高潮前进中的一个阶梯，是中国旧民主主义革命向新民主主义

革命转变中一个不可缺少的台阶，其意义不应低估。有的同志还指出，如果说由于中国资产阶级自身的软弱和历史的局限性，没有在辛亥革命中摧毁帝国主义和封建主义赖以生存的基础——中国半殖民地、半封建的生产关系，使封建帝制复辟难以避免的话，那么，护国运动讨伐袁世凯的“洪宪帝制”，使民主共和观念深入人心，就是历史的必然，是历史发展规律必然导致的革命运动。因此，对护国运动应予以充分肯定。有的同志还采用对比方法，把中国资产阶级革命和英法资产阶级革命后的复辟与反复辟斗争进行比较，指出在护国战争中，民族资产阶级带动各阶层人民，不是用三十年，更不是用半个世纪，而只是用不到两百天的时间，就把复辟帝制的罪魁祸首葬入坟墓。因此，有理由认为，中国民族资产阶级在捍卫共和政体方面，表现出了胜过西方资产阶级前辈的长处。从这个意义上讲，也应充分肯定护国运动在中国资产阶级民主革命中的重要地位和意义。另一种意见则认为，如果说护国运动是中国近代历史发展中的一个台阶的话，这个台阶并不那么高，它既不能和辛亥革命这个台阶媲美，更不能和五四运动这个台阶相提并论。两种论点尽管有所不同，但都提出了如何评价中国资产阶级在从辛亥革命到“五四”运动之间的历史作用问题，这个问题是富有启发性的。

二、关于护国运动的发动者和领导权问题

这个问题在此次学术讨论中成了与会者争论最热烈的问题。综合起来，大致有四种不同观点。

第一种意见，认为护国运动是以孙中山为首的资产阶级革命派同以梁启超为首的改良派联合发动和领导的，西南地方实力派参加了发动，并成为护国战争的主力。这种意见认为，孙中山最早举起反袁旗帜，是护国运动的精神领袖；蔡锷在资产阶级改良派和革命派之间起了联合的纽带作用，使两大派得以共同对敌，导致了护国战争的爆发和护国运动的胜利；唐继尧等西南地方实力派，参加发动讨袁，为护国战争提供了坚实的基础和物质力量，其功绩也是应当肯定的。

第二种意见也认为护国运动是联合发动的，但是，是梁启超为首的进步党（包括蔡锷）和国民党的一翼——欧事研究会，以及以唐继尧为代表的西南地方实力派联合发动的，而不是和孙中山为首的中华革命党的联合。有的同志还认为，孙中山的中华革命党和梁启超的进步党的反袁护国，是各干各的，是“两驾马车”。

第三种意见，认为护国运动是以梁启超为首的进步党发动和领导的。以孙中山为首的中华革命党对护国运动的胜利起了重要作用，但在整个运动中，他们只是积极参加者，而不是领导者。西南地方实力派和云南中、下级军官是护国运动的重要力量，但他们也是参加者，而不是领导者。持这种意见的同志指出，史学界长期以来对梁启超进步党贬抑之词不少，其原因在于，在国民党政府统治时期，中华革命党、欧事研究会、西南地方实力派，都把护国运动的胜利作为政治资本来炫耀自己，造成了史料的纷繁混乱；另一原因是过去研究方法上的形而上学，将历史上的保皇派、立宪派、进步党、研究系之间画了等号。总之，进步党在护国运动的一段时期，是它政治上最富有光彩的一页。

第四种意见，认为孙中山革命派（包括中华革命党和欧事研究会）是护国运动的领导力量，这种领导是指思想上、政治上的领导。尽管中华革命党没有组织和指挥护国军，但欧事研究会的骨干人物大多参与了云南护国起义的发动，并成为护国军的各级指挥官。李烈钧（后加入了中华革命党）担任了护国第二军总司令，是军务院的抚军之一。在政治上，孙中山讨袁和维护共和民国的主张，成为了各派护国力量当时共同的斗争目标，孙中山的思想贯彻整个护国运动的始终。护国运动的胜利，不是靠军事斗争在战场上取得的，而是通过政治斗争取得的。

三、关于各派政治力量和代表人物在护国运动中的表现和评价问题

在这次讨论会中，与会同志都认为中华革命党、欧事研究会、进步党、西南地方实力派都对护国运动做出了贡献，都应该肯定。这一点没有

分歧。有争论的，是对以孙中山为首的中华革命党和以梁启超为首的进步党在护国运动中的评价问题。会上对梁启超进步党的讨论比较充分，争论热烈。

一种意见认为，梁启超参加护国运动是为了夺取反袁的旗帜和桂冠，他们的目的是为了在袁世凯之后的政局中掌权、“执牛耳”。所以梁启超在护国胜利后，连篇累牍地发表文章和演讲，宣称是他和蔡锷发动了护国运动。这种渲染，被一些教科书所采用，歪曲了历史，所以当时就不断遭到一些人的驳斥。对他发表《异哉所谓国体问题者》一文，应予以肯定的评价，但这不是当时唯一的反袁文章，对其影响也不能估计太高。

与上述相反的意见认为，“二次革命”失败后，孙中山革命派的力量被严重摧残，内部又发生分裂，已无力再领导一场革命运动。因此，以梁启超为首的进步党就在护国运动中起了领导作用。梁启超的进步党代表资产阶级的上层和右翼，但他们所代表的是当时中国资产阶级中最有力量的部分，他们中有不少爱国之士，也有自己的政治主张，所以不是袁党。梁启超等人从拥袁到反袁，经历了一个过程，并非偶然。以梁启超为首的进步党反袁护国，对历史的前进是起推动作用的，这也表明资产阶级右翼在特定的历史条件下，也能够领导一场革命。因此，应当摘去他们头上“改良派”的帽子，称为“新共和派”。

对梁启超及其进步党的评价，会议未取得完全一致的意见，是一个还可以继续深入讨论的问题。不过，与会的大多数同志认为，不应再停留在对孙中山、梁启超、蔡锷、唐继尧等少数人物的功过问题上打圈圈，而应该从宏观上对护国运动进行历史评价，要联系时代和历史背景来探讨护国运动。就代表人物而论，会上已扩大到对护国运动中的黄兴、李烈钧、刘显世、王文华等人物的评价，在不同程度上肯定了他们的护国讨袁功绩，摆脱了过去往往孤立地就个人的功过是非进行争论的框框，将代表人物作为阶级和政治派别的代表来看待，从阶级和政治派别的动向中加以论评。对人物评价的广泛性和评价的方法上，都使此次学术讨论会达到了新的广度和深度。

四、关于护国运动时期的思想、思潮和社会心理的分析

这次会上，有的同志对护国时期商人的心理变化作了分析。作为中国资产阶级主体的商人，在辛亥革命后谋求发展产业，望治怕乱，反对“二次革命”，拥护袁世凯当总统。但袁世凯的专制、盘剥和卖国行径，又使商人逐渐对袁世凯政府产生不信任和背逆心理。袁氏公然称帝，全国商人以至海外侨商，都群起反对。商人在当时社会生活中有举足轻重的地位，商人从拥袁到反袁的心理变化，代表并影响着整个社会的心理变化。素以“厌乱”著称的商人，此时已自甘“从乱”，不惜为护国运动作出牺牲。护国战争期间，资产阶级革命派和改良派在讨袁前线联合作战，广大商人在帝制后院里奋起斗争，这种不可多得的整个阶级上下一致、团结对敌的局面，说明辛亥革命后，资产阶级在旧民主主义革命中仍能担当起领导民主革命、维护共和制的重任。这种论述，从新的角度提出了新问题，颇具特色。

有关护国运动时期爱国主义思潮的论述，对护国运动在传播民主革命和爱国主义思想方面作出了新的估价，指出爱国主义对护国运动产生了积极而深刻的影响，护国运动又推动了中华民族爱国主义的发展，从而为中国新、旧民主主义革命的交替准备了必要的思想前提。

会上还有一些论述蔡锷军事思想、战略指挥的发言和论文，补充了护国史研究中关于军事方面研究的不足，增加了人们对蔡锷作为杰出军事家的认识。

五、关于护国运动的历史分期问题

这是与领导权问题相关的问题。有的同志提出，护国运动可分为三个时期：

（1）护国运动的酝酿与发生时期，时间为 1913 年至 1915 年 12 月

25 日。

（2）护国战争阶段，时间是 1915 年 12 月 25 日至 1916 年 6 月 6 日。

（3）护国战争的终结和以后的斗争，时间是 1916 年 6 月至 1919 年。

这种意见，将护国运动和护国战争看成既有联系又有区别的两个概念，认为护国运动从时间和空间上都包含了护国战争。

有的同志不同意上述看法，认为护国运动和护国战争就是一回事，就是以梁启超为首的进步党发动护国起义的全过程，它的起点应当是筹安会出笼，梁启超等人转向反袁，秘密组织云南起义，终点是袁世凯“洪宪帝制”覆灭，军务院撤销。

通过这次学术讨论，大家都感到，护国运动史作为中国近代史的一个部分和分支，还有继续深入研究的必要，许多同志提出了一些积极的可贵的建议，希望加强护国运动时期社会背景的研究，加强近代中国资产阶级及各阶层、各政治派别的研究等等。

（原载《新华文摘》1986 年第 6 期）

学术年表

我从事史学学术研究工作，以此为业，是1960年由云南大学历史系民族史专业毕业后被分配到中国科学院哲学社会科学学部民族研究所，从事中国少数民族社会历史调查研究开始的。

1960年至1961年春，在中科院民研所云南民族调查组，参与《彝族概况》（后定名《彝族志》）中“彝族社会经济状况”一章的编著，提供了该书最初的书稿。

1961年中，中科院民族所进行机构调整和人员编制缩减，我被调入云南省历史研究所，从事云南地方史研究工作。

云南省历史所隶属于中国科学院昆明分院，由云南大学代管，方国瑜教授兼任副所长。我在导师方国瑜先生指导下，查阅和积累云南历史史料，同时练习性地写一些历史知识小文章，1961年至1962年间，先后在《云南日报》副刊发表《南诏史话》、《大理简况》等文。

1962年，云南省史学会发起“纪念明末李定国率大西军护卫永历皇帝征战中国西南三百周年”的活动，我和宁超被派前往贵州、广西、湖南等地调查李定国、大西军史绩。

1963年，参加德宏州潞西县景颇山“社会主义教育”运动（后称“四清”运动），同时附带做一些景颇族社会历史调查。

1965年5月～10月，对基督教传入云南北部（楚雄、禄丰、武定、禄劝、元谋）地区的历史调查。

1972年，我被从弥勒县农村调回筹建恢复中的云南历史所。省革委决定云南历史所划归云南大学，并下达由历史所立即编写《云南通史》的任务。

云南大学指派江应樑、杜国林教授，历史所指派我和周裕栋等共六人组成编写组，我承担云南近代史部分，经半年多的努力，写成了一部30万字的初稿，定名《云南历史概略》，由省革委打印送有关领导审阅后，省革委负责人指示：要修改扩充为一部较为充实的《云南通史》。

云南大学重新组织编写组，指派马曜教授为组长，组成十三人的编写组，我仍承担云南近代史的主要部分，经一年的努力，写成一部近百万字的“云南历史”，分上、下两册出版，上册是云南古代史，定名《云南简史》，下册为《云南近代史》。

1974年，中、越两国商定勘察中、越边界，急需边界历史资料，外交部派员来云南，从历史所抽调我和宁超、宋恩常，从云师大抽调王民同教授等人组成中越、中老边界史料工作组。我们从档案和各种勘界资料中，汇集了约50万字的史料，刊印成书，供参考。

1975年，历史所开始恢复工作，我和刘克光主持编辑出版了历史所第一本研究集刊，定名《云南民族与地方史研究》。本所同志从此有了第一个公开发表研究成果的学术园地。该刊后来定名为“云南历史研究所《研究集刊》”，出版至今已近四十年。

1976年，为配合民族社会历史科研影片的拍摄，我参加了对纳西族摩梭人母权制家庭的社会历史调查，并写成了调查报告，由云南历史所《研究集刊》发表。

1977年，云南省宣传和文化部门为进行爱国主义和历史教育的需要，借调我参加由云大历史系、省博物馆、省委党校等单位专业人员组成的调查编写组，编写“红军长征与云南”。我们经过近一年的调查和编写，写成《红军长征过云南》一书，由云南人民出版社出版发行。

1978年，为协助中国社科院近现代史研究所搜集编写“中华民国史”的史料，我在云南省档案馆查阅了大量的清末和民国初年的军政档案，并组织人力摘抄了上百万字从未使用过的珍贵档案史料，为中国社科院近代史所、中国军科院战史部、贵州社科院历史所和中山大学历史系等单位提供了史料。

1979 年，我在继续查找云南档案史料的同时，出席在成都召开的云、贵、川三省历史研究所协作会议，会议商定联合西南各省区专业研究院所和有关大学的专业学者共同研究中国南方民国时期历史，主要是南方军阀统治史。会议决定于 1980 年在成都举行第一次学术讨论会。

同年 11 月，我应邀出席了中山大学和广东社科院在广州召开的“孙中山与辛亥革命”学术研讨会，我提交的学术论文《孙中山护法运动与滇军》一万余字，被选入广东出版的《孙中山与辛亥革命论集》。

由云南省史学会会长谢本书等组成了“护国运动史研究会”。我被推选为会长。

同年，我被评定授予助理研究员职称。

1980 年 4 月，出席在成都召开的“南方军阀史”学术研讨会，我提交论文《论滇系军阀》，被选入四川出版的《西南军阀史研究丛刊》（第一集）。

在成都召开的学术会议上，成立了“西南军阀史研究会”，推选林超（四川社科院副院长）为会长。

西南地区各省都成立了“军阀史”或“民国史”研究会，云南省民国史研究会，推选我为会长。后来改名“云南省中国近代史研究会”。

1981 年，为纪念辛亥革命七十周年，一些学术刊物和新闻媒体纷纷邀请我写有关辛亥革命的文章，我先后为《云南师范大学学报》、《云南日报》、云南历史所《研究集刊》等报刊提供评论和概述文章多篇；并和所内外同人共同编辑出版了《云南辛亥革命史料辑》。

1982 年，西南军阀史研究会第二次学术讨论会在贵阳召开，我为会议提供的论文是《论滇军第二次入黔》。

我和谢本书等着手撰写《护国运动史》。

1983 年，西南军阀史研究的第三次学术会议，由云南分会在昆明召开，我征得有关领导的同意和支持，以云南社科院历史所和云南大学历史系为依托，全力主持和筹办了此次学术会议，邀请了全国各地的专家、学者八十多人与会。

会上决定西南六省分会共同编写西南军阀史，分三卷成书，由谢本书、冯祖贻、莫济杰和我分任各卷主编。

由我和谢本书主编出版了《西南军阀史研究丛刊》第三辑。我提供的论文《论靖国战争》。

同年7月，我代表云南社科院出席了中国社科院在山西太原召开的地方志研讨会。

同年，我被评定授予副研究员职称。

1984年，中国社科院近现代史所和江苏省社科院在南京召开第一次中华民国史学术讨论会，我应邀出席，并向大会提交了学术论文《我对民国早期中国南方历史演进的研究意见》。

1985年，由云南护国运动研究会发起，经云南社科院同意，决定在昆明召开"护国起义七十周年学术研讨会"。我作为筹备会秘书和联络人，承担了会议筹备和举行的大量工作。

会后，我们编辑出版了学术论文集《护国文集》，我提供的论文是《论护国运动的历史作用》。

11月，西南军阀史研究会第五次学术研讨会在广州举行，我提供论文《论驻粤滇军》，被收入会后出版的《西南军阀史研究丛刊》第五辑。

由云南历史所承担的云南省社科规划课题《云南近代史》开始编写，我分工承担该书十二章中的第三、六、七、十一等四章的撰著任务，约占全书的三分之一。

中央党史研究室、中国社科院、中国军科院在贵州遵义联合召开纪念"遵义会议"五十周年学术研讨会，我应邀与会，并向大会提交了学术论文《红军长征与云南》。

我和贵州社科院历史所顾大全研究员，共同编辑护国运动史料80万字，由贵州人民社出版为《护国文献》上、下册。

1986年，《西南军阀史》的撰著工作已启动，我全力投入我所承担的

第一卷的主要部分的编写。

10月，中国军科院战史部和中国社科院近现代史所在北京召开纪念红军长征胜利五十周年学术讨论会，我应邀出席，并向会议提供了论文《红军长征与中国西南少数民族》。

1987年，中华民国史第二次学术讨论会在南京举行，我应邀在大会上发言，对西南军阀史研究作述评，会后，我的大会发言及述评一文收入档案出版社出版的《民国档案与民国史学术讨论会文集》中。

10月，西南军阀史研究会第六次学术讨论会由湖南省社科院主持在长沙召开，大会安排我就《西南军阀史》撰写中的一些理论认识等问题作了发言。

1988年，我全年都将主要力量投入《西南军阀史》第一卷的编写中。

10月，应邀出席了中国社科院边疆史地研究中心在北京召开的第一次学术研讨会，我提交的论文《云南边疆问题研究述评》被选入专刊《中国边疆史地研究报告》第4期。

1989年，我先后完成了我所承担的《云南近代史》和《西南军阀史》（第一卷）的书稿。

1990年，我们承接了玉溪卷烟厂委托编写《玉溪卷烟厂发展史》的工作，组成了由我任组长的课题组，我们除查阅档案资料外，对卷烟生产及玉溪地区烟叶种植做了深入调查，掌握了所需史料。

当时，学术界思想混乱，一些反马克思主义的自由化思潮泛滥，大肆妄谈“史学危机”等等，为此，我在云南师范大学学报、云南大学的史学专刊上发表了《论“史学危机”与史学功能问题》、《史学与爱国主义教育》，参与了有关史学的学术讨论。

同年，我被评定并授予研究员职称。

1991年，为纪念辛亥革命八十周年，云南省史学会和云南省中国近代史研究会决定围绕纪念活动开展一些学术活动，我作为近代史研究会会长，和史学会会长谢本书教授一起组织编写了《云南辛亥革命史》，由云南大学出版社出版发行。在昆明举行了一次全省性的纪念辛亥革命八十周年的学术讨论会。

同年春，我们在玉溪完成了《玉溪卷烟厂发展史》一书书稿，交由云南人民出版社出版面世。

同年，《西南军阀史》第一卷由贵州人民社出版，并在全国社科优秀著作评奖中获"光明杯"三等奖。

1993 年，我们承接了云南省社科规划课题之一，组织研究和撰写《云南抗日战争史》。我和谢本书、吴宝璋反复研究后，确定撰著计划，史料搜集方案和编写提纲。

撰写开始时，又有三位同仁热情要求参与。经大家努力后，于年末写出初稿，交云南大学出版社后，初稿第二、四、五章被否定。由我重写。1994 年初，经反复修改的第二稿，由云南省社科联和省社科规划办公室请有关专家评审定稿，再次交云南大学出版社，于 1995 年出版。

1994 年，云南人民革命斗争史丛书编委会提出约稿，要求我写丛书选题中的《抗日战争中的云南》一书，我用写《云南抗日战争史》的资料写了 17 万多字书稿，标名《团结抗战》，于 1995 年出版。

1995 年，由云南史学会和云南省中国近现代史研究会发起，由省委党史研究室和中共玉溪地委主持，在玉溪市召开了云南省纪念抗日战争胜利五十周年学术研讨会。省委副书记、省委宣传部长、中央党史室部分专家和省内高校及学术单位六十多位专家、学者参加了此次研讨会。《云南抗日战争史》一书在会上举行了首发式。我参与整个活动的全过程。

图书在版编目（CIP）数据

孙代兴学术文选 / 孙代兴著．—昆明：云南大学出版社，2014（2015 重印）
（云南文库·学术名家文丛）
ISBN 978-7-5482-1752-7

Ⅰ．①孙… Ⅱ．①孙… Ⅲ．①中国历史—近现代—文集 Ⅳ．①K250.7-53

中国版本图书馆 CIP 数据核字（2013）第 288342 号

出 品 人：周永坤
统筹编辑：柴 伟 陈 曦
责任编辑：李兴和
责任校对：陈 燕
封面设计：郑 治

书 名	孙代兴学术文选
作 者	孙代兴 著
出 版	云南大学出版社 云南人民出版社
发 行	云南大学出版社 云南人民出版社
社 址	昆明市翠湖北路 2 号云南大学英华园内
邮 编	650091
网 址	www. ynup. com
E-mail	market@ ynup. com
开 本	787mm×1092mm 1/16
印 张	20. 5
字 数	325 千
版 次	2014 年 5 月第 1 版 2015 年 8 月第 2 次印刷
印 刷	昆明卓林包装印刷有限公司
书 号	ISBN 978-7-5482-1752-7
定 价	62. 00 元